U0438165

嶺南學報

Lingnan Journal of Chinese Studies

復刊第二十二輯　　主編　蔡宗齊　周興陸

關鍵術語
打開中國文論寶藏的鑰匙

上海古籍出版社

圖書在版編目(CIP)數據

嶺南學報. 復刊第二十二輯, 關鍵術語：打開中國文論寶藏的鑰匙 / 蔡宗齊主編；蔡宗齊, 周興陸本輯主編. -- 上海：上海古籍出版社, 2024.12. -- ISBN 978-7-5732-1410-2

Ⅰ. C55

中國國家版本館 CIP 數據核字第 20248PY548 號

嶺南學報　復刊第二十二輯
關鍵術語：打開中國文論寶藏的鑰匙
蔡宗齊　主編
蔡宗齊　周興陸　本輯主編
上海古籍出版社出版發行
（上海市閔行區號景路159弄1-5號A座5F　郵政編碼201101）
(1) 網址：www.guji.com.cn
(2) E-mail: guji1@guji.com.cn
(3) 易文網網址：www.ewen.co
啓東市人民印刷有限公司印刷
開本710×1000　1/16　印張18　插頁2　字數286,000
2024年12月第1版　2024年12月第1次印刷
ISBN 978-7-5732-1410-2
Ⅰ·3874　定價：98.00 元
如有質量問題,請與承印公司聯繫

《嶺南學報》編輯委員會

（以漢語拼音排序）

主　編：蔡宗齊　　嶺南大學中文系

副主編：汪春泓　　嶺南大學中文系

編　委：陳平原　　北京大學中文系
　　　　陳尚君　　復旦大學中文系
　　　　陳引馳　　復旦大學中文系
　　　　杜曉勤　　北京大學中文系
　　　　郭英德　　北京師範大學文學院
　　　　胡曉明　　華東師範大學中文系
　　　　胡曉真　　臺灣"中研院"中國文哲研究所
　　　　蔣秋華　　臺灣"中研院"中國文哲研究所
　　　　蔣　寅　　華南師範大學文學院
　　　　李惠儀　　美國哈佛大學東亞語言及文明系
　　　　李雄溪　　嶺南大學中文系
　　　　劉玉才　　北京大學中文系
　　　　王德威　　美國哈佛大學東亞語言及文明系
　　　　王　鍔　　南京師範大學文學院文獻與信息學系
　　　　徐　剛　　嶺南大學中文系
　　　　徐興無　　南京大學文學院
　　　　許子濱　　嶺南大學中文系
　　　　虞萬里　　浙江大學馬一浮書院
　　　　張　健　　澳門大學中文系
　　　　鄭吉雄　　香港教育大學人文學院
　　　　周興陸　　北京大學中文系

執行編輯：鄭政恒

目　錄

引言 …………………………………………………… 周興陸（ 1 ）
開幕式致辭：推動中國文化進一步融入世界文明體系 …… 杜曉勤（ 7 ）

本體及作家論
"文道觀"的理論内涵及其歷史演變 ………………………… 劉　寧（ 13 ）
文德：中國文論尚德精神的理論基石 ………………… 周興陸（ 35 ）

審美論
古典詩學情景説的理論構成及其演化特徵 ………………… 鄭利華（ 61 ）
再論意境的本質及其理論定位 ……………………………… 蔣　寅（ 87 ）
"興趣"的詩學意涵及其話語承變 ………………………… 陳廣宏（109）
"韻"範疇的衍化脉絡與"神韻説"的近世展開 …………… 侯體健（133）

文學功能及創作論
風自何方來？
　　——諷諭説的形成與演變 ……………………………… 程蘇東（151）
"虛實"範疇的生成語境與應用場景 ……………… 劉曉軍　姜俵容（173）
"義法"原委考
　　——一個古文概念工具的"時間層" ………………… 陸　胤（193）
口誦心惟："文氣"説的聲音性與文本性 ………………… 胡　琦（241）

《嶺南學報》徵稿啟事 ……………………………………………（277）
撰稿格式 ………………………………………………………（279）

Table of Contents

Literature and the Way: The Theoretical Foundation and
　　Historical Development of *Wendao* ·················· Liu Ning(13)

Literary Virtue: A Moral Cornerstone of Chinese Literary
　　Theory ································· Zhou Xinglu(35)

Formation and Evolution of the Theories of the Relation between
　　Qing and Jing in Classical Chinese Poetics ············ Zheng Lihua(61)

Revisiting the Nature of "Yi Jing" and Its Theoretical
　　Positioning ······························· Jiang Yin(87)

The Poetic Connotation of "Inspired Appeal" and the
　　Evolution of Its Discourse ···················· Chen Guanghong(109)

The Evolution of the Category of "Yun" and the Modern
　　Development of the "Shenyun Theory" ················ Hou Tijian(133)

From Whence Comes the Wind? Transformations of the
　　Concept of Fengyu from Admonition and Instruction to
　　Analogy and Satire ·························· Cheng Sudong(151)

The Generating and Applying Contexts of *xu*（emptiness）and
shi（substance）·························· Liu Xiaojun, Jiang Biaorong（173）

The Sources and Flows of "Yifa"：Sediments of Time in
a Conceptual Apparatus for Chinese Archaic Prose Writing
·· Lu Yin（193）

The Vocality and Textuality of *Qi* ······························ Hu Qi（241）

引　言

周興陸

　　文學理論幾乎是與文學同步産生的。自從有了文學，就有對文學的認知和解讀。中國文學理論是中華文明的重要組成部分，與中華文明一樣歷史悠久，源遠流長，是中華民族審美意識的精粹、人文精神的結晶、思想智慧的花朵。中國文學理論與源於歐洲文明的西方文論，各有其文化根基和發展路徑，各具特性，面目不同，也有相通甚至相同之處，都是人類文明的成果，值得共同分享，相互補充。

　　任何一種成熟的理論都有其特定的理論範疇，從範疇到命題到觀念，織成理論之網。中國文學理論體系也是由大大小小的範疇多層級地聯結而成。抓住重要的、核心的範疇，就能够綱舉目張，揭示中國文學理論的基本屬性和主要特徵。現代的中國文學批評史研究，起初就重視對範疇的研究。1945年，朱自清在《詩言志辨自序》中説："現在我們固然願意有些人去試寫中國文學批評史，但更願意有許多人分頭來搜集材料，尋出各個批評的意念如何發生，如何演變——尋出它們的史跡。這個得認真的仔細的考辨，一個字不放鬆，像漢學家考辨經史子書。"[①]這裏所謂"意念"就是指範疇、命題。朱自清的這段話，對於近百年來的中國文論範疇研究具有重要的指導意義。文學批評史研究無不把重心放在範疇的闡釋上，蔡鍾翔、涂光社、汪涌豪、李建中等先生都曾花費巨大心力研究文論範疇，取得實績。中國文論的演化，既表現爲範疇的相互替代，也呈現爲範疇含義的衍生。朱自清曾説："文學批評裏的許多術語沿用日久，像滚雪球似的，意義

---

① 朱自清：《詩言志辨自序》，載於《國文月刊》第36期（1945年6月），第3頁。

越來越多。"①許多重要的文論範疇都有一個漫長的演化史。有的範疇，剛提出時被放在顯著位置，特別耀眼，後來漸漸地就黯然退出了，如"風骨"範疇，在六朝時頻頻用於品人論文，劉勰《文心雕龍》設專篇標尚"風骨"；到了宋代以後，風骨漸漸從文論話語中淡出。有的範疇，起初只是有人不經意地提到，後來漸漸地發展爲一種文論思想的核心，如"性靈"一詞，六朝時出現於顔延之、劉勰筆下，到了明清時期在公安派和袁枚那裏纔賦予新意，並作爲一種思想主張明確地標舉出來。有的範疇如"意境""趣味""格調"等，彌漫於各個時代、各種文體，含義也因人而異，因時而變。研究中國文論範疇具有一定的難度。中國文論範疇含義的豐富性和模糊性限制了它進入當代文論話語、融入世界文論體系，當代中國讀者都難以理解和運用，更遑論它爲外國學者所理解和接受，由此而導致了歐美漢學家較少涉足中國文論的研究。也有一些學者努力將中國文論納入世界文學理論體系，但是難免以中國文論思想觀念遷就西方文論，中國文論在被闡釋中丟失了其文化內涵和理論特質。

　　蔡宗齊先生擔任美國伊利諾大學香檳校區東亞語言文化系及比較文學系教授、香港嶺南大學中文系講座教授、嶺南大學環球中國文化高等研究院院長，不僅研究中國文學和文學批評成就卓著，還長期致力於向西方世界推介中華優秀傳統文化，在美國先後出版了英文學術書籍 16 種和中文學術書籍 10 種，由中美著名學術出版社出版，產生了廣泛的影響②。有鑒於中國文論在西方世界的孤寂落寞，蔡宗齊教授新近開展了一個中國文論關鍵術語範疇譯介的集體研究計劃（Key Term Project），選擇中國文論史上十餘個重要的理論範疇，邀請中美兩國學者合作，由大陸學者撰文梳理每個範疇的歷史演變，闡釋其基本內涵，再與美國學者合作，譯爲英文，向西方學界展示中國文論家對文學現象各方面的獨特見解，通過關鍵術語範

---

① 朱自清：《詩文評的發展》，載於《文藝復興》第 1 卷第 6 期（1946 年 7 月），第 15 頁。
② 其中與文論關係密切的書籍包括：*A Chinese literary mind: Culture, Creativity, and Rhetoric in Wenxin diaolong* (ed.) (Stanford, Calif.: Stanford University Press, 2001); *Configurations of Comparative Poetics: Three Perspectives on Western and Chinese Literary Criticism* (United States: University of Hawai'i Press; 2001); *How To Read Chinese Poetry: A Guided Anthology* (ed.) (New York: Columbia University Press, 2008); *Critical Theory and Chinese Literary Studies* (Durham: Duke University Press, 2020); *Critical Theory and Premodern Chinese Literature* (co-ed. with Stephen Roddy) (Durham: Duke University Press, 2021); and *How To Read Chinese Prose: A Guided Anthology* (ed.) (New York: Columbia University Press, 2022).

疇的譯介,給世界送上進入中國文論寶藏的鑰匙,讓中國文論以更真實的面目走向西方學界,展示中國人的審美意識和思想智慧,参與世界文學理論體系的建構,"讓中國文論進入世界"的願景落入實處。2023年10月中旬,香港嶺南大學環球中國文化高等研究院與北京大學中文系聯合在香港舉行了這個計劃的研討會,北京大學中國語言文學系主任杜曉勤教授致開幕辭,提出海内外學者互相切磋,共同推動中國文化、中華學術走出去,進一步融入世界文明與學術體系;中美兩國二十餘位學者以中英文宣讀了論文,左東嶺教授、張健教授、錢志熙教授、陳引馳教授、杜曉勤教授、汪春泓教授、劉青海教授等專家點評,作者據專家點評進行修改,再經過匿名審查,遴選出這十篇論文,現在由《嶺南學報》發表。這一組論文有一些共同點:我們的作者都在中國文學與文論領域有精深的研究,既能全面把握中國文學批評史的態勢,又能對所研究的範疇有審慎而準確的闡論。我們選擇的是中國文論的關鍵術語範疇,每篇文章闡論的都是中國文論的基本思想和重大問題,關注的重心不在新文獻的發掘考辨,不在新問題的提出,而在於對範疇内涵意義的闡釋和辨析。我們研究的進一步目標是向西方世界譯介中國文論範疇,因此文字力求清通簡要,曉暢明晰,不作繁瑣引證,不鑽牛角尖式地糾纏於細枝末節。行文風格對於中西讀者也是頗爲友好的。

"文道"既是中國文論的基本範疇,又超越範疇而具有本體論的意義,揭示文學的本源、思想内涵與社會價值。文道觀的演變,是中國文學批評史的一條主脈,但是現代的文學理論話語很少直接涉及文道問題。劉寧先生的論文細緻地辨析"宗經明道""文原於道""文以明道""文以載道"等文論觀念在不同的時代文化背景中對文與道關係的不同認知,並評論現代文論之文道觀的得失。對"道"的超越價值的提示,尤其值得重視。其實,人類若不遵循道則寸步難行。文學同樣如此,源於道,遵循道,彰顯道,指向道。若離開道,便不足以論文。當然不同時代各有其道。文學不是舊制度、舊道德的維護者,而是可能世界的立法者,是未來前景的探照燈。

"文德"是中國文論之作家論的基本範疇。中國文化重視倫理,重視天人之際、群己之間的和諧。中國文論也重視文學的倫理屬性、倫理内容和倫理功能,表現在作家論上,強調作家的道德品性,主張以理正情,"先器識而後文藝"。而文藝創作天然地崇尚超越規矩、擺脱束縛的精神自由,因此二者之間形成張力。拙文闡釋"文德"論的内涵及其發展變化,提出"文德"

是不應放棄的傳統，當代中國文論應該有新時代的"文德"論。

這組論文有幾篇討論的是"情景""意境""興趣""神韻"範疇，這組範疇體現了以詩歌爲主體的中國文學特有的審美觀念，是理解中國文學與文學理論的鑰匙。

中國文化裏的心物論，與西方理論所謂主客關係論有著微妙的不同。唐人在傳統的心物論基礎上提出"情景"爲詩歌創作的本質基礎和審美構成，此後一直是古典詩學的重要範疇。鄭利華先生的論文，辨析感物、興與情景論的密切聯繫，梳理"情景"論的演化歷史，選取古人的經典論述，辨析中國詩學情景論的多樣化特徵。

"意境"範疇經王國維、宗白華、朱光潛、李澤厚等近現代學人的闡揚後，地位得到提升，又歧解疊出，没有定論。蔣寅先生曾有多篇文章闡釋意境問題，這次發表的論文在認識上是一個昇華，他認爲"意境根本就不是在概念層面可以解決的問題，它是一個範疇，是需要在範疇層面上把握的問題"；意境作爲範疇，聯繫著中國詩學悠久的、共有的傳統；以意境爲核心，可以搭建起解釋中國詩歌審美特質的理論框架，形成完整、清晰的概念系統和學術體系。這對於我們重新把握"意境"這個衆説紛紜的範疇的内涵有重要的啓發。

與"意境"密切相關的是"興趣"範疇。陳廣宏先生的論文首先採用語源學方法考釋"興""趣"二字含義的轉化，"興趣"範疇如何從二字的概念群中脱穎而出。陳先生充分利用今人的成果，對作爲嚴羽詩學重要範疇的"興趣"的内涵作細緻的辨析，並梳理"興趣"説在元明清的演變，及其對格調、性靈、神韻詩學的影響。

意境和興趣都追求"含不盡之意，見於言外"的藝術效果，即有神韻、有餘韻。侯體健先生的論文梳理"韻"從聲韻到氣韻、到神韻的發展脈絡，特別提到宋代范温"韻者美之極"的命題建構了"韻"範疇相對完整的體系，清代王士禛提出"神韻"説，最具標誌性意義。神韻超越了詩歌本身，是書畫藝術共同推崇的藝術境界，在現代文藝中仍有回響，甚至在西方文論中也可找到同調。

如果説"情景""意境""興趣""神韻"是關涉詩歌藝術審美論的範疇，那麼"諷喻"則是關於詩歌功能論、效果論的範疇。程蘇東先生的論文把經學、文學與文論相貫通，對儒家詩學範疇"諷喻"的形成和演變史作出細緻的梳理。《毛詩大序》"上以風化下，下以風刺上"具有溝通上下的雙重功能,其内涵則存在由中央對地方和周邊的教化向臣下對君主的諫刺的轉化。鄭玄以後,諷喻與譬喻相整合,突出其政教性與修辭性;至白居易則提出語言直白的"諷喻詩"。此後,直露與深婉不同的語言風格交錯互進,共同構成"諷諭"詩學理論流變史。

這組論文中的"虛實"和"義法"屬於創作論範疇。劉曉軍先生的論文探討"虛實"範疇的生成語境與應用場景。虛實從最早關於天道、人道的論述到後來運用於文藝創作,講究虛白和質實,甚至虛實字之辨,貫通形上與形下,是中國人理解自然與人文的一組二元對立結構,涵蓋了詩、詞、小說、戲曲以及繪畫、書法等各種文學藝術類型。要了解中國人的世界觀和藝術觀,就不能不理解虛實論。

"義法"是清代學者方苞提出的一個古文概念。陸胤先生的論文考辨義法的原委,辨析義法如何從宋元明以來文章法度論中脱穎而出,聯繫方苞個人經歷與時代文化背景,揭示他激活"義法"範疇的用意,闡述義法的多層含義,及其在桐城派和近代文化中的引申、變化。

中國文學理論將"人文"與"地文""天文"相貫通,從元氣到文氣的"氣"範疇就體現這一特點。"氣"範疇同時還貫通作者、作品與讀者。胡琦先生的論文揭示"氣"是中國傳統文學批評中一個内蘊豐富的概念,貫通"人"與"文"的語言聲氣,兼有作者才氣、語句辭氣、篇章氣勢等多層次的含義。讀者因聲求氣,用誦讀的方式不斷重構"文氣"的聲音本源。

這些論文研究對象各有不同,相應地,作者採取不同的方法和路徑,一般都能縱横交錯,在對範疇演變史的清晰勾勒中,揭示每一個範疇在特定時代的内涵。這種研究方法是符合中國文論範疇"沿用日久,像滾雪球似的,意義越來越多"的特徵的。這些論文所研究的都是中國文論核心範疇和術語,内容看似熟悉,但是都各有新意。一些看似研究已經較爲充分的範疇術語,如能進一步深入探究下去,也會有新的發現和收穫。通過這些研究還可以發現,中國文論是在不斷的實踐運用中,通過賦予舊範疇以新含義,而向前推進發展的。這啓示我們,今天的文學理論和文學批評依然應該在運用舊範疇中創新發展,中國文論傳統只有在文學活動的實踐中纔能得到激活,焕發新生。

中國文論關鍵術語範疇的譯介,是一項巨大的學術工程,期待更多的優秀學者能參與這項有意義的工作,推動中華優秀文化走出去。現在我們先推出這一組論文,接受廣大讀者的檢驗。

開幕式致辭：推動中國文化進一步融入世界文明體系

杜曉勤

尊敬的秦泗釗校長、珍妮佛・庫魯(Jennifer Crewe)社長、蔡宗齊院長及各位嘉賓：

上午好！

首先，作爲此次國際研討會主辦方之一，我要代表北京大學中文系對諸位不辭辛勞、撥冗與會，表示衷心的感謝和熱烈的歡迎。

這次會議的主題"給世界送上進入中國文論寶藏的鑰匙：關鍵術語的譯介"，是蔡宗齊教授近年來致力推動的"中國人文領域關鍵術語"譯介工程的重要内容。多年前，當我們聽到蔡教授的這一宏偉計劃時，都十分欽佩並欣然參與。

確實如蔡教授所擬會議主題所云，術語，正是進入某一學術領域的津梁或者學科大門的鑰匙。因爲術語或者範疇，是對事物、現象的本質聯繫的概括。人類的理論思維，如果不憑藉術語、概念或範疇，是無從表達的。在中國文論領域，自古以來就産生了許多術語、範疇，它們是中國古代文藝理論思維的結晶和理論體系的支點。一部中國文論史，在很大程度上也可以説是一部文論術語、範疇的形成、演變史。

相應地，中國文論研究界也有悠久的術語、範疇研究史。我雖然不是中國文論研究方向的專業學者，但僅憑淺顯粗陋的瞭解，也知道，從20世紀二三十年代開始，羅根澤、郭紹虞等先生篳路藍縷創立中國古代文學批評史或文藝理論史的時候，就十分重視文論術語的研究和辨析。如羅根澤先生在《中國文學批評史》中對先秦以來的"文"與"文學""文章""文氣説"、南朝齊梁以來的"音律説"、隋唐時期的"調聲術"分别作了梳理和闡述。郭紹虞先生則發表了一系列深入剖析"神""氣"說、"文氣"、"文筆"與"詩筆"、"永明聲病說"、"神韻"與"格調"、"性靈"說、"文"與"文學"、"道"、"意"、"六義"說的系列專題論文，爲建構中國古代文論學科體系和理論框架，奠定了堅實的支點和基礎。20世紀八九十年代，一批古代文論領域的新鋭學者，尤其是文藝理論或者古典美學專業方向的博士生在擬定學位論文選題時，也多以範疇爲研究對象。如南京大學中文系張伯偉博士的學位論文題目是《中國古代文學批評方法研究》，從文史哲結合、文學與藝術結合、中外結合等多角度，對中國古代文學批評的重要方法及其名稱如"以意逆志"論、"推源溯流"法、"意象批評"法、"詩格"論等的理論涵義和操作方式作了綜合研究，試圖將隱而未彰的中國古代文學批評方法的體系重現出來。又如復旦大學中文系汪涌豪博士的學位論文，則抓住"風骨"這一範疇進行專門研究，梳理了"風骨"的內涵自魏晉至隋唐，從傳統相術到人物品鑒再到書法、繪畫、詩歌美學評論的演變、引申和發展過程，嘗試以點帶面揭示中華民族審美結構的本質。

在這種範疇研究風氣的推動下，中國人民大學中文系的蔡仲翔教授主編了《中國古典美學範疇叢書》，在中國人民大學出版社先後出版了袁濟喜的《和：中國古典審美理想》（1989）、涂光社的《勢與中國藝術》（1990）、陳良運的《文與質·藝與道》（1992）、汪涌豪的《中國古典美學風骨論》（1994）、蔡仲翔、曹順慶的《自然·雄渾》等系列專著。與此同時，華東師範大學中文系的徐中玉教授則主編了一套《中國古代文藝理論專題資料叢書》，也推出了《本原·教化》（王壽亨編選）、《意境·典型》（陳謙豫編選）、《比興》（蕭華榮編選）、《神思·文質》（侯毓信編選）、《辯證·法度》（蔣樹勇編選）、《才性·情志》（陸曉光、黃坤編選）、《文氣》（蔣述卓編選）、《通變·風骨》（陸海明、徐文茂編選）、《知音》（毛時安、譚帆編選）等術語範疇的專題資料彙編。

此後，中國古代文論研究界對"術語""範疇"的研究更是突飛猛進，學術積累更爲深厚。現如今，蔡宗齊教授提出和主持中國文論關鍵術語的譯介工程，是對近百年來中國古代文論研究領域，尤其是術語範疇研究成果的總結、集成和提升，適逢其時，意義非凡。

其次，中國古代文論的術語範疇，由於思維方式的民族性所帶來的特殊性，呈現出與西方文藝理論概念、美學範疇迥然不同的面貌，因而在世界文藝理論史和文學理論體系中，也具有獨特的價值。

在此之前，國外許多學者已經對中國文論術語和範疇做了大量的介紹工作，編撰了一些《中國文學手册》《中國古代文學研究指南》等入門讀物，爲西方國家的師生學習中國文藝理論提供了便利。還有一些華裔學者則嘗試用西方文藝理論的觀念和研究方法來闡釋中國文論術語和體系，如劉若愚的《中國文學理論》從當代文學理論的不同視角來研究和闡釋中國文學與文論，以形上理論、決定理論、表現理論、技巧理論和實用理論等西方文論的範疇爲框架來挖掘中國文學的價值，力圖打破中西文化研究的壁壘。再如高友工的《美典》由體類論文學，從抒情詩尤其是律詩與戲曲入手，強調中國文化史尤其是傳統文學中的抒情美典或抒情精神，以期與西方文化中的敘述傳統、悲劇精神相區隔。都在海內外學界產生了深遠的影響。

　　但是，中國本土，包括港澳臺學者立足於中華民族傳統思維方式和本土視角的文論研究的優秀成果的外譯工作，則少有人做，更顯得零散，這無疑是令人十分遺憾的。

　　現在蔡宗齊教授利用他的地利（任職於美國和中國香港）、人和（在中美學界均有一大批志同道合的朋友）之便，再加上中國文化界和學術界正在響應時代的號召，著力建構中國特色的知識話語體系，爲世界文明包括文藝理論努力貢獻中國智慧和中國方案，故亦具備"天時"之優，所以，這個"中國文論領域關鍵術語譯介工程"，自然就水到渠成，能夠順利啓動了。

　　作爲活動的主辦方之一，北京大學中文系在中國古代文藝理論和文學批評史研究領域也具有優秀的學術傳統，積累了豐碩的研究成果。20世紀80年代至本世紀初，張少康教授、盧永璘教授、張健教授、汪春泓教授、楊鑄教授將北京大學中文系建設成了中國古代文學理論史的一個重鎮。雖然這個專業方向後來有一段時間處於低谷，但是在廣大學界同仁包括蔡宗齊教授和今天與會朋友的持續關心和大力支持下，我們最近又能夠外引內聯，重新在中國文論研究領域集結了一批學術力量，且希望在不久的將來，不負衆望，迎來又一個學術高峰。今天我們前來參會的同事共有七位，如果再加上系友，則有十二位，我們願意借香港寶島、在這次會上，向海內外學界朋友請教學習，互相切磋，共同推動中國文化、中華學術走出去，進一步融入世界文明與學術體系，將北京大學中國語言文學學科真正建設成世界一流學科。

因此，我們要再次感謝蔡宗齊教授主持這個工程、感謝香港嶺南大學全力籌辦此次會議、感謝海內外學界朋友共襄盛舉的深情厚誼。

　　最後，祝會議取得圓滿成功，祝與會嘉賓在港期間交流愉快！

　　謝謝！

本體及作家論

"文道觀"的理論内涵及其歷史演變

劉 寧

【摘 要】"文道"是中國古代文論的核心範疇,"文道觀"關注文學的思想内涵與社會價值。先秦時期荀子提倡"宗經明道",推重儒家經典對明道的重要意義。南朝劉勰《文心雕龍·原道》提出的"文原於道"强化了"文道觀"的本體論建構。唐宋古文家及其後繼者提倡"文以明道",追求"文道並重""文道合一",在强調創作者主體自覺的基礎上,提倡"文"的明道意義。理學家提倡"文以載道",體現出"重道輕文"的理論傾向。20世紀後,圍繞"文以載道"所展開的質疑與反思,推動了對傳統"文道觀"的抽象繼承。

【關鍵詞】 文道 宗經明道 文原於道 文以明道 文以載道

"文道"是中國古代文論的核心範疇,"文道觀"關注文學的思想内涵與社會價值,對文學創作產生了廣泛而深入的影響。"文道觀"的理論内涵經歷了複雜的歷史演變。先秦時期,荀子提倡"宗經明道";南朝劉勰《文心雕龍·原道》提出"文原於道";唐宋古文家及其後繼者追求"文以明道",注重"文道並重";理學家提倡"文以載道",體現出"重道輕文"的理論傾向。20世紀後,圍繞"文以載道"所展開的質疑與反思,推動了對傳統"文道觀"的抽象繼承。古今論者圍繞"文道"所展開的思考,豐富和深化了對文學精神意義與社會價值的認識。

一、宗經明道與文原於道

"文"與"道"兩個概念的内涵頗爲複雜,《説文解字》:"文,錯畫也,象交文。"①意即"文"是由線條交錯而形成的帶有修飾性的形式。任何事物的形式只要具有某種"錯畫"性或修飾性,均可稱之爲"文"。不僅自然事物有"文",社會事物亦有"文"。政治禮儀、典章制度、文化藝術,均可稱"文"。人的服飾、語言、行爲、動作,亦可稱"文"。後世所謂"文學"這一層含義,包含在上述廣義之"文"中②。先秦文獻中出現的"文",多指文化之"文",很少指文章寫作之"文"。先秦文獻中的"道",含義頗爲豐富。儒家所討論的"道",側重禮義之道、人倫社會之道;道家所言之"道",則側重本體論意義的天道。先秦思想家較少關注"文"與"道"之間的相互關係。

荀子主張宗經明道,他高度重視禮樂修身的意義,主張士君子要通過取法聖人、學習經典來明道,其《荀子·儒效》云:"聖人也者,道之管也。天下之道管是矣,百王之道一是矣。故《詩》《書》《禮》《樂》之歸是矣。《詩》言是其志也,《書》言是其事也,《禮》言是其行也,《樂》言是其和也,《春秋》言是其微也。故《風》之所以爲不逐者,取是以節之也;《小雅》之所以爲小雅者,取是而文之也;《大雅》之所以爲大雅者,取是而光之也;《頌》之所以爲至者,取是而通之也。天下之道畢是矣。"③在荀子看來,道統一於聖人,全面反映於《詩》《書》《禮》《樂》《春秋》等經典之中。通過以聖人爲法、以六經爲法,即可明道。這種宗經明道的追求,高度關注儒家經典的明道意義,對後世"文道觀"産生了重要影響④。

西漢揚雄直接繼承了荀子的見解,他認爲道通過聖人來傳達,"聖人之言,天也"(《法言·五百》)⑤;"衆言淆亂則折諸聖"(《法言·吾子》)⑥。如果聖人已不在世,則當取法記録聖人言論精華的經典:"或曰:'惡睹乎聖而

---

① 許慎撰,徐鉉等校《説文解字》,上海:上海古籍出版社2007年版,第440頁。
② 張少康《中國文學理論批評史教程》,北京:北京大學出版社1999年版,第4—5頁。
③ 王先謙撰,沈嘯寰、王星賢點校《荀子集解》,上册,第四卷,北京:中華書局1988年版,第133—134頁。
④ 參見顧易生、蔣凡《先秦兩漢文學批評史》,上海:上海古籍出版社1990年版,第127—130頁。
⑤ 汪榮寶撰、陳仲夫點校《法言義疏》第十一卷,北京:中華書局1987年版,第261頁。
⑥ 汪榮寶撰、陳仲夫點校《法言義疏》,第82頁。

折諸?'曰:'在則人,亡則書,其統一也。'"(《法言·吾子》)①"舍舟航而濟乎瀆者,末矣;舍《五經》而濟乎道者,末矣。"(同前)②五經是濟道之具,作爲聖人之言的精華,體現了言辯的最高境界:"或問:'《五經》有辯乎?'曰:'惟《五經》爲辯。説天者莫辯乎《易》,説事者莫辯乎《書》,説體者莫辯乎《禮》,説志者莫辯乎《詩》,説理者莫辯乎《春秋》。舍斯,辯亦小矣。"(《法言·寡見》)③揚雄這些見解,體現了對荀子宗經明道説的直接繼承④。東漢王充在《論衡》中提出"《五經》以道爲務"(《程材》)⑤,"夫儒生能説一經,自謂通大道"(《謝短》)⑥。這也是宗經明道的體現。

　　荀子所言之"道",側重人倫社會之道,或爲儒者修身的禮義之道,或爲治國之道,其經驗性的色彩比較濃厚。《荀子·儒效》云:"道者,非天之道,非地之道,人之以道也,君子之所道也。"⑦這與道家所關注的本體意義上的天道之"道",頗爲不同。西漢以下,在道家思想的影響下,一些關於宗經明道的討論,其所謂"道",側重具有本體意義的自然之道。例如《淮南子·原道訓》指出世界萬物皆以道爲本原,這裏所説的"道",即是老莊所説的自然之道。《淮南子·泰族訓》云:"五行異氣而皆適調,六藝異科而同同道。溫惠柔良者,《詩》之風也;淳龐敦厚者,《書》之教也;清明條達者,《易》之義也;恭儉尊讓者,禮之爲也;寬裕簡易者,樂之化也;刺幾辯義者,《春秋》之靡也……六者,聖人兼用而財制之。"⑧這裏的"六藝異科而同道",其對六經的推重,似與荀子之宗經多有接近,但其所謂"道"則是自然之道,與荀子所言之"道"已頗不同。《淮南子·本經訓》云:"在内而合乎道,出外而調於義,發動而成於文,行快而便於物。"⑨這裏將"文"視爲"道"向外發動而成,對文道關係的理解,呈現出明顯的本體論色彩。這在劉勰《文心雕龍》中得到繼承。

　　劉勰《文心雕龍·原道》提出"文原於道",認爲"道"是"文"的本原,從

---

① 汪榮寳撰、陳仲夫點校《法言義疏》,第82頁。
② 汪榮寳撰、陳仲夫點校《法言義疏》,第67頁。
③ 汪榮寳撰、陳仲夫點校《法言義疏》,第215頁。
④ 參見顧易生、蔣凡著《先秦兩漢文學批評史》,第528—532頁。
⑤ 黄暉校釋《論衡校釋》第十二卷,北京:中華書局1990年版,第543頁。
⑥ 黄暉校釋《論衡校釋》,第554頁。
⑦ 王先謙撰,沈嘯寰、王星賢點校《荀子集解》,第122頁。
⑧ 何寧《淮南子集釋》第二十卷,北京:中華書局1998年版,第1392—1393頁。
⑨ 何寧《淮南子集釋》,第555頁。

本體和根源上認識"道"之於"文"的意義。他對於文道關係的探討,有了重要的理論推進。《原道》開篇云:"文之爲德也大矣,與天地並生者何哉?"①"德"爲"得道"之意,文作爲道的體現,其意義十分重大。劉勰進而認爲:"夫玄黄色雜,方圓體分,日月疊璧,以垂麗天之象;山川焕綺,以鋪理地之形:此蓋道之文也。"②文是道的一種外化,不論天地之文還是動植之文,都是"道之文"。劉勰雖然從廣義的"文"入手來談"文"與"道"的關係,但他更把目光聚焦於"人文"的創造:"(人)爲五行之秀,實天地之心,心生而言立,言立而文明,自然之道也。"③天地萬物之"道"和廣義的"文",在人身上的體現即爲心和文(人文)。人的心也是道的體現,"心之文"即是"人文",即用語言文字表達的文章,它不僅也是"道之文",而且是最應受到關注的。從《文心雕龍》的整體討論來看,其所言之"文",主要側重"文章"的涵義,詩歌也包含在其中。這雖然比後世的"文章"概念更寬泛,但相對於先秦以來的廣義之"文",則更加聚焦於語言文字表達之"文"。他提出的"文原於道",表達了對文章創作之本體與本質的認識,體現出鮮明的理論新意④。

　　劉勰的"文原於道",也繼承了荀子"宗經明道"的影響。在《原道》中,他提出"道沿聖以垂文,聖因文而明道"⑤,認爲聖人通過其所創制的"文"來明道。《徵聖》指出聖人之文"或簡言以達旨,或博文以該情,或明理以立體,或隱義以藏用"⑥,達到了華實兼備的理想境界:"聖文之雅麗,固銜華而佩實者也。"⑦六經是聖人之文的經典:"《春秋》一字以褒貶,《喪服》舉輕以包重,此簡言以達旨也。《邠詩》聯章以積句,《儒行》縟説以繁辭,此博文以該情也。書契決斷以象《夬》,文章昭晰以象《離》,此明理以立體也。四象精義以曲隱,五例微辭以婉晦,此隱義以藏用也。"⑧他認爲文章寫作當以六經爲法。在《宗經》中,他説:"文能宗經,體有六義:一則情深而不詭,二則風清而不雜,三則事信而不誕,四則義直而不回,五則體約而不蕪,六則文

---

① 劉勰著,范文瀾注《文心雕龍注》,上册,第一卷,北京:人民文學出版社 1958 年版,第 1 頁。
② 劉勰著,范文瀾注《文心雕龍注》,第 1 頁。
③ 劉勰著,范文瀾注《文心雕龍注》,第 1 頁。
④ 張少康《中國文學理論批評史教程》,第 120—123 頁。
⑤ 劉勰著,范文瀾注《文心雕龍注》,第 3 頁。
⑥ 劉勰著,范文瀾注《文心雕龍注》,第 15 頁。
⑦ 劉勰著,范文瀾注《文心雕龍注》,第 16 頁。
⑧ 劉勰著,范文瀾注《文心雕龍注》,第 16 頁。

麗而不淫。"①他進而認爲後世之文皆源於六經:"故論說辭序,則《易》統其首;詔策章奏,則《書》發其源;賦頌歌贊,則《詩》立其本;銘誄箴祝,則《禮》總其端;紀傳盟檄,則《春秋》爲根。並窮高以樹表,極遠以啓疆,所以百家騰躍,終入環内者也。"②

　　劉勰所主張的"徵聖""宗經"與其標舉的"原道"相結合,體現了將荀子"宗經明道"論與道家本體論思考相融合的追求,在此基礎上,他對"文"的理解更加聚焦"人文",側重"文章"之"文",即使是闡發"徵聖""宗經",也更加著眼於六經的文章特色,以及聖人作爲作者的特點。"文原於道"説關注文章創作的本體與本原。唐宋以後"文道觀"的理論建構,以儒學爲本,不受老莊自然觀之影響,因此並没有直接繼承劉勰的"文原於道"説,但在對"文""道"内在聯繫不斷深化的思考中,也呈現出本體化的思考傾向,觸及文之本原等問題。

　　總之,先唐時期可視爲"文道觀"建構的準備期。這一時期,"文"的概念從廣義之文,逐漸聚焦於"人文"並開始側重文章寫作之"文";"道"也從荀子的社會倫理之"道",逐漸融合道家自然之道,擁有本體的涵義。重視宗經明道,關注文之本原,是這一時期"文""道"關係思考留給後世"文道觀"建構的重要思想遺産。

二、文道并重與文以明道

　　唐宋以下,特別是隨著古文運動的興起和深化,古文寫作成爲重要的創作傳統,古文家十分關注的"文""道"關係討論,產生了深遠影響。"文道觀"的理論建構得到深入推進。古文家"文以明道"的理論追求,成爲"文道觀"的核心内容。

　　韓愈作爲古文運動的倡導者,以"明道"爲其古文創作之宗旨,其《諍臣論》言士君子"居其位,則思死其官;未得位,則思修其辭以明其道"③。柳宗元作爲韓愈提倡古文的同道,也明確標舉"文以明道":"始吾幼且少,爲

---

① 劉勰著,范文瀾注《文心雕龍注》,第23頁。
② 劉勰著,范文瀾注《文心雕龍注》,第22—23頁。
③ 韓愈著,劉真倫、岳珍校箋《韓愈文集匯校箋注》第四卷,北京:中華書局2010年版,第2册,第469頁。

文章以辭爲工。及長，乃知文者以明道，是固不苟爲炳炳烺烺，務彩色，誇聲音而以爲能也。"(《答韋中立論師道書》)①韓柳所關注的文辭，已經不是廣義之文，而是文章之文；其所謂"道"，則是儒家仁義道德之道。韓愈還建立了儒學"道統"。從《原道》《原性》等文章來看，韓愈對儒家之道的思考，已經體現出本體論的追求，但這種本體思考並沒有受到道家的影響，與先唐時期《淮南子》《文心雕龍》受道家影響而展開的本體思考明顯有別。韓柳所標舉的"文以明道"，追求以古文創作發明儒家之道，這也奠定了唐宋以迄明清古文家文道思考的基本追求。

韓愈追求文以明道，十分强調"明道"的主體自覺。他認爲："己之道乃夫子、孟軻、揚雄所傳之道也。"(《重答張籍書》)②古聖人之道，要通過"己"來發明。在這一點上，他對荀子的宗經明道有了顯著的突破。韓愈自稱"約六經之旨而成文"，對於儒家經典他也深入取法，涵詠沉潛。這與荀子的宗經明道不無接近，但荀子的宗經明道，出自其"化性起僞"的禮樂教化思想，注重對聖人經典的遵循與取法。其"宗經"強調的是約束與規範。韓愈的明道，則始終關注主體内在自覺的精神力量③。

與這種自覺相聯繋，韓愈的古文理論呈現出濃厚的修養論色彩，其《答李翊書》對古文學習體驗做了深刻描繪："雖然，學之二十餘年矣。始者非三代兩漢之書不敢觀，非聖人之志不敢存。處若忘，行若遺，儼乎其若思，茫乎其若迷。當其取於心而注於手也，惟陳言之務去，戛戛乎其難哉！其觀於人也，不知其非笑之爲非笑也。如是者亦有年，猶不改，然後識古書之正僞，與雖正而不至焉者，昭昭然白黑分矣，而務去之，乃徐有得也。當其取於心而注於手也，汩汩然來矣。其觀於人也，笑之則以爲喜，譽之則以爲憂，以其猶有人之説者存也。如是者亦有年，然後浩乎其沛然矣。吾又懼其雜也，迎而距之，平心而察之，其皆醇也，然後肆焉。"④正是在這個不斷沉浸揣摩聖人之"文"的過程中，他纔體會到聖人之道。而其間自己的修養不斷提升的標誌，就是能夠越來越清晰地分辨"文"之正僞與精粗，所謂"古書之正僞，與雖正而不至焉者"。顯然，這已經不僅僅是一個文學的研摹與創

---

① 柳宗元撰，尹占華校注《柳宗元文集校注》第三十四卷，北京：中華書局2013年版，第7册，第2178頁。
② 韓愈著，劉真倫、岳珍校箋《韓愈文集匯校箋注》，第562頁。
③ 劉寧《同道中國：韓愈古文的思想世界》，北京：三聯書店2023年版，第405—410頁。
④ 韓愈著，劉真倫、岳珍校箋《韓愈文集匯校箋注》，第700頁。

作狀態，更是一個精神上不斷修養砥礪以優入聖域的過程①。韓愈在這裏進一步提出了"氣盛言宜"的著名觀點，所謂："氣，水也；言，浮物也。水大而物之浮者大小畢浮，氣之與言猶是也，氣盛則言之短長與聲之高下者皆宜。"②"氣盛言宜"無疑要以"養氣"爲本，而"養氣"同樣是身心修養的重要方式。

韓愈對"文"的意義給予了充分的重視，主張"文道并重""文道合一"。其《答陳生師錫書》云："愈之志在古道，又甚好其言辭。"③在《答李圖南秀才書》中説："然愈之所志於古者，不惟其辭之好，好其道焉爾。"④"文"對於韓愈來講，表達了古文作者的主體自覺，展現了精神修養的豐富內涵，有著極其重要的意義。

韓愈重視"文"的豐富性，走出了荀子宗經明道拘守六經的藩籬，對"三代"與"兩漢"之文兼收並取。其《進學解》云："先生口不絕吟於六藝之文，手不停披於百家之編。……作爲文章，其書滿家，上規姚姒，渾渾無涯，《周誥》《殷盤》，佶屈聱牙，《春秋》謹嚴，《左氏》浮誇，《易》奇而法，《詩》正而葩，下逮《莊》《騷》，太史所録，子雲相如，同工異曲，先生之於文，可謂閎其中而肆其外矣。"⑤如此閎中肆外的氣魄，正是韓愈對"文"的豐富性的追求。同時，韓愈突破了宗經明道説對"中和"美學趣味的追求，強調文章創作要表現卓犖不群的個性。在韓愈看來，聖人的創作之所以堪爲典範，不在於典雅中正，而在於體現了不因循故常、卓犖奇偉的精神境界，所謂"聖人之道，不用文則已，用則必尚其能者。能者非他，能自樹立，不因循者是也"（《答劉岩夫書》）⑥。上述《進學解》自道爲學經歷之語，也體現出韓愈最推重先聖百家之文卓犖不群的個性。

韓愈對"文"的豐富性的重視，還體現在對文的抒情內涵的理解更爲豐富。其討論爲文之"氣"，繼承了孟子"養氣"之論注重道德情感涵蓄長養的傳統，但同時也對情感的複雜狀態有了更多容納，對道德人情和自然人情之間的複雜聯繫有新的安頓。韓愈爲文，多寫個人的窮愁感憤，但他認爲自己的

---

① 參見劉寧《同道中國：韓愈古文的思想世界》，第43—45頁。
② 韓愈著，劉真倫、岳珍校箋《韓愈文集匯校箋注》，第701頁。
③ 韓愈著，劉真倫、岳珍校箋《韓愈文集匯校箋注》，第731頁。
④ 韓愈著，劉真倫、岳珍校箋《韓愈文集匯校箋注》，第725頁。
⑤ 韓愈著，劉真倫、岳珍校箋《韓愈文集匯校箋注》，第147頁。
⑥ 韓愈著，劉真倫、岳珍校箋《韓愈文集匯校箋注》，第866頁。

"感激怨懟奇怪之辭","不悖於教化"(《上宰相書》)①。這些都極大豐富了他對"文"的認識,令其"文道并重""文道合一"的追求,擁有深厚的理論内涵。

韓愈所建構的"文道觀",在宋代以下,爲古文家所繼承。隨着古文創作傳統的不斷發展,"文道觀"的理論影響日益擴大,在"文以明道""文道并重""文道合一"的基本格局下,其理論内涵也出現一些變化。

北宋古文運動領袖歐陽修,提倡韓愈古文,同樣非常關注"文"與"道"的關係,認爲"道勝者文不難而自至也"(《答吴充秀才書》)②。其所謂"道勝",是如韓愈一樣强調主體對道的内在自覺,强調主體精神的内在充實。他在《與樂秀才第一書》中説:"聞古人之於學也,講之深而言之篤,其充於中者足,而後發乎外者大以光。譬夫金玉之有英華,非由磨飾染濯之所爲,而由其質性堅實,而光輝之發自然也。"③古文創作正是充實内心的光輝自發。歐陽修是務實有爲的政治家,他所提倡的"道勝",還包含了士人要關心百事,關注現實問題,認爲"君子之於學也務爲道,爲道必求知古,知古明道,而後履之以身,施之於事,而又見於文章而發之,以信後世。"士人不當"舍近取遠,務高言而鮮事實"(《與張秀才第二書》)④。他也十分關注"文"的意義,發揮"言之無文,行而不遠"之義,提出:"君子之所學也,言以載事,而文以飾言,事信言文,乃能表見於後世。……其言之所載者大且文,則其傳也章;言之所載者不文而又小,則其傳也不章。"(《代人上王樞密求先集序書》)⑤總之,歐陽修繼承了韓愈"文道觀"的"文道並重"旨趣,强調"明道"的主體自覺與内在充實,同時强調了"明道"與關心現實的聯繫。這些都呼應了時代的需要,對推動宋代古文運動的發展,起了重要作用⑥。

蘇軾作爲北宋古文運動的代表作家,積極繼承了韓愈、歐陽修的"文""道"關係思考。他説"吾所謂文,必與道俱"(《朱子語類》引)⑦。他對"道"的理解,以儒家爲本,同時體現出鮮明的本體論特點,受到《易經》的顯

---

① 韓愈著,劉真倫、岳珍校箋《韓愈文集匯校箋注》,第 646 頁。
② 歐陽修著,洪本健校箋《歐陽修詩文集校箋》,《居士集》第四十七卷,上海:上海古籍出版社 2009 年版,下册,第 1177 頁。
③ 歐陽修著,洪本健校箋《歐陽修詩文集校箋》,第 1849 頁。
④ 歐陽修著,洪本健校箋《歐陽修詩文集校箋》,第 1759 頁。
⑤ 歐陽修著,洪本健校箋《歐陽修詩文集校箋》,第 1777—1778 頁。
⑥ 顧易生、蔣凡、劉明今《宋金元文學批評史》,上海:上海古籍出版社 1996 年版,上册,第 68—81 頁。
⑦ 黎靖德編,王星賢點校《朱子語類》第一三九卷,北京:中華書局 1986 年版,第 8 册,第 3319 頁。

著影響。他說:"聖人知道之難言也,故借陰陽以言之,曰一陰一陽之謂道。一陰一陽者,陰陽未交而物未生之謂也,喻道之似莫密於此者矣。"①他認爲《易經》的"一陰一陽之謂道"最類似道的狀態。陰陽之氣生成萬物,在萬物中就隱含了"道",因此他強調"道可致而不可求"(《日喻》)②,主張要在萬事萬物中求"道":"古之學道,無自虛空入者。輪扁斫輪,傴僂承蜩,苟可以發其巧智,物無陋者。"(《送錢塘僧思聰歸孤山敘》)③蘇軾也高度重視"文"的意義,追求行雲流水般的"辭達"之境,在《與謝民師推官書》中,他稱讚對方"所示書教及詩賦雜文,觀之熟矣。大略如行雲流水,初無定質,但常行於所當行,常止於不可不止,文理自然,姿態橫生。孔子曰:'言之不文,行而不遠。'又曰:'辭達而已矣。'夫言止於達意,疑若不文,是大不然。求物之妙,如繫風捕影,能使是物了然於心者,蓋千萬人而不一遇也。而況能使了然於口與手者乎?是之謂辭達。辭至於能達,則文不可勝用矣。"④他還提出了道藝并重的見解:"有道有藝,有道而不藝,則物雖形於心,不形於手。"(《書李伯時山莊圖後》)⑤這些都體現出"文道並重"的追求。

　　文道並重的"文道觀",到明清時期又有新的發展。以唐順之、王慎中、茅坤、歸有光爲代表的明代唐宋派,注重取法唐宋古文,尤其注重學習歐陽修、曾鞏之文,主張文道並重,唐順之云:"文與道非二也,更願兄完養神明以探其本原,浸涵六經之言以博其旨趣,而後發之,則兄之文益加勝矣。"(《答廖東雩提學》)⑥王慎中推重曾鞏《宜黃縣學記》《筠州學記》、王安石《虔州學記》《慈溪縣學記》"文詞義理並勝"(《與汪直齋》)⑦。茅坤則云:"文章之或盛或衰,特於其道何如耳。"(《文旨贈許海岳沈虹台二內翰先生》)⑧王慎中非常強調一己內心對道的體會,認爲"致知者信在內而不在外"、"卒歸於自爲其言"。在此基礎上,他認爲爲文可以博取,法度"有約有

---

① 蘇軾《東坡易傳》,第七卷,《景印文淵閣四庫全書》,臺北:臺灣商務印書館1986年版,第9冊,第124頁。
② 孔凡禮點校《蘇軾文集》第六十四卷,北京:中華書局1986年版,第1981頁。
③ 孔凡禮點校《蘇軾文集》,第326頁。
④ 孔凡禮點校《蘇軾文集》,第1418頁。
⑤ 孔凡禮點校《蘇軾文集》,第2211頁。
⑥ 唐順之著,馬美信、黃毅《唐順之集》,杭州:浙江古籍出版社2014年版,上冊,第232頁。
⑦ 王慎中撰《遵岩集》第六卷,《景印文淵閣四庫全書》,臺北:臺灣商務印書館1986年版,第1274冊,第533頁。
⑧ 茅坤著,張夢新、張大芝點校《茅坤集》第十四卷,杭州:浙江古籍出版社2012年版,第2冊。第484頁。

放",不必拘泥。歸有光也強調自心對於聖人之道的體認:"夫聖人之道,其跡載於《六經》,其本具於吾心。本以主之,跡以徵之,燦然炳然,無庸言矣。"(《示徐生書》)①這些見解都繼承了唐宋古文家重視創作者主體自覺與精神內在充實的傳統。

　　唐宋派多受王陽明心學的影響,對自心獨立自覺的體悟之力,有更加突出的強調。唐順之《與茅鹿門知縣二》云:"雖其繩墨佈置、奇正轉折自有專門師法,至於中一段精神命脈骨髓,則非洗滌心源、獨立物表、具今古隻眼者不足以與此。"②他推重"洗滌心源、獨立物表"的真精神,認爲有"真精神與千古不可磨滅之見"③,即是文章本色:"今有兩人,其一人心地超然,所謂具千古隻眼人也,即使未嘗操紙筆呻吟學爲文章,但直據胸臆,信手寫出,如寫家書,雖或疏鹵,然絕無煙火酸餡習氣,便是宇宙間一樣絕好文字。其一人猶然塵中人也,雖其專專學爲文章,其於所謂繩墨佈置則盡是矣,然番來覆去不過是這幾句婆子舌頭語,索其所謂真精神與千古不可磨滅之見,絕無有也,則文雖工,而不免爲下格。此文章本色也。"④歸有光則提倡作文"依本直説"(《與吳三泉》)⑤,"胸中盡有,不待安排"(《與沈敬甫》)⑥。這些都體現出在心學的影響下,對道的内在體驗不斷深化。

　　清代古文家更充分地繼承"文以明道""文道並重"的傳統。影響巨大的桐城派追求"學行繼程、朱之後,文章介韓、歐之間"(方苞語)⑦。桐城諸子奉韓文"文道並重"爲圭臬。方苞提出:"若古文則本經術而依於事物之理,非中有所得不可以爲僞。""韓子有言:'行之乎仁義之途,游之乎《詩》《書》之源。'兹乃所以能約六經之旨以成文,而非前後文士所可比並。"(《答申謙居書》)⑧姚鼐同樣繼承韓愈的"文道並重",認爲:"夫文者,藝也。道與藝合,天與人一,則爲文之至。"(《敦拙堂詩集序》)⑨桐城諸人所言之道是儒家之道,但姚鼐所謂"道與藝合,天與人一",道既指天地自然之道,

---

① 歸有光著,周本淳點校《震川先生文集》第七卷,上海:上海古籍出版社1981年版,上册,第150頁。
② 唐順之著,馬美信、黃毅《唐順之集》,第294—295頁。
③ 唐順之著,馬美信、黃毅《唐順之集》,第295頁。
④ 唐順之著,馬美信、黃毅《唐順之集》,第295頁。
⑤ 歸有光著,周本淳點校《震川先生文集》,第902頁。
⑥ 歸有光著,周本淳點校《震川先生文集》,第865頁。
⑦ 方苞著,劉季高校點《方苞集》,上海:上海古籍出版社2008年版,附錄三,原集三序,第906—907頁。
⑧ 方苞著,劉季高校點《方苞集》,第164頁。
⑨ 姚鼐著,劉季高標校《惜抱軒詩文集》第四卷,上海:上海古籍出版社1992年版,第49頁。

又指儒家道義精神,而儒家之道義體現了天地自然之道。姚鼐希望爲"道"賦予更大的意義,但這樣的思考,較之蘇軾等古文家對"道"的形上意義的探索,其理論建樹並無特別突出之處。

桐城派對"文道觀"的理論推進,主要著眼於"文"的角度,從"因文見道"進一步闡發"文道並重"之義,深入討論了"文"與"道"的內在聯繫。方苞在《〈古文類選〉序例》云:"先儒謂韓子因文以見道,而其自稱則曰:'學古道,故欲兼通其辭。'"①在他看來,"道"只有通過"文"纔能得到體現。他影響深遠的"義法"説,就是進一步闡發"因文見道"之旨。其《又書貨殖列傳後》云:"《春秋》之制義法,自太史公發之,而後之深於文者亦具焉。義即《易》之所謂'言有物'也,法即《易》之所謂'言有序'也。義以爲經而法緯之,然後爲成體之文。"②在他看來,"義"通過"法"來表現,作品之"法"極爲重要,認爲"義"即蘊含於文法之中。劉大櫆同樣十分關注"文"的意義,認爲:"作文本以明義理,適世用。而明義理、適世用,必有待於文人之能事。"③姚鼐在清代漢學興盛的環境中,在思考"文""道"關係時,加入了對學問的關注,提出"義理、考據、辭章"兼用相濟的著名觀點:"學問之事,有三端焉:曰義理也,考證也,文章也。是三者苟善用之,則皆足以相濟。"(《述庵文鈔序》)④這也是對"因文見道"的深化。曾國藩集中闡明了"因文見道"的重要意義:"(今)稍知道者,又謂讀聖賢書,當明其道,不當究其文字,是猶論觀人者,當觀其心所載之理,不當觀其耳目言動血氣之末也,不亦誣乎?知舍血氣無以見心理,則知舍文字無以窺聖人之道矣。"(《致劉孟容書》)⑤

基於"因文見道"的追求,桐城派對文章藝術進行了多層面的討論,方苞提倡"雅潔",劉大櫆關注神氣、音節、字句,姚鼐對古文藝術做出"神、理、氣、味、格、律、聲、色"八字概括。這些都是對"文道觀"思考的拓展與豐富。

綜上所述,中唐以至晚清,古文家代代相承,圍繞"文道並重"的基本追求,深入思考了"道"的儒學內涵及其思想境界,探索了創作主體對"道"的內在自覺,也對"文"與"道"的深刻聯繫及其藝術呈現進行了豐富的思考。

---

① 方苞著,劉季高校點《方苞集》,第613頁。
② 方苞著,劉季高校點《方苞集》,第58頁。
③ 劉大櫆著,舒蕪點校《論文偶記》第二卷,北京:人民文學出版社1959年版,第4頁。
④ 姚鼐著,劉季高標校《惜抱軒詩文集》第四卷,第61頁。
⑤ 曾國藩著,李鴻章點校,李翰章編纂《曾文正公全集》,長春:吉林人民出版社1995年版,第1861頁。

古文家關於文道關係的思考,可以集中概括爲"文以明道"。明的"發明"之義,概括了古文家從"文道並重""文道合一""因文見道"等角度對文道關係的獨特理解。

三、重道輕文與文以載道

唐宋以下的"文""道"關係討論,始終存在著"重道輕文"的取向,理學家多是持這樣的看法。這一看法可以用"文以載道"來概括。

北宋著名理學家周敦頤在《通書》中提出:"文所以載道也。輪轅飾而人弗庸,徒飾也;況虛車乎!……文辭,藝也;道德,實也。篤其實,而藝者書之,美則愛,愛則傳焉。賢者得以學而至之,是爲教。"[①]在他看來"文"是載道之車,只有實現了載道的功能,纔具有其存在的合理性,文辭之美可以更好地傳道。"文"是傳道的工具。周敦頤還是承認"文"有意義,但要以服務載道這個目的爲前提。他認爲脱離載道的文辭,不過是一種技藝而已:"聖人之道,入乎耳,存乎心,蘊之爲德行,行之爲事業。彼以文辭而已者,陋矣!"[②]又云:"不知務道德而第以文辭爲能者,藝焉而已。"[③]周敦頤的"文以載道"説,以工具價值看待"文"的意義,這種工具論在"重道輕文"的思考中,頗有代表性。

南宋理學大家朱熹也有鮮明的"重道輕文"的思想傾向,但他是從本末論來理解"道"與"文"的關係。他認爲道爲本,文爲末:"這文皆是從道中流出,豈有文反能貫道之理? 文是文,道是道,文只如吃飯時下飯耳。若以文貫道,卻是把本爲末。以末爲本,可乎?"(《論文》)[④]他批評蘇軾:"今東坡之言曰:'吾所謂文,必與道俱。'則是文自文而道自道,待作文時,旋去討個道來入放裡面,此是它大病處。"(《論文》)[⑤]這裏對於文道的理解與朱熹理氣關係思考密切相連。朱熹認爲:"天地之間,有理有氣。理也者,形而上之道也,生物之本也。氣也者,形而下之器也,生物之具也。"

---

① 周敦頤著、陳克明點校《周敦頤集》第二卷,北京:中華書局 2009 年版,第 35—36 頁。
② 周敦頤著、陳克明點校《周敦頤集》,第 40 頁。
③ 周敦頤著、陳克明點校《周敦頤集》,第 36 頁。
④ 黎靖德編、王星賢點校《朱子語類》第一三九卷,第 8 册,第 3305 頁。
⑤ 黎靖德編、王星賢點校《朱子語類》,第 3319 頁。

(《答黄道夫一》)①在他看來,道與文,猶如理與氣,道爲本,因道而生文,文是道的體現。他說:"不必著意學如此文章,但須明理。理精後,文字自典實。"②只要把握道這一根本,文自然典實。

無論是工具論還是本末論,上述"重道輕文"的意見,還並未從根本上否定"文"的意義。程頤的"作文害道"說,則走向了否定的極端:"後之人,始執卷,則以文章爲先,平生所爲,動多於聖人。然有之無所補,無之靡所闕,乃無用之贅言也。不止贅而已,既不得共要,則離真失正,反害於道必矣。"(《答朱長文書》)③文於道不僅無補,反而有害,至於有害的原因,他認爲:"問:'作文害道否?'曰:'害也。凡爲文,不專意則不工,若專意則志局於此,又安能與天地同其大也?《書》云'玩物喪志',爲文亦玩物也。……古之學者,惟務養情性,其它則不學。今爲文者,專務章句,悦人耳目。既務悦人,非俳優而何?"④在程頤看來,"文"已經不是載道的工具,而是"害道"之物。作文必然傾注心血、花費精力,這會妨礙對修道的專注。顯然,這種意見強調道與文的對立,其對"文"的認識是相當簡單化的。

大多數理學家並没有走向如此極端的地步,還是在載道的前提下,對文的意義給予肯定,並且對文的創作特點與創作要求做出相應的討論。例如朱熹就肯定古文家的文章成就:"東坡文字明快。老蘇文雄渾,盡有好處。如歐公、曾南豐、韓昌黎之文,豈可不看?"(《朱子語類》)⑤南宋理學家呂祖謙編選《古文關鍵》,就表達對古文家文章藝術的重視,吴子良《〈筼窗集續集〉序》云:"自元祐後,談理者祖程,論文者宗蘇,而理與文分爲二。呂公病其然,思融會之。"⑥不少理學家,本身在文章創作上也頗具造詣,例如朱熹的文章成就很高,宋代理學家黄震高度評價朱文:"其天才卓絶,學力宏肆,落筆成章,殆於天造。其剖析性理之精微,則日精月明;其窮詰邪説之隱遁,則神搜霆擊;其感慨忠義、發明《離騷》,則苦雨淒風之變態;其泛應人事,遊戲翰墨,則行雲流水之自然。"⑦當然,理學家對文的肯定,是以載道

---

① 朱熹著,郭齊、尹波點校《朱熹集》第五十八卷,成都:四川教育出版社 1996 年版,第 5 册,第 2947 頁。
② 黎靖德編,王星賢點校《朱子語類》,第 3320 頁。
③ 程顥、程頤著,王孝漁點校《二程集》,北京:中華書局 2004 年版,第 600—601 頁。
④ 程顥、程頤著,王孝漁點校《二程集》,第 239 頁。
⑤ 黎靖德編,王星賢點校《朱子語類》第一三九卷,第 8 册,第 3306 頁。
⑥ 陳耆卿《筼窗集》卷前附吴子良《筼窗續集序》,《景印文淵閣四庫全書》,第 1178 册,第 3—4 頁。
⑦ 黄震《黄氏日抄》第三十六卷,《景印文淵閣四庫全書》,第 708 册,第 98—99 頁。

爲前提,因此其對文的風格藝術的理解,往往流露出獨特的旨趣,例如理學家的創作在語言文風上多以平淡爲特色,對文的豐富性缺少足夠的關注。

理學家的重道輕文乃至作文害道,突出強調了道對於文的支配意義。這種看法,可以用"文以載道"來概括,與古文家所追求的"文以明道"形成明顯區別。值得注意的是,古文家的"文道並重"追求,往往需要從其整體思考出發來認識,例如歐陽修就說過:"然大抵道勝者,文不難而自至也。"(《答吳充秀才書》)①這句話孤立地理解,似是道勝於文,重道輕文,但歐陽修的整體思考則是著眼於文道並重。因此"文道並重"抑或"重道輕文"兩種傾向的判斷,需要做整體綜合的觀察。然而,由於上述含糊認識的存在,人們經常將古文家和理學家的文道關係認識籠統稱爲"文以載道",例如周作人認爲:"文以載道的口號,雖則是到宋人纔提出的,但他只是承接韓愈的系統而已。"②如此對"載道"與"明道"不加區別,顯然是不妥的。只有對兩者做出辨析,纔能充分認識"文道觀"的複雜內涵。

四、20 世紀對"文以載道"的反思

"五四"新文化運動開啓了新文學觀念的全面重建,新文學圍繞"文以載道"展開了反思與批判。經過曲折的反思歷程,"文道觀"逐漸得到比較全面的認識,在新的時代思想文化背景下,其理論內涵很大程度上得到抽象繼承,對現代文論的建構產生重要影響③。

胡適作爲"五四"新文化運動的主將,提出文學改良"八事",第一條要求"言之有物"。他特別說明,這裏的"物""非古人所謂'文以載道'之説也",而是吾所謂"物"。"吾所謂'物',約有二事:(一) 情感……(二) 思想……文學無此二物,便如無靈魂無腦筋之美人;雖有穠麗富厚之外觀,抑亦末矣。近世文人沾沾於聲調字句之間,既無高遠之思想,又無真摯之情

---

① 歐陽修著,洪本健校箋《歐陽修詩文集校箋》,第 1177 頁。
② 周作人《中國新文學的源流》,南京:江蘇文藝出版社 2007 年版,第 20 頁。
③ 參見王本朝《"文以載道"觀的批判與新文學觀念的確立》,載於《文學評論》第 1 期(2010 年 1 月),第 156—162 頁;劉鋒傑《百年現代文論對於"文以載道"的批判》,載於胡曉明主編《古代文學理論研究(第三十九輯)——中國文化的價值論與文體論》,上海:華東師範大學出版社 2014 年版,第 43—68 頁;周興陸《文道關係論之古今演變》,載於《南京社會科學》第 2 期(2017 年 3 月),第 127—135 頁。

感,文學之衰微,此其大因矣。此文勝之害,所謂言之無物者是也。欲救此弊,宜以質救之。質者何?情與思二者而已。"①胡適從"文質論"的角度來闡發"言之有物",顯然是明確要擺脫"文道觀"的影響。陳獨秀作爲其新文化運動的同道,宣導新文學革命,提出建設新文學的"國民文學""寫實文學"和"社會文學"等"三大主義",並明確指出它們有別於傳統"文以載道"的觀念,他説:"文學本非爲載道而設,而自昌黎以迄曾國藩所謂載道之文,不過抄襲孔孟以來極膚淺空泛之門面語而已。"②

新文學家對"文以載道"的猛烈抨擊,主要是基於反封建的思想追求,反對文學反映儒家之道,這是對其文化上反孔批儒的呼應。但他們並不否定文學要反映思想、要發揮社會功能、擁有精神價值。新文學同樣要載道,只是所載之"道"不是儒家思想。陳獨秀《答曾毅書》云:"尊意謂道即理即物,亦即思想之内容,此蓋'道'字之廣義的解釋,僕所極以爲然者也。惟古人所謂文以載道之'道',實謂天經地義神聖不可非議之孔道,故文章家必依附六經以自矜重,此'道'字之狹義的解釋,其流弊去八股家所謂代聖賢立言也不遠矣。"③可見,他承認文要注重思想内容,只是反對將道局限於儒家之道。葉聖陶認爲文以載道其實從未消失,新文學也有鮮明的體現,只不過把"道"換成了各種"主義與綱領":"我國歷來正統派文學專講發揚聖賢之道,現代文學在觀點上、在方法上有各種主義與綱領,那顯然是'載道'了,然而何嘗不可以説那些作者'志'在聖賢之道,'志'在某種主義與綱領?"④郭沫若認爲:"古人説'文以載道',在文學革命的當時雖曾盡力的加以抨擊,其實這個公式倒是一點也不錯的。道就是時代的社會意識。在封建時代的社會意識是綱常倫教,所以那時的文所載的道便是忠孝節義的謳歌。近世資本制度時代的社會意識是尊重天賦人權,鼓勵自由競爭,所以這個時候的文便不能不來載這個自由平等的新道。這個道和封建社會的道根本是對立的,所以在這兒便不能不來一個劃時期的文藝上的革命。"⑤

---

① 胡適《文學改良芻議》,載於《胡適文集》第三卷,北京:人民文學出版社1998年版,第18頁。
② 陳獨秀《文學革命論》,載於《陳獨秀著作選編》第一卷,上海:上海人民出版社2009年版,第290頁。
③ 陳獨秀《答曾毅書》,載於《陳獨秀著作選編》第一卷,第328頁。
④ 葉聖陶《"言志"與"載道"》,載於《葉聖陶集》第九卷,南京:江蘇教育出版社2004年版,第136頁。
⑤ 郭沫若《文學革命之回顧》,載於《郭沫若全集·文學編》第十六卷,北京:人民文學出版社1989年版,第86頁。

可見，新文學家非常重視文學的社會功能和思想價值，希望爲"文以載道"的"道"賦予新的思想價值和時代意義，這是對"文以載道"的抽象繼承。

新文學對"文以載道"的質疑，還反映了對文學獨立價值的追求。劉半農説："道是道，文是文，二者萬難並作一談。"①茅盾認爲中國文學的"載道"："把真實的文學棄去，而把含有重義的非文學當作文學作品；因此以前的文人往往把經史子集，都看作文學，這真是把我們中國文學掩没得暗無天日了。把文學的界説縮得小些，還没有大礙，不過把文學得範圍縮小了一些，要是單把文學的界説放大，將非文學的都當作文學，那麽，非但把真正的文學埋没了，還使人不懂文學的真義，這纔貽害不少哩。"②老舍認爲："道德是倫理的，文學是藝術的；道德是實際的，文學是要想象的。道德的目標在善，文藝的歸宿是美；文學嫁給道德怎能生得出美麗的小孩呢？"③這些見解都表達了對文學擁有獨立的審美藝術價值的强調。

對文學獨立價值的追求，在現代文學的創作中有很廣泛的體現。但隨著新文學的發展，一些追求文學獨立的作家，也在不斷反思中對文學的載道意義有了新的理解。朱自清認爲新文學運動對"文以載道"給予無情的攻擊，"於是文學有了獨立存在的理由，也有了新的意念"；但這新文學的"新的意念"，"也未嘗不是'載道'；不過載的是新的道，並且與這個新的道合爲一體……所以從傳統方面來看，也還算是一脈相承的，一方面攻擊'文以載道'，一方面自己也在載另一種道，這正是相反相成，所謂矛盾的發展。"④可見，對"文以載道"的抽象繼承，既包含了"載"新時代社會理想之"道"，也包含了"載"文學獨立之新觀念之"道"，内涵十分寬泛。

值得注意的是，無論是對"文以載道"嚴厲批判，還是主張抽象繼承，新文學家似乎都没有對歷史上"文道觀"的複雜内涵，給予充分的關注，很少有人注意古文家"文道並重"與理學家"重道輕文"的差别。"文道觀"被籠統稱爲"文以載道"，而對"載道""明道"在歷史上的不同，缺少細緻的分辨。古文家主張"文道合一""因文見道"，對"文"的意義給予高度的肯定，但相關的探索没有得到新文學家的充分重視。古文家高度關注對"道"的

---

① 劉半農《我之文學改良觀》，載於北京大學等主編《文學運動史料選》第一卷，上海：上海教育出版社 1979 年版，第 33 頁。
② 茅盾《什麼是文學》，載於《茅盾全集》第十八卷，北京：人民文學出版社 1989 年版，第 383 頁。
③ 老舍《文學概論講義》，載於《老舍文集》第十五卷，北京：人民文學出版社 1990 年版，第 27 頁。
④ 朱自清《論嚴肅》，載於《朱自清全集》第三卷，南京：江蘇教育出版社 1996 年版，第 140 頁。

主體自覺與精神內化,這一理論內涵較少受到新文學家的關注。徐復觀作爲新儒家學者,他的思考在大的時代氛圍中,顯得頗爲獨特①。他在尊重"文道觀"的儒學內涵的基礎上,特別注重發揚主體道德自覺這一"文道觀"重要精神傳統,他説:"我國所説的'文以載道',實際是指的個性中所涵融的社會性,及對社會的責任感。"②"幾十年來我國談文學的人,常常以爲道德是與文學不相容的;爲了提倡文學,便須反對道德……殊不知道德的教條、説教固然不能成爲文學,但文學中最高的動機和最大的感動力,必是來自作者内心的崇高的道德意識。道德意識與藝術精神,是同住在一個人的情性深處。"③徐復觀對文學創作的道德內在性的推重,積極繼承和發揚了"文道觀"的理論內涵,豐富了現代文論的思考,但類似這樣的探索還不夠普遍。

　　現代文論對"文道觀"的認識,也存在一些簡單化之處,主要是忽視"道"的超越價值,以及"文以明道"的主體自覺意義。中國歷史上的"文道觀",其所言之道,是儒家之道,既在人倫日用之間,也具有精神的超越意義,歐陽修云:"六經非一世之書,其將與天地無終極而存也。"(《廖氏文集序》)④因此,不能將"道"簡單等同於現實政治。"文道觀"注重主體自覺,強調個體精神的內在充實,因此"文以明道"不是讓文學簡單成爲社會政治的被動的傳聲筒。儒家思想關心現實、心憂天下、以道自守的精神傳統,對現代社會具有重要意義,"文道觀"對文學思想境界、精神內容的追求、對作家恢廓精神器具的強調,逐漸引起現代文學思想家的關注,但還不夠充分。

　　綜上所述,從先秦荀子的"宗經明道"、劉勰"文原於道",到唐宋以下的"文以明道""文以載道"。"文道觀"經歷了複雜的演變,擁有了豐富的理論內涵。作爲中國傳統文論的核心觀念,"文道觀"與中國深厚的儒家傳統有密切關係,對中國古代的文學創作和思想文化產生重要影響,對現代文學觀念的建構也有重大意義。

(作者單位:中國社會科學院文學研究所)

---

① 秦維《徐復觀對"文以載道"的現代疏通》,載於《文藝理論研究》2022 年第 4 期,第 62—69+80 頁。
② 徐復觀《中國文學論集》,北京:九州出版社 2014 年版,第 65 頁。
③ 徐復觀《中國文學論集》,第 65 頁。
④ 歐陽修著,洪本健校箋《歐陽修詩文集校箋》,第 1101 頁。

Literature and the Way:
The Theoretical Foundation and
Historical Development of *Wendao*

Liu Ning

A core term in traditional Chinese literary theory, *wendao* is concerned with the philosophical underpinnings of literature and its intellectual and social value. In the pre-Qin period, Xunzi promoted "Honoring the canon and illuminating the Way", emphasizing the significance of the Confucian canon for understanding the fundamental principles of the world. The Southern Dynasties literary theorist Liu Xie, in his "Origination in the Way" chapter of the *Wenxin diaolong*, gives the idea that "Literature originates in the Way" an emphatic expression, solidifying an essential linkage between the term's two components, *wen* ("literature," "writing," "embellishment") and *dao* ("the Way"). The Ancient Prose essayists in Tang and Song times and their followers advocated "Literature for the sake of illuminating the Way", reconfiguring and further developing the relationship between *wen* and *dao*. While they promoted the unity and oneness of literary writing and the moral principles and social goals underlying it, the Ancient Prose theorists and practitioners also recognized the creative agency of the writer, making illuminating the Way a self-conscious choice. The Neo-Confucian thinkers of the Song advocated "Literature as a vehicle for conveying the Way", demonstrating a tendency toward taking literature to be a mere instrument for the Way. In the twentieth century, the suspicion and critique surrounding "Literature as a vehicle for conveying the Way" pushed forward the discussion of the *wendao* theory as well as its legacy and relevance in the contemporary world.

Keywords: *Wendao*, Honoring the canon and illuminating the Way, Literature originates in the Way, Literature for the sake of illuminating the Way, Literature as a vehicle for conveying the Way

徵引書目

1. 王本朝:《"文以載道"觀的批判與新文學觀念的確立》,《文學評論》第 1 期(2010 年 1 月),頁 156—162。Wang Benchao. "'Wenyizaidao' guan de pipan yu xin wenxue guannian de queli" (Criticism of the View of "Writing as Conveying Dao" and the Establishment of "New Literary Concepts"). *Wenxue pinglun* (*Literary Review*) 1 (Jan. 2010): pp. 156–162.
2. 王先謙撰,沈嘯寰、王星賢點校:《荀子集解》,北京:中華書局,1988 年版。Wang Xianqian. *Xun zi ji jie* (*Xunzi Collection*). Punctuated and collated by Shen Xiaohuan and Wang Xingxian. Beijing: Zhonghua shuju, 1988.
3. 王充撰,黃暉校釋:《論衡校釋》,北京:中華書局,1990 年版。Wang Chong. *Lunheng jiaoshi* (*Lunheng's Editing*). Edited by Huang Hui. Beijing: Zhonghua shuju, 1990.
4. 王運熙、楊明:《隋唐五代文學批評史》,上海:上海古籍出版社,1994 年版。Wang Yunxi and Yang ming. *Suitang wudai wenxue piping shi* (*History of Literary Criticism of Sui, Tang and Five Dynasties*). Shanghai: Shanghai guji chubanshe, 1994.
5. 王慎中:《遵岩集》,《景印文淵閣四庫全書》,臺北:臺灣商務印書館,1986 年版。Wang Shenzhong. *Zunyan ji* (*Collected Works by Wang Shenzhong*). In *Wenyuange Sikuquanshu*. (*Photocopying of Wenyuan Pavilion "Complete Books of the Four Storehouses"*). Taipei: Taiwan shangwu yinshuguan, 1986.
6. 方苞著,劉季高校點:《方苞集》,上海:上海古籍出版社,2008 年版。Fang Bao. *Fang Bao ji* (*Collection of Fang Bao*). Edited by Liu Jigao. Shanghai: Shanghai guji chuban she, 2008.
7. 北京大學等主編:《文學運動史料選》,上海:上海教育出版社,1979 年版。Beijing daxue et al., eds. *Wenxue yundong shiliao xuan* (*Collection of Selected Materials on Literary Movements*). Shanghai: Shanghai jiaoyu chubanshe, 1979.
8. 老舍:《老舍文集》,北京:人民文學出版社,1990 年版。Lao She. *Lao She wenji* (*Literary Collection of Lao She*). Beijing: Renmin wenxue chubanshe, 1990.
9. 朱自清:《朱自清全集》,南京:江蘇教育出版社,1996 年版。Zhu Ziqing. *Zhu Ziqing quanji* (*Complete Works of Zhu Ziqing*). Nanjing: Jiangsu jiaoyu chubanshe, 1996.
10. 朱熹著,郭齊、尹波點校:《朱熹集》,成都:四川教育出版社,1996 年版。Zhu Xi. *Zhu Xi ji* (*Collection of Zhu Xi*). Punctuated and collated by Guo Qi and Yin Bo. Chengdu: Sichuan jiaoyu chuban she, 1996.
11. 何寧:《淮南子集釋》,北京:中華書局,1998 年版。He Ning. *Huainanzi jishi* (*Collected Commentaries on the Huainanzi*). Beijing: Zhonghua shuju, 1998.
12. 汪榮寶撰,陳仲夫點校:《法言義疏》,北京:中華書局,1987 年版。Wang Rongbao. *Fayan yishu* (*Interpretation and Commentary on Fayan*). Punctuated and collated by Chen Zhongfu. Beijing: Zhonghua shuju, 1987.
13. 茅坤著,張夢新、張大芝點校:《茅坤集》,杭州:浙江古籍出版社,2012 年版。Mao Kun. *Mao Kun ji* (*Collection of Mao Kun*). Punctuated and collated by Zhang Mengxin

and Zhang Dazhi. Hangzhou: Zhejiang guji chuban she 2012.

14. 茅盾:《茅盾全集》,北京:人民文學出版社,1989 年版。Mao Dun. *Mao Dun quanji (The Complete Works of Mao Dun)* 18. Beijing: Renmin wenxue chubanshe,1989.

15. 周作人:《中國新文學的源流》,南京:江蘇文藝出版社,2007 年版。Zhou Zuoren. *Zhongguo xin wenxue de yuanliu(Origin and Development of New Literature in China)*. Nanjing: Jiangsu wenyi chubanshe,2007.

16. 周敦頤著,陳克明點校:《周敦頤集》,北京:中華書局,2009 年版。Zhou Dunyi. *Zhou Dunyi ji(Collection of Zhou Dunyi)*. Punctuated and collated by Chen Keming. Beijing: Zhonghua shuju,2009.

17. 周興陸:《文道關係論之古今演變》,《南京社會科學》第 2 期(2017 年 3 月),頁 127—135。Zhou Xinglu. "Wen dao guanxi zhi gujin yanbian" (Discussions on the Relationship between wen and dao Past and Present). *Nanjing shehui kexue(Nanjing Journal of Social Sciences)* 2(Mar.2017): pp.127–135.

18. 胡適:《胡適文集》,北京:人民文學出版社,1998 年版。Hu Shi. *Hu Shi wenji (Collected Works of Hu Shi)*. Beijing: Renmin wenxue chubanshe,1998.

19. 柳宗元撰、尹占華、韓文奇校注:《柳宗元文集校注》,北京:中華書局,2013 年版。Liu Zongyuan. *Liu Zongyuan wenji jiaozhu(Literary Collection of Liu Zongyuan with Collation Notes and Annotations)*. Notes by Yin Zhanhua. Beijing: Zhonghua shuju,2013.

20. 姚鼐著,劉季高標校:《惜抱軒詩文集》,上海:上海古籍出版社,1992 年版。Yao Nai. *Xi Baoxuan shiwen ji(Collection of Poetry and Prose of Yao Nai)*. Edited by Liu Jigao. Shanghai: Shanghai guji chubanshe,1992.

21. 秦維:《徐復觀對"文以載道"的現代疏通》,《文藝理論研究》總第 243 期第 4 期(2022 年 8 月),頁 62—80 頁。Qin Wei. "Xu Fuguan dui wenyizaidao de xiandai shutong" (Xu Fuguan's Modern Synthesis of "Literature for the Sake of Conveying the Way"). *Wenyi lilun yanjiu(Theoretical Studies in Literature and Art)* 243.4(Aug. 2022): pp.62–80.

22. 徐復觀:《中國文學論集》,北京:九州出版社,2014 年版。Xu Fuguang. *Zhongguo wenxue lunji(Collected Essays on Chinese Literature)*. Beijing: Jiuzhou chubanshe,2014.

23. 郭沫若:《郭沫若全集》,北京:人民文學出版社,1989 年版。Guo Moruo. *Guo Moruo quanji(Complete Works of Guo Moruo)*. Beijing: Renmin wenxue chuban she,1989.

24. 唐順之、馬美信、黃毅點校:《唐順之集》,杭州:浙江古籍出版社,2014 年版。Tang Shunzhi. *Tang Shunzhi ji(Collection of Tang Shunzhi)*. Punctuated and collated by Ma Meixin and Huang Yi. Hangzhou: Zhejiang guji chuban she,2014.

25. 陳耆卿:《篔窗集》,《景印文淵閣四庫全書》,臺北:臺灣商務印書館,1986 年版。Chen Qiqing. *Yunchuang ji(Collection of Chen Qiqing)*. In *Wenyuange Sikuquanshu. (Photocopying of Wenyuan Pavilion "Complete Books of the Four Storehouses")*. Taipei: Taiwan shangwu yinshuguan,1986.

26. 陳獨秀:《陳獨秀著作選編》,上海:上海人民出版社,2009 年版。Chen Duxiu. *Chen Duxiu zhuzuo xuanbian(Selected Works of Chen Duxiu)*. Shanghai: Shanghai renmin

chubanshe,2009.
27. 許慎撰,徐鉉等校:《說文解字》,上海:上海古籍出版社,2007 年版。Xu Shen. *Shuowen jiezi*(*Explaining Graphs and Analyzing Characters*). Edited by Xu Xuan. Shanghai: Shanghai guji chubanshe,2007.
28. 張少康:《中國文學理論批評史教程》,北京:北京大學出版社,1999 年版。Zhang Shaokang. *Zhongguo wenxue lilun piping shi jiaocheng*(*History of Chinese Literary Theory and Criticism*)Beijing: Beijing daxue chubanshe,1999.
29. 黃震:《黃氏日抄》,《景印文淵閣四庫全書》,臺北:臺灣商務印書館,1986 年版。Huang Zhen. *Huangshi richao*(*Huang's Daily Manuscript*). in *Wenyuange Sikuquanshu* (*Photocopying of Wenyuan Pavilion "Complete Books of the Four Storehouses"*). Taipei: Taiwan shangwu yinshuguan,1986.
30. 葉聖陶:《葉聖陶集》,南京:江蘇教育出版社,2004 年版。Ye Shengtao. *Ye Shengtao ji*(*Collection of Ye Shengtao*). Nanjing: Jiangsu jiaoyu chubanshe,2004.
31. 程顥、程頤著,王孝漁點校:《二程集》,北京:中華書局,2004 年版。Cheng Hao and Cheng Yi. *Er Cheng ji*(*Collection of Cheng Brothers*). Punctuated and collated by Wang Xiaoyu. Beijing: Zhonghua shuju,2004.
32. 曾國藩著,李鴻章注釋,李瀚章編纂:《曾文正公全集》,長春:吉林人民出版社, 1995 年版。Zeng Guofan. *Zeng wenzheng gong quanji*(*Complete Works of Zeng Wenzheng*). Punctuated and collated by Li Hongzhang and compiled by Li Hanzhang. Changchun: Jilin renmin chubanshe,1995.
33. 歐陽修著,洪本健校箋:《歐陽修詩文集校箋》,上海:上海古籍出版社,2009 年版。 Ou Yangxiu. *Ou Yangxiu shiwen ji jiaojian*(*Poetry and Prose Collection of Ouyang Xiu with Collation Notes and Commentary*). Shanghai: Shanghai guji chubanshe,2009.
34. 黎靖德編,王星賢點校:《朱子語類》,北京:中華書局,1986 年版。*Zhu Zi yulei* (*Recorded Sayings of Master Zhu, Categorically Arranged*). Compiled by Li Jingde and Punctuated and collated by Wang Xingxian,Beijing: Zhonghua shuju,1986.
35. 劉大櫆著,舒蕪點校:《論文偶記》,北京:人民文學出版社,1959 年版。Liu Dakui. *Lunwen ouji*(*Random Notes on Literary Writing*). Punctuated and collated by Shu Wu. Beijing: Renmin wenxue chubanshe,1959.
36. 劉寧:《同道中國:韓愈古文的思想世界》,北京:三聯書店 2023 年版。Liu Ning. *Tongdao zhongguo: Han Yu guwen de sixiang shijie*(*China and Discourse of Dao: Intellectual World of Han Yu's Ancient Style Prose*),Beijing: Sanlian shudian, 2023.
37. 劉鋒傑:《百年現代文論對於"文以載道"的批判》,載於胡曉明主編:《古代文學理 論研究(第三十九輯)——中國文化的價值論與文體論》,上海:華東師範大學出版 社,2014 年版,頁 43—68。Liu Fengjie. "Bainian xiandai wenlun duiyu wenyizaidao de pipan"(A Hundred Years of Criticism of "Literature for the Sake of Conveying the Way" in Modern Chinese Literary Theory). *Gudai wenxue lilun yanjiu: zhongguo wenhua de jiazhi yu wentilun*(*Studies on Traditional Chinese Literary Theory, volume 39*). Edited by Hu Xiaoming. Shanghai: Huadong shifan daxue chubanshe,2014.

38. 劉勰著,范文瀾注:《文心雕龍注》,北京:人民文學出版社,1958年版。Liu Xie. *Wenxin diaolong zhu*(*Annotations to Dragon Carving and the Literary Mind*). Annotated by Fan Wenlan. Beijing: Renmin wenxue chubanshe,1958.
39. 韓愈著,劉真倫、岳珍校箋:《韓愈文集匯校箋注》,北京:中華書局,2010年版。Han Yu. *Han Yu wenji huijiao jianzhu*(*Annotation and Commentary of Han Yu's Collected Essays*). Edited by Liu Zhenlun and Yue Zhen. Beijing: Zhonghua shuju,2010.
40. 歸有光著,周本淳點校:《震川先生文集》,上海:上海古籍出版社,1981年版。Gui Youguang. *Zhenchuang xiansheng wenji* (*Literary Collection of Gui Youguang*). Punctuated and collated by Zhou Benchun. Shanghai: Shanghai guji chubanshe,1981.
41. 蘇軾:《東坡易傳》,《景印文淵閣四庫全書》,臺北:臺灣商務印書館,1986年版。Su Shi. Dongpo Yi zhuan(Mr. Dongpo's Commentary on the Book of Changes). In *Wenyuange Sikuquanshu*. (*Photocopying of Wenyuan Pavilion "Complete Books of the Four Storehouses"*). Taipei: Taiwan shangwu yinshuguan,1986.
42. 蘇軾撰,孔凡禮點校:《蘇軾文集》,北京:中華書局,1986年版。Su Shi. *Su Shi wenji* (*Prose Works of Su Shi*). Punctuated and collated by Kong Fanli. Beijing: Zhonghua shuji,1986.
43. 顧易生、蔣凡、劉明今:《宋金元文學批評史》,上海:上海古籍出版社,1996年版。Gu Yisheng and Jiang Fan and Liu Mingjin. *Song Jin Yuan wenxue piping shi*(*History of Literary Criticism in Song, Jin, and Yuan Dynasties*). Shanghai: Shanghai guji chubanshe,1996.
44. 顧易生、蔣凡:《先秦兩漢文學批評史》,上海:上海古籍出版社,1990年版。Gu Yisheng and Jiang Fan. Xianqin lianghan wenxue piping shi(History of Literary Criticism in the Pre-Qin and Two Han Period). Shanghai: Shanghai guji chubanshe,1990.

文德：中國文論尚德精神的理論基石

周興陸

【摘　要】"文德"是中國文論之作家論的基點，貫穿數千年中國文論史，形成了尚德的中國文學傳統。"文人"在社會治理與文明傳承中擔任著重要的任務，因此對"文人"的道德品質有嚴格的要求，而文藝創作天然地崇尚超越規矩、擺脫束縛的精神自由，二者之間構成內在的衝突，於是衍生出"文人無行"的命題。傳統文學批評從正面強調"文德"，德爲主，文爲輔，主次鮮明。面對不同的社會文化現狀，基於不同的思想立場，對"文德"的理解不盡相同。或提倡士先器識而後文藝，或強調士人"不俗"的品格，或主張"性情之正"，以理正情，對情感的抒泄加以疏導和匡正。至明清時期標尚"志士"之詩文，心憂天下，關懷民瘼，個人情懷緊緊聯繫著社會苦難和時代劇變，傳統的"文德"論的內涵因時因地而發展變化，當前中國文論應該有新時代的"文德"論。

【關鍵詞】文德　文人無行　不俗　志士之詩

"文德"是中國文論的一個重要範疇，起源甚早，幾乎與"文"同時產生。中國禮樂文明和禮法文化格外重視文士的道德品格和精神境界，"文德"既是中國文論之作家論的基點，又上升至爲文之本，並滲透於創作論、批評論等方方面面，"文德"論貫穿數千年中國文論史，形成了尚德的中國文學傳統，不僅具有歷史價值，對於當代文論建設，也是重要的思想資源，具有重要的現實意義。

一、"文德"溯源

"以德立國"是中國數千年來一貫的治國理念。早在周朝時期,就對"君權神授"觀念發生懷疑,提出"皇天無親,惟德是輔"①。商朝因爲紂王無德而失去天下;周文王有德而受命於天,於是天下歸順。政權的合法性在於君主之德,而不是天命。周朝非常重視"德",爲政以德,早期文獻中多次出現"文德"一詞,一般是指"文王之德",即周文王的仁德,如《詩經·周頌·清廟》:"濟濟多士,秉文之德。"鄭玄箋:"濟濟之衆士,皆執行文王之德。"②對"文王之德"加以提煉和總結,形成一套政治規範和禮樂教化,也稱作"文德",與軍旅征伐的"武功"相對。如《論語·季氏》:"遠人不服,則修文德以來之。"③"文德"是立國之本,是内政外交的原則。"文德"凝聚於經典與文化之中,代代相傳,其意義得到不斷的演繹和豐富,成爲傳統社會政治和文化系統的根基。先秦時期的"文人"一詞,意指"文德之人",即遵循周朝的政治規範、具有高尚的禮樂修養的先人,如《尚書·文侯之命》:"追孝於前文人。"孔穎達疏:"追行孝道於前世文德之人。"④《詩經·大雅·江漢》:"釐爾圭瓚,秬鬯一卣。告於文人,錫山土田。"毛傳:"文人,文德之人也。"孔穎達疏曰:"文人,謂先祖有文德者,故云'文德之人'。"⑤這樣的"文德之人",輔弼政治,普施教化,垂範群倫,爲衆人所敬仰。

現代意義上的作家、文人或文士,來源於先秦的"士"。在古代社會的等級結構中,"士"佔據獨特的地位。貴族階層依次是天子、諸侯、大夫、士,"士"處於貴族的末端;但士、農、工、商⑥,士又居"四民"之首。"士"參與政務管理,溝通上層貴族與下層平民,發揮重要的政治和文化作用。正如上引《詩經·周頌·清廟》"濟濟多士,秉文之德","士"秉文之德,肩負著傳

---

① 孔安國傳,孔穎達正義《尚書正義·周書·蔡仲之命》,上海:上海古籍出版社 2007 年版,第 662 頁。
② 毛亨傳,鄭玄箋,孔穎達疏《毛詩注疏》,上海:上海古籍出版社 2013 年版,第 1885 頁。
③ 程樹德《論語集釋》,北京:中華書局 2013 年版,第 1302 頁。
④ 孔安國傳,孔穎達正義《尚書正義》,上海:上海古籍出版社 2007 年版,第 804 頁。
⑤ 毛亨傳,鄭玄箋,孔穎達疏《毛詩注疏》,第 1822、1823 頁。
⑥ 《管子·小匡》:"士農工商,四民者,國之石民也。"黎翔鳳《管子校注》,北京:中華書局 2004 年版,第 401 頁。

播和承續文明的重任。士的修行以聖人爲目標,向君子看齊,立志於道,精神弘毅,不爲世俗物質誘惑所左右,是百姓人格的表率。《詩經·小雅·大東》曰:"君子所履,小人所視。"①君子的一言一行,對於普通百姓都有示範和引導意義,因此從朝廷到民間對於"士"的道德品行有更爲嚴格的要求。②

到了漢代,隨著社會文化和文學的發展,文士逐漸從"士"中分化出來,成爲大一統的政治結構中一個獨立的階層,是一個新的社會群體,承擔著重要的社會責任,借用班固《兩都賦序》的話說,"抒下情而通諷諭","宣上德而盡忠孝"③,是早期文士的政治使命。因此對文士的道德品格和精神境界,也就有了格外的強調。東漢初的王充在《論衡》中首次提出"文德",即"文人之德"。從此以後,"文德"就成了中國文學理論批評史的一個重要話題。

王充把"造論著説爲文"的"文人"從"儒士"中分化、獨立出來,提出"文人之當尊",文人值得尊重。因爲文人之筆,勸善懲惡,以見正邪。"文人之休,國之符也";"鴻文在國,聖世之驗也"④。文人美盛,是國家的象徵;朝廷有大文章,是聖明之世的標誌。文運與國運休戚相關。正因爲文人和文章如此重要,所以王充首次提出"文德"説,強調文人應具有盛德。他説:"德彌盛者文彌縟,德彌彰者文彌明。"⑤如果内在的仁德茂盛鮮明,那麼顯現於外的文章也就繁盛美麗,德内文外,須表裏如一。

其實,德内文外的觀念不是王充的發明。孔子早就説過:"有德者必有言。"⑥即仁德之人的言辭美善,能施惠澤於他人。"德"字在《説文解字·心部》作"悳",從直從心。許慎解釋説:"外得於人,内得於己也。"⑦内得於己,即發自仁愛的誠心;外得於人,即溥施惠澤,使他人得之。《周易·繫辭下》和《孟子·公孫丑上》分別從言者與聽者的角度論述内在心智與外在言

---

① 毛亨傳,鄭玄箋,孔穎達疏《毛詩注疏》,第1120頁。
② 《論語·泰伯》:"子曰:士不可以不弘毅,任重而道遠。"《論語·里仁》:"子曰:士志於道,而恥惡衣惡食者,未足與議也。"程樹德《論語集釋》,第246、527頁。
③ 蕭統編,李善注《文選》,上海:上海古籍出版社1986年版,第3頁。
④ 王充《論衡·佚文》,黃暉《論衡校釋》,北京:中華書局1990年版,第758頁。
⑤ 王充《論衡·書解》,黃暉《論衡校釋》,第1149頁。
⑥ 程樹德《論語集釋》,第1094頁。
⑦ 按,段玉裁注曰:"此當依小徐《通論》作'内得於己,外得於人',内得於己,謂身心所自得也;外得於人,謂惠澤使人得之也。"段玉裁《説文解字注》,北京:中國國家圖書館出版社2022年版,第2021頁。

辭之間的一致性。《禮記·樂記》論樂曰："樂者,德之華也";"和順積中而英華發外"①。音樂是內在仁德的外在完美顯現,如果內心善良,那麽發表於外的言辭聲音也就中正和平。這些對"德"與"言"、"德"與"樂"關係的論斷,雖然不是直接的"文德"論,但是奠定了後來"文德"論的基礎。直到王充纔真正闡述"文人之德",強調文章與德行的內在聯繫,所以章太炎説:"文德之論,發諸王充《論衡》。"②

二、"文人無行"?

因爲"文人"在社會治理與文明傳承中擔負著重要的任務,中國文化對"文人"的道德品質有嚴格的要求,而文藝創作天然地是超越規矩、擺脱束縛的自由的精神活動,二者之間構成內在的衝突,於是衍生出"文人無行"的命題。

在王充提出"文德"論百餘年後的東漢靈帝時期,宦官當權,設置鴻都門學,本以經學相招,"後諸能爲尺牘詞賦及工書鳥篆者,至數千人,或出典州郡、入爲尚書、侍中、封賜侯爵"③。這些出身微賤的文士,憑藉詞賦、尺牘、書畫等才能,攀附宦官勢力,從而得到皇帝的優待,被授以高官,因此激起了世族經師儒士陽球、楊賜、蔡邕等的強烈憤慨,數上封事,要求廢除鴻都門學。鴻都門學的鬧劇,體現了太學與鴻都門學之間的對立,傳統儒家經義之學與書畫辭賦之學的對立。宋人葉適説:"及靈帝末年,更爲鴻都學,以詞賦小技掩蓋經術。不逞趨利者争從之,士心益蠹,而漢亡矣。"④這場鬧劇雖然沒有什麽積極的政治意義,但是在漢代重經學的文化背景裏營造了"閹宦尚文辭"的新傳統⑤,客觀上促進世風的轉變,乃至"魏之三祖,更尚文辭,忽君人之大道,好雕蟲之小藝"⑥。但同時,經世儒士對造作詞賦的這些"豎子小人"的人品的斥責,似乎天然地附著在新崛起的文人階層身

---

① 李學勤主編《禮記正義》,北京:北京大學出版社 1999 年版,第 1111、1112 頁。
② 章太炎《國故論衡》,北京:商務印書館 2017 年版,第 81 頁。
③ 袁宏《後漢紀》卷二十四《孝靈皇帝紀中》,北京:中華書局 2002 年版,第 466 頁。
④ 葉適《習學記言序目》,北京:中華書局 1977 年版,第 364 頁。
⑤ 陳寅恪《金明館叢稿初編》,上海:上海古籍出版社 1980 年版,第 48 頁。
⑥ 李諤《上隋文帝書》,載於黃霖、蔣凡《中國歷代文論選新編·先秦至唐五代卷》,上海:上海教育出版社 2007 年版,第 259 頁。

上,乃至當時社會上流行一種"文人無行"的論調。曹丕《與吳質書》曰:"觀古今文人,類不護細行,鮮能以名節自立。"①批評文人不注意小節,不能維護好的名聲和節操。稍後於曹丕的韋誕,出身世家,對漢末一些文人的人品或性格有嚴厲的批評:"仲宣(王粲)傷於肥戇,休伯(繁欽)都無格檢,元瑜(阮瑀)病於體弱,孔璋(陳琳)實自粗疏,文蔚(路粹)性頗忿鷙。"後世楊愔、顏之推、王通等人推波助瀾,苛刻地責難歷代文人的品行。楊愔作《文德論》,以爲古今辭人,皆負才遺行,澆薄險忌②。即是説,文人依仗才氣高而不能檢點行爲,陰險刻薄而不厚道。顏之推《顏氏家訓》也提出"自古文人,多陷輕薄",列舉屈原、宋玉以下36位文人在德行上的缺陷。王通《中説》對謝靈運、鮑照、沈約等文人的品德都有嚴厲的批評。這樣便在社會上形成了"文人無行"的判斷,似乎文人都是没有德行的。"文人無行"是"文德"的反命題,或者説是基於"文德"標準而對文人品行的嚴厲裁判。作爲一種社會輿論力量,它壓抑文人施展才氣,阻礙文人在仕途上的晉升,是造成文人仕途蹭蹬的一道魔咒。

爲什麽會出現"文人無行"的論斷呢？撇開傳統儒士對文人的壓抑外,從根本上説,是因爲文藝的自由精神與傳統社會的嚴酷禮法之間存在難以調和的衝突。

古人論性情,一般主張性静而情動,甚至還出現過性善而情惡的觀念,認爲情欲誘於外物,若不加以節制,則容易産生混亂,所以從《毛詩序》就提出"發乎情,止乎禮義"的原則。而文士的創作是"情動而辭發",往往任氣使才,逾越了禮義的界限。《莊子·田子方》就曾描繪了一位擺脱一切物質和精神束縛、進入藝術自由的畫家的形象。梁簡文帝蕭綱《誡當陽公大心書》説:"立身之道與文章異;立身先須謹重,爲文且須放蕩。"立身與爲文遵循不同的法則,立身須謹慎恭敬,爲文則須自由揮灑,擺脱外在的束縛。顏之推還認識到文章與學問的不同,學問依靠積累,文章憑藉天才。《顏氏家訓·文章》曰:"文章之體,標舉興會,發引性靈,使人矜伐,故忽於持操,果於進取。"③創作文章時,興致高揚,情感活躍,思緒紛飛;作者有點兒成就便恃才驕傲,沾沾自喜,唯我獨尊。用現代的話來説,藝術家生性敏感,情感

---

① 蕭統編,李善注《文選》,第1897頁。
② 魏收《魏書·文苑傳》,北京:中華書局1974年版,第1876頁。
③ 王利器《顏氏家訓集解》,北京:中華書局1993年版,第238頁。

豐富，跟著感覺走，往往急躁狂放，不能謹慎言行。做人須遵守社會禮法規範，而作文則崇尚自由，擺脱一切精神束縛，兩者之間存在内在的衝突。這是"文人無行"論盛行的根本原因。用今天的話來説，道德與審美具有不同的標準。如果以道德標準爲依據來評判審美活動，自然容易得出"文人無行"的結論。

　　文人往往是仕途競爭的失敗者，人生經歷坎坷，因此多一些"不平之鳴"。韓愈曾説："文章之作，恒發於羈旅草野。至若王公貴人氣滿志得，非性能而好之，則不暇以爲。"①王公貴人考慮更多的是政治官場的利害關係，束縛於現實的功利和俗事的紛擾，大多没有空間和精力從事文章寫作。文人作爲政治鬥争的失敗者，遭到貶謫，成爲政局之外的人物，這反而使他們從名韁利鎖中解脱出來，可以更加超然地認識現實社會，對社會問題、對生命本質有更深刻的思考和洞見，歐陽修稱之爲"詩窮而後工"。窮而在下的文人的深刻思考與敏鋭洞見，揭示了社會和政治的真相，他們走在時代的前列，甚至不再是舊道德的守衛者、宣傳者，而是舊道德的破壞者，是新道德的預言家，代表社會發展的新趨勢，但是往往不爲一般民衆所理解，甚至是觸犯忌諱的，遭到當權者和一般民衆所謂"文人無行"的非議和責難。這樣，"文人無行"論就成了頑固守舊者扼殺思想創新、阻礙道德進步的利器。陳子龍曾感慨説："至於寄之離人思婦，必有甚深之思而過情之怨甚於後世者，故曰皆聖賢發憤之所爲作也。後之儒者則曰'忠厚'，又曰'居下位不言上之非'，以自文其縮。然自儒者之言出而小人以文章殺人也日益甚。"②"文人無行"論往往就是小人以文章殺人的藉口。

　　文學是作家的白日夢。作家在日常生活中受到社會禮法規範的約束，懷才不遇的抑鬱情感得不到宣洩，一旦進入文學創作時，禮法規範的約束鬆懈了，不可壓抑的情思從潛意識裏迸發、顯現出來。正如袁宏道所謂"窮愁之時，痛哭流涕，顛倒反復，不暇擇音"③。不暇擇音，即任興而發，稱情而言，擺脱社會禮法和文學規範的束縛。這樣創作出來的文學作品，也往往背離了社會道德規範，給人以"文人無行"的印象。當然，也普遍地存在"志

---

① 韓愈《荆潭唱和詩序》，載於馬其昶《韓昌黎文集校注》，上海：上海古籍出版社 2014 年版，第 294 頁。
② 陳子龍《詩論》，載於《陳子龍文集》上册，上海：華東師範大學出版社 1988 年影印本，第 141 頁。
③ 袁宏道《敍小修詩》，載於錢伯城箋校《袁宏道集箋校》，上海：上海古籍出版社 2008 年版，第 188 頁。

深軒冕,而泛詠皋壤;心纏幾務,而虛述人外"①之類把文學當作面具以欺騙讀者的現象。西晉潘岳爲權臣賈謐"二十四友"之一,曾構陷愍懷太子,爲世人所不齒。本是一蠅營狗苟之輩,卻作了《閒居賦》,自命清高,甘於養拙,文學成了他的僞裝。元好問《論詩絕句》揭穿其畫皮,曰:"心畫心聲總失真,文章寧復見爲人。高情千古閒居賦,爭信安仁拜路塵!"②當一個作家的言與行不一致時,也就給人造成"文人無行"的印象。

　　總體來說,"文人無行"論體現出中國古代強大的儒學傳統對文學傳統的壓抑。儒學重在標尚崇高的道德,對文人有更高的期望,而文學創作挣脱道德的羈勒,甚至是道德的叛逆者,因此儒學常排斥和壓抑文學。科舉考試內容是經義還是詩賦?古人就經常爲此發生爭論,結果多是以經義排斥詩賦。唐代柳冕所謂"尊經術,卑文士"③,有一定的代表性。在這樣的文化傳統裏,以儒學的道德標準裁判詩文的審美自由,"文人無行"的偏頗判斷自然能够流行起來。

　　"文人無行"論是古代作家背負的沉重的精神枷鎖,阻礙了如謝靈運等偉大的文學家仕途上升的步伐④。似乎文才與命運有仇似的,二者不可兼得。劉孝標《辨命論》概括爲"高才而無貴仕"⑤。唐代殷璠用這句話解釋常建等詩人爲何命運多舛。杜甫《天末懷李白》詩曰:"文章憎命達。"盛唐是文人奮發有爲的時代,文人的命運尚且如此,其他時代文人的不幸就更可想而知了。明代王世貞爲文人鳴叫冤屈,作《文章九命》,一曰貧困,二曰嫌忌,三曰玷缺,四曰偃蹇,五曰流竄,六曰刑辱,七曰夭折,八曰無終,九曰無後,似乎這九類不幸的遭遇和悲慘的結局是文人的宿命,所以古代讀書人多不願意僅僅做個文人。孔子所謂"行有餘力,則以學文"⑥,"行"重於"文",本無可厚非。但是從韓愈《和席八十二韻》所謂"餘事作詩人",再到北宋丞相劉摯所謂"一號爲文人,便無足觀"(《宋史·劉摯傳》),讀書人多是恥作文人的,至少不願意做一個華而不實的文人。

---

① 劉勰著,王利器校證《文心雕龍校證》,上海:上海古籍出版社1980年版,第206頁。
② 狄寶興校注《元好問詩編年校注》,北京:中華書局2011年版,第51頁。
③ 柳冕《謝杜相公論房杜二相書》,載於董誥等編《全唐文》,北京:中華書局1983年版,第5354頁。
④ 《宋書·謝靈運傳》載:"(謝靈運)自以名輩才能,應參時政。初被召,便以此自許。既至,文帝唯以文義見接,每侍上宴,談賞而已。"沈約《宋書》,北京:中華書局1974年版,第1772頁。
⑤ 蕭統編,李善注《文選》,上海:上海古籍出版社1986年版,第2344頁。
⑥ 程樹德《論語集釋》,第31頁。

至明代後期，東南地區經濟發達，特別是嚴酷的黨爭，促使一些文人與朝廷疏離，對正統意識也發出挑戰，如屠隆、胡應麟、趙南星、謝肇淛等人就直接對"文人無行"論發出詰難。他們責問：難道文人一定沒有良好的德行嗎？無文之人就有良好的德行嗎①？事實上，立身端正、品德高尚的文士，大有人在。更何況《論語》早就説過："大德不逾閑，小德出入可也。"②一個人在原則問題上不能逾越界限，在細微末節上是可以稍微放鬆的。如果像顏之推那樣把滑稽、粗疏、倔强、傲慢、躁率都視爲"無行"，那麼天下就沒有多少白璧無瑕的文人了。明人對"文人無行"論的詰難，揭示了區域文化和市民文藝的發展須要衝破嚴厲的正統觀念的禁錮。

　　"文人無行"並非是一個必然判斷。在中國傳統的禮法社會裏，因爲對文章寄予了更高的價值期望，以"君子"的德行標準嚴厲地衡量文人的品德，於是得出這個片面的結論。金無足赤，人無完人。如果責全求備，則人非聖賢，誰能無過。而事實上，在中國傳統的文學批評實踐中，人品與文學被綁定在一起，甚至混爲一談，多數人認爲"文如其人"，人品決定文品，從文品可以看出人品。於是，以人論文，以人廢言，以言廢人的道德批評就較爲盛行，道德評價超越審美評價，甚至代替審美評價。北宋奸相蔡京，是著名的書法家，因爲人品奸惡，遭人唾棄，書法湮没不傳。明代宦官嚴嵩，擅詩，有《鈐山堂集》，後世少有流傳。即使是像陶淵明這樣的"知道之士"③，蕭統也遺憾他的《閑情賦》寄意於女色，是白玉微瑕。王安石更是批評李白"識見汙下，十首九説婦人與酒"④。揚雄、阮籍、陳子昂、宋之問等都因爲政治立場問題遭到後人的批評。因政治態度、道德品格，甚至私德有虧，而否定其人的文學成就，是傳統文學道德批評的重要內容。今天看來，當然有失偏頗，但是這種文學批評對於傳統道德價值觀念的維護曾發生重要的作用，需要以一種歷史的態度看待它。

---

① 屠隆《答王胤昌太史》："世亦有無行文人，豈謂文人必無行耶？"屠隆著，林瓊華等點校《栖真館集》，杭州：浙江古籍出版社 2012 年版，第 301 頁。趙南星《答章元禮》："文人無行，此庸俗疾妬之言，而不通之説也。夫文人無行，無文者皆有行耶？"趙南星《趙忠毅公文集》，收於《乾坤正氣集》，同治求是齋本，卷十七，頁二十九。胡應麟《詩藪·續編一》："世動訕文人無行，余不敢謂然也。"胡應麟《詩藪》，北京：中華書局 1988 年版，第 330 頁。謝肇淛作《文人無行辯》一文予以辯駁。
② 程樹德《論語集釋》，第 1508 頁。
③ 羅大經撰，劉友智校注《鶴林玉露》，濟南：齊魯書社 2017 年版，第 165 頁。
④ 胡仔纂集，廖德明校點《苕溪漁隱叢話》前集卷六，北京：人民文學出版社 1962 年版，第 37 頁。

三、文人之德

　　與"文人無行"論相對的是，傳統文學批評從正面强調"文德"。自從王充首次提出"文德"論後，它一直是後世文學理論批評的重要原則，歷代文論家無不重視"文德"。德爲主，文爲輔，主次鮮明。一般認爲"德文兼備"是君子，"無德而有文"是小人①。當然，面對不同的社會文化現狀，基於不同的思想立場，對"文德"的理解不盡相同，"文德"具有豐富的内涵。

　　南朝著名文論家劉勰在《文心雕龍·原道》開篇即説："文之爲德也大矣，與天地並生者。"强調文本源於道，道生天地的同時就産生了文，賦予"文"以崇高的地位。這裏的"文德"雖不是指作家的品德，但作家是人類文明的傳承者和創造者，應該具有高貴的精神和卓越的才能。劉勰在《程器》篇裏嚴正地反駁朝野流行的"文人無行"論，並提出："士之登庸，以成務爲用。"②士人不僅要善於作文，也應該有處理實際事務的才能。此前，王充已指出，如果讓一個文人成天忙於瑣碎的事務，他就没有時間寫文章了。③ 著書作文與實際事功之間有衝突。但是在六朝時期，士人佔據高位，卻没有管理國家事務的才能，還輕視治理社會的實際工作，崇尚清談，務虚忌實，導致朝綱不振，國家衰弱。有鑒於此，劉勰非常强調文人治理事務的實際才能，提倡文人直言諷諫、抨擊時弊的鯁直精神。後來歐陽修在《與黄校書論文章書》中提出"中於時病而不爲空言"，蘇軾在《鳧繹先生詩集序》中主張"言必中當世之過"。這是中國古代"文德"論的重要内容。因爲中國自古以來"學而優則仕"，從讀書人中選拔國家的治理者，士人既是讀書人，又是國家政治的參與者；中國古代的文章不是僅指抒寫個人之情的詩賦，而是如章太炎所謂"凡著於書帛者皆謂之文"，廣泛地涉及上至宗廟祭祀、内政外交，下至諧辭隱語、私人書信，所以要求文人"摛文必在緯軍國，負重必

---

① 李綱《古靈陳述古文集序》："文以德爲主，德以文爲輔，德文兼備，與夫無德而有文者，此君子、小人之辨也。"曾棗莊、劉琳主編《全宋文》，上海：上海辭書出版社、合肥：安徽教育出版社 2006 年版，第 3748 頁。
② 劉勰著，王利器校證《文心雕龍校證》，第 292 頁。
③ 王充《論衡·書解》："使著作之人，總衆事之凡，典國境之職，汲汲忙忙，何（或）暇著作？"黄暉《論衡校釋》，第 1149 頁。

在任棟樑"①,能够籌畫軍國大事,擔負治理事務的重任。特别是每當國家處於危急之時,就更加張揚文士鯁直謇諤的鬥争勇氣,發揮文學經世致用的現實作用。那種"無事袖手談心性,臨危一死報君王"②的蹈空務虚,是爲人所輕視的。文士或置身於時代大潮,以詩文抨擊邪惡,堅持正義;或高蹈遠遁,霧豹隱伏,以詩文自適自娱。不論是出是處,都堅守道義,標尚德行,有各自的使命擔當。

  隋唐時期開始實行科舉制度,爲中下層文人進入仕途打開了新的通道,真正做到"學而優則仕"。選拔人才的途徑多了,難免魚龍混雜。文人不只是著書作文,更重要的身份是參與社會治理的官員。因此有人主張文人入仕,應以德爲先。初唐時的裴行儉,既聰明多藝,又立功邊陲,任吏部侍郎時提出著名的命題"士之致遠,先器識而後文藝也"③,斥責王勃等人雖然有文才但浮躁淺露,不能享受官位。所謂"先器識",指士人應該具有寬厚的品德與高卓的見識。"器識"偏重於道德層面,與劉勰"程器"論偏重於實際經世才能略有不同。稍後獨孤及、韓愈等古文家都很重視醇厚的道德人格。獨孤及說:"必先道德而後文學。"④便是承裴行儉之論。韓愈說:"仁義之人,其言藹如也。"⑤即是孔子"有德者必有言"的引申。唐宋以後,"士先器識而後文藝"是被人們普遍接受的命題。特别是理學家和受理學影響的文人,尤其強調"文德",把道德品行放在第一位,重道德而輕文辭,如周敦頤說:"不知務道德而第以文辭爲能者,藝焉而已。噫!弊也久矣!"⑥重道而輕藝。朱熹也認爲只要品德高明純粹,"其於詩,固不學而能之"⑦。"先器識而後文藝"這個命題本身是不否定文藝的;而周敦頤和朱熹都有否定文藝獨立性的意思,顯然是偏頗的。

  宋代以後論"文德",在重視德行的基礎上又出現了幾個新的觀念。

  一、強調士人"不俗"的品格。讀書人是文明的傳遞者,是人類精神的引領者,是普通人群的典範,具有導引世風的意義。如果步入仕途,就更應

---

① 劉勰著,王利器校證《文心雕龍校證》,第292頁。
② 顔元著,王星賢等點校《顔元集》,北京:中華書局1987年版,第51頁。
③ 劉肅《大唐新語》卷七,上海:古典文學出版社1957年版,第127頁。
④ 梁肅《毘陵集後序》引,載於董誥等編《全唐文》,北京:中華書局1983年版,第5260頁。
⑤ 韓愈《答李翊書》,載於馬其昶《韓昌黎文集校注》,第189頁。
⑥ 周敦頤《周濂溪集》卷六《通書·文辭》,北京:中華書局1985年版,第118頁。
⑦ 朱熹《答楊宋卿》,載於《朱熹集》,成都:四川教育出版社1996年版,第1757頁。

該表率百官,輔時化俗。因此中國文化對讀書人的精神品格有更高的要求。黄庭堅説:"士生於世,可以百爲,唯不可俗,俗便不可醫也。"①所謂"不俗",他借用《論語》"臨大節而不可奪"作解釋,在大是大非面前,應該堅持操守,不能患得患失,不能喪失立場和原則。宋代以後,對揚雄、潘勗等在政治鬥爭中不能堅守正確立場的歷史人物給予貶斥,就是因爲他們違背了"臨大節而不可奪"的基本原則。晚清時宋詩派的一個成員何紹基在《使黔草自敘》中説:

> 人與文一,是爲人成,是爲詩文之家成。伊古以來,忠臣孝子、高人俠客、雅儒魁士,其人所詣,其文如見。人之無成,浮騖文藻,鏤脂翦楮,何益之有!顧其用力之要何在乎?曰"不俗"二字盡之矣。所謂"俗"者,非必庸惡陋劣之甚也。同流合污,胸無是非,或逐時好,或傍古人,是之謂"俗"。直起直落,獨來獨往,有感則通,見義則赴,是謂"不俗"。高松小草,並生一山,各與造物之氣通,松不顧草,草不附松,自爲生氣,不相假借。泥塗草莽,糾紛拖遝,淦濘不别,腐期斯至。前哲戒俗之言多矣,莫善於涪翁之言曰:"臨大節而不可奪,謂之不俗。"欲學爲人,學爲詩文,舉不外斯恉。吾與小子可不勉哉,可不勉哉!②

何紹基説,作人與爲文要完美爲一。作家從學做人開始,關鍵在於"不俗"。依傍古人,汨没於世俗,同流合污,胸無是非定見,都是"俗"。有真感受,真見解,獨立不倚,甚至爲自己的堅守而寧願付出生命的代價,就是"不俗"。同時的劉熙載總結出"詩品出於人品"的命題。稍後的王國維提出:"無高尚偉大之人格,而有高尚偉大之文章者,殆未之有也。"③都標舉超拔高尚的文士人格,這是"文德"説的重要内涵,貫穿於整個中國文學史。

二、提出"性情之正",主張以理正情,對情感的抒泄加以疏導和匡正。二程認爲情者性之動,應該歸之正。朱熹論詩多次提出"性情之正",如其《詩集傳序》曰:

---

① 黄庭堅《書嵇叔夜詩與姪榎》,載於《黄庭堅全集》,北京:中華書局2021年版,第1428頁。
② 何紹基《使黔草自序》,載於《何紹基詩文集》,長沙:岳麓書社1992年版,第781頁。
③ 王國維《文學小言》,載於《教育世界》第139期(1906年12月),第3頁。

> 吾聞之，凡詩之所謂風者，多出於里巷歌謡之作，所謂男女相與詠歌，各言其情者也。惟《周南》《召南》，親被文王之化以成德，而人皆有以得其性情之正。故其發於言者，樂而不過於淫，哀而不及於傷。是以二篇獨爲風詩之正經。自《邶》而下，則其國之治亂不同，人之賢否亦異，其所感而發者，有邪正是非之不齊。而所謂先王之風者，於此焉變矣。①

《周南》《召南》爲正風，哀樂中節，得其性情之正。所謂"性情之正"，即以性正情，以理正情，對情感加以規範和疏導，抑制不合乎義理和規範的情感，使情感合乎理性，並能恰當地以中和的形式表現出來。在理學影響下，宋代以後對"不平則鳴""詩窮而後工"等命題多有清算。方孝孺《題黄東谷詩後》曰：

> 昔人謂詩能窮人，諱窮者因不復學詩。夫困折屈鬱之謂窮，遂志適意之謂達。人之窮有三，而貧賤不與焉：心不通道德之要，謂之心窮；身不循禮義之途，謂之身窮；口不道聖賢法度之言，謂之口窮。三者有一焉，雖處乎崇臺廣廈，出總將相之權，入享備物之奉，車馬服食非不足以誇耀市井，然口欲言而無其辭，心欲樂而有其累，其窮自若也。無三者之患，心無悔而身無尤。當其志得氣滿，發而爲言語文章，上之宣倫理政教之原，次之述風俗江山之美，下之探草木蟲魚之情性，狀婦人稚子之歌謡，以豁其胸中之所蘊，沛然而江河流，爛然而日星著、怨思、喜樂、好惡、慕歎，無不畢見。造化鬼神且將避之，而何慊慊於區區之富貴者哉？此謂之達可也。雖饑寒流離，夫孰可以爲窮？世之人不之察，幸斯須之勢者，多挾其所有以驕士，而不知士之非果窮，己之非果達也。②

儒家主張君子憂道不憂貧。方孝孺用翻案法解釋"窮"爲心不通道德之要，身不循禮義之途，口不道聖賢法度之言，三者有一焉，雖然身處富貴，依然口欲言而無其辭，心欲樂而有其累，是真正的"窮"。如無三者之患，則志氣

---

① 朱熹集撰，趙長征點校《詩集傳》，北京：中華書局2017年版，第2頁。
② 方孝孺《遜志齋集》，寧波：寧波出版社2000年版，第611頁。

充盈,發爲言語文章,宣佈倫理政教之原,敘述風俗江山之美,描寫草木蟲魚之情狀,無不豁其胸中之所蘊,沛然而出,爛然而著,性情畢見。詩人如果僅僅抒寫自己的不幸遭遇,欷老嗟卑,似寒蛩之鳴,那是爲世人所不齒的。相反,文士應該明道養氣,對儒家義理有更透徹的領會,並能涵容、內化爲自己的學識和修養,收斂才氣,提高見識,擴充胸襟。具有偉大的人格,才能寫出真正優秀的作品。沈德潛《說詩晬語》說:"有第一等襟抱,第一等學識,斯有第一等真詩。"①當然,若過於強調"性情之正",則是對個性情感、感性欲望的壓抑。沈德潛與袁枚之間的詩學論爭就體現出"性情之正"與"性情之真"的矛盾。

三、標尚"志士"之詩文。早在唐代,尚衡《文道元龜序》就曾把文劃分爲君子之文、志士之文、詞士之文三個層次,但沒有產生較大的影響。到了宋元易代、特別是明清易代之際,一些文人在反抗異族入侵的鬥爭中表現出可貴的氣節,顯示出新的人格力量,於是"志士"又從"文士"中凸顯出來。明遺民彭士望在《與魏冰叔書》中提出"文人之文與志士之文,本末殊異"。他認爲,文人作文只是沽名釣譽;而志士之文,發自真實懷抱,針對現實,有矯正時弊的意義。把志士與文人才子相區別,是清代詩論的一個特點,人們在"才子之詩""詩人之詩"之上,更爲看重的是"志士之詩"。葉燮《密遊集序》就將詩歌分爲"才人之詩"和"志士之詩":

> 古今有才人之詩,有志士之詩。事雕繪,工鏤刻,以馳騁乎風花月露之場,不必擇人擇境而能爲之,隨乎其人與境而無不可以爲之,而極乎諧聲狀物之能事,此才人之詩也。處乎其常而備天地四時之氣,歷乎其變而深古今身世之懷,必其人而後能爲之,必遭其境而後能出之,即其片語隻字,能令人永懷三歎而不能置者,此志士之詩也。才人之詩,可以作,亦可以無作;志士之詩,即欲不作,而必不能不作。才人之詩,雖履豐席厚,而時或不傳;志士之詩,愈貧賤憂戚,而決無不傳。才人之詩,古今不可指數;志士之詩,雖代不乏人,然推其至如晉之陶潛,唐之杜甫、韓愈,宋之蘇軾,爲能造極乎其詩,實其能造極乎其志。蓋其本乎性之高明以爲其質,歷乎事之常變以堅其學,遭乎境之坎壈鬱怫以老其識,而後以無所不可之才出之。此固非號稱才人之所可得而

---

① 沈德潛撰,王宏林箋注《說詩晬語箋注》,北京:人民文學出版社2013年版,第14頁。

幾,如是乃爲傳詩,即爲傳人矣。①

"才人之詩"就像漢代揚雄所謂"辭人之賦麗以淫"那樣,爲文而造情,風花雪月,藻飾鏤刻,華而不實。這樣的詩篇可有可無。"志士之詩"則不然:"處乎其常而備天地四時之氣",近乎金聖歎所謂"天地之元聲",無一句一字稍違於天地,代天地立心,表達天下人普遍共通的懷抱;"歷乎其變而深古今身世之懷",近乎莫秉清所謂"我之思"與"千百年以上之思"相通②,傳達人類古今相通的思想情懷和價值理念;而這種"大我"的懷抱又是"必遭其境而後能出之",出自詩人現實遭際的真切感受。詩歌史上的杜甫、韓愈、蘇軾都在"詩"和"志"上造乎其極。詩人應該具有高明的質性,在事境中錘煉學識,而成爲"志士"。

"志士之詩"命題的提出,在清代詩壇得到積極的回應。乾隆年間的彭紹升在《敘文》中借他人之言稱讚易代之際的詩人謝翱、杜濬其志潔,其思苦,其音哀,爲"志士之詩"。道光年間的張際亮,以爲士於立身之外,當有用於世,也做出才人之詩、學人之詩和志士之詩的劃分,標舉"志士之詩"曰:

> 若夫志士,思乾坤之變,知古今之宜,觀萬物之理,備四時之氣,其心未嘗一日忘天下,而其身不能信於用也;其情未嘗一日忤天下,而其遇不能安而處也。其幽憂隱忍,慷慨俯仰,發爲詠歌,若自嘲自悼,又若自慰;而千百世後讀之者,亦若在其身,同其遇,而淒然太息,悵然流涕也。蓋惟其志不欲爲詩人,故其詩獨工,而其傳也亦獨盛。如曹子建、阮嗣宗、陶淵明、李太白、杜子美、韓退之、蘇子瞻,其生平亦嘗仕宦,而其不得志於世,固皆然也。此其詩皆志士之類也。③

其用語和內涵都與葉燮有相通相近之處,精神上一脈相承,而更多了時代的悲涼感。張際亮所謂"志士之詩",詩人心憂天下,關懷民瘼,個人情懷緊緊聯繫著社會苦難和時代劇變。詩歌史上,如杜甫、李白、韓愈、蘇軾之詩,

---

① 葉燮《密遊集序》,載於《己畦集》,清康熙年間二棄草堂刻本,卷八,第七頁,AB面。
② 莫秉清《徐嘉訥詩草序》,載於《明清史料匯刊》第八冊《華亭莫葭士先生遺稿》,臺北:臺灣文海出版社 1973 年版,卷七十六,第 18 頁。
③ 張際亮《答潘彥輔書》,載於《張亨甫全集·文集》卷三,同治六年刻本。

通於政體,可稱爲"志士之詩"。在晚清的時勢裏,湧現出一大批奮發圖强、反抗侵略的志士之詩,掀起近代的愛國熱潮,一直流灌到現代。

研究"文德"論不能局限於"文""德"二字的表面意思,而應該整體把握中國文論對於作家道德人格的理論認知。這樣便會發現中國傳統的"文德"論有豐富的内涵,並因時因地而發展變化。

四、臨文之德

文德不僅指作家平時的道德人格的修養,還指作家在下筆爲文之瞬間的"臨文之德"。古人很早就認識到,言説者基於不同的心態,會發出不同的言辭。《周易·繫辭下》曰:"將叛者其辭慚,中心疑者其辭枝,吉人之辭寡,躁人之辭多,誣善之人其辭游,失其守者其辭屈。""將叛""中心疑"是言説時的心理狀態。言説如此,作文更是如此。爲文且須放蕩,須擺脱精神上的束縛,但不能逞私心、憑意氣,更不能把文章作爲泄私憤、攻訐他人的工具。特别是史傳書寫,涉及對歷史人物的評價,事體重大。中國古代史學既有秉筆直書的傳統,也講究尊賢隱諱。但秉筆者難免受到世間人情和利害關係的左右,乃至任意雌黄。因此劉勰《文心雕龍·史傳》提出:"析理居正,唯素心乎!"所謂素心,即擺脱世情利害,居心公正平和。文章乃天下之公器,本就應該以公心待之。

詩文創作,標舉興會。興致鬱勃者,往往任才使氣,嬉笑怒駡,皆成文章。例如蘇軾就是遇事則發、心直口快的豪爽人。他説:"言發於心而沖於口,吐之則逆人,茹之則逆余,以爲寧逆人也,故卒吐之。"①但是臨文不諱,往往招惹是非。"烏臺詩案"與蘇軾的這種性格不無關係。他的學生黄庭堅反省説:"東坡文章妙天下,其短處在好駡,慎勿襲其軌也。"②宋明理學尤其重視主敬存誠,置心平易;加之越來越嚴厲的專制制度,於是文學理論多强調斂抑才氣,以格調規範約束狂放不羈的個性。到了清代中期,章學誠《文史通義》專門提出"史德""文德"的問題。章學誠"文德"論與前人不同,此前人們論"文德"一般指文士平日的修身,章學誠則指文士秉筆作文

---

① 蘇軾《思堂記》,載於《蘇軾文集》,北京:中華書局 1986 年版,第 2 册,第 363 頁。
② 黄庭堅《答洪駒父書》,載於《黄庭堅全集》,第 425 頁。

時的心術。《文史通義·史德》曰:"德者何? 謂著書者之心術也。"著書者的心術應"臨文主敬","論古必恕",撰作文章時態度應該敬慎平和、客觀公正。他說:

> 凡爲古文辭者,必敬以恕。臨文必敬,非修德之謂也;論古必恕,非寬容之謂也。敬非修德之謂者,氣攝而不縱,縱必不能中節也;恕非寬容之謂者,能爲古人設身而處地也。嗟乎! 知德者鮮,知臨文之不可無敬恕,則知文德矣。"①

所謂"敬"指檢省心氣,做到心氣平和,氣合於理,收攝而不放縱;情本於性,得其公正。早在唐代,韓愈《答李翊書》說自己作文,"迎而距之,平心而察之"②,以平和心態,反復斟酌。柳宗元也說:"吾每爲文章,未嘗敢以輕心掉之,懼其剽而不留也;未嘗敢以怠心易之,懼其弛而不嚴也;未嘗敢以昏氣出之,懼其昧沒而雜也;未嘗敢以矜氣作之,懼其偃蹇而驕也。"③戒輕心怠心,去昏氣矜氣,置心平易,也即是"臨文必敬"。所謂"論古必恕",指作者論及歷史人物和事件,應該設身處地,知人論世,護惜古人之苦心,有同情之瞭解;不能站在後世的、局外人的立場,妄肆褒貶,橫生是非。如果剝離時代背景來看,章學誠所論臨文主敬的原則,是頗爲合理的。但是,章學誠所論,是有他的時代背景的。明代後期,私家著史大爲興盛,特別是明清易代時期,遺民常借文史書寫以對抗新朝。章學誠批評過去文史之作"微文譏刺""怨誹君父""發憤著書"等逞其私意的著述態度,認爲這不合乎天理天性,是"愚不安分,名教中之罪人"④;他主張文史著作的作者應該居心忠厚,符合君臣大義。這是清代中期史學撰述態度的一種調整。清代康熙、乾隆年間,一方面大興文字獄,一方面通過修《明史》、編撰《四庫全書》以取締異端,確立新的君臣大義和國家正統。章學誠的"文德"觀,就是在這種形勢下向清朝國家意識形態的靠近⑤。章太炎曾批評說:"章氏之論,徒教

---

① 章學誠著,倉修良編注《文史通義》,杭州:浙江古籍出版社2005年版,第137頁。
② 韓愈《答李翊書》,載於馬其昶《韓昌黎文集校注》,第190頁。
③ 柳宗元《答韋中立論師道書》,載於《柳河東集》,上海:上海古籍出版社2008年版,第543頁。
④ 章學誠著,倉修良編注《文史通義》,第265頁。
⑤ 參楊念群《章學誠的"經世"觀與清初"大一統"意識形態的建構》,載於《社會學研究》第5期(2008年9月),第37—42頁。

人以謟耳。"①錢鍾書雖然不認同章太炎的苛責,但他引用黑格爾教生徒之言"治學必先有真理之勇氣",以追求真理的勇氣解釋文德,賦予文德以新的內涵②。

五、結　語

放眼世界,雖然歐洲人的道德觀念與中國人存在一定的差異,但歐洲傳統文論也很重視作家的道德。柏拉圖認爲模仿的詩人不受理性控制,不能節制情欲,編造虛假的故事,鼓吹享樂,於是把模仿的詩人驅逐出理想國,而主張詩人向哲學家看齊,具備美好的德性,將神聖、智慧與善良集於一身。這顯然是柏拉圖的"文德"論。後來法國啓蒙思想家狄德羅説:"如果道德敗壞了,趣味也必然會墮落。……真理和美德是藝術的兩個密友。你要當作家、當批評家嗎? 請首先做一個有德行的人。"③意即,沒有高尚的道德也就不能有真正的審美趣味,作家和批評家都應有德行。這即是狄德羅的"文德"論。康德雖然強調審美自律,但也主張"美,是道德上的善的象徵"。直到浪漫主義,特別是唯美主義興起以後,纔偏激地割斷美與善之間的聯繫,放棄對藝術家道德品格的要求。如王爾德提出:"藝術家沒有倫理上的好惡。藝術家如在倫理上有所臧否,那是不可原諒的矯揉造作。"④

20世紀西方文學批評的主流趨勢進一步鼓勵文學與作家道德品質的分離。新批評派學者理查兹要求他的學生在不了解作者身份的情況下閱讀詩歌,在真空中解釋文本,不必考慮作者的人品。結構主義與後結構主義批評繼續淡化作者的個人行爲或動機,而是將文學作品視爲一個獨立的對象,自身具有產生或破壞意義的系統。即使是涉及政治的文學批評,如馬克思主義、新歷史主義、後殖民主義和女權主義文學批評,通常更多地投入於揭露隱藏在文學作品背後的權力體系,而不是思考作者的個人道德行

---

① 章太炎《與人論國學書》,載於《章太炎全集》(四),上海:上海人民出版社1985年版,第354頁。
② 錢鍾書《管錐篇》(四),北京:三聯書店2007年版,第2344頁。
③ 狄德羅《論戲劇藝術》,載於伍蠡甫、胡經之主編《西方文論選》上卷,上海:上海譯文出版社1981年版,第376頁。
④ 王爾德《作爲藝術家的批評家》,載於蕭易譯《謊言的衰落——王爾德藝術批評文選》,南京:江蘇教育出版社2004年版,第154頁。

爲。直到 21 世紀,在 Me Too 運動和"取消文化"興起之後,西方纔開始重新關注藝術家的道德行爲。例如,克萊爾·德德爾(Claire Dederer)在《怪物:粉絲的困境》(*Monsters: A Fan's Dilemma*)一書中對藝術天賦與個人道德之間脱節給予反思。約翰·吉羅伊(John Guillory)在《職業批評:文學研究組織論文集》(*Professing Criticism: Essays on the Organization of Literary Study*)中將"道德/司法"與語言/認知、民族/文化、美學/批判和認識論/學科一同列爲文學研究的五個"基本原理"。這可以認爲是一種新的文學美德①。

  20 世紀初中國的新文化運動顛覆了傳統的道德價值體系,但是新的道德體系没有確立起來,只是接受了西方近代浪漫主義、唯美主義的某些思想觀念,中西交匯,於是在文藝理論上,把審美與道德對立起來,中國傳統的"文德"論被有意無意地忽略了。中國現代文學理論不大談作家的人格操守和道德境界,似乎文學不需要承擔道德教化和道德革新的責任,值得注意的是新古典主義者梁實秋發表一篇文章《文人有行》提出:"既成爲人而又成爲文人的人,也該要有德行。……'文人無行'是一件急須補救的事實;'文人有行'纔是文人所應有的理想。"②頗有針砭時弊的意義。在中國古今的社會結構中,社會道德的責任很大程度上是依賴文學和文學家承擔著。聯繫中國的文士傳統來看,放棄"文德"論,中國文論便失去了靈魂,甚至成了與人無關的空洞理論,對文學是有害的。放棄"文德"論,中國社會道德建設也就只是一句空話,對社會也是有害的。當然,道德本身隨著時代的發展而變化,不能要求當代作家恪守陳舊過時的道德規範,但是,作家需有偉大高尚的人格、超然不俗的胸襟,維護基本的道德觀念,並引領道德新風尚。這應該是當代中國文論和文學的重要主題。當代中國文論也應該有新時代的"文德"論。

(作者單位:北京大學中國語言文學系)

---

① 該段文字爲本文英譯者余泰明教授增補,特注明並致謝。
② 梁實秋《文人有行》,載於《新月》第 1 卷第 2 期(1928 年 2 月),第 1、6 頁。

Literary Virtue: A Moral Cornerstone of Chinese Literary Theory

Zhou Xinglu

Literary Virtue is the basic point of the writer's theory in Chinese literary theory. It runs through the history of Chinese literary theory for thousands of years and forms a Chinese literary tradition that advocates virtue. Literati played an important role in social governance and civilization inheritance. Therefore, there are particularly strict requirements for the moral quality of literati. Literary and artistic creation naturally advocates spiritual freedom that transcends rules and gets rid of constraints. The two constitute an inner conflict gave rise to the proposition that "literati lack morals". Traditional literary criticism emphasizes Literary Virtue from the front, with morality as the main priority and literature as a supplement, with clear priorities. In the face of different social and cultural status quo, and based on different ideological positions, the understanding of Literary Virtue is different. Some advocate scholars to put capacity and insight first and the literary arts second, or emphasize the "not be vulgar" character of literati, or advocate "rectifying inner nature and emotions" to rationalize and correct emotions, and to channel and correct the expression of emotions. In the Ming and Qing dynasties, poems and essays concerned about the world and caring for the people by men of ambition were admired. Their personal feelings were closely related to social suffering and the drastic changes of the times. The connotation of traditional Literary Virtue theory developed and changed with time and place. Contemporary Chinese literary theory should have a new era of Literary Virtue theory.

Keywords: Literary virtue, Literati lack morals, Not be vulgar, The Poetry of men of ambition

徵引書目

1. 孔安國傳,孔穎達正義:《尚書正義》,上海:上海古籍出版社,2007 年版。Kong Anguo. *Shangshu Zhengyi*(*Correct Meaning of the Book of Documents*). Annotated by Kong Yingda. Shanghai: Shanghai guji chubanshe, 2013.
2. 方孝孺:《遜志齋集》,寧波:寧波出版社,2000 年版。Fang Xiaoru. *Xunzhizhaiji*(*Collection from Sunzhi Studio*). Ningbao: Ningbao chubanshe, 2000.
3. 毛亨傳,鄭玄箋,孔穎達疏:《毛詩注疏》,上海:上海古籍出版社,2013 年版。Mao Heng. *Maoshi zhushu*(*Mao Odes, with Commentary and Subcommentary*). Annotated by Zheng Xuan and Kong Yingda. Shanghai: Shanghai guji chubanshe, 2013.
4. 王充著,黃暉撰:《論衡校釋》,北京:中華書局,1990 年版。Wang Chong. *Lunheng jiaoshi*(*Arguments Weighed, Collated, with Explanations*). Annotated by Huang Hui. Beijing: Zhonghua shuju, 1990.
5. 王利器:《顏氏家訓集解》,北京:中華書局,1993 年版。Wang Liqi. *Yanshi jiaxun jijie*(*Yan Family Instructions, with Collected Explanations*). Beijing: Zhonghua shuju, 1993.
6. 王國維:《文學小言》,《教育世界》第 139 期(1906 年 12 月),頁 1—3。Wang Guowei. "Wenxue xiaoyan" (Literary Essays). *Jiaoyu shijie*(*Education World*) 139 (Dec.1906): pp.1–3.
7. 王爾德,蕭易譯:《謊言的衰落——王爾德藝術批評文選》,南京:江蘇教育出版社,2004 年版。Oscar Wilde. *Huangyan de shuailuo——Wangerde yishu piping wenxuan*(*The Decay of Lying: Selected Works of Oscar Wilde's Art Criticism*). Translated by Xiao Yi. Nanjing: Jiangsu jiaoyu chubanshe, 2004.
8. 伍蠡甫、胡經之主編:《西方文論選》,上海:上海譯文出版社,1981 年版。Wu Lifu and Hu Jingzhi. *Xifang wenlunxuan*(*Selections of Western Literary Theories*). Shanghai: Shanghai yiwen chubanshe, 1981.
9. 朱熹:《朱熹集》,成都:四川教育出版社,1996 年版。Zhu Xi. *Zhuxi ji*(*Collected Works of Zhu Xi*). Chengdu: Sichuan jiaoyu chubanshe, 1996.
10. 朱熹集撰,趙長征點校:《詩集傳》,北京:中華書局,2017 年版。Zhu Xi. *Shijizhuan*(*Collected Annotations to the Book of Odes*). Punctuated by Zhao Changzheng. Beijing: Zhonghua shuju, 2017.
11. 何紹基:《何紹基詩文集》,長沙:岳麓書社,1992 年版。He Shaoji. *He Shaoji wenji*(*Collected works of He Shaoji*). Changsha: Yuelu shushe, 1992.
12. 李學勤主編:《禮記正義》,北京:北京大學出版社,1999 年版。Li Xueqin. *Liji Zhengyi*(*Correct Meaning of the Book of Rites*). Beijing: Beijing daxue chubanshe, 1999.
13. 沈約:《宋書》,北京:中華書局,1974 年版。Shen Yue. *Song shu*(*Book of Song*). Beijing: Zhonghua shuju, 1974.
14. 沈德潛撰,王宏林箋注:《說詩晬語》,北京:人民文學出版社,2013 年版。Shen Deqian. *Shuoshi zuiyu*(*Clear Explanations of Poetry*). Annotated by Wang Honglin.

Beijing：Renmin wenxue chubanshe, 2013.
15. 狄寶興校注:《元好問詩編年校注》,北京:中華書局,2011 年版。Di Baoxing. *Yuan Haowen shi biannian jiaozhu* (*An Annotated and Chronological Collection of Yuan Haowen's Poems*). Beijing：Zhonghua shuju, 2011.
16. 周敦頤:《周濂溪集》,北京:中華書局,1985 年版。Zhou Dunyi. *Zhou Lianxi ji* (*Collected works of Zhou Dunyi*). Beijing：Zhonghua shuju, 1985.
17. 柳宗元:《柳河東集》,上海:上海古籍出版社,2008 年版。Liu Zongyuan. *Liuhedong ji* (*Collected works of Liu Zongyuan*). Shanghai：Shanghai guji chubanshe, 2008.
18. 段玉裁:《説文解字注》,北京:中國國家圖書館出版社,2022 年版。Duan Yucai. *Shuowen jiezi zhu* (*Commentary on Explaining Graphs and Analyzing Characters*). Beijing：Guojia tushuguan chubanshe, 2022.
19. 胡仔纂集,廖德明校點:《苕溪漁隱叢話》,北京:人民文學出版社,1962 年版。Hu Zi edited. *Tiaoxi yuyin conghua* (*Collected Talks of the Reclusive Angler of Tiaoxi*). Punctuated by Liao Mingde. Beijing：Renmin wenxue chubanshe,1962.
20. 胡應麟:《詩藪》,北京:中華書局,1988 年版。Hu Yinglin. *Shi sou* (*Poetry Marsh Thickets of Criticism*). Beijing：Zhonghua shuju, 1958.
21. 袁宏:《後漢紀》,北京:中華書局 2002 年版,第 466 頁。Yuan Hong. *Hou Han ji* (*Annals of the Later Han*). Beijing：Zhonghua shuju, 2002.
22. 袁宏道,錢伯城箋校:《袁宏道集箋校》,上海:上海古籍出版社,2008 年版。Yuan Hongdao. *Yuan Hongdao ji jianjiao* (*Collected Works of Yuan Hongdao, Annotated and Collated*). Annotated by Qian Bocheng. Shanghai：Shanghai guji chubanshe, 2008.
23. 屠隆著,林瓊華點校:《栖真館集》,杭州:浙江古籍出版社,2012 年版。Tu Long. *Qizhenguan* (*Collected Works of Tu Long*). Edited by Lin Qionghua. Hangzhou：Zhejiang guji chubanshe, 2012.
24. 張際亮:《張亨甫全集》,同治六年刻本。Zhang Jiliang. *Zhang Hengfu quanji* (*Complete Works of Zhang Hengfu*). 1867 edition.
25. 梁實秋:《文人有行》,《新月》第 1 卷第 2 期(1928 年 2 月),頁 1—6。Liang Shiqiu："Wenren you xing" (Literati have morals). *Xinyue* (*Crescent*) 1.2 (Feb. 1928): pp. 1–6.
26. 章太炎:《國故論衡》,北京:商務印書館,2017 年版。Zhang Taiyan. *Guogu Lunheng* (*Critical Evaluation of the National Heritage*). Beijing：Shangwu yinshuguan, 2017.
27. 章太炎:《章太炎全集》,上海:上海人民出版社,1985 年版。Zhang Taiyan. *Zhang Taiyan Quanji* (*Complete Works of Zhang Taiyan*). Shanghai：Shanghai renmin chubanshe,1985.
28. 章學誠著,倉修良編注:《文史通義》,杭州:浙江古籍出版社,2005 年版。Zhang Xuecheng. *Wenshi Tongyi* (*On Literature and History*). Edited by Cang Xiuliang. Hangzhou：Zhejiang guji chubanshe, 2005.
29. 莫秉清:《華亭莫葭士先生遺稿》,收於《明清史料匯刊》,臺北:臺灣文海出版社,1973 年影印。Mo Bingqing. *Huating Mo Xiashi Xiansheng Yigao* (*Posthumous manuscripts of Mo Xiashi*). In *Ming Qing shiliao huikan* (*Collection of Historical Materials*

of Ming and Qing Dynasties). Taibei: Taiwan wenhai chubanshe, 1968.

30. 陳子龍:《陳子龍文集》,上海:華東師範大學出版社,1988年影印本。Chen Zilong. *Chen Zilong wenji* (*Collected Works of Chen Zilong*). Shanghai: Huadong shifan daxue chubanshe, 1988.

31. 陳寅恪:《金明館叢稿初編》,上海:上海古籍出版社,1980年版。Chen Yinke. *Jinmingguan conggao chubian* (*Writings from Jin Ming Guan, Vol. 1*). Shanghai: Shanghai guji chubanshe, 1980.

32. 曾棗莊、劉琳主編:《全宋文》,上海:上海辭書出版社、合肥:安徽教育出版社,2006年版。Zeng Zaozhuang and Liu Lin edited. *Quan Song Wen* (*Complete Song Dynasty Essays*).Shanghai: Shanghai cishu chubanshe, 2006.

33. 程樹德:《論語集釋》,北京:中華書局,2013年版。Cheng Shude. *Lunyu jishi* (*Collected Commentaries of the Analects*). Beijing: Zhonghua shuju, 2013.

34. 黃庭堅:《黃庭堅全集》,北京:中華書局,2021年版。Huang Tingjian. *Huang Tingjian quanji* (*Complete Works of Huang Tingjian*). Beijing: Zhonghua shuju, 2021.

35. 黃霖、蔣凡主編:《中國歷代文論選新編》,上海:上海教育出版社,2007年版。Huang Lin and Jiang Fan. *Zhongguo lidai wenlun xuan xinbian* (*New Selection of Literary Theories in Chinese Dynasties*).Shanghai: Shanghai jiaoyu chubanshe, 2007.

36. 楊念群:《章學誠的"經世"觀與清初"大一統"意識形態的建構》,載於《社會學研究》第5期(2008年9月),頁37—42。Yang Nianqun. "Zhang Xuecheng de 'jingshi' guan yu qing chu 'dayitong' yishixingtai de jiangou" (Zhang Xuecheng's Ideas of Statecraft and the Ideology Construction by the Emperors of Early Qing Dynasty). *Shehui xue yanjiu* (*Sociological Studies*) 5 (Sep. 2008): pp. 37–42.

37. 葉適:《習學記言序目》,北京:中華書局,1977年版。Ye Shi. *Xixue jiyan xumu* (*Notes of the Strategist, with Preface and Table of Contents*). Beijing: Zhonghua shuju, 1977.

38. 葉燮:《己畦集》,清康熙年間二棄草堂刻本。Ye Xie. *Jiqi Ji* (*Collected Works of Ye Xie*).1662–1722 Erqi Thatched Cottage edition.

39. 董誥等編:《全唐文》,北京:中華書局,1983年版。Dong Hao. *Quan tangwen* (*Complete Tang Prose*). Beijing: Zhonghua shuju, 1983.

40. 趙南星:《趙忠毅公文集》,收於《乾坤正氣集》,同治求是齋本。Zhao Nanxing. *Zhao Zhonggu gong wenji* (*Collected Works of Zhao Nanxing*). Collected in *Qiankun zhengqi ji* (*The Collection of Righteousness*). Tongzhi Qiushizhai ben.

41. 劉肅:《大唐新語》,上海:古典文學出版社,1957年版。Liu Su. *Datang Xinyu* (*New Stories from the Great Tang*). Shanghai: Gudian wenxue chubanshe, 1957.

42. 劉勰著,王利器校證:《文心雕龍校證》,上海:上海古籍出版社,1980年版。Liu Xie. *Wenxin Diaolong Jiaozheng* (*The Literary Mind and the Carving of Dragons with Collations and Verifications*). Annotated by Wang Liqi. Shanghai: Shanghai guji chubanshe, 1980.

43. 黎翔鳳:《管子校注》,北京:中華書局,2004年版。Li Xiangfeng. *Guanzi jiaozhu*

(*Master Guan*, *with Collation and Commentary*). Beijing: Zhonghua shuju, 2004.
44. 蕭統編,李善注:《文選》,上海:上海古籍出版社,1986 年版。Xiao Tong edited. *Wen Xuan* (*Selections of Refined Literature*). Annotated by Li Shan. Shanghai: Shanghai guji chubanshe, 1986.
45. 錢鍾書:《管錐篇》,北京:三聯書店,2007 年版。Qian Zhongshu. *Guanzhuibian* (*Limited Views*). Beijing: Sanlian shudian, 2007.
46. 韓愈著,馬其昶校注:《韓昌黎文集校注》,上海:上海古籍出版社,2014 年版。Han Yu. *Han changli wenji jiaozhu* (*Annotated and Collated Edition of the Literary Works of Han Yu*). Edited by Ma Qichang. Shanghai: Shanghai guji chubanshe, 2014.
47. 颜元著,王星賢等點校:《顏元集》,北京:中華書局,1987 年版。Yan Yuan. *Yan Yuan ji* (*Collected Works of Yan Yuan*). Punctuated by Wang Xingxian. Beijing: Zhonghua shuju, 1987.
48. 魏收:《魏書》,北京:中華書局,1974 年版。Wei Shou. *Wei Shu* (*Book of Wei*). Beijing: Zhonghua shuju, 1974.
49. 羅大經撰,劉友智校注:《鶴林玉露》,濟南:齊魯書社,2017 年版。Luo Dajing. *Helin yulu* (*Jade Dew from the Forest of Cranes*). Edited and annotated by Liu Youzhi. Jinan: Qilu shushe, 2017.
50. 蘇軾:《蘇軾文集》,北京:中華書局,1986 年版。Su Shi. *Su Shi wenji* (*Collected Works of Su Shi*). Beijing: Zhognhua shuju, 1986.

審 美 論

古典詩學情景説的理論構成及其演化特徵

鄭利華

【摘 要】作爲中國古典詩學重要範疇之一,情景歷來爲衆家所論議,被視爲詩歌創作的本質基礎和審美構成。追溯起來,情景説在劉勰、鍾嶸等人的著述中已顯理論雛形,觸及"情""景"二者之關係,但其理論導向,重在解釋"感物"成詩的發生原理,闡述自然之"景"觸動詩人之"情"的引發作用。宋明以來,情景成爲重要的詩學話題,對其理論探討趨於加强,尤其是明人謝榛,圍繞情景關係的闡説相對集中和詳明,更明確了其對詩歌本質構成和藝術經營所具有的特定意義,謝氏的相關論述,體現了某種劃時代的標誌性意義。在有清一代詩學領域,有關詩歌情景問題的探討漸趨增多,其中王夫之、吴喬、朱庭珍等人堪稱代表,特別是對於情景關係的辨析,成爲諸家闡發的一個核心問題,其討論的角度或層次呈現多樣化特徵,豐富了情景這一範疇的理論建設。

【關鍵詞】情景 範疇 詩學 理論形態 變化軌跡

情景是中國古典詩學中的一個重要範疇,歷來爲詩人和論家所論議,或成爲他們討論詩學的一個核心話語,並被視爲詩歌創作的本質基礎和審美構成。明人胡應麟即指出:"作詩不過情景二端。"並舉五言律詩之"通例",以爲"前起後結,中四句,二言景,二言情"①。陳繼亦表示:"作詩必情與景會,景與情合,始可與言詩矣。"且引例曰:"如'芳草伴人還易老,落花

---

① 胡應麟《詩藪·内編》卷四《近體上·五言》,上海:上海古籍出版社1979年版,第63頁。

隨水亦東流',此情與景合也;'雨中黄葉樹,燈下白頭人',此景與情合也。"①清人方東樹又説過:"詩人成詞,不出情景二端,二端又各有虛實、遠近、大小、死活之殊,不可混淆,不可拘板。"②這些提法都指涉情景對於詩歌而言的重要性,或可以説,將情景和詩歌的本質及審美聯繫在了一起。文學理論的基本常識與發展歷史提示我們,一種範疇的形成和成熟,往往經歷不斷累積或演化的過程,忽視這一發展規律,難免會陷入無法對其進行整體性或有機性辨識的認知困境。在理論形態上,古典詩學的情景説同樣也不例外,其在綿長的詩學傳統中萌生、發展和變化。正因如此,確切認識這一範疇在歷史過程中呈現的意義指向,則需要對它的理論構成和演化特徵展開系統性和深入性的考察,這也是本文的主要任務所在。

一

情景説特別因其在古典詩學中的凸顯而受到學人的關注,研究者也由此追蹤它的起源。有人曾指出,在早期詩學中,像《禮記·樂記》提出的"物感"理論已初步揭示了這一論題,如其謂:"樂者,音之所由生也,其本在人心之感於物也。"③因而,或據此認爲,其説表明樂生於人心而爲物所感,物爲人心的載體,故其不啻表達了早期的詩歌生成理論,同時暗示了詩歌的美學特質,因爲"'物'不僅感發人心,使人心欲以表現,而且其表現不是直接傾訴,而是借助感發之物加以托現"④。然而,嚴格來説,《樂記》所論主要還是圍繞"樂"之發生原理而展開,並非專門針對詩歌或有關作品的生成過程進行闡述的,它與詩學乃至文學層面的情景之論還有所區隔,如果一味循沿這種極度擴張的上溯路徑,未免有泛化情景這一範疇的嫌疑。不過,追溯詩學領域情景説的興起,它的理論形態的雛形還是有跡可循,特別是早如劉勰《文心雕龍》提出的若干論點,多少已涉及這一範疇。其在《物色》篇中指出:"春秋代序,陰陽慘舒,物色之動,心亦搖焉。""歲有其物,物

---

① 都穆《南濠詩話》,丁福保輯《歷代詩話續編》,北京:中華書局1983年版,下册,第1359頁。
② 方東樹《續昭昧詹言》卷一《通論》,清光緒刻方植之全集本,第2頁下。
③ 《禮記正義》卷三七,載於阮元校刻《十三經注疏》,北京:中華書局1980年版,下册,第1527頁。
④ 參見毛正天《中國古代詩學的"情景論"——中國古代詩學劄記(七)》,載於《中南民族學院學報》(哲學社會科學版)第4期(1996年8月),第107—112頁。

有其容;情以物遷,辭以情發。"①而在《詮賦》篇中又聲言:"原夫登高之旨,蓋睹物興情。情以物興,故義必明雅;物以情觀,故詞必巧麗。"②劉勰在此所說的"物",顯然指自然景物,體味其意,他既然提出因物興情,情以物遷,說明情物或情景二者關係密切,自然景物有著觸動作者情感的感召力。具體到詩歌作者的情形,他又進而指出,"詩人感物,聯類不窮,流連萬象之際,沉吟視聽之區;寫氣圖貌,既隨物以宛轉;屬采附聲,亦與心而徘徊"③。這裏所謂"隨物""宛轉"、"與心""徘徊"云云,究其意旨,實則"二語互文足義"④,指的是"物"或景對於詩人"心"或情所產生的觸發作用,牽涉詩歌創作過程中情物或情景之間的關係,合乎劉勰執持的"物色之動,心亦搖焉"或"情以物興""物以情觀"的基本觀念。關於這一點,鍾嶸《詩品》所論也指涉之,他在《詩品序》中表示:"氣之動物,物之感人,故搖蕩性情,形諸舞詠。"⑤"若乃春風春鳥,秋月秋蟬,夏雲暑雨,冬月祁寒,斯四候之感諸詩者也。"⑥基本上,如將鍾嶸的以上論點對比劉勰"詩人感物"的說法,二者可以放在同一邏輯層面加以觀照,鍾嶸重點闡明的是各種景象物候對於"搖蕩"詩人"性情"以至將其形諸詩篇所發生的感召之力,這和劉勰的"詩人感物"說大旨相近。概而言之,追溯情景說在早期詩學領域的存在形態,它們雖已多少觸及"情""景"之間的關聯,但體察起來,其顯示的理論導向,乃重在解釋創作主體"感物"而成詩的詩歌發生原理,主要闡述自然之"景"觸動詩人之"情"的引發作用。

尋索古典詩學情景說的發展和變化脈絡,舊題唐王昌齡所撰《詩格》有關"意""景"對舉的說法,涉及情景的概念,其曰:"詩一向言意,則不清及無味;一向言景,亦無味。事須景與意相兼始好。"⑦"詩貴銷題目中意盡。然看所見景物與意愜者當相兼道。若一向言意,詩中不妙及無味。景語若多,與意相兼不緊,雖理通亦無味。"作者在此談論的主要是詩歌"意""景"

---

① 劉勰著,范文瀾注《文心雕龍注》卷一〇《物色》,北京:人民文學出版社1958年版,下冊,第693頁。
② 劉勰著,范文瀾注《文心雕龍注》卷二《詮賦》,上冊,第136頁。
③ 劉勰著,范文瀾注《文心雕龍注》卷一〇《物色》,下冊,第693頁。
④ 黃侃《文心雕龍劄記》附錄駱鴻凱《物色》篇劄記,北京:商務印書館2014年版,第213頁。
⑤ 鍾嶸著,曹旭注《詩品箋注》,北京:人民文學出版社2009年版,第1頁。
⑥ 鍾嶸著,曹旭注《詩品箋注》,第28頁。
⑦ 舊題王昌齡撰《詩格》"十七勢",張伯偉《全唐五代詩格彙考》,南京:鳳凰出版社2002年版,第158頁。

相兼之理。譬如,他所説的"昏旦景色,四時氣象,皆以意排之,令有次序,令兼意説之爲妙"①,就是"意""景"兼具而達到的一種妙境。儘管"意"和"情"並不完全屬於同一概念,但"意"和"情"的涵義相交集,二者都包含了主體精神性的因素。《詩格》於此也説:"詩本志也,在心爲志,發言爲詩,情動於中而形於言,然後書之於紙也。高手作勢,一句更别起意,其次兩句起意。意如涌煙,從地昇天,向後漸高漸高,不可階上也。"②顯然,由詩歌的生成機制來看,動"情"、起"意"之間具有一定的内在關聯性,二者共同指向詩人的精神活動,"情""意"之間的内涵交集,使得無法將二者截然區分開來。從這個意義上説,以"意""景"相對舉,實際上關涉詩歌的情景問題。而《詩格》作者關於"意""景"相兼的主張,則已上升至詩歌審美的層面,思考如何平衡二者關係而不使失之偏至。循其所述,如果一味言意或言景,均會影響詩歌的審美表現,導致"不清"或"無味",唯有二者相兼而緊密,纔能臻於理想的表現效果。

時至宋代,情景被真正作爲一個重要的詩學話題而提了出來。如周弼曾編《三體唐詩》,三體者,謂七言絶句、七言律詩、五言律詩也。其中七言律詩共分六格,前四格分别爲"四實""四虛""前虛後實""前實後虛";五言律詩共分七格,前四格與七言律詩同。其説即關涉情景的具體表現,如論七言律詩"四虛"之法:"其説亦在五言,然比之五言,少近於實。蓋句長而全虛,恐流於柔弱,要須景物之中情思通貫,斯爲得之。""前實後虛"之法:"景物情思互相揉絆,無迹可尋。精於此法,自爾變化不窮矣。"又論五言律詩"四實"之法:"中四句全寫景物,開元、大曆多此體,華麗典重之中有雍容寬厚之態,是以難也。後人爲之,未免堆垜少味。""四虛"之法:"中四句皆寫情思,自首至尾,如行雲流水,空所依傍。元和以後,流於枯瘠,不足采矣。""前虛後實"之法:"前聯寫情而虛,後聯寫景而實。實則氣勢雄健,虛則態度諧婉,輕前重後,劑量適均,無窒塞輕佻之患。大中以後多此體,至今宗唐詩者尚之。""前實後虛"之法:"前聯寫景,後聯寫情,前實後虛,易流於弱。蓋發興盡則難於繼,落句稍間以實其庶乎。"③周氏提出的情景虛實之法,乃是依照唐人詩歌作法總結出的相關律度,具體包括"情思""景物"

---

① 舊題王昌齡撰《詩格》"論文意",張伯偉《全唐五代詩格彙考》,第169頁。
② 舊題王昌齡撰《詩格》"論文意",張伯偉《全唐五代詩格彙考》,第161頁。
③ 周弼《三體唐詩》卷首《選例》,《景印文淵閣四庫全書》,臺北:臺灣商務印書館1986年版,第1358册,第4—5頁。

尤其在五言和七言律詩中的組織結構和表現特點，這主要是根據五七言律詩的詩體特徵概括出來的，其目的是爲了標立唐人家法。四庫館臣認爲，周弼《三體唐詩》所録和趙師秀《衆妙集》、方回《瀛奎律髓》一樣，"無非近體"，"所列諸格，尤不足盡詩之變，而其時詩家授受，有此規程，存之亦足備一説"①。這顯然是説，周氏編撰此書具有某種針對性，雖然他列出的"三體"諸格不能完全涵蓋近體的變化形式，但明確了近體作法上的若干"規程"，成爲一家之説。而此書一出，尤其是關於律詩的情景虚實之法，對後世詩壇產生了不小的影響②。

除了周弼《三體唐詩》主要根據唐人詩歌組織結構和表現特點總結出來的情景虚實之法以外，范晞文在《對牀夜語》中涉及詩歌情景表現的有關論述，同樣值得我們注意。如對於晚唐詩歌，范氏拈出"樹搖幽鳥夢，螢入定僧衣"等數聯"晚唐警句"，以爲這些詩句"情景兼融，句意兩極，琢磨瑕垢，發揚光彩，殆玉人之攻玉，錦工之機錦也"。雖然，總體上范晞文對晚唐詩歌評價並不高，指摘它們"求其聲諧《韶》《濩》，氣泓金石，則無有焉，識者口未誦而心先厭之矣。今之以詩鳴者，不曰'四靈'，則曰晚唐，文章與時高下，晚唐爲何時耶！"但這並不影響范氏體味那些"晚唐警句"特點的興趣。他自認爲"前此少有表而出者"，晚唐詩"不獨'雞聲''人跡''風暖''日高'等作而已"，以示其個人獨具品鑒之眼識，當然，這從中也透露了他對詩歌"情景兼融"問題的重視。不過，范晞文以上對晚唐詩句表現情景特點的品評，還顯得十分籠統和簡略，比較而言，他對杜甫詩歌情景抒寫情形所作的分析，則相對詳盡：

> 老杜詩："天高雲去盡，江迥月來遲。衰謝多扶病，招邀屢有期。"上聯景，下聯情。"身無却少壯，跡有但羈棲。江水流城郭，春風入鼓鼙。"上聯情，下聯景。"水流心不競，雲在意俱遲。"景中之情也。"卷簾唯白水，隱几赤青山。"情中之景也。"感時花濺淚，恨別鳥驚心。"情

---

① 永瑢等《四庫全書總目》卷一八七集部《三體唐詩》提要，北京：中華書局 1965 年版，下册，第 1702 頁。
② 范晞文《對牀夜語》卷二："周伯弼選唐人家法，以四實爲第一格，四虚次之，虚實相半又次之。其説'四實'，謂中四句皆景物而實也。於華麗典重之間有雍容寬厚之態，此其妙也。昧者爲之，則堆積窒塞，而寡於意味矣。是編一出，不爲無補後學，有識高見卓不爲時習薰染者，往往於此解悟。"丁福保輯《歷代詩話續編》，上册，第 420—421 頁。

景相觸而莫分也。"白首多年疾,秋天昨夜涼。""高風下木葉,永夜攬貂裘。"一句情一句景也。固知景無情不發,情無景不生,或者便謂首首如此作,則失之甚矣。如"淅淅風生砌,團團月隱牆。遙空秋雁滅,半嶺暮雲長。病葉多先墜,寒花只暫香。巴城添淚眼,今夕復清光",前六句皆景也。"清秋望不盡,迢遞起層陰。遠水兼天淨,孤城隱霧深。葉稀風更落,山迥日初沉。獨鶴歸何晚,昏鴉已滿林",後六句皆景也。何患乎情少?①

可以看出,范晞文對以上杜詩的品評,主要還基於情景兼及和融合的所謂"情景兼融"的審美標準。由此出發,范氏將杜詩情景抒寫的情形分門別類作了概括,按照他的解析,如果説,杜詩句與句之間和上下聯之間的或情或景的抒寫,體現了情景之間的相互協配,那麽,杜詩除此所展示的,無論是"景中之情""情中之景",抑或是"情景相觸而莫分",則反映了情景二者的彼此融合,至於他據此作出的所謂"景無情不發,情無景不生"的斷論,又顯然是從情景聯結的角度,審視二者之間構成的緊密關係。在范氏看來,杜詩當中即使是一些看上去純然寫景的詩句,其實並不缺少情的寄寓。而他對自己這一閱讀杜詩的印象的表述,值得我們充分關注,其中固然還是爲了説明杜詩情景表現關係密切,但同時,又顯示范氏對諸如"情景兼融""情景相觸而莫分"的審美意義有著更深一層和更爲獨到的理解。此即意味著,景以傳情,情以景寄,二者之間高度密合,以至難以區分彼此。這有點類似王國維所說的,"昔人論詩詞,有景語、情語之別。不知一切景語,皆情語也"②。詩中情景融合無間,一切寫景之語,無不在於表現詩人之情,所以景語便是情語。這就可以理解,有些詩句看似單純寫景,實則融合表情,景語和情語已無本質區別,從而展示了詩歌高超的藝術之境。而在范晞文眼中,杜詩在這一方面已堪稱楷範,即能以景語作情語,具有某種超俗脱凡的藝術功力。

應該指出的是,宋人之中特別如周弼所總結的情景虛實之法,儘管對後世詩壇影響顯著,但因其"尤不足盡詩之變",也同時招致各種疑問,在這

---

① 范晞文《對牀夜語》卷二,丁福保輯《歷代詩話續編》,上册,第416—417頁。
② 王國維著,徐調孚注,王幼安校訂《人間詞話·人間詞話删稿》,北京:人民文學出版社1960年版,第225頁。

方面,元人方回就是其中頗具代表性的一位質疑者。關於情景問題,方回論詩多議及之,而從某種角度來看,他主要是力破周弼之説而申述其主張。他曾在所編《瀛奎律髓》中指出:

> 周伯弼《詩體》分四實四虚、前後虚實之異。夫詩止此四體耶? 然有大手筆焉,變化不同。用一句説景,用一句説情。或先後,或不測。此一聯既然矣,則彼一聯如何處置?①

他分别在《跋仇仁近詩集》和《吴尚賢詩評》中又説:

> 周伯弼詩法,分領聯頸聯四實四虚、前後虚實。此不過情景之分。如陳簡齋"官裏簿書何日了,樓頭風雨見秋來。是非衮衮書生老,歲月匆匆燕子回",乃是一聯而一情一景,伯弼所不能道。②
> 周弼《詩體》謂四實四虚、前後虚實爲三體,予亦不敢謂然。③

上述針對宋人周弼"詩法"之論提出質疑,以方回之見,周弼的這套説法顯得過於刻板和片面,其歸納出來的唐詩"三體"情景虚實之法,並不適用於近體各類"變化不同"的情形,故"不敢謂然"。在他看來,情景抒寫落實在不同詩人以及不同詩作上,時常變異多端,因此不可用固定之法去辨察"變化"之法,特别是其所編《瀛奎律髓》評及唐宋諸律詩的情景表現,即充分凸顯了他的這一鑒識思路。如評杜甫五律《秋野五首》:"讀老杜此五詩,不見所謂景聯,亦不見所謂領聯,何處是四虚? 何處是四實? 虚中有實,實中有虚,景可爲領,領可爲景,大手筆混混乎無窮也,却有一絶不可及處。"④評張耒五律《冬至後》:"大概文潜詩中四句多一串用景,似此一聯景、一聯情,尤浄潔可觀。周伯弼定四實、四虚,前後虚實爲法。要之,本亦無定法也。"⑤評蘇軾七律《和子由四首》之《送春》:"'酒闌病客惟思睡',我也,情也。

---

① 方回選評,李慶甲集評校點《瀛奎律髓彙評》卷二六,上海:上海古籍出版社 2005 年版,中册,第 1128 頁。
② 方回《跋仇仁近詩集》,《桐江集》卷四,《續修四庫全書》,上海:上海古籍出版社 2002 年版,第 1322 册,第 432 頁。
③ 方回《吴尚賢詩評》,《桐江集》卷五,《續修四庫全書》,第 1322 册,第 437 頁。
④ 方回選評,李慶甲集評校點《瀛奎律髓彙評》卷一二,上册,第 425 頁。
⑤ 方回選評,李慶甲集評校點《瀛奎律髓彙評》卷一六,中册,第 568 頁。

'蜜熟黄蜂亦嬾飛',物也,景也。'芍藥櫻桃俱掃地',景也。'鬢絲禪榻兩忘機',情也。一輕一重,一來一往,所謂四實四虛、前後虛實,又當何如下手? 至此則知繫風捕影,未易言矣。"①這些涉及諸家詩作的論評,皆在説明不同詩人作品的情景表現並無固定的模式,也就是本無"定法"可言,成功的關鍵,取決於詩作者靈活而不拘之作法,善於"變化斡旋"②。這也提示,方回對待詩歌情景表現的理想形態,並不在意佈置而成的某種定式,而是更多著眼於變化以極致的一種創作境地。

二

綜觀情景説在古典詩學中的發展軌跡,隨著對於詩歌情景表現認知的不斷深入,情景在詩中的意義越來越受到詩家或論家的重視,圍繞情景問題的理論探討也逐漸得以增强。就此來看,明人謝榛在其論詩著述《詩家直説》中涉及情景問題的討論,就相對集中和詳明,也因此具有某種劃時代的標誌性意義。他曾指出:

  景乃詩之媒,情乃詩之胚,合而爲詩,以數言而統萬形,元氣渾成,其浩無涯矣。③
  詩乃模寫情景之具,情融乎内而深且長,景耀乎外而遠且大。當知神龍變化之妙,小則入乎微罅,大則騰乎太宇。④

循著謝榛的解釋思路,就詩歌的構造機理及表現藝術而言,情與景不僅是

---

① 方回選評,李慶甲集評校點《瀛奎律髓彙評》卷二六,中册,第 1139—1140 頁。
② 方回選評,李慶甲集評校點《瀛奎律髓彙評》卷二三賈島五律《僻居無可上人相訪》評語:"此詩較前二首皆一體。中四句極其工,而皆不離乎景,情亦寓乎景中。但不善措置者,近乎冗。老杜則不拘,有四句皆景者,有兩句情、兩句景者,尤伶俐浄潔也。"(中册,第 943 頁。)卷二六陳與義七律《寓居劉倉廨中晚步過鄭倉臺上》評語:"以'世事'對'春陰',以'人老'對'絮飛'。一句情,一句景,與前'客子''杏花'之句,律令無異。但如此下兩句,後面難措手。簡齋胸次却會變化斡旋,全不覺難。此變體之極也。"方回選評,李慶甲集評校點《瀛奎律髓彙評》,中册,第 1146 頁。
③ 謝榛《詩家直説七十五條》,《四溟山人全集》卷二三,《明代論著叢刊》,臺北: 偉文圖書出版社有限公司 1976 年版,下册,第 1224 頁。
④ 謝榛《詩家直説八十五條》,《四溟山人全集》卷二四,下册,第 1328 頁。

作爲其中"胚"和"媒"的本質要素,並且又構成呈現"神龍變化之妙"的審美特徵,因此可以説,它們在詩歌的營構和表現過程中發揮著雙重性的作用,其中情主"内",景主"外",相互配合而成詩。要之,謝榛的這一論説,强調情景在詩中不可或缺的要素性質,更明確了二者對於詩歌本質構成和藝術經營所具有的特定意義。

析分開來,情景之間的關係,實質上就是一種主觀情感和客觀物象的主客體的關係。二者之間究竟如何關聯在一起,這是探討情景關係首先面臨的一個問題。在詩學的層面上,情景二者的關係,又可歸入"因物興感"説的範圍,由此推展,這又同時牽涉古典詩學中的"興"的概念。何者爲"興"?舊題賈島撰《二南秘旨》即云:"興者,情也,謂外感於物,内動於情,情不可遏,故曰興。"①宋人胡寅《致李叔易》書劄引河南李仲蒙論賦比興之説,其中就指出:"觸物以起情,謂之興,物動情者也。"②其分别對於"興"的含義作出了解釋,簡言之,"興"體現爲"物""情"二者的一個聯結概念,即由"物"而及"情",或所謂"言在於此而意寄於彼"③。説起來,中國古典詩學中的"興"的概念,大致指向兩層含義,一是指"詩興"的引發,一是指"詩興"的歸趨。前者體現在"因物興感"説,後者體現在"詩可以興"説④。對照起來,上述有關"興"這一概念的解釋,主要在於闡説"因物興感"的基本原理,也就是,主體因爲受到客體即外在物象的觸動,引起情感的自然興發,主客體之間由此形成緊密的關聯。正鑒於此,"興"的概念和情景説發生聯繫。在這個方面,謝榛針對情景關係的闡説,就從"興"的角度加以詮釋:

> 夫欲成若干詩,須造若干句,皆用緊要者,定其所主,景出想像,情在體帖,能以興爲衡,以思爲權,情景相因,自不失重輕也。⑤

他還説過:"凡作詩,悲歡皆由乎興,非興則造語弗工。"⑥這也可以視爲"以

---

① 舊題賈島撰《二南密旨》"論六義",張伯偉《全唐五代詩格彙考》,第372頁。
② 胡寅《斐然集》卷一八,《景印文淵閣四庫全書》,第1137册,第534頁。
③ 羅大經《鶴林玉露》卷一〇,《景印文淵閣四庫全書》,第865册,第341頁。
④ 參見陳伯海《中國詩學之現代觀》,上海:上海古籍出版社2006年版,第123頁。
⑤ 謝榛《詩家直説七十五條》,《四溟山人全集》卷二三,下册,第1271—1272頁。
⑥ 謝榛《詩家直説七十五條》,《四溟山人全集》卷二三,下册,第1260頁。

興爲衡"的一個注腳。循著謝榛的思路,他提出的所謂"情景相因",就凸顯了"興"之概念的意義所在。這一詩歌發生原理,即表現爲"外感於物,內動於情"或"觸物以起情"的進行性過程。正因爲如此,謝榛所主張的"情景相因",具有非人爲、非必然的隨機性和偶然性,故他又謂之"相因偶然"。如其所稱:"作詩本乎情景,孤不自成,兩不相背。凡登高致思,則神交古人,窮乎遐邇,繫乎憂樂。此相因偶然,著形於絶迹,振響於無聲也。"①在謝榛看來,情景"相因偶然"的機緣,就是"興"的引發的過程,鑒於這一過程具有非人爲和必然的隨機性、偶然性,所以詩人"因物興感",純屬自然發生的情形。沿著這一邏輯,詩歌理想的表現形態,則並非依賴作者的苦思冥想而形成。對此,謝榛又認爲:"詩有天機,待時而發,觸物而成,雖幽尋苦索,不易得也。如戴石屏'春水渡傍渡,夕陽山外山',屬對精確,工非一朝,所謂'盡日覓不得,有時還自來'。"②"子美曰:'細雨荷鋤立,江猿吟翠屏。'此語宛然入畫,情景適會,與造物同其妙,非沉思苦索而得之也。"③如何理解此處的"天機"? 有研究者就此指出,在中國古代藝術美學中,它是一個具有生命感的實體性概念,不只是存在於審美主體一方,而且是發生於審美主客體在偶然的互感中,並成爲創造藝術佳作和經典之作的重要條件④。可以説,謝榛在此以"天機"解析詩思"待時而發,觸物而成",苦覓不得、時或自來的發生原理,事實上也就是在闡釋"情景適會"而"相因偶然"的機緣,強調主客體之間自然相觸的作詩之道,以及達到"與造物同其妙"之理想境地的必要前提。而這一詩歌的經營過程和所達到的美妙境界,用謝榛的另一席話來説,也就是詩"以興爲主"而"漫然成篇",並由此得以"入化"⑤。

進一步展開考察,謝榛主張的情景説,除了闡説主客體"相因偶然"而成詩的發生原理,同時指涉主體對客體的能動反映而臻於"與造物同其妙"的表現途徑。經驗和常識提示我們,對於客體的觀察,主體之間時常會産生各自相異的審美感受。儘管"因物興感"的機理在於,詩人受到外在物象的觸動而引起情感興發,但最終形之於詩,又並非是對自然景象忠實、機械

---

① 謝榛《詩家直説七十五條》,《四溟山人全集》卷二三,下册,第 1223 頁。
② 謝榛《詩家直説一百二十七條》,《四溟山人全集》卷二二,下册,第 1178 頁。
③ 謝榛《詩家直説一百二十七條》,《四溟山人全集》卷二二,下册,第 1203 頁。
④ 張晶《謝榛詩論的美學詮解》,載於《北京大學學報》(哲學社會科學版)第 5 期(2012 年 9 月),第 33—42 頁。
⑤ 謝榛《詩家直説一百二十九條》,《四溟山人全集》卷二一,下册,第 1157 頁。

的複製,從對外在之"景"的感觸,到詩中之"景"的形成,往往已經過詩人自我觀察、攝取、提煉的審美塑造,或者說是主體之"情"對客體之"景"的一種能動反映。當然,詩人的這一審美塑造,本質上要求不能脫離實際的情景而憑空構想,明人徐學謨評及唐盧綸《晚次鄂州》詩時曾說:"盛唐人詩止是實情實景,無半語誇飾,所以音調殊絕,有《三百篇》遺風。延及中唐、晚唐,亦未嘗離情景而爲詩。第鼓鑄漸異,風格遞卑,若江河之流,愈趨而愈下耳。如盧綸《晚次鄂州》詩全似王維,起句'雲開遠見漢陽城,猶是孤帆一日程',何等俊爽;頷聯'估客晝眠知浪静,舟人夜語覺潮生',便落想像矣。晚次而曰晝眠,鄂州豈有潮生?後人知賞其辭,而不知其景之不對也。毫釐之差,詩品遂落矣。"①這是說,盧詩情景抒寫流於"誇飾""想像",不及盛唐詩"實情實景"的表現風格,詩品因此趨下。毋庸說,這也表達了徐氏對詩歌情景抒寫真實基礎的主張。然不管如何,"實情實景"並非代表詩中之"景"完全等同於外在之"景",以至可以忽略詩人的審美塑造。謝榛所論就涉及這個問題,他說:"夫情景有異同,模寫有難易,詩有二要,莫切於斯者。觀則同於外,感則異於内,當自用其力,使内外如一,出入此心而無間也。"②面對相同的客體,不同的主體則會產生各自相異的審美感受,這便是所謂"情景有異同",所謂"觀則同於外,感則異於内"。與此同時,作為詩歌表現的一種藝術境界,"内"之"情"和"外"之"景",又須達到彼此"如一","出入此心而無間也"。尋味起來,這種情景合而為一的藝術之境,對應著主客體的相互關係,應該是從主體反映客體而呈現自然表現形態的意義上來說的,要求主客體之間維持融合無間、難以分隔的契密關係,猶如謝榛所謂"萬景七情,合於登眺","思入杳冥,則無我無物"③,而他指的正是情景合一、物我無間的玄妙詩境。但根據謝榛的解說,這種"内外如一"之境,並不代表主體對客體機械反映以使彼此趨於形貌之"同",而是融入了主體塑造客體的能動性、個别性,以體現"同而不流於俗,異而不失其正"④。要深入瞭解謝榛之論的意旨所在,還可聯繫他對謝靈運和杜甫等人詩作的評價,其曾指出:"謝靈運'池塘生春草',造語天然,清景可畫,有聲有色,乃是六朝家數,與夫'青青河畔草'不同。葉少藴但論天然,非也。又曰:'若作"池

---

① 徐學謨《齋語》,黄宗羲編《明文海》卷四八〇,《景印文淵閣四庫全書》,第1458册,第784頁。
② 謝榛《詩家直說七十五條》,《四溟山人全集》卷二三,下册,第1223—1224頁。
③ 謝榛《詩家直說七十五條》,《四溟山人全集》卷二三,下册,第1228頁。
④ 謝榛《詩家直說七十五條》,《四溟山人全集》卷二三,下册,第1224頁。

邊""庭前",俱不佳。'非關聲色而何?"①宋人葉夢得在《石林詩話》中表示:"'池塘生春草,園柳變鳴禽',世多不解此語爲工,蓋欲以奇求之耳。此語之工,正在無所用意,猝然與景相遇,借以成章,不假繩削,故非常情所能到。"②葉氏認爲,謝靈運《登池上樓》中"池塘生春草,園柳變鳴禽"詩句之所以能"工",得益於詩人"猝然與景相遇",不假雕刻而自然天成。細究起來,謝榛在此質疑葉夢得所言"但論天然",並不是要否定葉氏自以爲謝靈運《登池上樓》詩句成於"天然"的説法,正好相反,他對謝氏寫景名句"池塘生春草,園柳變鳴禽"所展現的"天然"之致給予了肯定,其許以"造語天然"的評價,已可以充分證明之,而看起來此見和葉氏的説法並不相悖。但這還不是問題的關鍵,更值得注意的一點是,謝榛同時又認爲,葉夢得對於謝靈運《登池上樓》詩句"但論天然",這種評斷還不全面和準確,無法充分揭示謝詩的寫景特色,以他的品鑒所得,感覺"池塘生春草、園柳變鳴禽"二句,除了"造語天然"的特點之外,所描述的春天自然景象頗有一種畫面感,"清景可畫,有聲有色"的評語,説的正是這一點。再如謝榛以上評論杜甫《暮春題瀼西新賃草屋》中"細雨荷鋤立,江猿吟翠屏"詩句,認爲"此語宛然入畫,情景適會,與造物同其妙",其也當作如是觀。不僅如此,他評友人盧柟詩作,以爲"佳句甚多",其中如"讀書秋草園"之句,"情景俱到,宛然入畫,比康樂'春草'之句,更覺古老"③,如此評價實不可謂不高。總之,以上點評謝靈運、杜甫乃至盧柟詩句,謂之"可畫""入畫"云云,顯然多在品賞諸句由寫景傳遞出的美感。凡此則表明,這種"可畫""入畫"的美感,並不是只需忠實複製自然景象即可產生,而是經歷了將外在之"景"變爲詩中之"景"的塑造過程,而這一塑造的驅動力,乃源於詩人自我的感物體驗和審美取向。劉若愚先生《中國文學理論》一書述及"形上理論",其間討論了"多少修改了詩之形上概念的其他一些批評家",謝榛即被列入其中,他分析了謝氏"對情(感情/内在經驗)和景(景物/外在世界)同樣注重",認爲其"從形上理論移到了表現理論",比如他的"著形於絶迹,振響於無聲"的説法,就"顯示出與某些表現理論的密切關係"④。劉若愚先生指出表現理論與形上理論的主要差異,前者"基本上導向作家",認爲"儘管就作家與宇

---

① 謝榛《詩家直説一百二十七條》,《四溟山人全集》卷二二,下册,第1186—1187頁。
② 葉夢得《石林詩話》卷中,何文焕輯《歷代詩話》,北京:中華書局1981年版,上册,第426頁。
③ 謝榛《詩家直説七十五條》,《四溟山人全集》卷二三,下册,第1249頁。
④ 劉若愚著,杜國清譯《中國文學理論》,南京:江蘇教育出版社2006年版,第60—62頁。

宙之關係而言，這兩種理論彼此相似，兩者都對主觀與客觀的合一有興趣"，但表現理論將合一過程視爲"投射（projection）或交感（reciprocity）"，即"詩人將他本身的感情投射到外界事物上，或與之相互作用"，這和視此過程爲"詩人'虛''静'其心靈，以便容受'道'"的"容受過程"的形上理論不同，"表現理論家通常强調高度的感官感受"①。這一看法之所以值得重視，在於它注意到謝榛論情景二者關係而"導向作家"也即凸顯了主體在與客體相感觸之際的"投射"和"交感"的過程，實質上涉及主體對客體作出的能動反映的問題②。

三

就古典詩學情景説而言，如何看待情景二者之間的關係，成爲衆多論者闡釋的重心所在，特别在有清一代的詩學領域，圍繞詩歌情景抒寫問題的探討逐漸增多③。而其中對於情景關係的辨析，也成爲諸家展開論述的一個核心問題，而討論的角度或層次則趨於相對多元和豐富。

對於情景二者的關係，王夫之曾一再論及之，反復爲之解釋。他指出："情景名爲二，而實不可離。神於詩者，妙合無垠。巧者則有情中景，景中情。"④可以説，這是他對情景關係的基本定位。其所傳達的旨意，大要在於强調，情景二者名義上各有所指，内涵上則並非截然隔離，相互獨立，而是情中有景，景中寓情，體現了二者之間"妙合無垠"的意義密合。有鑒於此，情景關係的融洽，乃表現在並無可供執守的固定的法式，如王夫之爲之指出：

  近體中二聯，一情一景，一法也。"雲霞出海曙，梅柳渡江春。淑氣催黄鳥，晴光轉緑蘋"，"雲飛北闕輕陰散，雨歇南山積翠來。御柳已

---

① 劉若愚著，杜國清譯《中國文學理論》，第74—75頁。
② 以上所論參見拙著《明代詩學思想史》，上海：上海古籍出版社2022年版，第432—436頁。
③ 參見胡建次《清代文論視野中的情景論》，載於《嘉應學院學報》（哲學社會科學版）第2期（2006年4月），第58—62頁。
④ 王夫之《夕堂永日緒論内編》，王夫之著，戴鴻森箋注《薑齋詩話箋注》卷二，上海：上海古籍出版社2012年版，第72頁。

争梅信發,林花不待曉風開",皆景也,何者爲情?若四句俱情,而無景語者,尤不可勝數。其得謂之非法乎?夫景以情合,情以景生,初不相離,唯意所適。截分兩橛,則情不足興,而景非其景。且如"九月寒砧催木葉",二句之中,情景作對;"片石孤雲窺色相"四句,情景雙收:更從何處分析?陋人標陋格,乃謂"吳楚東南坼"四句,上景下情,爲律詩憲典,不顧杜陵九原大笑。①

依據王夫之以上所論,律詩中間兩聯"一情一景",只是其中的"一法",而並不能取代其他的作法,因爲諸如兩聯"皆景"或"俱情"的表現形式,就不受"一情一景"作法的拘限,所以並無固定的法式可言。然而,從詩歌創作的實際情形來看,這些不同的作法不可謂之"非法"。如此,或視"上景下情"爲律詩的"憲典",自然過於刻板,其只能説是由拘於程式所致。更何況就情景二者而言,"景以情合,情以景生",彼此本不相離,無法析分,生硬地分離二者,只會造成"情不足興""景非其景"的不良後果。所謂"唯意所適",則示意情景合而不離的内在機理和基本邏輯,強調"意"在詩歌具體經營中的主導作用。正如王夫之所説,"無論詩歌與長行文字,俱以意爲主。意猶帥也。無帥之兵,謂之烏合","煙雲泉石,花鳥苔林,金鋪錦帳,寓意則靈"②;"把定一題、一人、一事、一物,於其上求形模,求比似,求詞采,求故實,如鈍斧子劈櫟柞,皮屑紛霏,何嘗動得一絲紋理?"合理的作法,便是"以意爲主,勢次之。勢者,意中之神理也"③。説起來,關於作詩"以意爲主"的主張,屢見於前人所論,話題本身並不新鮮,誠屬"一個源遠流長的古老的命題"④,但王夫之以此用來解釋"景以情合,情以景生"的情景不相離析的原理,則多少爲情景説提供了某種理論支撐,旨在説明主體之"意"的運作,乃是情景二者導向意義密合的關鍵原因,也是突破固定法式的根本依據。

不僅如此,王夫之又曾指出:"關情者景,自與情相爲珀芥也。情景雖有在心在物之分,而景生情,情生景。哀樂之觸,榮悴之迎,互藏其宅。"⑤以

---

① 王夫之《夕堂永日緒論内編》,《薑齋詩話箋注》卷二,第76頁。
② 王夫之《夕堂永日緒論内編》,《薑齋詩話箋注》卷二,第45頁。
③ 王夫之《夕堂永日緒論内編》,《薑齋詩話箋注》卷二,第48頁。
④ 王夫之《夕堂永日緒論内編》箋語,《薑齋詩話箋注》卷二,第47頁。
⑤ 王夫之《詩譯》,《薑齋詩話箋注》卷一,第34頁。

"珀芥"形容情景之間的關係,主要爲了説明,二者相互依存和感應的程度很高。所謂"景生情",追究起來,無外乎屬於"因物興感"説的另一番表述,關涉"外感於物,内動於情"或"觸物以起情"的詩歌發生原理,這自是凸顯了在物之"景"對在心之"情"所産生的感召力。需要指出的是,對於"景生情"的生成過程,王夫之並非只是注意"景"觸動"情"的感召作用,而是同時强調"情"之所以能因"景"感發的内在機制,如他表示:"'池塘生春草','胡蝶飛南園','明月照積雪',皆心中目中與相融浹,一出語時,即得珠圓玉潤,要亦各視其所懷來而與景相迎者也。"①如此説明,在"景生情"的過程中,作爲主體情感經驗的"懷來",它的作用同樣十分重要,"情"於"景"並非是單向被動性的感發,而是有著契合對象的潛在品質,故而能作出"相迎"的主動性反應,從而臻於彼此"融浹"的境地。從這個角度説,"景生情"過程的情景交集和融合,又是二者共同作用的結果。而王夫之對這一詩歌發生原理所作的解釋,也因此顯得相對深細入微。再體味其中的語境,這裏所説的"景生情"之"景",指的是作爲現實世界之物象的外在之"景"。至於"情生景"之"景",則和外在之"景"並不是同一個概念,而是指傾注了主體情感而經過詩人審美塑造的詩中之"景"。循著王夫之的論説理路,其中"情生景"則指向了詩歌的"景語",假如考慮"情景名爲二,而實不可離"的對於二者不可離析之關係的基本定位,那麼"景語"自然也就不是單純爲了描畫現實世界中的物象,而正是情寓其中的詩中之"景"的展現。所以,王夫之提出:"不能作景語,又何能作情語邪?"這表明,"景語"和"情語"並不析分獨立,而是構成意義上的聯通性或一體性。爲此,他以"古人絶唱句多景語"爲範例加以説明:"如'高臺多悲風','胡蝶飛南園','池塘生春草','亭皋木葉下','芙蓉露下落',皆是也,而情寓其中矣。"而且認爲:"以寫景之心理言情,則身心中獨喻之微,輕安拈出。"②因此,確切説來,王夫之所提出的本質上關聯"情語"的"景語"之概念,其實是指通過"寫景"以"言情"的一種情感的曲折表現形態,强調的是或如研究者所説的"景語"獨立的表情功能③。

但與此同時,王夫之對於情景二者所構成的不可離析之相互關係,又

---

① 王夫之《夕堂永日緒論内編》,《薑齋詩話箋注》卷二,第50—51頁。
② 王夫之《夕堂永日緒論内編》,《薑齋詩話箋注》卷二,第92頁。
③ 蔣寅《王夫之對情景關係的意象化詮釋》,載於《社會科學戰線》第1期(2011年1月),第167—172頁。

特別重視從主體的經驗出發去加以認定，他爲此説過："身之所歷，目之所見，是鐵門限。即極寫大景，如'陰晴衆壑殊''乾坤日夜浮'，亦必不逾此限。非按輿地圖便可云'平野入青徐'也，抑登樓所得見者耳。"①以詩歌寫景而言，如果置之於情景相應的層面，這就指涉"情生景"的過程，詩中之"景"的呈現，實已傾注了主體情感而經過了審美塑造，這本身即屬於文學作品必然、合理而藝術的創造。但如此並不意味著詩人的創造可以完全脱離經驗，超越現實。王夫之説的正是這樣的一層意思，也即詩中之"景"的展現，乃建立在"身之所歷，目之所見"的主體經驗之上，而這一切並不是"按輿地圖"就能做到。正是站在注重主體經驗的立場，王夫之指出，如賈島《題李凝幽居》一詩中"僧敲月下門"的詩句，"祇是妄想揣摩，如説他人夢，縱令形容酷似，何嘗毫髮關心？"這是因爲，"以其沉吟'推''敲'二字，就他作想也"，"若即景會心，則或推或敲，必居其一，因景因情，自然靈妙，何勞擬議哉？"而按他的説法，"即景會心"或"因景因情"，也就是所謂的"現量"，如他所言："'長河落日圓'，初無定景；'隔水問樵夫'，初非想得：則禪家所謂現量也。"②這裏，在"即景會心"和"因景因情"的語境中，"現量"指向了基於主體經驗的情景相應而無所擬想的直覺，實和"擬議""定景""想得"之類的主觀預設相對。或可以説，這是心物交合之際具有當下性、現實性的一種審美直觀，純屬主體面向對象世界而進行的直接感性體驗③。析而言之，一方面，這是建築於對真切而生動外在之"景"的直觀性的感知，重視主體"身""目"接觸客觀景象的現場體驗，而非取決於理性曲折的苦思冥想；另一方面，實現"即景會心"或"因景因情"的心物合一，需要一定的情感沉澱和蓄養，此又指向主體情感經驗這一必要的基礎，唯有如此，方能"心中目中與相融浹"，達到情景二者的高度融合。

在情景關係問題上，吳喬也申述了他的主張，其有關論説同樣值得留意。依照他的看法，情景二者不可並置而論："問曰：'言情敘景若何？'答曰：'詩以道性情，無所謂景也。《三百篇》中之興'關關雎鳩'等，有似乎景，後人因以成烟雲月露之詞，景遂與情並言，而興義以微。'"這一段設論，並不代表作者對詩歌敘景的排斥，而是認爲情景不應置於"並言"的同等層

---

① 王夫之《夕堂永日緒論内編》，《薑齋詩話箋注》卷二，第56頁。
② 王夫之《夕堂永日緒論内編》，《薑齋詩話箋注》卷二，第52—53頁。
③ 參見何國平《論船山詩學的情景生成系統及其詩史意義》，載於《石油大學學報》（社會科學版）第1期（2005年2月），第94—98頁。

面。二者關係的合理構成，應當表現爲一種主賓的關係，情爲主，景爲賓。如他以爲："古人有通篇言情者，無通篇敘景者，情爲主，景爲賓也。"又指出："古詩多言情，後世之詩多言景，如《十九首》中之'孟冬寒氣至'，建安中之子建《贈丁儀》'初秋涼氣發'者無幾。日盛一日，梁、陳大盛，至唐末而有清空如話之説，絶無關於性情，畫也，非詩也。夫詩以情爲主，景爲賓。景物無自主，惟情所化。情哀而景哀，情樂而景樂。"這些説法顯明，在情景關係之中，情處於主導位置，景從屬於情而呈現，爲情所化，隨情哀樂。他指示古人之作有通篇言情而無通篇敘景，其中的道理也正在於此。假若敘景而無關於情，則必然會造成詩篇因爲情景的隔閡而顯得板滯，如吳喬批評以七子派爲代表的"弘、嘉人"，敘景"惟欲闊大高遠，於情全不相關"，這就好比是"寒夜以板爲被，赤身而掛鐵甲"①。而且，其中從敘景方面來説，主體的經驗又非常重要："詩以身經目見者爲景，故情得融之爲一，若敘景過於遠大，即與情不關，惟登臨形勝不同耳。"他爲此指擿李夢陽詩敘景只求"遠大"而不實："獻吉《桂殿》詩曰：'桑乾斜映千門月。'桑乾水自大同而來，相去甚遠，何以映宮門之月？又云：'碣石長吹萬里風。'並無'千門'字面，可用之川、廣、雲、貴矣。其《喬太師宅飲別》云：'燕地雪霜連海嶠，漢家簫鼓動長安。'大且遠矣，與當時情事何涉？"②這又示意，景融合於情的一個基本前提，在於敘景的真實性，此和"詩以身經目見者爲景"的論點相呼應，在吳喬眼中，李夢陽乃至七子派詩作一味追求"闊大高遠"之景，偏執而單一的審美訴求，悖離了"身經目見"的主體經驗，缺乏對應現實景象的真實性，因而也就損及情景相融的基礎。

　　與此同時，吳喬又提出，處理情景二者的關係，不可拘泥"死法"，而要注重"活法"。何謂"死法"？其曰："七律大抵兩聯言情，兩聯敘景，是爲死法。"這顯然是説，比如七言律詩分別兩聯言情和敘景的結構，則會導致情景相隔，未免流於呆板。何謂"活法"？其曰："順逆在境，哀樂在心，能寄情於景，融景入情，無施不可，是爲活法。"這又應當是説，重情發抒，情景相融，消除隔閡，方能表現自如，無所拘束。除此之外，要避免"死法"，還須注意情景之間"開承轉合"的參差變化，如吳喬同樣以七言律詩爲例提出："首

---

① 吳喬《圍爐詩話》卷一，郭紹虞編選，富壽蓀校點《清詩話續編》，上海：上海古籍出版社2016年版，第2冊，第463—465頁。
② 吳喬《圍爐詩話》卷六，郭紹虞編選，富壽蓀校點《清詩話續編》，第2冊，第652頁。

聯言情,無景則寂寥矣,故次聯言景以暢其情。首聯敘景,則情未有著落,故次聯言情以合乎景。所謂開承也。此下須轉情而景,景而情,或推開,或深入,或引古,或邀賓,須與次聯不同收,或收第三聯,或收至首聯,看意之所在而收之,又有推開暗結者。輕重虛實,濃淡深淺,一篇中參差用之,偏枯即不佳。""意爲情景之本,只就情景中有通融之變化,則開承轉合不爲死法,意乃得見。"①鑒於吳喬以"情爲主,景爲賓"定位情景關係,並且秉持"人心感於境遇,而哀樂情動,詩意以生,達其意而成章,則爲六義"②的詩歌發生論,依此理路,"情""意"事實上處於同一發生鏈條,相互構成緊密聯繫。所以說,"意爲情景之本",實是"情爲主"核心論點的邏輯展開,而如何將情景之間"開承轉合"化爲"活法",具有"情"之内涵的"意"的運行調合,就顯得格外重要,本質上,這還得歸根於吳喬闡說情景關係而對情之主導地位的主張。

如上所述,對於情景關係的辨析,無論是王夫之還是吳喬,其中提出二者不應拘泥定式或淪爲"死法"的訴求,因而從不同的角度和在不同的程度上,涉及強化情景組織結構之靈活性或自由性的問題。比較起來,朱庭珍在這個問題上所展開的有關論述,則更顯透徹和詳盡。他在《筱園詩話》中提出:

> 自周氏論詩,有四實四虛之法,後人多拘守其説,謂律詩法度,不外情景虛實。或以情對情,以景對景,虛者對虛,實者對實,法之正也。或以景對情,以情對景,虛者對實,實者對虛,法之變也。於是立種種法,爲詩之式。以一虛一實相承,爲中二聯法。或前虛後實,或前景後情,此爲定法。以應虛而實,應實而虛,應景而情,應情而景,或前實後虛,前情後景,及通首言情,通首寫景,爲變格、變法,不列於定式。援據唐人詩以證其説,臚列甚詳。予謂以此爲初學説法,使知虛實情景之別,則其説甚善,若名家則斷不屑拘拘於是。詩中妙諦,周氏未曾夢見,故泥於迹相,僅從字句末節著力,遂以皮毛爲神骨,淺且陋矣。③

---

① 吳喬《圍爐詩話》卷一,郭紹虞編選,富壽蓀校點《清詩話續編》,第 2 册,第 465 頁。
② 吳喬《圍爐詩話自序》,《圍爐詩話》卷首,郭紹虞編選,富壽蓀校點《清詩話續編》,第 2 册,第 455 頁。
③ 朱庭珍《筱園詩話》卷一,郭紹虞編選,富壽蓀校點《清詩話續編》,第 4 册,第 2211—2212 頁。

毫無疑問，以上所議針對的是宋人周弼的情景虛實之法。朱庭珍認爲，周弼論詩立種種法式，要説其根據唐人律詩提出的情景虛實之法的好處，至多只是"爲初學説法"，若是名家作手，則不屑於此。在他看來，周氏所標立的情景虛實之法，不過是拘泥於"迹相"，僅僅留意詩歌"字句末節"這些淺表層面的問題，並未能真正通曉其中的"妙諦"，因此所見實屬淺陋。這一針對周氏"四實""四虛"之説的斷論，應該出自他企圖破除"後人多拘守其説"格局的自覺意識。爲此，朱庭珍同時提出他對於情景虛實的看法：

> 情即是景，景即是情，如鏡花水月，空明掩映，活潑玲瓏。其興象精微之妙，在人神契，何可執形迹分乎？至虛實尤無一定。實者運之以神，破空飛行，則死者活，而舉重若輕，筆筆超靈，自無實之非虛矣。虛者樹之以骨，鍊氣鎔渾，則薄者厚，而積虛爲渾，筆筆沉著，亦無虛之非實矣。又何庸固執乎？總之詩家妙悟，不應著迹，別有最上乘功用，使情景虛實各得其真可也，使各逞其變可也，使互相爲用可也，使失其本意而反從吾意所用，亦可也。此固不在某聯宜實，某聯宜虛，何處寫景，何處言情，虛實情景，各自爲對之常格恒法。亦不在當情而景，當景而情，當虛而實，當實而虛，及全不言情，全不言景，虛實情景，互相易對之新式變法。別有妙法活法，在吾方寸，不可方物。①

從以上"詩家妙悟，不應著迹"云云可以看出，朱庭珍詩學主張顯然受到嚴羽詩論的影響②，並由此解釋情景虛實的問題。按照他的主張，一方面，情景虛實既不依循"常格恒法"，也不對應"新式變法"，並無一定外在的法式規則可以執著和依循，而是一切建立在詩人"妙悟"基礎之上，法自主體方寸而出之，這便是所謂的"妙法活法"。所以，就律詩而言，其雖然"千態百變，誠不外情景虛實二端"，但是"在大作手，則一以貫之，無情景虛實之可執也"。另一方面，鑒於情景虛實無一定之法，意味著情景之間並不存在明

---

① 朱庭珍《筱園詩話》卷一，郭紹虞編選，富壽蓀校點《清詩話續編》，第 4 册，第 2212 頁。
② 又如朱庭珍《筱園詩話》卷一："滄浪主妙悟，謂'詩有別材，非關學也，詩有別趣，非關理也。然非多讀書，多窮理，則不能極其至'。是言詩中天籟，仍本人力，未嘗敎人廢學也。"郭紹虞編選，富壽蓀校點《清詩話續編》，第 4 册，第 2203 頁。"嚴滄浪謂用典使事之妙，如鏡中之花，水中之月，可以神會，不可言傳。又謂如著鹽水中，但辨其味，不見其形。所喻入妙，深得詩家三昧。"郭紹虞編選，富壽蓀校點《清詩話續編》，第 4 册，第 2208 頁。

晰的分界綫,而是彼此滲透,相互融合。從這個意義上説,"寫景,或情在景中,或情在言外。寫情,或情中有景,或景從情生。斷未有無情之景,無景之情也。又或不必言情而情更深,不必寫景而景畢現,相生相融,化成一片"①。這種"無情景虛實之可執"、情景"相生相融"的詩境,乃被朱氏視爲律詩的上乘作法,猶如他所説,"律詩鍊句,以情景交融爲上,情景相對次之,一聯皆情、一聯皆景又次之","情景交融者,景中有情,情中有景,打成一片,不可分拆"。而就"相生相融"或謂之"交融"的這一情景表現的理想形態而言,二者之間則須構成一種交洽適中的關係。朱氏論及律詩中間兩聯的抒寫要求,就曾指出:"律詩中二聯,不宜一味寫景。有景無情,固非好手所爲;景多於情,亦非佳處。蓋詩要文質協中,情景交化,始可深造入微。若南宋、晚唐之詩,竟有八句皆景者,是最下乘禪,當以爲戒。"②據此,"一味寫景""景多於情",均不符合情景"交融"或"相生相融"的理想形態。

進而究之,朱庭珍如上主張"無情景虛實之可執",強調基於詩人"妙悟"的"妙法活法",本質上關聯他所提出的"詩也者,無定法而有定法者也"的命題。展開來説,所謂"無定法而有定法"的含義,也就是"作詩者以我運法,而不爲法用。故始則以法爲法,繼則以無法爲法。能不守法,亦不離法,斯爲得之。蓋本無定以馭有定,又化有定以歸無定也。無法之法,是爲活法妙法"③。此見蓋本自宋人吕本中素爲人知的論詩"活法"説,吕氏曾云:"學詩當識活法。所謂活法者,規矩備具而能出於規矩之外,變化不測而亦不背於規矩也。是道也,蓋有定法而無定法,無定法而有定法。知是者,則可以與語活法矣。"④其意在闡明,關於作詩之道,洞曉"出於規矩之外"而又"不背於規矩"的"活法",至爲重要。朱庭珍承此而演繹之,以他所強調的"妙法活法"爲内在邏輯,用來表達要求破除情景虛實定式的主張,其注重的是主體基於自我高超悟性而自由靈活"運法"的能力,這從中彰顯了他對情景二者關係的自我認知,以所謂的"妙法活法",爲情景説注入某種新的理論内涵。

綜上所述,鑒於言情和敘景構成古典詩歌的本質基礎和審美特徵,作

---

① 朱庭珍《筱園詩話》卷一,郭紹虞編選,富壽蓀校點《清詩話續編》,第 4 册,第 2212 頁。
② 朱庭珍《筱園詩話》卷四,郭紹虞編選,富壽蓀校點《清詩話續編》,第 4 册,第 2268—2269 頁。
③ 朱庭珍《筱園詩話》卷一,郭紹虞編選,富壽蓀校點《清詩話續編》,第 4 册,第 2203 頁
④ 日本中《夏均父集序》,劉克莊《後村集》卷二四《江西詩派小序·吕紫薇》引,《景印文淵閣四庫全書》,第 1180 册,第 256 頁。

爲古典詩學的重要範疇之一，情景説貫穿於源遠流長的詩學傳統之中，並且豐富了古典詩歌理論。歷來論家和詩家涉及詩學問題的探討，大多難以完全繞開這一話題，而圍繞情景二者關係的辨析，則是各家情景説闡釋的核心問題，這同時也成爲我們具體而深入考察古典詩學情景範疇的一條重要路徑。追索情景説的生長和發展軌跡，可以幫助我們更清晰地辨認它的理論形態的歷史構成，以及所呈現的變化特徵，並由此透視這一範疇在古典詩學建設中所產生的特定作用。

（作者單位：復旦大學中國古代文學研究中心）

Formation and Evolution of the Theories of the Relation between Qing and Jing in Classical Chinese Poetics

Zheng Lihua

As one of the important categories in Chinese classical poetics, the theory of feeling and scene has always been discussed by scholars and regarded as the essential foundation and aesthetic composition of poetry creation. Retroactively, the theory of feeling and scene can be found in the writings of Liu Xie and Zhong Rong, involve the relationship between "feeling" and "scene". However, the theoretical focus was mainly on explaining the occurrence principle of poetry inspired by external objects, elaborating on the triggering effect of natural "scenarios" on poets' "feelings". Since the Song and Ming dynasties, the theory of feeling and scene has become an important poetic topic, and theoretical discussions tends to be strengthened. Especially for Xie Zhen, a scholar of the Ming dynasty, his elaboration on the relationship between feeling and scene is relatively concentrated and detailed, further clarifying its specific significance to the essential composition and artistic management of poetry. Xie's relevant discussions reflected a certain landmark significance. In the field of poetics in the Qing dynasty, discussions on the issue of poetic scenarios gradually increased, with Wang Fuzhi, Wu Qiao, and Zhu Tingzhen being representative figures. Especially the analysis of the relationship between feeling and scene became a core issue explored by many scholars. The diverse perspectives or levels of discussion have enriched the theoretical construction of this category.

Keywords: The Theory of Feeling and Scene, Category, Poetics, Theoretical Form, Change trajectory

徵引書目

1. 方回：《桐江集》，《續修四庫全書》第 1322 册,上海：上海古籍出版社,2002 年版。Fang Hui. *Tongjiang ji* (*The Collected Works of Tong Jiang*), in *Xuxiu siku quanshu* (*Sequel to the Complete Library in Four Sections*), Vol. 1322. Shanghai：Shanghai guji chuban she, 2002.

2. 方回選評,李慶甲集評校點：《瀛奎律髓彙評》,上海：上海古籍出版社,2005 年版。Fang Hui. *Yingkui lvsui huiping* (*The Collected Commentaries of Ying Kui Lu Sui*). Edited and Collated by Li Qingjia. Shanghai：Shanghai guji chuban she, 2005.

3. 方東樹：《續昭昧詹言》,清光緒刻方植之全集本。Fang Dongshu. *Xu zhaomei zhanyan* (*Continuation of Zhao Mei Zhan Yan*). Complete works of Fang Zhizhi engraved during Qing Dynasty Guangxu Emperor period.

4. 舊題王昌齡撰：《詩格》,張伯偉：《全唐五代詩格彙考》,南京：鳳凰出版社,2002 年版。Wang changling. *Shi Ge* (*The Standards of Poetry*), in *Quantang wudai shige huikao* (*A Complete Investigation of Poetic Styles in Tang and Five Dynasties*). Edited by Zhang Bowei. Nanjing：Fenghuang chuban she, 2002.

5. 王夫之著,戴鴻森箋注：《薑齋詩話箋注》,上海：上海古籍出版社,2012 年版。Wang fuzhi. *Jiangzhai shihua jianzhu* (*Annotated Comments on Jiang Zhai Poetry*). Annotated by Dai Hongsen. Shanghai：Shanghai guji chuban she, 2012.

6. 王國維著,徐調孚注,王幼安校訂：《人間詞話·人間詞話删稿》,北京：人民文學出版社 1960 年版。Wang Guowei. *Renjian cihua · Renjian cihua shangao* (*Remarks on Song Lyrics · Deleted Draft of Remarks on Song Lyrics*). Annotated by Xu Diaofu and proofread by Wang You'an. Beijing：Renmin wenxue chuban she, 1960.

7. 毛正天：《中國古代詩學的"情景論"——中國古代詩學劄記(七)》,《中南民族學院學報》(哲學社會科學版)第 4 期(1996 年 8 月),頁 107—112。Mao Zhengtian. "Zhongguo gudai shixue de 'qing jing lun'——zhongguo gudai shixue zhaji" (The Feeling-Scene Theory in the Chinese Classical Poetics ——Notes on Chinese Classical Poetics VII). *Zhongnan minzu xueyuan xuebao* [*Zhexue shehui kexue ban*] (*Journal of South-Central Minzu University* [*Philosophy and Social Sciences Edition*]) 4(Aug 1996)：pp.107 – 112.

8. 永瑢等撰：《四庫全書總目》,北京：中華書局,1965 年版。Yong Rong. *Siku quanshu zongmu* (*General Catalogue of the Complete Library in Four Sections*). Beijing：zhonghua shuju, 1965.

9. 朱庭珍：《筱園詩話》,郭紹虞編選,富壽蓀校點《清詩話續編》第 4 册,上海：上海古籍出版社,2016 年版。Zhu tingzhen. *Xiaoyuan shihua* (*Remarks on Poetry from the Bamboo Garden*), in *Qing shihua xubian* (*A Sequel to Compilation of Remarks on Poetry from the Qing Period*). Compiled by Guo Shaoyu and edited by Fu Shousun. vol. 4. Shanghai：Shanghai guji chuban she, 2016.

10. 吳喬：《圍爐詩話》,郭紹虞編選,富壽蓀校點《清詩話續編》第 2 册,上海：上海古籍出版社,2016 年版。Wu Qiao. *Weilu shihua* (*Stove-Side Remarks on Poetry*), in *Qing shihua xubian* (*A Sequel to Compilation of Remarks on Poetry from the Qing Period*). Compiled by Guo Shaoyu and edited by Fu Shousun. vol. 2. Shanghai: Shanghai guji chuban she, 2016.

11. 何國平:《論船山詩學的情景生成系統及其詩學史意義》,《石油大學學報》(社會科學版)第 1 期(2005 年 2 月),頁 94—98。He Guoping. "Lun chuanshan shixue de qingjing shengcheng xitong jiqi shixueshi yiyi" (The Analysis of Wang Fuzhi's Poetic Emotion and Scene Generation System and Its Significance in the History of Poetics). *Shiyou daxue xuebao* [*Shehui kexue ban*] (*Journal of China University of Petroleum* [*Edition of Social Sciences*]) 1(Feb 2005): pp.94–98.

12. 周弼:《三體唐詩》,《景印文淵閣四庫全書》第 1358 冊,臺北:臺灣商務印書館,1986 年版。Zhou Bi. *Santi tangshi* (*Poems in Three Forms*), in *Yingying wenyuange siku quanshu* (*Facsimile of the Complete Library in Four Sections kept at the Wenyuan Pavillon*), Vol.1358. Taibei: Taiwan shangwu yinshu guan, 1986.

13. 范晞文:《對牀夜語》,丁福保輯:《歷代詩話續編》上冊,北京:中華書局,1983 年版。Fan xiwen. *Duichuang yeyu* (*Nightly Conversations at Bedside*), in *Lidai shihua xubian* (*A Sequel to Compilation of Remarks of Poetry from Various Dynasties*). Compiled by Ding Fubao. vol.1. Beijing: zhonghua shuju, 1983.

14. 胡寅:《斐然集》,《景印文淵閣四庫全書》第 1137 冊,臺北:臺灣商務印書館,1986 年版。Hu Yin. *Feiran ji* (*Collected Works of Hu Yin*), in *Yingying wenyuange siku quanshu* (*Facsimile of the Complete Library in Four Sections kept at the Wenyuan Pavillon*), Vol.1137. Taibei: Taiwan shangwu yinshu guan, 1986.

15. 胡應麟:《詩藪》,上海:上海古籍出版社,1979 年版。Hu Yingling. *Shisou* (*Thickets of Criticism*). Shanghai: Shanghai guji chuban she, 1979.

16. 胡建次:《清代文論視野中的情景論》,《嘉應學院學報》(哲學社會科學版)2006 年第 2 期(2006 年 4 月),頁 58—62。Hu Jianci. "Qingdai wenlun shiye zhong de qingjinglun" (The Feeling and Setting Criticism of Literary Theoretical Eyesight in the Qing Dynasty). *Jiaying xueyuan xuebao* [*Zhexue shehui kexue ban*] (*Journal of Jia Ying University* [*Philosophy and Social Sciences Edition*]) 2 (Apr. 2006): pp.58–62.

17. 都穆:《南濠詩話》,丁福保輯:《歷代詩話續編》下冊,北京:中華書局,1983 年版。Du Mu. *Nanhao shihua* (*Remarks on Poetry of Du Mu*), in *Lidai shihua xubian* (*A Sequel to Compilation of Remarks of Poetry from Various Dynasties*). Compiled by Ding Fubao. vol.3. Beijing: Zhonghua shuju, 1983.

18. 陳伯海:《中國詩學之現代觀》,上海:上海古籍出版社,2006 年版。Chen Bohai. *Zhongguo shixue zhi xiandaiguan* (*The Modern Perspective of Chinese Poetics*). Shanghai: Shanghai guji chuban she, 2006.

19. 張晶:《謝榛詩論的美學詮解》,《北京大學學報》(哲學社會科學版)第 5 期(2012 年 9 月),頁 33—42。Zhang Jing. "Xiezhen shilun de meixue quanjie" (An Aesthetic Interpretation of Xie Zhen's Poetic Discourse). *Beijing daxue xuebao* [*Zhexue shehui kexue*

ban］（*Journal of Peking University*［*Philosophy and Social Sciences Edition*］）5（Sep 2012）：pp.33 – 42.

20. 黃宗羲編：《明文海》，《景印文淵閣四庫全書》第 1458 冊，臺北：臺灣商務印書館，1986 年版。Huang Zongxi. *Ming wen hai*（*Anthology of Ming Dynasty Literature*），in *Yingying wenyuange siku quanshu*（*Facsimile of the Complete Library in Four Sections kept at the Wenyuan Pavillon*），Vol.1458. Taibei：Taiwan shangwu yinshu guan，1986.

21. 黃侃：《文心雕龍劄記》，北京：商務印書館 2014 年版。Huang Kan. *Wenxin diaolong zhaji*（*Notes on Wenxin Diaolong*）. Beijing：Shangwu yinshu guan，2014.

22. 葉夢得：《石林詩話》，何文煥輯《歷代詩話》上冊，北京：中華書局，1981 年版。Ye Mengde. *Shilin shihua*（*Remarks on Poetry of Ye Mengde*），in *Lidai shihua*（*Poetry Criticism Throughout the Ages*），Vol.1. Beijing：Zhonghua shuju，1981.

23. 舊題賈島撰：《二南密旨》，張伯偉：《全唐五代詩格彙考》，南京：鳳凰出版社，2002 年版。Jia Dao. *Er nan mi zhi*（*Intimate Instructions on the Poems of Zhou Nan and Shao Nan*），in *Quantang wudai shige huikao*（*A Complete Investigation of Poetic Styles in Tang and Five Dynasties*），Written by Zhang Bowei. Nanjing：fenghuang chuban she，2002.

24. 劉勰著，范文瀾注：《文心雕龍注》，北京：人民文學出版社 1958 年版。Liu Xie. *Wenxin diaolong zhu*（*The Literary Mind and the Carving of the Dragon*，*with Annotations*）. Annotated by Fan Wenlan. Beijing：Renmin wenxue chuban she，1958.

25. 劉克莊：《後村集》，《景印文淵閣四庫全書》第 1180 冊，臺北：臺灣商務印書館，1986 年版。Liu kezhuang. *Houcun ji*（*Collected Works of Houcun*），in *Yingying wenyuange siku quanshu*（*Facsimile of the Complete Library in Four Sections kept at the Wenyuan Pavillon*），Vol.1180. Taibei：Taiwan shangwu yinshu guan，1986.

26. 劉若愚著，杜國清譯：《中國文學理論》，南京：江蘇教育出版社，2006 年版。Liu Ruoyu. *Zhongguo wenxue lilun*（*Chinese Literary Theory*）. Translated by Du Guoqing. Nanjing：Jiangsu jiaoyu chuban she，2006.

27. 鄭玄注，孔穎達疏：《禮記正義》，阮元校刻：《十三經注疏》下冊，北京：中華書局，1980 年版。*Liji Zhengyi*（*The Orthodox Meaning of the Record of Rites*）. Annotated by Zheng Xuan, Kong Yingda, in *Shisanjing zhushu*（*The Thirteen Classics*，*with Comments and Subcomments*）. Compiled by Ruan Yuan. vol.2. Beijing：Zhonghua shuju，1980.

28. 鄭利華：《明代詩學思想史》，上海：上海古籍出版社，2022 年版。Zheng Lihua. *Mingdai shixue sixiangshi*（*A History of Poetic Thought in the Ming Dynasty*）. Shanghai：Shanghai guji chuban she，2022.

29. 蔣寅：《王夫之對情景關係的意象化詮釋》，《社會科學戰線》第 1 期（2011 年 1 月），頁 167—172。Jiang Yin. "Wangfuzhi dui qingjing guanxi de yixianghua quanshi"（Wang Fuzhi's Imagery Interpretation of the Relationship between Emotion and Scene）. *Shehui kexue zhanxian*（*Social Science Front*）1（Jan 2011）：pp.167 – 172.

30. 鍾嶸著，曹旭箋注：《詩品箋注》，北京：人民文學出版社，2009 年版。Zhong Rong. *Shipin jianzhu*（*Grades of the Poets*，*with Annotations*）. Annotated by Cao Xu. Beijing：Renmin wenxue chubanshe，2009.

31. 謝榛：《四溟山人全集》，《明代論著叢刊》，臺北：偉文圖書出版社有限公司，1976年版。Xie Zhen. *Siming shanren quanji*（*The Complete works of Siming shanren*），in *Mingdai lunzhu congkan*（*The Series of Works of Ming Dynasty*）. Taibei：Weiwen tushu chuban she youxian gongsi, 1976.

32. 羅大經：《鶴林玉露》，《景印文淵閣四庫全書》第 865 冊，臺北：臺灣商務印書館，1986 年版。Luo dajing. *Helin yulu*（*Autumn Dew in the Crane Forest*），in *Yingying wenyuange siku quanshu*（*Facsimile of the Complete Library in Four Sections kept at the Wenyuan Pavillon*），Vol.865. Taibei：Taiwan shangwu yinshu guan, 1986.

再論意境的本質及其理論定位

蔣　寅

【摘　要】 從王國維以來，論者雖概稱"意境"爲範疇，却始終未從範疇的理論概括性和抽象性上來把握它，進而考慮它和古典詩歌審美特質的關係，同時顧及概念的歷史沿革和約定俗成性，只是在普通概念的層面上詮釋其内涵，以致產生諸多歧義。本文根據張東蓀對範疇的界定，由範疇屬性來對意境加以理論定位，將意境理解爲概括和衡量古典詩歌詩美生成機制的抽象範疇，并通過大量文獻證明，到 19 世紀的詩論中，"意境"一詞已指涉古典詩歌藝術特徵、藝術效果及其生成方式的全部内容，核心則落實於意象化抒情的詩美生成機制，其豐富性和包容性具備了範疇所必要的強大概括力和悠久的歷史淵源。

【關鍵詞】 意境　範疇　本質　理論定位　歷史淵源

一、爲何再討論意境

據古風教授《意境探微》一書的統計，僅在 1978—2000 年之間，就約有 1 452 位學者發表了 1 543 篇意境研究的論文，還有若干以意境研究爲題的專著出版。二十多年過去，這個數字又有不少增長。這數千篇研究意境的論文，也包括我的三篇論文：第一篇《意境的本質及存在方式》，針對學界使用"意境"的歧義，想澄清意境是主觀還是客觀的問題，提出解決分歧的方法不是拘泥於具體的歷史概念，而是在把握古人認識詩歌本質的方式上，規定"意境"概念的定義。當時我給出的定義是："意境是作者在作品中創造的表現抒情主體的情感、以情景交融的意象結構方式構成的符號系統。"①第二篇論文《語象·物象·意象·意境》,針對學界使用"意象"概念的誤解,辨析了意象與語象、物象的區別②。第三篇論文《原始與會通:意境概念的古與今》,針對學界談論意境問題時,不顧及觀念、概念的差別及其歷史源流的問題,考索了"意境"概念的源流,對"意境"概念的古今演變做了梳理③。儘管我的看法受到學界重視并在一定程度上被接受,但從當前學界有關討論和概念使用的分歧來看,仍存在不少缺陷。其中最核心問題是,不顧及概念的歷史源流和觀念、概念、術語、範疇的區分,將自己對古典詩歌乃至藝術的諸多理解一股腦兒塞到"意境"中。從宗白華先生開始,就是這樣解釋"意境"的,説:"藝術家以心靈映射萬象,代山川而立言。他所表現的是主觀的生命情調與客觀的自然景象交融互滲,成就一個鳶飛魚躍、活潑玲瓏、淵然而深的靈境。這靈境就是構成藝術之所以爲藝術的'意境'。"所以,要問意境是什麽,那就是"以宇宙人生爲對象,賞玩它的色相、秩序、節奏、和諧,藉以窺見自我的最深心靈的反映;化實景爲虛景,創形象以爲象徵,使人類最高的心靈具體化、肉身化,這就是'藝術境界'"④。這個看似很細緻很充實,因而爲學界津津樂道的定義,其實存在著核心詞重複的根本缺陷,所謂"靈境",所謂"藝術境界",本身就是需要詮釋的概念。受這個説法的影響,後來辭典和教科書對意境的權威定義——"文藝作品中所描繪的客觀圖景和所表現的思想情感融合一致而形成的一種藝術境界"⑤,也存在同義反復的致命缺陷,使"意境"的本質無法落實。

　　從20世紀80年代以後,對意境的定義除了我轉向符號方向外,多數學者仍沿著宗白華的方向推演。夏昭炎在參照宗白華論説的基礎上,吸收西方接受美學的學説,提出這樣的界説:"意境是創作主體吸納宇宙人生萬象而在内心咀嚼、體驗所營造的、含深藴於'言'内,留餘味於'象'外,能唤起接受主體對於宇宙人生的無盡情思與體驗,以致形而上的領悟的召唤結構

---

① 蔣寅《中國詩學的思路與實踐》,桂林:廣西師範大學出版社2001年版,第37—51頁。
② 蔣寅《語象·物象·意象·意境》,載於《文學評論》第3期(2002年5月),第69—75頁。
③ 蔣寅《原始與會通:意境概念的古與今》,載於《北京大學學報》第3期(2007年5月),第12—25頁。
④ 宗白華《美學散步》,上海:上海人民出版社1981年版,第58頁。
⑤ 《辭海》,上海:上海辭書出版社1990年版,第2291頁。

以及這一結構所引發出的藝術世界。"①類似的説法也見於顧祖釗等學者的著作,代表着當今學界的一般認識。這個看上去更精密的界説仍很明顯地仍留下一個疑問,即它的核心概念"召唤結構"及其引發的"藝術世界"無疑是兩碼事,前者屬語言符號,後者屬想象經驗。明明是兩個事物,爲什麽非要擠在一個概念内,用同一個概念來指稱呢,就不能給其中一方另外命名麽?

這種顯然是折衷前人各種概括而形成的定義,似乎與中國傳統的"體用不二"的思維方式相通——結構與功能渾然不分。不是嗎?"召唤結構以及這一結構所引發出的藝術世界",意味着意境同時是一個符號結構和與由它生發的想象經驗,這就等於説意境既是客觀的,又是主觀的。這頗爲矛盾的定義很像是兩種觀點的雜糅,前一種界定是我在《説意境的本質及存在方式》一文中主張的,後一種界定則是葉朗、蒲震元等先生主張的②,其實質差别在於究竟是將意境理解爲文本包含的意象結構,還是理解爲讀者閱讀生發的想象經驗。還有一部分學者如陳本益,主張不必將意境視爲"獨立於象(興象實象)之外的一種抽象境界,而是最好把它看成是包括象在内却又超越象的一種不甚確定的東西"③,這使得"意境"本質的主客觀屬性更成爲突出的問題。

爲此我一直醖釀寫作第四篇論文,準備討論"意境"的本質與理論定位,即意境宜規定爲文本符號還是想象經驗的問題,及論文寫成後却發現自己的討論仍停留在習慣的思路上,墜落在陳舊的理窟裏。關鍵在於意境根本就不是在概念層面可以討論的問題,它是一個範疇,是需要在範疇層面上把握的對象。從王國維以來,論者對"意境"的討論或多或少都觸及了意境的範疇屬性,但始終未從範疇的理論概括性和抽象性來把握它,進而考慮它和古典詩歌審美特質的關係,同時顧及概念的歷史沿革和約定俗成性,只是從普通概念的層面來詮釋其理論内涵,以致給人治絲益棼的感覺。如果我們將問題落實到意境的範疇屬性,從範疇的屬性來討論意境的理論定位,就不難理順有關意境的一些理論分歧。

---

① 夏昭炎《意境概説:中國文藝美學範疇研究》,北京:北京廣播學院出版社 2003 年版,第 25 頁。
② 葉朗《説意境》,載於《文藝研究》第 1 期(1998 年 1 月),第 6 頁;蒲震元《中國藝術意境論》,北京:北京大學出版社 1999 年版。
③ 陳本益《中外詩歌與詩學論集》,重慶:西南師範大學出版社 2002 年版,第 170 頁。

二、意境作爲範疇

對意境的不同理解實質上源於對這個術語的不同理論定位。學界普遍將意境作爲指稱古典詩歌審美本質的本體論概念，於是帶來古風所概括的解釋分歧：“意境究竟存在於文學作品、藝術作品中，還是文藝創作中？是境界、情調、意蘊、還是形象？還是西方文藝觀念所闡釋出的形象、形象化、主客合一？”①這些疑問可以歸納爲指向不同的兩個問題：

1. 意境屬於文本層面的形式結構，還是屬於超文本的意識內容？
2. 意境是指作者所要表達的意識內容，還是凝聚於作品的語言形式，抑或讀者在閱讀中喚起的心理經驗？

前者涉及意境的本質，後者涉及意境的存在方式。這一理論分歧并非中國詩學家所獨有，它也是持本質主義觀念的西方學者所面臨的共同困惑。早在 19 世紀初，英國批評家哈茲里特（William Hazlitt）對詩歌的理解就包含了這一困惑，他承認自己運用術語"詩歌"時指的是三種不同的東西——"已製作出來的作品，製作過程中的心境或能力，以及在某些情形下，適於喚起那種心境的題材"②。根據他的定義，詩歌是"由我們希望事物所應有的面貌組成的"虛構產物，是"在我們意念最強烈最密切的聯想基礎上樹起的幻想結構"③，然則他是將詩歌本質定義爲一種想象經驗的。西方文學理論中類似的看法很普遍，歌德（J. W. von Goethe）、柯林武德（R. G. Collingwood）、克羅齊（Benedetto Croce）都有類似的說法。哈茲里特的困惑實質上源於文學作爲認識對象，其涵義已從單純的文本擴大到意義生產、傳達和接受的整個過程。葛兆光《禪宗與中國文化》主張"意境應當是從創作構思到欣賞想象這樣一個過程，它必須有藝術家（觀照、冥想、創造）、作品（聯繫的中介）、欣賞者（欣賞中再創造式的聯想）三個部分纔能產生"④，正是對於這樣一種理論認知。但問題是，如此複雜的內涵無法納入一個概

---

① 古風《意境探微》，南昌：百花洲文藝出版社 2017 年版，第 52 頁。
② 雷納・韋勒克，楊自伍譯《近代文學批評史》，上海：上海譯文出版社 1989 年版，第 2 卷，第 242 頁。
③ 雷納・韋勒克《近代文學批評史》第 2 卷，第 243 頁。
④ 葛兆光《禪宗與中國文化》，上海人民出版社 1986 年版，第 172 頁。

念之中,因此解决問題的要樞就不在於如何挖掘或擴充意境的内涵,給予相應的詮釋和定義,而在於賦予它更恰當的理論定位,讓它回到更高的範疇的位置上去。歷來意境闡釋的根本缺陷,就在於我們談論的是一個範疇問題,但實際操作中却將它作爲一個概念來對待,這一理論錯位就導致了意境理解和定義的混亂。

所以我認爲,意境研究的焦點已不再是概念的歷史回溯或理論内涵的分析,而是範疇建構和定義的問題。但這恰恰是中國古代文論研究的一個薄弱環節。從歐洲思想史看,亞里斯多德(Aristotle)、康德(Immanuel Kant)對於範疇的確定,著眼於認識的系統性原則——在整體地全面把握世界各方面的基礎上,得到對世界加以分析的概念,又借助於這些概念建立起對存在的理解,形成自己的知識系統。而中國思想的發展却是在經學的主導下,由一些共用或沿用的哲學概念構成一個開放的、動態的、彼此聯繫的範疇系統,通過個人化的詮釋來完成的。這使中國哲學的範疇帶有很大的不確定性,"這種不確定性影響及於傳統文學範疇,使之也帶上了模糊集合的特徵。即在規範對象時,它是多方面的;在展開自己時是多序列的;在運用過程中又是多變量的"①。儘管我們在理論上明確"範疇作爲辯證思維的邏輯形式,反映了事物與現象的普遍本質和一般性質,體現著實踐與認識、歷史與發展、目的性與創造性的統一","對於只有表徵存在的統一性,即表示普遍聯繫和普遍準則的概念纔稱爲範疇"②。但落實到具體而紛繁的古代文論名詞術語,如何判斷、區分概念和範疇仍是令人犯難的事。意境正是一個典型案例,也是值得深思、可以隅反的問題。

在理解意境的範疇屬性上,張東蓀對概念和範疇的區分很給人啓發。他用亞里斯多德和康德的範疇論來研究中國哲學範疇,首先將概念區分爲兩類,一類是表示結論的,一類是表示預設的,他認爲只有表示預設的概念纔是範疇。也就是説,"範疇只是拿來表述其它東西的,換言之,即只是思想上的格局(frames of thought),用這樣的格局以測定其中的内容。好像尺度與權衡,只是拿來測定對象的長短與輕重而已,而其本身却不是一個物件,只是一種工具"。如此説來,"思想家對於概念是可以創新的,而所使用

---

① 汪涌豪《範疇論》,上海:復旦大學出版社 1999 年版,第 3 頁。
② 汪涌豪《範疇論》,第 5 頁。

的範疇則必須是一個文化中所久有的、所共同的"①。這一分析對於我們理解、定義"意境"及相關理論很有參考價值。我們談論意境,并不是要用它來揭示古典詩歌的奧秘,闡明其理論內涵,而只是以它爲核心搭建起一個解釋中國詩歌審美特質的理論框架,在此基礎上形成完整、清晰的概念系統和學術體系。質言之,對於意境我們要做的工作不是詮釋和闡發,而是界說和規定,用它來說明和衡量中國古典詩歌的審美特質。意境雖是一個古老的詩學術語,但近代以來經王國維提倡而崛起於詩學中的"意境",則早已不是古人在立意取境的意義上使用的那個概念②。王一川曾提出:

  意境是中國現代文學和美學界對自身的古典性傳統的一個獨特發現、指認或挪用的產物,其目的是解決中國現代人自身的現代性體驗問題。它對現代人的重要性遠勝於對古代人的重要性。這一認識或許具有某種挑戰性意義:澄清現成意境研究中把這術語視爲古典美學的當然概念的偏頗,而使它的真正的現代性意義顯示出來。③

我贊同說意境是一個現代詩學概念,是中國當代詩歌理論建構中的一個基礎或者說核心概念,但更認爲它是含括中國詩歌美學問題的基本範疇,不僅與我們今天對詩歌審美特質的認識密切相關,也和古人對詩歌實現審美功能之方式的認識直接關聯。作爲概念它是晚起的,但作爲範疇,它聯繫著中國詩學古老的、共有的傳統。

就中外文學史看,作爲文學體裁之一的詩歌,其特質和功能一直都在發生變化,人們對功能的要求決定了它的審美特質。這就是德國學者施萊格爾(F. V. Schlegel)所說的:

  詩的定義只能規定詩應當是什麽,而不是詩過去或現在在現實中是什麽;否則最簡便地說,詩的定義就會是這樣:詩是人們在任何一個時刻,任何一個地點稱之爲詩的東西。④

---

① 張東蓀《張東蓀文選》,上海:上海遠東出版社1995年版,第295—297頁。
② 關於這個問題,我在《原始與會通:意境概念的古與今》一文中有專門討論,可參看。
③ 王一川《通向中國現代性詩學》,載於《北京師範大學學報》第3期(2001年5月),第25—33頁。
④ 施萊格爾,李伯杰譯《雅典娜神殿》,北京:三聯書店2003年版,第71頁。

中國古代人們對詩的功能也曾提出過言志、道性情、美刺、叙事、徵史等各種規定,相應產生直尋、意在言外、温柔敦厚、真切、質實等各種美學要求。但意境本質上是言志抒情兼及美刺一類詩歌的審美特質,與古典詩歌承擔抒情性要求的若干類型相關。尤其是當我們肯定意境是中國詩歌獨有的美學範疇,像臺灣學者姚一葦所説:"'意境'一詞,是我國所獨有的一個名詞,作爲藝術批評或文學批評的一個重要術語。但是,它的語意非常抽象和曖昧。因此,在比較實際的西洋美學或藝術體系中,幾乎找不到一個對等的用語來傳達。"①那麼意境就必定與中國古典詩歌獨特的審美特徵相聯繫,這不僅與範疇的理論品位相稱,也意味著它作爲術語同詩學傳統有著清晰的淵源。

我在《原始與會通：意境概念的古與今》一文中已説明,"意境"直到清代中葉仍是指稱詩歌表達的總體感覺或印象特徵的中性概念,到清末始有單指觀念的趨勢(主要見於梁啓超詩論),但依然不具有價值色彩。是王國維使用"意"或"境界"時賦予其本體意義②,纔將它們提升爲概括中國古典詩歌獨特審美特徵的範疇。1906 年王國維在《文學小言》中提出:"文學中有二原質焉,曰景曰情。"將"景"視爲文學的基本要素,説明他的觀念立足於以意象化表達爲主導的中國文學;樊志厚撰《人間詞乙稿序》説:"文學之工不工,亦視其意境之有無,與其深淺而已。"又以意境爲衡量文學審美特質的價值依據,説明意境是對應於中國文學的意象化抒情方式,即借助於情景交融的意象結構來表達情感這種美學特徵的範疇。學界肯定"王國維的'境界'説,主要從藝術和審美的角度確認中國古典詩詞所創造的藝術世界的獨到美感特徵"③,也正是在這個意義上判斷的。據我研究,意象化的抒情方式形成於中唐前期,其核心是借助於情景交融的意象結構來表達情感④。意境作爲概括這種表達方式的範疇,當然不能是對應於具體藝術現象的具體概念,而應該是概括這種普遍存在的抽象範疇。這就是王國維没有用意境是什麼來説明詩歌本體,而是用意境之有無來判斷詩歌價值的

---

① 姚一葦《藝術的奧秘》,桂林:灕江出版社 1987 年版,第 314 頁。
② 蔣寅《原始與會通：意境概念的古與今》,載於《北京大學學報》第 3 期(2007 年 5 月),第 12—25 頁。
③ 陶文鵬、韓經太《也論中國詩學的"意象"與"意境"説》,《文學評論》第 2 期(2003 年 3 月),第 106 頁。
④ 蔣寅《情景交融與古典詩歌意象化表現範式的成立》,《嶺南學報》第 11 輯(2019 年 8 月),第 1—31 頁。

緣故，説明他對意境的範疇屬性已有所領悟。但遺憾的是，後來有關意境的討論，從60年代的意境論争到90年代以童慶炳主編《文學理論教程》（高等教育出版社，1992年）爲代表的文學理論教材，雖然都一致肯定"意境是我國抒情文學創作傳統中錘煉出來的審美範疇"①，却始終没有將它當作範疇來討論。全然罔顧觀念、概念和範疇這些術語的區分，一面將古人的一些觀念性内容塞進"意境"概念，一面又常常將意境對應於詩歌創作—閲讀的某個環節，以致帶來意境解説的諸多分歧。葛兆光等學者的論述雖然觸及意境的範疇屬性，但也未從範疇的角度來把握其理論概括性和抽象性，并同時顧及概念的歷史沿革和約定俗成性。當論争焦點集中到情景交融構成的意象結構，或者説召唤結構到底呈現爲文本形態還是訴諸讀者的意識建構時，無論是謝冬冰論意境的完形生成②，或是毛翰論意象和意境的區分③，都偏離了意境的範疇屬性。正如"物質"範疇雖然意味著世界存在的一種普遍性，但我們却不能將某個物體叫作物質。意境也是如此，它只是我們用以概括和衡量古典詩歌詩美生成機制的抽象範疇，它本身不是一個具體的東西。肯定這一點，不只是基於哲學的一般理論，也是基於古人對詩美生成方式的理解。近年我研究清代詩學，對此有新的認識。

三、意境作爲範疇的歷史依據

從王國維到宗白華，都是用自己對古典詩歌審美特徵的認識來説明意境，却没有顧及這些内容與"意境"一詞的關係，仿佛這個詞天生就適合用來爲他們所需要的範疇命名。現在我們既然將"意境"作爲概括詩美生成過程的範疇來使用，當然就不能回避使用這個術語的歷史依據問題。

正如符號學家格雷馬斯（A. J. Greimas）所説："在某一種給定的語言

---

① 有關20世紀60年代的意境論争及文藝理論教材中的意境論述，參看簡聖宇《"意境"範疇的現代闡釋嘗試——從20世紀中葉的系列論争談起》，載於《中國文藝評論》第1期（2021年1月），第71—80頁；楊興芳、梁勝明《新時期文學理論教材建設意境論述評》，載於《甘肅高師學報》第1期（2012年1月），第8—15頁。
② 謝冬冰《論意境的完形生成》，載於《江蘇社會科學》第5期（2001年9月），第172—176頁。
③ 毛翰《詩美創造學》，重慶：西南師範大學出版社2002年版，第210—211頁。

內,對事物的命名不僅取決於外部世界的參照物,更取決於該語言的分類與切分:一套隱性的符號系統已經承擔了歸類的任務,以及對這一分類方式所覆蓋的世間自留地進行分析的任務。"①意境一詞所以能成爲含括中國詩歌美學特徵的範疇,同它長期以來與古典詩學各理論層面的言說有複雜而密切的聯繫有關。據拙文《原始與會通:意境概念的古與今》的梳理,清代詩論中"意境"用例所指可分爲七類:(1) 指客觀環境;(2) 指某個特定的生活情境;(3) 指作者心境;(4) 指片時的意識活動;(5) 指詩歌中的情感內容;(6) 指作家才力情思、作品格調聲律以外的立意取境;(7) 指稱作品局部的例子②。"意境"一詞在詩學中的豐富義指和複雜語境,已充分表明它是個包容性很大的理論術語,它能在晚近脱穎而出、上升爲範疇,實在有着内在的學理依據,與中國詩學獨特的理論構成有關。

中國古典詩學在美學層面一直圍繞着言—象關係展開,在六朝時代已形成一套言說,在佛學的啓迪下,原義爲界限的"境"作爲意識空間的概念被引入詩學,用以説明詩美生成的要素和層次。不過直到盛唐時期,"境"和"象"的區別還不太清楚,經常混用不分,以至於王昌齡《論文意》有如下的説法:

  夫境象不一,虛實難明。可睹而不可取,景也。可聞而不可見,風也。雖繫乎我形,而妙用無體,心也;義貫衆象,而無定質,色也。凡此等,可以對虛,亦可以對實。③

他意識到境、象涉及多個層面的問題,很難簡單地用傳統的虛實範疇來區分。爲此,他首先定義了景、風、心、色四個概念。"景"就是戴叔倫所謂的"詩家之景,如藍田日暖、良玉生烟,可望而不可置於眉睫之前也"④,是詩人使用的意象,亦即蘇珊·朗格(Susanne K. Langer)所謂的藝術幻象。"風"是源於藝術意志的生氣,決定着文本的內在組織——與語法和修辭相關的文理脉絡,即劉勰《文心雕龍·風骨》"風清骨峻"的"風"。"心"是作者的

---

① A. J. 格雷馬斯,吳泓緲、馮學俊譯《論意義》,天津:百花文藝出版社2005年版,第20頁。
② 蔣寅《原始與會通:意境概念的古與今》,載於《北京大學學報》第3期(2007年5月),第12—25頁。
③ 王利器《文鏡秘府論校注》,北京:中國社會科學出版社1983年版,第317頁。
④ 祖保泉、陶禮天箋校《司空表聖詩文集箋校》,合肥:安徽大學出版社2002年版,第215頁。

意識作用,是聯繫作者的藝術思維和文本構成的能動力量。"色"則是借自佛學、用來指稱外在於人的現象界的概念。這四個概念分析了詩歌從構思到文本定型的整個創作過程:色→心→景→風。外界現象"色",經過主體意識"心"的作用營造出詩的意象"景",并借助於"風"形成文本,唐代前期的詩學基本上都集中於文本構成方面的問題①。

　　到中唐時期,詩學開始關注超文本層面的内容。劉禹錫《董氏武陵集序》提到"境生於象外",司空圖《與極浦談詩書》《與李生論詩書》將"景外之景""象外之象""韻外之致""味外之旨"作爲詩美的重要概念鄭重使用,使詩意的超文本性受到重視。在境、致、旨、景、象這些超文本概念中,境因自身固有的意向性品格,最終脱穎而出,成爲詩學中與詩人主觀意識聯繫最緊密的核心概念。晚清鍾秀《觀我生齋詩話》卷一論"境",首先肯定"境非景物之謂,隨身之所遇皆是焉",可見境不單純是客觀物色,也包括人生經驗在内。王國維《人間詞話》説:"境非獨謂景物也,喜怒哀樂,亦人心中之一境界。故能寫真景物、真感情者,謂之有境界;否則謂之無境界。"正是在這個意義上説的。而"意境"一詞,經紀曉嵐在《四庫全書總目》中反復使用後,這個概念在清代中葉逐漸爲詩家所習用②,基本含義就是立意取境,乃至鄰於統指藝術表現給人的總體印象的概念。一直到近代,傳統詩學仍沿用此義。

　　到王國維的著述中,意境、境界兩個詞開始轉型爲現代文學理論範疇。《人間詞話》云:"詞以境界爲最上。"這表明境界首先是個本體概念,有境界意味著作者賦予詞作以詞特有的審美特質。事實上,也只有作爲詞的固有審美屬性,境界纔可以説有無。這一點從他的學生顧隨的闡説也能間接地得到印證。顧隨《"境界"説我見》將境界與嚴羽的興趣、王士禛的神韻加以比較,説:"若興趣是米,詩則爲飯……神韻由詩生。飯有飯香而飯香非飯。嚴之興趣在詩前,王之神韻在詩後,皆非詩之本體。詩之本體當以静安所説爲是……抓住境界二字,以其能同於興趣,通於神韻,而又較興趣、神韻

---

① 對王昌齡詩論的討論,可參看小川環樹著,周先民譯《風與雲——中國詩文論集》,北京:中華書局2005年版,第36頁;蔣寅《情景交融與古典詩歌意象化表現範式的成立》,《嶺南學報》第11輯(2019年),第1—31頁。
② 蔣寅《原始與會通:意境概念的古與今》,載於《北京大學學報》第3期(2007年5月),第12—25頁。

爲具體。"①這裏將嚴羽的"興趣"視爲詩前的運思,或許有斟酌餘地,但説神韻是飯的香味,無疑是抓住問題實質的。至於説境界是飯,雖出於他的理解,却是既契合王國維美學的本體論思維,也與當代文學理論的基本觀念相通的。如果我們同意格羅塞(Ernst Grosse)《藝術的起源》對詩歌的定義:"詩歌是爲了達到一種審美的目的,而用有效的審美形式,來表示内心或外界現象的語言的表現。"②那麽意境就是衡量詩歌是否以意象化的語言表現構造一個符號形式的標尺。

從王國維的論説來看,他對"意境"一詞的歷史源流并不清楚,很可能只是在追隨梁啓超時知道了這個新詞語,然後用自己的理論思維爲它充值。不過這出於曲解的改造,現在看來很有點歪打正着的味道。隨着豐富的清代詩學文獻日益進入我們的視野,"意境"一詞與詩學傳統的關聯也越來越清晰地呈現出來,讓我們看到,清人對"境""意境"的理解和運用,已包含了意境範疇的全部内涵。

四、意境與意象結構

對意境的研究和詮釋,到今天已很清楚,問題的焦點就在於它自身乃至所從屬的文本,都不是一個意義固化的結構。就像羅蘭·巴特所説的,"作品永遠處於預言性的語境"。詩歌作品的意義也是生成的,作爲詩人創作物的文本只不過是提供意義生成條件的象徵符號。"一旦我願意接受這個建立作品象徵符碼的限制,它就不能表示反對我賦予著作的意義"③。

中國古代詩論家不僅深明詩歌寫作是一個取象—造境的過程,而且對詩歌需借助形式媒介來傳達,有着清楚的理解。起碼到明清之際,人們已用"境"的概念來説明詩歌形式媒介雙重屬性及功能。王艮(1626—1701)在《周德園越游草序》中寫道:

昔人多謂詩文與山水相爲映發,予以爲映發之義自有分屬,不得

---

① 顧之京編《顧隨:詩文叢論》,天津:天津人民出版社1995年版,第67—68頁。
② 格羅塞,蔡慕輝譯《藝術的起源》,北京:商務印書館2011年版,第175頁。
③ 羅蘭·巴特著,温晉儀譯《批評與真實》,上海:上海人民出版社1999年版,第53頁。

混舉。夫情之宣而爲言也,粲之即爲文,韻之即爲詩。情非詩文即不暢,詩文非情則無以爲質。繇情而轉爲詩文,爛然悠然,以伸以引,斷無有直致其情者。直致之則數言而盡,不復可成篇章矣。故情不得不有所麗,因麗而情益以長。麗也轉也,實指之則爲境,虛指之則爲映。美淑女而咏《關雎》,美婚姻而咏《桃夭》,美子孫之衆多而咏《螽斯》。關雎、桃夭、螽斯也,皆映也。淑女婚姻子孫衆多之爛然悠然者也。然則映之在山水之際,而發之必在乎人。①

這段議論的核心是強調詩文不能直致其情。直致就是用邏輯語言直接表達,雖然司空圖也承認"直致所得,以格自奇"(《與李生論詩書》)的價值,但他終究還是覺得王維、韋應物那樣的"澄淡精緻,格在其中"更爲動人。一篇作品的意旨用名言直説,畢竟無甚趣味,惟有托附於詩化的媒介纔能獲得婉曲有致的表達。在這裏,詩化的媒介"所麗",有點接近克萊夫·貝爾(Clive Bell)的"有意味的形式",王艮從體、用兩方面來分析其美學本質——就體而言,它是有形可睹的意象化的"境",即所謂"實指之則爲境";就用而言,它又在暗中發揮"映"的象徵功能,即所謂"虛指之則爲映"。這裏的虛實正是本自傳統哲學體用觀的言説,參照宋代詩話論"言體不言用"的婉曲表達手法②,不難理解。在古人心目中,詩歸根到底就是使情感附麗於境、借助於境的映發即象徵功能而實現其抒情性的文本。

王艮的詮釋不僅深刻地闡明了中國古典詩歌意象化抒情的審美特徵,同時也清楚地界定了意境的符號性質——境作爲情感附麗的媒介,是在以物態呈現於詩中的同時發揮其象徵功能的;"映"所意味的比擬、象徵的修辭功能,雖鄰於葉嘉瑩所説的"感發",但并不妨礙它的本體"境"具有符號屬性。詩境就是由意象符號構成的形式媒介的總和,具有時空的完整性。這從法式善《悟雪樓詩存序》的一段自述可得到印證:

間嘗夜坐積水潭上,秋雨初過,拂琴霽心,見夫月英化水,藤烟窅映,萬籟寒肅,風吹蘋香,陡覺常建、王昌齡、韋應物、劉昚虚諸詩人之

---

① 王艮《鴻逸堂稿》,《四庫全書存目叢書》影印康熙刊本,集部第233册,第361頁。
② 蔣寅《"不説破"——"含蓄"概念之形成及内涵增值過程》,載於《中國學術》第3期(2002年10月),第194—211頁。

詩境,了了森心目,疾起搁管,寫入新詩。自愧貌合神離,無一筆到古人真際。①

法式善由積水潭雨霽、風烟、水月引發對常建、王昌齡、韋應物、劉眘虚諸人詩境的聯想,屬詩歌閱讀的想象經驗,其中當然包含個人的主觀建構,但這"了了森心目"的心理表象以及其中滲透的審美知覺終究是無法傳達和詮釋的,他所能呈現於文字的仍只是秋雨、琴、月、水、藤烟、風、蘋香這些物象構成的環境,甚至還自愧不能逼真再現古人的意境。這些物象作爲唐人詩境的替代品,與幾位唐代詩人作品中所描摹的物象其實具有相同的性質,分而爲構成詩境的要素——意象,合而爲完整有機的意象結構。這就是中國古典詩歌的美感生成的内在形式。從理論上説,它并不是意象簡單相加和重叠構成的平面圖景,而是包含有時間的四維空間,但呈現於文本,一個個意象正像呈現在法式善眼中的諸多物象,都是客觀而孤立的,使它們融合爲一個有機結構的乃是讀者審美知覺的統攝作用。毛翰區分意象和意境,説"意象是以象寓意的藝術形象,意境是那由寓意之象生發出來的藝術氛圍……意象是實有的存在,意境是虚化了的韻致和意味"②,似乎混同了文本提供的符號與審美知覺的反應兩者的性質,將讀者審美知覺統攝生成的想象經驗也看成意象固有的屬性,名之爲意境。這參照伊瑟爾(Wolfgang Iser)《本文的召唤結構》即知不妥。本文營造的只是一個具有召唤性的結構,所謂"由寓意之象生發出來的藝術氛圍",其實是讀者審美知覺參與而生成的主觀感覺。前文引述的"召唤結構以及這一結構所引發出的藝術世界",同樣是將文本提供的符號結構與讀者審美知覺的反應相提并論,雖然都對應於詩歌創作和欣賞活動的某個環節,却産生了不必要的定義淆亂。解决這一問題的關鍵仍在於還原意境的範疇屬性,因爲只有作爲範疇,意境纔能妥帖而毫不勉强地容納讀者的想象經驗和審美知覺這部分内容。

五、意境與讀者想象經驗

自從接受美學將讀者的詮釋維度引入文學理論以來,談論詩歌意義的

---

① 徐謙《悟雪樓詩存》卷首,載於《清代詩文集彙編》,第 520 册,第 165—166 頁。
② 毛翰《詩美創造學》,第 210—211 頁。

形成就離不開讀者的參與。意境研究自然也接駁到讀者的審美經驗，產生了將意境定位於或包括讀者想象經驗的一種詮釋，如王昌猷所謂"把意境看作是欣賞者在審美過程中發揮想象和聯想，從而獲得的一種美感境界"①。最近又有年輕學者提出："意境是在意象的基礎之上所建構起來的一種精神創造活動"，體驗意境的過程包含着觀、味、悟三種主觀體驗方式，由此構成了意境從"象"到"境"的轉變過程②。

這樣的認知，即使僅從"意境"的具體用例來看，也不能説没有文獻支持。就在意境概念開始普及的清代嘉、道之際，詩論家使用"意境"一詞已有泛指詩歌活動不同環節的例證。如沈志善《竹雪詩話》載：

> 弟曰："讀《離騷》後，吟《詩經》數節，便覺有一段中和意境在心口間。"余曰："《詩經》中正和平，如孔子時中之聖，其餘如夷惠之各有所偏。"弟又曰："余嘗愛'月到天心'四字。"余曰："我亦同。然弟試猜'月到天心處，風來水面時。一般清意味，料得少人知'何人詩乎？"弟曰："得無邵子乎？神似甚也。"余笑曰："然。"我幼年於讀本中見邵康節先生《花枝吟》，并不知邵何時人，吟誦數遍，神游心醉，悟其化機天趣，有隨時素位之樂。（中略）因謂弟曰："此詩較他人意境迥别，吾亦不能名言其妙。後獲《擊壤集》，方知邵子真面目。"③

在這段文字中，沈弟所謂"一段中和意境在心口間"無疑是指讀者的想象經驗，而沈志善所謂"他人意境"則兼作者與作品而言，既可以理解爲作品所構造的符號，也可以解釋爲作者的想象經驗。但沈志善另一部詩話《印心編》提到"此詩之意境必非名家"④，用意境指作品的藝術表現整體也很清楚。正如前文所述，前現代詩論中的"意境"主要是指作品的立意取境，那麽古人對讀者由詩歌文本引發的想象經驗，用什麽概念來表述呢？有必要在此捎帶説明一下。

---

① 王昌猷《再論我國古代文論中意境的特徵》，載於《中州學刊》第 2 期（1984 年 4 月），第 82—86 頁。
② 孔祥睿《論體驗意境的三種方式》，載於《青海師範大學民族師範學院學報》第 2 期（2021 年 12 月），第 42—44 頁。
③ 沈志善《竹雪詩話》，南京圖書館藏道光間稿本，第 26 頁。
④ 沈志善《印心編》，南京圖書館藏道光間稿本，第 2 頁。

前文提到的中國古代詩學關於"言有盡而意無窮"的基本信念,爲文本的意義生成預留了一個"文外之重旨"(《文心雕龍·隱秀》)的空間。"言內"與"言外"區分了文本和超本文兩個意義生成場域,司空圖的"景外之景""象外之象""韻外之致""味外之旨"都是指稱超文本的引申、暗示、象徵之義。這部分意義是需要讀者憑藉理解能力和閱讀技巧來提取的,純屬主觀意識活動,根本無從預設和限制,因此也就無法討論,以至於司空圖《與極浦書》喟嘆:"象外之象,景外之景,豈容易可譚哉?"①儘管他有意懸置這個問題,但《與李生論詩書》的"韻外之致""味外之旨"仍舊爲詩歌理論提供了有價值的概念。在這組概念中,象外之象、景外之景前後重複,易滋理解之歧疑;"旨"字的義訓歷來自有成說,無可發揮。唯獨"致"字,詩家習用而又取義寬泛,用來指稱言外餘意,自然貼切。再考察"致"的語源,《説文》:"致,送詣也。"本義是將什麽送到何處,後來引申爲給予、招致、導致、極至等諸多義項。"韻外之致"的"致"是用爲旨趣、意態、風度之義,漢魏以還每用於論人品物。如虞溥《江表傳》:"(蔣)幹還,稱瑜雅量高致。"②《魏書·恩幸傳·茹皓傳》:"樹草栽木,頗有野致。"③《水經注》卷三七沅水:"其側茂竹便娟,致可玩也。"④唐人詩文多用爲意趣之義,如王縉《青龍寺曇壁上人院集》:"靈境信爲絶,法堂出塵氛。自然成高致,向下看浮雲。"⑤權德輿《秦徵君校書與劉隨州唱和集序》稱秦系詩"詞或約而旨深,類乍近而致遠"⑥,遂移用爲詩學概念。而在文論中又所指各別,如明末蔣如奇輯《明文致》李鼎和序云:"向與友人論文,寧法勝趣,無趣勝法。然致之與趣,正自不同。'楊柳依依'不如'訏謨定命',二語雅人深致,非謝公不辨,泂千古隻眼已。"⑦"致"相對於趣,取義似側重於義理。一般來說,"趣"是指稱主體內涵的概念,自宋代文人崇尚風趣而成爲重要的詩美學術語,與"法"構成一組對立的概念。李鼎和在趣、法對立中站在法的立場上,主張法度優先,但同時又引入"致"作爲超越二者的上位概念,顯示出"致"在

---

① 祖保泉、陶禮天箋校《司空表聖詩文集箋校》,第215頁。
② 陳壽《三國志·吳書·周瑜傳》裴注引,北京:中華書局1982年版,第1265頁。
③ 魏收《魏書》,北京:中華書局1984年版,第2001頁。
④ 酈道元《水經注》,長沙:岳麓書社1995年版,第546頁。
⑤ 彭定求等《全唐詩》卷一二九,北京:中華書局1979年版,第4册,第1312頁。
⑥ 權德輿著,蔣寅箋、唐元校、張静注《權德輿詩文集編年校注》,瀋陽:遼海出版社2013年版,第149頁。
⑦ 蔣如奇輯《明文致》卷首,明崇禎刊本,第1頁。

文論中愈益凸顯其重要性。像馬星翼《東泉詩話》卷一稱贊《蘇李贈答》《古詩十九》"醖釀深厚,有餘不盡之致,如千萬言"①,正是詩話中很常見的説法。舉凡興致、意致、思致、理致、風致、情致、韻致等複合詞,若不和"致"組合,只是一個普通名詞,而加上"致"便帶有誘發、導致某種狀態、效果的意味,指能觸發讀者尋味,產生審美愉悦的要素。因此,我們可以參考司空圖"韻外之致"的説法,將"致"視爲古代詩學中指稱言外意趣的概念。這樣就形成了情→境→致的詩歌本體論模式。

　　清代詩論中所見的"意境"用例已包括了情動於中而形於言的各個環節,再加上沈志善《竹雪詩話》指讀者想象經驗的用法,足見"意境"一詞已指涉古典詩歌藝術特徵、藝術效果及其生成方式的全部内容,其核心則落實在意象化抒情的詩美生成機制上。這種豐富性和包容性使意境具備了範疇的強大概括力和豐富内涵。從這個意義上説,將意境的理論品格定位爲範疇,起碼就有了這樣三方面的意義:一是符合古人的習慣用法,維持了與文化傳統的悠久聯繫;二是突出了中國古典詩歌獨特的美學特徵,便於在中外詩學比較中確立自己的理論品格;三是可與當代文學理論相對接,溝通中外詩學理論命題和學説,在凸顯中國古代文學理論之有效價值的同時,也具備了較好的理論清晰度和可操作性。學界對意境的討論曠日持久,看法分歧已深。我并不奢望這篇論文能給出讓學界接受的定論,只想通過以上的辨析,將問題和分歧的實質看得更清晰一點,從而對作爲範疇的意境給與更恰當、合理的理論定位。這我想還是有意義的。

(作者單位:華南師範大學文學院)

---

① 馬星翼《東泉詩話》卷一,濟南:齊魯書社2023年版,第11頁。

Revisiting the Nature of "Yi Jing" and Its Theoretical Positioning

Jiang Yin

Since Wang Guowei's time, scholars have frequently labeled "Yi Jing" as a theoretical category. However, they have not fully examined it in terms of the generality and abstraction that a category demands, nor have they deeply explored its connection to the aesthetic qualities of classical poetry. Furthermore, they have neglected the historical evolution and conventional understanding of the concept. Instead, the term has been interpreted in a more superficial way, leading to significant ambiguity. In this paper, drawing on Zhang Dongsun's definition of "category," I aim to establish the theoretical positioning of "Yi Jing" as an abstract category that encapsulates and evaluates the aesthetic mechanisms underlying classical poetry. Through extensive textual analysis, I demonstrate that by the 19th century, "Yi Jing" had come to refer comprehensively to the artistic qualities, effects, and generative processes of classical poetry. At its core, the term focuses on the aesthetic creation of poetry through imagery-driven lyricism. Its richness and inclusiveness provide it with the necessary generalizing force and deep historical roots to be recognized as a theoretical category.

Keywords: Yi Jing, category, essence, theoretical Position, historical Development

徵引書目

1. 《辭海》,上海:上海辭書出版社,1990 年版。 *Cihai*. Shanghai: Shanghai cishu chuban she, 1990.
2. 彭定求等:《全唐詩》,北京:中華書局,1979 年版。Peng Dingqiu et al. *Quan tangshi* (*Complete Poems of the Tang Dynasty*). Beijing: Zhonghua shuju, 1979.
3. A. J. 格雷馬斯,吳泓緲、馮學俊譯:《論意義》,天津:百花文藝出版社,2005 年版。A. J. Greimas. *Lun yiyi* (*On Meaning*). Translated by Wu Hongmiao and Feng Xuejun. Tianjin: Baihua wenyi chuban she, 2005.
4. 小川環樹著,周先民譯:《風與雲——中國詩文論集》,北京:中華書局,2005 年版。Tamaki Ogawa. *Feng yu yun — zhongguo shiwen lunji* (*Wind and Clouds — Essays on Chinese Poetry and Prose*). Translated by Zhou Xianmin. Beijing: Zhonghua shuju, 2005.
5. 孔祥睿:《論體驗意境的三種方式》,載於《青海師範大學民族師範學院學報》第 2 期(2021 年 12 月),頁 42—44。Kong Xiangrui. "Lun tiyan yijing de de sanzhong fangshi" (The Three Ways to Experience Mood). Qinghai shifan daxue minzu shifan xueyuan xuebao (Journal of Teachers College For Nationalities Qinghai Normal University) 2 (Dec. 2021): pp. 42–44.
6. 毛翰:《詩美創造學》,重慶:西南師範大學出版社,2002 年版。Mao Han. *Shi mei chuangzaoxue* (*Poetic Creation*). Chongqing, Xinan shifan daxue chubanshe, 2002.
7. 王一川:《通向中國現代性詩學》,載於《北京師範大學學報》第 3 期(2001 年 5 月),頁 25—33。Wangy Yichuan. "Tongxiang zhongguo xiandaixing shixue" (Approaching A Poetics of Chinese Modernity). Beijing shifan daxue xuebao (Journal of Beijing Normal University) 3 (May. 2001): pp. 25–33.
8. 王艮:《鴻逸堂稿》,《四庫全書存目叢書》影印康熙刊本,集部第 233 册。Wang Gen. *Hongyitang gao* (*Hongyitang Manuscript*). In *Sikuquanshu Catalog Series*, photocopy of the Kangxi edition, volume 233 of the literary category of belles-lettres.
9. 王利器:《文鏡秘府論校注》,北京:中國社會科學出版社,1983 年版。Henjō-Kongō, Lu Shengjiang annotated. *Wenjing mifu lun huijiao huikao* (*xiudingben*) (*Collected Collations and Annotations on Treatise Consisting of a Mirror for Writing and a Repository of Rare Phrases*), Beijing: Zhongguo shehuì kexue chubanshe, 1983.
10. 王昌猷:《再論我國古代文論中意境的特徵》,載於《中州學刊》第 2 期(1984 年 4 月),第 82—86 頁。Wang Changyou. "Zailun woguo gudai wenlun zhong yijing de tezhi" (Rediscussing the Characteristics of Artistic Concept in Ancient Chinese Literary Theory). *Zhongzhou xuekan* (*Academic Journal of Zhongzhou*) 2 (Apr. 1984): pp. 82–86.
11. 古風:《意境探微》,南昌:百花洲文藝出版社,2017 年版。Gu Feng. *Yijing tanwei* (*Exploration of Artistic Conception*). Nanchang: Baihuazhou wenyi chubanshe, 2017.
12. 汪涌豪:《範疇論》,上海:復旦大學出版社,1999 年版。Wang Yonghao. *Fanchou lun* (*Category Theory*). Shanghai: Fudan daxue chubanshe, 1999.

13. 沈志善：《印心編》，南京圖書館藏道光間稿本。Shen Zhishan. *Yin xin bian*（*Records of Kindred Spirit*）. Dao Guang manuscript in Nanjing Library.
14. 沈志善：《竹雪詩話》，南京圖書館藏道光間稿本。Shen Zhishan. *Zhu xue shihua*（*Bamboo Snow Poetry Talks*）. Dao Guang manuscript in Nanjing Library.
15. 宗白華：《美學散步》，上海：上海人民出版社，1981 年版。Zong Baihua. *Meixue Sanbu*（*Aesthetic Walking*）. Shanghai：Shanghai renmin chubanshe，1981.
16. 姚一葦：《藝術的奧秘》，桂林：灕江出版社，1987 年版。Yao Yiwei. *Yishu de aomi*（*The Mystery of Art*）. Guilin：Lijiang chubanshe，1987.
17. 施萊格爾，李伯杰譯：《雅典娜神殿》，北京：三聯書店，2003 年版。Schlegel. *Yadian na shendian*（*Athenaeum*）. Translated by Li Bojie. Beijing：Sanlian shudian，2003.
18. 夏昭炎：《意境概說：中國文藝美學範疇研究》，北京：北京廣播學院出版社，2003 年版。Xia Zhaoyan. *Yijing gaishuo: Zhongguo wenyi meixue fanchou yanjiu*（*A General Theory of Artistic Conception: Research on the Category of Chinese Literary Aesthetics*）. Beijing：Beijing guangbo xueyuan chubanshe，2003.
19. 徐謙：《悟雪樓詩存》，載於《清代詩文集彙編》，第 520 冊。Xu Qian. *Wuxuelou shicun*（*Wuxuelou Poetry Collection*）. In *Qingdai Shiwenji huibian*（*Compilations of Poems and Essays from the Qing Dynasty*），volume 520.
20. 格羅塞，蔡慕輝譯：《藝術的起源》，北京：商務印書館，2011 年版。Ernst Grosse. *Yishu de qiyuan*（*The Origin of Art*）. Translated by Cai Muhui. Beijing：Shangwu yinshuguan，2011.
21. 祖保泉、陶禮天箋校：《司空表聖詩文集箋校》，合肥：安徽大學出版社，2002 年版。Zu Baoquan and Tao Li. *Sikong biaosheng shiwenji jianjiao*（*Poems and Writings by Sikong Tu with Collations and Commentaries*）. Hefei：Anhui daxue chubanshe，2002.
22. 馬星翼：《東泉詩話》，濟南：齊魯書社，2023 年版。Ma Xingyi. *Dongquan Shihua*（*Dongquan Poetry Talks*）. Jinan：Qilu shushe，2023.
23. 張東蓀：《張東蓀文選》，上海：上海遠東出版社，1995 年版。Zhang Dongsun. *Zhang Dongsun wenxuan*（*Selected Works of Zhang Dongsun*）. Shanghai：Shanghai yuandong chubanshe，1995.
24. 陳本益：《中外詩歌與詩學論集》，重慶：西南師範大學出版社，2002 年版。Chen Benyi. *Zhongwai shige yu shixue lunji*（*Collection of Essays on Chinese and Western Poetry and Poetics*）. Chongqing：Xinan shifan daxue chubanshe，2002.
25. 陳壽：《三國志》，北京：中華書局，1982 年版。Chen Shou. *Sanguozhi*（*Records of the Three Kingdoms*）. Beijing：Zhonghua shuju，1982.
26. 陶文鵬、韓經太：《也論中國詩學的"意象"與"意境"說》，《文學評論》第 2 期（2003 年 3 月），頁 101—111. Tao Wenpeng, Han Jingtai. "Ye lun zhongguo shi xue de 'yixiang' yu 'yijing' shuo"（On the Theory of Image and Artistic Conception in Chinese Poetics）. *Wenxue pinglun*（*Literary Review*）2（Mar. 2003）：pp. 101 - 111.
27. 楊興芳、梁勝明：《新時期文學理論教材建設意境論述評》，載於《甘肅高師學報》第 1 期（2012 年 1 月），第 8—15 頁。Yang Xingfang, Liang Shengming. "Xinshiqi wenxue

lilun jiaocai jianshe yijinglun shuping" (Discussions on the Artistic Conception Theories of the Construction of Literary Textbooks in the New Period). *Gansu gaoshi xuebao* (*Journal of Gansu Normal Colleges*) 1 (Jan. 2012): pp. 8 – 15.

28. 葉朗:《說意境》,載於《文藝研究》第 1 期(1998 年 1 月),頁 6。Ye Lang. "Shuo yijing" (About Artistic Conception). *Wenyi yanjiu* (*Journal of Literature and Art Studies*) 1 (Jan. 1998): p.6.

29. 葛兆光:《禪宗與中國文化》,上海人民出版社 1986 年版。Ge Zhaoguang. *Chanzong yu zhongguo wenhua* (*Zen and Chinese Culture*). Shanghai: Shanghai renmin chubanshe, 1986.

30. 雷納・韋勒克,楊自伍譯:《近代文學批評史》,上海:上海譯文出版社,1989 年版。Rene Wellek. *Jindai wenxue piping shi* (*A History of Modern Criticism*). Translated by Yang Ziwu. Shanghai: Shanghai yiwen chubanshe, 1989.

31. 蒲震元:《中國藝術意境論》,北京:北京大學出版社,1999 年版。Pu Zhenyuan. *Zhongguo yishu yijing lun* (*On the Artistic Conception of Chinese Art*). Beijing: Beijing daxue chubanshe, 1999.

32. 蔣如奇輯:《明文致》,明崇禎刊本。Jiang Ruqi. *Ming Wen Zhi* (*Prose Anthology of Ming Dynasty*), Chongzhen Edition.

33. 蔣寅:《"不說破"——"含蓄"概念之形成及內涵增值過程》,《中國學術》第 3 期(2002 年 10 月),頁 194—211。Jiang Yin. "Keep one's emotions inside oneself: 'Hanxu' gainian zhi xingcheng ji neihan zengzhi guocheng'" (The Formation of the Concept of "Hanxu" and the process of its Increase in Significance). *Zhongguo xueshu* (*Chinese Academic*) 3(Oct. 2002): pp.194 – 211.

34. 蔣寅:《原始與會通:意境概念的古與今》,《北京大學學報》第 3 期(2007 年 5 月),頁 12—25。Jiang Yin. "Yuanshi yu huitong: Yijing gainian de gu yu jin" (The Evolution of the Artistic Conception: A Criticism of Wang Guo-wei). *Beijing daxue xuebao* (*Journal of Peking University*) 3(May. 2007): pp.12 – 25.

35. 蔣寅:《情景交融與古典詩歌意象化表現範式的成立》,《嶺南學報》第 11 輯(2019 年 8 月),第 1—31 頁。Jiang Yin. "Qing jing jiaorong yu gudian shige yixiang hua biaoxian fanshi de chengli" [Qing jing jiaorong (Fusion of Scene and Emotion) and the Formation of an Image Paradigm in Classical Chinese Poetry]. *Lingnan Xuebao* (*Lingnan Journal of Chinese Studies*) 11(2019): pp.1 – 31.

36. 蔣寅:《中國詩學的思路與實踐》,桂林:廣西師範大學出版社,2001 年版。Jiang Yin. *Zhongguo shixue de silu yu shijian* (*Thoughts and Practice of Chinese Poetics*). Guilin: Guangxi shifan daxue chubanshe, 2001.

37. 蔣寅:《語象・物象・意象・意境》,載於《文學評論》第 3 期(2002 年 5 月),第 69—75 頁。Jiang Yin. "Yu xiang・wuxiang・yixiang・yijing" (Language, Object, Image, and Artistic Conception). *Wenxue pinglun* (*Literary Review*) 3 (May. 2002): pp. 69 – 75.

38. 權德輿著,蔣寅箋、唐元校、張靜注:《權德輿詩文集編年校注》,瀋陽:遼海出版社,

2013 年版。Quan Deyu. *Quan deyu shiwenji biannian jiaozhu* (*Chronological Notes of Quan Deyu's Collected Poems and Essays*). Annotated by Jiang Yin, Tang Yuan, and Zhang Jing. Shenyang: Liaohai chubanshe, 2013.

39. 謝冬冰:《論意境的完形生成》,載於《江蘇社會科學》第 5 期(2001 年 9 月),頁 172—176。Xie Dongbing. "Lun yijing de wan xing shengcheng" (On the development of Artistic Conception). *Jiangsu shehui kexue* (*Jiangsu Social Sciences*) 5 (Sep. 2001): pp. 172–176.

40. 簡聖宇:《"意境"範疇的現代闡釋嘗試——從 20 世紀中葉的系列論爭談起》,《中國文藝評論》第 1 期(2021 年 1 月),頁 71—80。Jian Shengyu. "'Yijing' fanchou de xiandai chanshi changshi——cong 20 shiji zhongye de xilie lunzheng tan qi" (The Attempt to the Modern Interpretation of "Yijing" (Artistic Conception) Category: A Discussion Inspired by a Series of Debates Since the Mid-20th Century). *Zhongguo wenyi pinglun* (*China Literature and Art Criticism*) 1 (Jan. 2021): pp. 71–80.

41. 魏收:《魏書》,北京:中華書局,1984 年版。Wei Shou. *Weishu* (*The Book of Wei*). Beijing: Zhonghua shuju, 1984.

42. 羅蘭·巴特著,溫晉儀譯:《批評與真實》,上海:上海人民出版社,1999 年版。Roland Barthes. *Piping yu zhenshi* (*Criticism and Truth*). Translated by Wen Jinyi. Shanghai: Shanghai renmin chubanshe, 1999.

43. 顧之京編:《顧隨:詩文叢論》,天津:天津人民出版社,1995 年版。Gu Zhijing edited. *Gu Sui: Shiwwn conglun* (*Gu Sui: Collection of Poems and Essays*). Tianjin: Tianjin renmin chubanshe, 1995.

44. 酈道元:《水經注》,長沙:岳麓書社 1995 年版。Li Daoyuan. *Shui Jing Zhu* (*Commentary on the Water Classic*). Changsha: Yuelu shushe, 1995.

"興趣"的詩學意涵及其話語承變

陳廣宏

【摘　要】"興趣"一詞,其意涵及所經歷的古今演變,於我們似乎耳熟能詳又習焉不察,值得從概念史的角度予以究明。尤其它的來源與生成,何時進入中國詩學領域,成爲明確的文學批評概念、範疇之表達,又如何於長時段的話語承變中,在凝定其本質意義的同時,被開掘出多重向度,構成豐盈而複雜的指涉,更需有較爲全面而深細的揭示。本文結合現代學術史上的相關成果,嘗試作出這一方面的檢討,希冀在中國詩學的語境中,釐清該詞的意涵變化及演進脈絡,並藉助這樣的線索,進一步窺測近世文學批評體系性的内在構成。

【關鍵詞】興趣　概念範疇　生成演化　中國詩學　文藝理論批評

"興趣"是中國詩學相當重要的概念、範疇,並曾對更爲廣域的文藝創作與賞鑒產生深遠影響。朱自清在《中國文評流別述略》一文中,爲將文學批評還原至我國傳統詩文評語境,採用不同於郭紹虞《中國文學批評史》講義的方式,從所謂"横剖"的角度,將具體作家作品專評,分爲論比興、教化、興趣、淵源、體性、字句六類①,試圖據以把握中國文評的流别品第,"興趣"顯然在其間佔據突出地位。然而,之後對此一概念、範疇的專門梳理探討並未見隨之展開。20世紀80年代以來,相關研究亦基本上局限於嚴羽詩論、唐詩學以及"興""趣"單個範疇的述論。借助此次中國文論重要範疇海

---

① 朱自清《中國文評流別述略》,載於1933年11月11日天津《大公報・文藝副刊》。

外譯介項目啓動的良好契機，本文嘗試對"興趣"之詩學概念、範疇内蕴及其生成演化過程略作系统的考察。

一、"興趣"成詞之由來

在先秦兩漢時期，"興"與"趣"各爲單音字，皆曾經歷由動詞而名詞的演變過程。

"興，起也"①，它較早成爲與《詩》學批評相關的語彙。據顔崑陽的梳理，此一詞語大抵可分爲孔子《論語·陽貨》"《詩》可以興"系統，《周禮·春官·大師》風、賦、比、興、雅、頌"六詩"以及《詩大序》引此"六詩"而提出的"六義"系統。前者指的是讀者因爲讀《詩》而獲致"感發志意"的"效果"；後者被認爲應與鄭箋、孔疏作區分，所謂"興"仍是"讀者位置"上的"閱讀效果"義，東漢以降，纔漸次轉變爲結合"作者本意"與"語言符碼"的托喻之義②。張健近來的研究另闢蹊徑，指出"六詩"中的賦、比、興之説直至東漢末年依然影響有限，"六義"之賦、比、興説在漢末以前實無影響。唯《論語》"《詩》可以興""興於《詩》"在漢代有影響且有詮釋，如孔安國解"《詩》可以興"曰："興，引譬連類也。"引譬謂學《詩》者可以引《詩》爲譬以表達己意；連類如子貢理解孔子所言的修身道理，而以《詩》句印證之，孔安國稱其"善取類"。於取譬而言，其意義之間的關聯可以是説話人臨時賦予的主觀情意，帶有隨意性；至於取類，兩物之原有意義比較穩定客觀，其類推之理比較具有穩定性、客觀性。孔安國所釋"興"其實包含後世所謂比、興兩者的内容。東漢包咸解"興於《詩》"曰："興，起也。言修身當先學《詩》。"則所理解的興、起，乃時間順序上的起始之義，言修身的次序起始於學《詩》。至東晉江熙，"興"被理解爲詩歌對於讀者心理的起發："覽古人之志，可起發其志也。"在這種解説中，"興""起"的含義發生了方向性的轉換，指向詩歌對於讀者的心理功能，從而在"《詩》可以興""興於《詩》"兩個命題之間提供了建立關聯的基礎。後來朱熹即將"《詩》可以興"釋爲"感

---

① 許慎《説文解字》，北京：中華書局1963年版影印本，第59頁。
② 參詳顔崑陽《詩比興系論》，臺北：聯經出版事業股份有限公司2017年版，第77—105頁。

發志意",而將兩個命題關聯並統一起來,取代了孔安國"引譬連類"之說①。張健此文之述論,無論於"興"之"取譬引類"抑或"感發志意"的解讀,皆進入了更爲精細的層面。有關"興"諸如此類的意涵,在劉勰《文心雕龍·比興》中已有所總結,由"興者,起也",述"起情者依微以擬議","起情故興體以立",又進一步釋曰"興則環譬以寄諷","興之托喻,婉而成章,稱名也小,取類也大"②,並可見其之於起發情志的指向性,同時在語言構造層面呈現"環譬""取類"的托喻功能。值得強調的是,在顏崑陽構設的坐標中,六朝時期,"興"已轉變爲"作者感物起情"與"作品興象"之義。這在鍾嶸《詩品序》釋"興""比""賦"三義中或可看得更爲清楚,所釋"文已盡而意有餘,興也"③,不僅是在整個賦、比、興觀念架構下的一種解釋,而且實爲已融合了"作者"之情、自然物色之象,而歸結於"作品"的"興象"之義④。看上去是就詩歌創作語言層面的文、意關係立論,其實反映的是"興"在整個創作過程中於物、象、情、意、文間的作用及表現。

"趣,疾也"⑤,通促、趨。由"趨"之動作而指向所趨之目標,生成引申義之名詞,具旨趣(指趣)之義項,從而顯示某種精神性意向。如王逸《楚辭章句序》曰:"雖未能究其微妙,然大指之趣,略可見矣。"⑥值得注意的是《莊子·秋水》中分別以道、物、俗、差、功、趣,作爲觀照世界的六種方式,"以趣觀之,因其所然而然之,則萬物莫不然,因其所非而非之,則萬物莫不非,知堯桀之自然而相非,則趣操睹矣"⑦。所謂"以趣觀之",成玄英解作"以物情趣而觀之";"趣操",成玄英即解作"情趣志操"⑧。照此理解,意爲從人的心意情志看事物之本然是非。六朝時期,"趣"這一與旨趣相關的義項,在人們進一步發現"自然"客體的同時,出現更爲玄學化的演變,典型如宗炳《畫山水序》,在描述山水"質有而趣靈"的基礎上,展示聖賢通過物

---

① 張健《重探漢代經學中的賦比興説》,《中山大學學報(社會科學版)》2023年第2期,第38—60頁。
② 王利器校箋《文心雕龍校證》卷八,上海:上海古籍出版社1980年版,第227頁。
③ 姚思廉等撰《梁書》卷四九《文學上》"鍾嶸傳",北京:中華書局1973年版,第696頁。
④ 顏崑陽《詩比興系論》,第114頁。
⑤ 許慎《説文解字》,第35頁。
⑥ 王逸章句,洪興祖補注,夏劍欽、吳廣平校點《楚辭章句補注》卷第一,長沙:岳麓書社2013年版,第48頁。
⑦ 郭象注,成玄英疏,曹礎基、黃蘭發點校《南華真經注疏》外篇卷第六,北京:中華書局1998年版,第337頁。
⑧ 郭象注,成玄英疏,曹礎基、黃蘭發點校《南華真經注疏》外篇卷第六,第337頁。

象呈映或體味"道"的神明狀態,所謂"聖賢映於絕代,萬趣融其神思"①。在另一方面,"趣"在佛教典籍中被與"味"那樣的感官性體驗組合在一起:"諸所聞法,得其趣味於諸五欲戲樂事中,生無常想。"②這可能是使得"趣"的釋義進一步向某種愉悦感發展的關鍵。在陳伯海看來,"趣"應該就是"味"的意思,六朝時期,與"趣"相比,"味"是用諸文學批評更已形成傳統的概念③。因此,無論是陶淵明《歸去來兮辭并序》的"園日涉以成趣"④,酈道元《水經注·三峽》的"良多趣味"⑤,或者《文心雕龍·章表》的"應物制巧,隨變生趣"⑥,鍾嶸《詩品》評謝瞻詩的"殊得風流媚趣"⑦,謝赫《古畫品錄》評戴逵的"情韻綿密,風趣巧拔"⑧,"趣"及相關詞語在中古也已成爲與審美相關的概念。至如題王昌齡撰的詩格著作《詩中密旨》,謂"詩有三格:一曰得趣,二曰得理,三曰得勢","得趣一,謂理得其趣,詠物如合砌,爲之上也"⑨,當然顯示"趣"在唐代已成爲具有某種標識性的詩學範疇,就其内涵而言,即在一種主客體融合的意義上,要求詩作契合所詠物象的旨趣,從而感會理道,斯爲作詩最上乘,這與宗炳所論可謂一脈相承。與此同時,我們也能感受到,"興"與"趣"在感物致情——即表現人被外物所激發、唤起並產生心物契合的渾融感覺上,具有某種同質性。

隨著中古漢語的大量雙音化,以"興""趣"爲構詞詞素,亦陸續湧現成批的複合詞,"興"族詞如興會、興致、興寄、興喻、興象、興諷、比興、發興、寄興、意興、情興、逸興等,"趣"族詞如體趣、風趣、意趣、情趣、骨趣、天趣、媚趣、逸趣、清趣、閑趣、奇趣、趣味等。"興趣"即是在此中構成的一個雙音節複合詞,最初當亦經歷由動詞向名詞演化的過程。現知最早的用例可溯至西晉竺法護所譯《無言童子經》,無言爲了回答"其所辭者誰爲説之",從

---

① 張彥遠撰《歷代名畫記》卷第六,杭州:浙江人民美術出版社 2019 年版,第 104 頁。
② 聖者龍樹造,鳩摩羅什譯《十住毗婆沙論》卷第七,北京:中華書局 2012 年版,第 306 頁。《宗鏡錄》引《大品般若經》有稍詳的解釋:"如《大品經》云:一切法趣味,是趣不過,味尚不可得。云何當有趣非趣? 今言一切法趣味,味即是食,當知食即是不思議法界,以食中含受一切法,一切法不出食法界也。"延壽撰《宗鏡錄》卷二四,《大正藏》本,第十頁。
③ 陳伯海《説興趣——讀〈滄浪詩話〉劄記之一》,《文藝理論研究》1982 年第 2 期,第 93—100 頁。
④ 陶淵明撰,袁行霈笺注《陶淵明集笺注》卷第五,北京:中華書局 2003 年版,第 460 頁。
⑤ 酈道元著,陳橋驛校證《水經注校證》卷三三,北京:中華書局 2007 年版,第 787 頁。
⑥ 王利器校笺《文心雕龍校證》卷五,上海:上海古籍出版社 1980 年版,第 155 頁。
⑦ 鍾嶸著,王叔岷笺證《鍾嶸詩品笺證稿》卷中,北京:中華書局 2007 年版,第 272 頁。
⑧ 張彥遠撰《歷代名畫記》卷第五,第 96 頁。
⑨ 陳應行編《吟窗雜錄》卷六,明嘉靖二十七年崇文書堂刻本,第六頁上。

"賢者吾所辭者,即時滅盡亦無所生"說起,解答爲誰說辭,強調的卻是"向者諸所講法皆歸於盡,一切諸法悉無所生,所生法不可知處;現在有形悉無有形,不可得處",所傳遞的應該是大乘般若學的中道思想,無常無我,破空破假。他進一步展開説,"是故推極一切所言,悉虛無實其義無獲,亦不可以有所講説,不可口宣若心念矣",將之歸結爲"無所造作亦無所行,其有解識興趣此義,則不復用口之言辭,亦不以心有所念也"①。顯然,這裏的"興趣",與"解識"一樣,乃是作動詞用,合起發、趨向之動作,而關涉聽者於其"不可口宣若心念"的説辭意義之悟得。這種動詞化的痕跡,在唐代張彦遠《法書要録》引《述書賦》語例中亦尚有遺存,所謂"興趣不停曰快"②,是以一種持續的情意發動、趨向來描述暢快的狀態。作爲鳩摩羅什之前偉大的譯經家,竺法護在翻譯大乘佛教經典方面做出重要貢獻,尤其所譯般若學經論,開出玄學嫁接之花。深於玄學的東晉名士孫綽曾撰《道賢論》,將他與竹林七賢之山濤並置而論,推尊二公之"風德高遠"③。

至於名詞化的用例,宋人黄伯思《跋唐人書蘭亭詩後》中所記晉人一帖中有"興趨(趣)高"一語,與作詩相關,其文如下:

> 魏正始中務談玄勝,及晉度江,尤宗佛理,故郭景純始合道家之言而韻之。孫興公、許玄度轉相祖尚,又加以三世之辭,而《詩》《騷》之體盡矣。今山陰修禊諸賢詩體正爾,然皆寄尚蕭遠,軼迹塵外,使人懷想深。項見晉人一帖云:"三日詩文既佳,興趨高,覽之增諸懷。年少作,各有心。正謂此詩也。"④

雖爲轉述用例,從中古那個時代成批增長的其他與"興""趣"相關的雙音節複合詞來看,所記應屬可信。而這裏之所以不憚繁冗,幾乎全文引述跋的内容,是因爲其交代作詩之語境,與佛理、玄言密切相關,值得我們倍加重視。

---

① 竺法護譯《佛説無言童子經》卷二,大正一切經刊行會《大正新修大藏經》第十三卷,東京:大藏出版株式會社1934年版,第534頁。
② 張彦遠撰,武良成、周旭點校《法書要録》卷六,杭州:浙江人民美術出版社2019年版,第188頁。
③ 釋慧皎撰,湯用彤校注,湯一玄整理《高僧傳》卷第一,北京:中華書局1992年版,第24頁。
④ 黄伯思撰《東觀餘論》卷下,明萬曆十二年項篤壽萬卷堂刻本,第二十一頁下。

唐代正式有"興趣"的書證留存，如杜甫《西枝村尋置草堂地夜宿贊公土室二首》其二"從來支許遊，興趣江湖迥"①，是重要一例，其語境實與上面黃伯思《跋唐人書蘭亭詩後》所述相合。無論是王羲之、孫綽，抑或許詢、支遁，皆與雜糅佛典的玄言相關。如前已述，鑒於"興"與"趣"在感物致情的核心字義上具有某種同質性，兩個單音節字組合的構詞方式，當然是一種並列結構，岑參《秋夜宿仙遊寺南涼堂呈謙道人》的"物幽興易愜，事勝趣彌濃"②，或可爲證。不過，若再進一步從李白《秋夜宿龍門香山寺奉寄王方城十七丈奉國瑩上人從弟幼成令問》的"興在趣方逸，歡餘情未終"③細辨之，則似又意味著"興"在某種意義上是令"趣"持續釋放的契機、動力，而構成更爲複雜的相互界定關係。

二、"興趣"作爲嚴羽的詩學範疇

回顧中國文學批評史，學界大都承認，至唐代，"興"或"趣"及其相關概念皆已獲得獨立發展，成爲重要詩學觀念。如陳子昂《修竹篇并序》批評齊梁間詩"彩麗競繁，而興寄都絶"④，元稹《敍詩寄樂天書》謂"始病沈、宋之不存寄興而訝子昂之未暇旁備矣"⑤，白居易《與元九書》論韋蘇州歌行"才麗之外，頗近興諷"⑥，題賈島《二南密旨》"興者，情也，謂外感於物，内動於情，情不可遏，故曰興"⑦，前舉題王昌齡《詩中密旨》"詩有三格：一曰得趣，二曰得理，三曰得勢"，殷璠《河嶽英靈集》評儲光羲"格高調逸，趣遠情深"⑧（"格""調"與"趣""情"對舉）。不過，"興趣"成詞後成爲嚴格意義上的詩學概念或範疇，一般認爲是在南宋嚴羽的時代。無論是《詩人玉屑》系統抑或《滄浪吟卷》系統，在刊載嚴羽詩論的著作中，"興趣"說貫穿於"詩辯""詩評"等篇，還被概括爲詩歌的五法之一，可以説是相當引人矚目的存

---

① 郭知達集注《九家集注杜詩》卷五，宋寶慶元年刻本，第十二頁上。
② 岑參撰，廖立箋注《岑參詩箋注》卷之一，北京：中華書局2018年版，第155頁。
③ 李白撰，安旗等箋注《李白全集編年箋注》卷三，北京：中華書局2015年版，第281頁。
④ 陳子昂《陳伯玉集》卷一，《四部叢刊》景明弘治刻本，第九頁上。
⑤ 元稹撰，冀勤點校《元稹集》卷第三十，北京：中華書局2010年版，第406頁。
⑥ 白居易撰，顧學頡校點《白居易集》卷第四十五，北京：中華書局1979年版，第965頁。
⑦ 陳應行編《吟窗雜録》卷三，明嘉靖二十七年崇文書堂刻本，第二十頁下。
⑧ 殷璠輯，傅璇琮等編《河嶽英靈集》卷下，北京：中華書局2014年版，第239頁。

在。張健指出其特別之處,還在於嚴氏把"興趣"與詩歌史聯繫起來,認爲興趣是盛唐詩的特徵,而宋詩缺乏興趣。興趣一詞在嚴羽之詩論中既是一個理論範疇,也是一個詩歌史範疇①。

在"詩辯"中,嚴羽針對宋詩之弊——所謂"江西詩病",標舉盛唐詩人的"興趣"以爲示範:

> 詩者,吟詠情性也。盛唐詩人,惟在興趣,羚羊掛角,無跡可求。故其妙處,透徹玲瓏,不可湊泊,如空中之音,相中之色,水中之月,鏡中之象,言有盡而意無窮。②

這段話,被認爲是嚴羽"興趣"説的綱領性敘述,常爲人引用,也被作出各種闡釋。在中國大陸,改革開放以來,較早嘗試對嚴羽"興趣"説作出系統闡釋的是陳伯海,於 1982 年撰專文釋《滄浪詩話》中"興趣"的語義及語境。他將上述這段話分解成三層意思來理解:(1)"詩者,吟詠情性也",由此詩歌的本質出發,強調嚴羽的創造性正在於將"吟詠情性"與"興趣"關合一處,由詩歌抒情的本質引導出"興趣"問題,意味著"情性"是"興趣"的本源。如嚴羽在"詩評"中所述:"唐人好詩,多是征戍、遷謫、行旅、離別之作,往往能感動激發人意。"表明詩歌的藝術感染力來源於詩人的真情實感。(2)"盛唐詩人,惟在興趣,羚羊掛角,無跡可求",這一層由"情性"轉入"興趣",關鍵在"無跡可求"。嚴羽在"詩評"中曰:"詩有詞理意興。南朝人尚詞而病於理;本朝人尚理而病於意興;唐人尚意興而理在其中;漢魏之詩,詞理意興,無跡可求。"在嚴羽看來,詩歌形象應該是一個渾然的整體,詞、理、意、興各個方面不能獨立存在,必須統一在這個整體之中,融洽到"無跡可求"的地步。故稱讚唐代詩人善於把要説的道理蘊含在詩篇"意興"之中,也推崇漢魏古詩將"詞理意興"打成一片,而對於講究詞藻忽視內容,或者好發議論損害情韻的作法表示不滿。針對後兩種傾向,他又提出"不涉理路""不落言筌"的主張。"不涉理路"即"尚意興而理在其中"的意思;"不落言筌"則相當於皎然所謂"但見情性,不睹文字",指語言錘煉到自然圓成而絕無雕鏤刻削的痕跡。陳伯海認爲這兩句話從一個側面引申、發

---

① 張健校箋《滄浪詩話校箋》上册,上海:上海古籍出版社 2012 年版,第 172 頁。
② 張健校箋《滄浪詩話校箋》上册,第 157 頁。

揮了"無跡可求"的宗旨,説的仍然是詩歌形象的整體性。進而總結説:"情性"雖然是"興趣"的本源,但嚴羽並不認爲"情性"的直接抒發就足以構成"興趣",而是主張詩人將自己的思想感情鎔鑄於作品的整個形象之中,使内容與形式渾然一體,這樣纔有"興趣"。(3)"故其妙處透徹玲瓏,不可湊泊,如空中之音,相中之色,水中之月,鏡中之象,言有盡而意無窮",這裏指明了詩歌形象鑄合成以後給人帶來的美感,也就是"興趣"一詞的注脚。空中音、相中色種種比喻,與戴叔倫"詩家之景,如藍田日暖,良玉生煙"如出一轍,都是形容那種"可望而不可置於眉睫之前"(司空圖《與極浦書》引戴叔倫語)的感受,所以叫做"透徹玲瓏,不可湊泊"。其實質在於詩人將豐富的意念情趣概括、藴蓄在有限的形象畫面之中,讓人透過這有限的畫面,去領會、玩味那無窮的意趣。鍾嶸所謂"文已盡而意有餘",司空圖所謂味在"鹹酸之外",都曾指出好的詩歌應具有這樣的含蓄美,但只有嚴羽從詩歌"吟詠情性"的本質和藝術形象構造的整體性來探索這種含蓄美形成的原因,並加以系統的論述。①

　　20世紀80年代,正是學界關注所謂"形象思維"的時代,故陳先生對"興趣"的闡釋,在詩學理論方面已經有所進展,亦顯得頗爲細密。當然,也會有疏漏之處,如張健已指出此中以"詩評"中"詞理意興,無跡可求"釋"羚羊掛角,無跡可求",恐怕並不符合嚴羽原意,因爲按照"詩評"篇的説法,無跡可求是漢魏人詩歌的特點,唐人"尚意興而理在其中",也不等於無跡可求,而嚴羽此處所謂無跡可求,卻是指盛唐而言②。更爲重要的問題在於,陳氏此文的闡釋僅就詩學本身言詩,未能顧及嚴羽"以禪喻詩"的詩論隱喻系統,而這恰是嚴氏詩論顯著的結構性特點,前舉嚴羽的不少用語、概念,實皆取之於佛學。前面筆者在梳理"興趣"成詞的過程中,已一再强調其佛理、玄言背景,嚴羽詩論在利用佛教資源以及貫徹禪學之中道思想方面,應該是在此一延長綫上的。

　　周裕鍇恰好於《滄浪詩話》"以禪喻詩"的隱喻系統做過專門的檢討與澄清。他認爲,嚴羽在"詩辯"中所説的"大抵禪道惟在妙悟,詩道亦在妙悟",是其標舉的宗旨之一,雖然並未討論"妙悟"的具體内涵,但卻通過禪道與詩道分别構成的等級制序列及其對應,指示漢魏古詩是"不假悟","謝

---

① 陳伯海《説興趣——讀〈滄浪詩話〉劄記之一》,《文藝理論研究》1982年第2期,第93—100頁。
② 張健校箋《滄浪詩話校箋》上册,第162頁。

靈運至盛唐諸公,透徹之悟也",即通過"妙悟"獲得第一義①。也就是説,通過自覺而獲得"透徹之悟"的盛唐詩,而非"不假悟"的漢魏詩,纔"具備實際仿效的可行性"②。這一在"妙悟"與盛唐詩之間的對應是相當精到的見解。對於這個平行關係的禪道與詩道各自構成怎樣的等級制序列以及如何對應,理解是否貼切至爲關鍵。同時,這也意味著在"妙悟"與"興趣"之間建立起某種聯繫,因爲"興趣"恰是嚴羽妙悟所得的詩道之所在。嚴羽再傳弟子黄清老《詩法》云:"是以妙悟者,意之所向,透徹玲瓏,如空中之音,雖有所聞,不可彷彿;如相外之色,雖有所見,不可描摸;如水中之味,雖有所知,不可求索。"③在張健看來,黄清老這段話,就是將嚴羽所言興趣之特徵作爲妙悟之特徵④。

借助禪理,對於進一步理解嚴羽"興趣"說的精微處有重要意義。清代王士禛爲回答弟子劉大勤問《唐賢三昧集序》中有關"羚羊掛角"的意涵等問題,曾解釋説:"嚴儀卿所謂如鏡中花,如水中月,如水中鹽味,如羚羊掛角,無跡可求,皆以禪理喻詩,内典所云不即不離,不粘不脱,曹洞宗所云參活句是也。"⑤實已點出禪宗教外別傳之要旨,諸如不立文字,實相無相。"參活句"亦承嚴羽而來,儘管舉曹洞宗爲例未必合嚴羽之意,王氏曾在别處引洞山禪師的"語中有語,名爲死句;語中無語,名爲活句"用以"舉似學詩者"⑥,則其用"參活句"强調悟得言説、概念之外的禪機,大旨不差。黄海章《談嚴羽的〈滄浪詩話〉》進而解釋説:"所謂'不即',是不局限於語言文字當中,有它一唱三歎之餘韻,所謂'不離',是不在於語言文字之外,通過語言文字,纔能將無窮之意顯示出來。……然而詩歌中所反映出來的現實,是滲透了作者自己的感情思想和運用美妙的藝術手腕熔鑄而成的。藝術上的真,並不等於客觀上的真。猶之乎空中之音,相中之色,水中之月,鏡中之象,並不和原來的'音''色''月''象'完全一樣,而是在不即不離之間。這種境界,纔是耐人尋味的。"⑦這是現代人的理解,試圖在禪宗思維及

---

① 周裕鍇《滄浪詩話的隱喻系統和詩學旨趣新論》,《文學遺產》2010年第2期,第30頁。
② 周裕鍇《滄浪詩話的隱喻系統和詩學旨趣新論》,《文學遺產》2010年第2期,第30頁。
③ 張健編著《元代詩法校考》,北京大學出版社2001年版,第336頁。
④ 張健校箋《滄浪詩話校箋》上册,第165頁。
⑤ 王士禛答《師友詩傳續録》,丁福保編《清詩話》,上海:上海古籍出版社1999年版,第150頁。
⑥ 王士禛《居易録》卷二七,清康熙四十年刻、雍正印本,第十一頁下。
⑦ 黄海章《談嚴羽的〈滄浪詩話〉》,載於《光明日報》1958年3月9日《文學遺產》第199期。

把握世界的方式與藝術思維及把握世界的方式之間找出某種一致性。故在解答"不即不離"的同時，將嚴羽所喻水月鏡象那種可顯現不可捉摸的境界揭示出來。王達津《論滄浪詩話》亦由禪道觀詩道，意見大抵相同，只不過對嚴氏禪學的學理有更明晰的追溯："嚴羽用'水中之月'等比喻，實同王昌齡、皎然一樣，來自禪學的中道。《傳燈錄》卷七'定州柏岩明哲禪師曰：佛性猶如水中月，可見不可取。'佛家中道講假有，於是所見事物都是非假非真，非有非無，這正足以比喻藝術的真實，也足以反映詩的境界純淨深遠。"①同樣，相中之色，鏡中之象，"也是擺脫理路言筌的藝術形象"②。正因爲佛教中道思想講一切法皆是假有，講自性本空，這種對佛性的認識，有助於對蘊藉空靈之"興趣"的深解，嚴羽的比喻，被視作是詩的形象思維的特點。錢鍾書亦被認爲"實以妙悟通於興趣"③，他於詩道一側展開更爲精詳的分析，説滄浪"在學詩時工夫之外，另拈出成詩後之境界，妙悟而外，尚有神韻。不僅以學詩之事，比諸學禪之事，並以詩成有神，言盡而味無窮之妙，比於禪理之超絶語言文字"④。在學詩時工夫外，又析出成詩後之境界這一層面，而與傳遞言外之意的神韻相綰合，以此作爲理解"興趣"的鑰匙。

周裕鍇以其對禪學與詩學的深入理解，單刀直入，既不從形象思維解釋禪喻，也反對將"興趣"與神韻、意境混同。他指出："盛唐人惟在興趣"，乃承接"別趣"而來，而"別才別趣"出自"教外別傳"之喻義，"以文字爲詩"，恰是"不立文字"的對立面。既然"別趣"非關理也，那關乎什麼？嚴羽認爲關乎"興"，即興發感動。故"興趣"就是以"意興""興致"作爲寫詩的"趣味"，簡言之，就是感興的趣味。那麼，像"羚羊掛角"這樣禪宗祖師常用的話頭，就是指使人意識不到語言文字存在的語言文字。順著這條思路，所謂"空中之音，相中之色，水中之月，鏡中之象"，其實是關於語言文字在顯示意義的澄明性方面的隱喻——"空""相""水""鏡"隱喻文字，"音""色""月""象"隱喻情性。作爲媒介的語言文字之所以如"空""相""水""鏡"一般澄明空靈，能讓人直接看到"情性"，這都是因爲作者"惟在興

---

① 王達津《古代文學理論研究論文集》，天津：南開大學出版社1985年版，第184頁。
② 王達津《古代文學理論研究論文集》，第184頁。
③ 張健校箋《滄浪詩話校箋》上册，第39頁。
④ 錢鍾書《談藝錄》八四，補訂本，北京：中華書局1986年版，第258頁。

趣"——即只注意感興之呈現而不管文字造作的緣故①。這與前賢所見,確有微妙差異,顯示後出轉精。

三、"興趣"説在元明清的演變

嚴羽詩論在元明清曾產生持續的影響。就"興趣"而言,其傳播、接受基本上落實在作爲盛唐詩本質的詩歌史範疇與作爲詩法的"五法"層面。也就是説,是作爲一種學古實踐中的示範和門徑。因此,此後無論是重學古抑或反學古的詩學主張,從格調、性靈到神韻説,不同程度上皆曾自嚴羽此論汲取過養分。

嚴羽在"詩辯"中云:"詩之法有五:曰體制,曰格力,曰氣象,曰興趣,曰音節。"②顯示這是詩歌鑒賞並創作諸環節的有機構成,郭紹虞認爲"正是提出了學古法門要從這五項入手"③,則確實關乎"熟參"工夫,關乎詩歌作法,須從其整體架構及相互關係來探察。

在元代,被認爲是嚴羽再傳弟子的黃清老,一方面,其同道張以寧曾表彰他傳承嚴氏的"以禪而喻詩,不墮言詮,不涉理路,一主於悟矣",讚譽在創作上"其自得之髓,則必欲蜕出垢氛,融去查滓,玲瓏瑩徹,縹緲飛動,如水之月,鏡之花,如羚羊之掛角,不可以成象見,不可以定跡求,非是莫取也"④。毫無疑問,由"妙悟"而得之"興趣",作爲嚴氏衣鉢的突出價值被標舉出來。而另一方面,若從黃氏《答王著作書》⑤觀之,卻會發現,其闡揚嚴羽詩法,又頗側重由意而句而字把握作詩的能力。

情況更爲複雜的是那些彙編詩法著作。如《詩家一指》,一方面在句、字、法、格"四則"中,可以看到"興趣"的身影,而被列爲"格"中的要素:"所以條達神氣,吹噓興趣,非音非響,能誦而得之。猶清風徘徊於幽林,遇之

---

① 周裕鍇《滄浪詩話的隱喻系統和詩學旨趣新論》,《文學遺產》2010 年第 2 期,第 28—37 頁。
② 張健校箋《滄浪詩話校箋》上册,第 86 頁。
③ 郭紹虞《試測〈滄浪詩話〉的本來面貌》,《照隅室古典文學論集》下編,上海:上海古籍出版社 1983 年版,第 133 頁。
④ 張以寧《黃子肅詩集序》,《翠屏集》卷三,明成化十六年張淮刻本,第八頁下。
⑤ 此篇在明代史潛刊《新編名賢詩法》中題作《黃子肅答王著作進之論詩法》,朝鮮尹春年刊《木天禁語》中題作《論詩法答王著作進之》。

可愛；微徑縈紆於遥翠，求之愈深。"①"神氣""興趣"與"音""響"等形跡相對，似乎經誦讀達成"形趣泯合"便是"熟參"的效果。不過，如王士禎認爲，此數語應是錯置——"是論詩之趣耳，無關於格"②。另一方面，"趣"確被列爲"十科"之一，那相對而言多屬内質、超越的概念，"趣"居於"意"之後、"神"之前，釋爲"意之所不盡而有餘者之謂趣"，"窅然真用，將與造化者周流，此其趣也"③。又如《詩家模範》中，"興趣"亦時常出現："大段氣骨要雄壯，興趣要閒曠，語句要條暢，韻脚要穩當，字字要活相，篇篇要響亮。""詩之緊關最在結句……中間又要有胸次，有氣魄，有法度，有節奏，有脈絡，有興趣，有議論，有警策，有感慨，有滋味，是爲作手。"④此類彙編詩法的特點，如"興趣"這種形上概念，往往與格法層面的一般技巧手段錯雜並列，一同呈現在整個詩歌作法的構造中。

明前期黄溥所編家藏詩法著作，於嚴羽"五法"中最突出"興趣"："詩主興趣。詩有五法，必以興趣爲主。興趣淺近，則體格、音節雖工，亦末矣。故興欲高，趣欲清，則思致高妙，而體格、音節不求工而自工矣。"⑤顯然認爲"興趣"具有某種決定性的作用。然觀該書結構，是將"格調""興趣""思意"置於一卷之中，顯示詩歌作法整體架構中三者的關係。我們很自然會聯想到高啓所説的"詩之要，有曰格、曰意、曰趣而已。格以辨其體，意以達其情，趣以臻其妙也"⑥，環環相扣，依次遞進，這又涉及另一種詩歌鑒賞並創作諸環節的表述，"如是而詩之道備矣"⑦。

明初閩詩派倡鳴盛唐詩，也被認爲是嚴羽詩論的接受與傳播者，如明代中後期閩中作家鄧原岳所説："洪、永之間，專譚興趣，則林膳部、王典籍名其家。"⑧他們對於嚴羽"興趣"説的提倡，看上去更多體現在作爲盛唐詩本質的詩歌史範疇，然仍與詩法相關。如高棅在《唐詩品彙·凡例》中曾記

---

① 佚名撰《詩家一指》，張健編著《元代詩法校考》，第283頁。
② 王士禎撰，張宗柟輯《帶經堂詩話》卷二九，清乾隆二十七年刻本，第十七頁上。
③ 佚名撰《詩家一指》，張健編著《元代詩法校考》，第278頁。
④ 佚名撰《詩家模範》，張健編著《元代詩法校考》，第420—421頁。
⑤ 《詩學權輿》卷六"興趣"，明成化六年熊斌刊本，第四頁上。此論與晚宋陳仁子所説的"凡興趣深而材力弱，不害爲佳；材力高而興趣卑，殆不足揚矣"（《玄暉宣城集序》，《牧萊脞語》卷七，清初景元鈔本，第二十三頁上）如出一轍。
⑥ 高啓《獨庵集序》，徐澄宇、沈北宗校點《高青丘集》下册，上海：上海古籍出版社2013年版，第885頁。
⑦ 高啓《獨庵集序》，徐澄宇、沈北宗校點《高青丘集》下册，第885頁。
⑧ 鄧原岳《閩詩正聲序》，《西樓全集》卷一二，明崇禎元年鄧慶寀刻本，第三頁上至第三頁下。

敘林鴻之論,其要旨即在於"唯李唐作者,可謂大成","開元、天寶間神秀聲律,粲然大備"①,將詩歌史演進"文質彬彬"的理想落實於盛唐"神秀聲律"之標準。此標準當即高棅在《唐詩品彙總敘》中所說的"聲律興象"②,那意味著融合嚴羽所論"體制""音節""興趣"諸法爲一體。周裕鍇曾特地拈出"興趣"與"音節",論析嚴羽認爲獲得"妙悟"途徑是"熟參",而這種參究歷代各體詩歌作品,不是一般的閲讀,而是具有某種復古意味的"諷詠"。進一步而言,諷詠式的"熟參"所獲得的"妙悟",更多集中在詩歌的情感性和音樂性方面。"詩辯"提出的"五法"中,與"諷詠"最密切相關的是"興趣"和"音節",二者處於更中心的位置③。這有助於辯證地看待嚴羽所指示的"妙悟"與"熟參"或明胡應麟所謂"悟"與"法"的關係。從某種意義上說,被認爲開啓明代格調派的林鴻、高棅,是忠實執行了嚴羽詩論的宗旨,儘管錢謙益指斥閩詩派"摹仿形似,而不知由悟以入也"④。

至李東陽時代,重新開啓精英文人對嚴羽詩法的傳揚⑤,之後以前後七子爲代表的所謂格調派,明顯受嚴羽詩學影響,從循字句、音節習詩到由"悟入"消除形跡,建立了一整套學古工夫及理論。故馮班曰:"嘉靖之末,王、李名盛,詳其詩法,盡本於嚴滄浪。"⑥以謝榛爲例,從其詩學著述,我們可以看到,從命意到琢煉字句,皆有詳論,且無論鑒賞、創作,看上去相當重視"感興""妙悟"——亦即"興趣"的作用:"詩有可解、不可解、不必解,若水月鏡花,勿泥其跡可也。"⑦"詩有不立意造句,以興爲主。漫然成篇,此詩之入化也。"⑧"詩有天機,待時而發,觸物而成……"⑨而他所說的"詩有四格:曰興,曰趣,曰意,曰理"⑩,似亦展示其所立詩格,關注的重心在内質、

---

① 高棅《唐詩品彙》卷首,上海:上海古籍出版社1982年影印明汪宗尼校訂本,第十四頁上。
② 高棅《唐詩品彙》卷首,第十頁上。
③ 以上見周裕鍇《興趣與音節:略談嚴羽詩學中復古傾向的真諦及其影響》,《江西師範大學學報(社會科學版)》2010年第5期,第75—81頁。
④ 錢謙益《列朝詩集小傳》乙集"高典簿棅",上海:上海古籍出版社1983年版,上册,第180頁。
⑤ 胡瓚《嚴滄浪詩話序》曰:"國朝少師西涯李公,嘗稱嚴滄浪所論詩法,謂其超離塵俗,真若有所自得,反覆譬說,未嘗有失。"(《嚴滄浪詩話》卷首,明正德丙子序刊本,第一頁上)
⑥ 馮班《嚴氏糾繆》,《鈍吟雜錄》卷五,郭紹虞編選、富壽蓀校點《清詩話續編》,上海:上海古籍出版社1983年版,第65頁。
⑦ 謝榛《詩家直說》卷一,陳廣宏、侯榮川編校《明人詩話要籍彙編》第6册,上海:復旦大學出版社2017年版,第2638頁。
⑧ 謝榛《詩家直說》卷一,陳廣宏、侯榮川編校《明人詩話要籍彙編》第6册,第2660頁。
⑨ 謝榛《詩家直說》卷一,陳廣宏、侯榮川編校《明人詩話要籍彙編》第6册,第2673頁。
⑩ 謝榛《詩家直說》卷一,陳廣宏、侯榮川編校《明人詩話要籍彙編》第6册,第2676頁。

超越一側。其實，從謝氏所説"選李、杜十四家之最者，熟讀之以奪神氣，歌詠之以求聲調，玩味之以裒精華"的"三要"①，便可明瞭，在他的認識中，習詩從刻意諷誦，到"造乎渾淪"②，是一個系統工程。格調派在這方面完整的學理性闡述，胡應麟之説大抵可爲代表："作詩大要，不過二端，體格聲調，興象風神而已。體格聲調有則可循，興象風神無方可執。故作者但求體正格高，聲雄調鬯，積習之久，矜持盡化，形跡俱融，興象風神，自爾超邁。譬則鏡花水月，體格聲調，水與鏡也；興象風神，月與花也。必水澄鏡朗，然後花月婉然。"③這裏的"興象風神"，按照文中所舉嚴羽的借喻，當即"興趣"的另一種表達，它與"體格聲調"在理論上是辯證統一關係。當然，關鍵還在於其下所云："故法所當先，而悟弗容强也。"④這是一種符合可操作性的現實態度，故格調派更重悟前工夫亦是事實，由此恰好成就了明代中期以來的詩壇走向。

　　晚明受陽明心學影響的性靈思潮，著力於對七子一派摹擬詩風的反撥，禪宗證悟也是性靈派作家利用的一大資源，禪道與詩道之關係成爲他們關心的話題，"興趣""趣"也因此在這個層面上獲得內涵的拓展。聲稱"詩道大都與禪家之言通矣"的屠隆，基本上仍是在嚴羽"以禪喻詩"的框架內言詩，如將"明寂照之理、修止觀之義"的禪定方式，喻作詩歌創作過程——"方其凝神此道，萬境俱失，及其忽而解悟，萬境俱冥，則詩境成矣"⑤。其詩學宗尚標舉《詩經》與唐詩，以其主吟詠、抒性情，三百篇而下，"即非古詩之流，其於詩人之興趣則未失也"，張揚"古詩多在興趣，微辭隱義，有足感人"，批評"宋人多好以詩議論"⑥。至於袁宏道，情形有很大不同。袁氏早年參禪，即屬洪州/臨濟一系，於他而言，禪道並非詩道的隱喻系統，所爲詩，以破執去妄爲務，恰是禪悟而尋求解脱的實踐。在袁氏詩論中，"趣"成爲其倡言"性靈"的一個重要組成概念，"詩以趣爲主，致多則理詘"⑦，正常情況下，"趣"及其表現形態"致"，與"理"相對立，是詩之爲詩的

---

① 錢謙益《列朝詩集小傳》丁集上"謝山人榛"，下册，第424頁。
② 錢謙益《列朝詩集小傳》丁集上"謝山人榛"，下册，第424頁。
③ 胡應麟《詩藪》內編五，陳廣宏、侯榮川編校《明人詩話要籍彙編》第七册，第3193頁。
④ 胡應麟《詩藪》內編五，陳廣宏、侯榮川編校《明人詩話要籍彙編》第七册，第3193頁。
⑤ 屠隆《貝葉齋稿序》，《白榆集》卷一，明萬曆龔堯惠刻本，第六頁上。
⑥ 屠隆《文論》，《由拳集》卷二三，明秀水朱仁刻本，第三頁上至第四頁下。
⑦ 袁宏道《西京稿序》，錢伯城箋校《袁宏道集箋校》卷五一，上海：上海古籍出版社2008年版，下册，第1485頁。

本質。在另一篇詩序中,有關"趣"的闡述更爲詳切:"趣如山上之色,水中之味,花中之光,女中之態,雖善説者不能下一語,唯會心者知之。"①看上去與嚴羽形容"妙悟"何其相似,卻將"趣"由詩學價值引申開去,事實上成爲他性命之學的一種實驗。"趣"來自人自然天成的本質,所謂"夫趣得之自然者深,得之學問者淺","入理愈深,然其去趣愈遠矣"②,故童子之趣最上乘,山林之人無拘無縛,酒肉、聲伎之徒率心而行,亦各得其趣。這種"趣",袁氏在別處又謂"韻",同樣是"理又不可以得韻",故讚賞"稚子之韻""醉人之韻",以其"無心故理無所托,而自然之韻出焉",一言以蔽之——"理者是非之窟宅,而韻者大解脱之場也"③。總之,他借鑒"童心説",以聞見道理作爲須破除的執縛,强調信心信口,直抒性靈,如江盈科所轉述的,"夫性靈竅於心,寓於境。境所偶觸,心能攝之;心所欲吐,腕能運之","是之謂真詩"④。由此所獲"趣""韻",在以興會爲生發之機,融通心、境上,固然是關乎詩道者,然亦已全然擺脱是否初盛唐的拘限,毋寧説,其根本目的在於尋求解脱之道,而導向人的自由的精神境界。

晚明的格調派陣營,於性靈思潮又有反撥。在這反撥過程中,既是詩歌史範疇又是詩法之一的"興趣",其用法在原有的框架中獲得進一步細化。如許學夷運用嚴羽詩論建構的等級制序列,在所著《詩源辯體·凡例》中强調"論漢魏、六朝詩不言才力、造詣者","必至王、楊、盧、駱,始言才力;至沈、宋,始言造詣;至盛唐諸公,始言興趣耳(初唐非無興趣,至盛唐而興趣實遠)"⑤。在這裏,才力、造詣、興趣,構成一組概念,漢魏、六朝詩之所以不言才力、造詣,以漢魏"不露才"而"出於天成,本無造詣"——嚴羽所謂"不假悟",六朝則"不足以騁其才""又不足以言造詣";唯於初唐至盛唐詩的演進,由才力而造詣而興趣,形成一種漸入化境的遞進關係。按其卷中具體論盛唐諸條所述:"高(名適,字達夫)、岑(名參)才力既大,而造詣實高,興趣實遠,故其五、七言古(歌行總名古詩),調多就純,語皆就暢,而氣象風格始備(七言古,初唐止言風格,至此而氣象兼備),爲唐人古詩正宗

---

① 袁宏道《敍陳正甫會心集》,錢伯城箋校《袁宏道集箋校》卷一〇,上册,第463頁。
② 袁宏道《敍陳正甫會心集》,錢伯城箋校《袁宏道集箋校》卷一〇,上册,第463—464頁。
③ 袁宏道《壽存齋張公七十序》,錢伯城箋校《袁宏道集箋校》卷五四,下册,第1542頁。
④ 江盈科《敝篋集引》,黄仁生輯校《江盈科集》卷八,長沙:岳麓書社1997年版,第275頁。
⑤ 許學夷《詩源辯體》卷首,陳廣宏、侯榮川編校《明人詩話要籍彙編》第8册,第3648頁。

（唐人五、七言古,至此始爲正宗）。"①"王摩詰（名維）、孟浩然才力不逮高、岑,而造詣實深,興趣實遠,故其古詩雖不足,律詩體多渾圓,語多活潑,而氣象風格自在,多入於聖矣（上承杜、沈、宋五、七言律,下流至錢、劉諸子五、七言律）。"②"盛唐諸公律詩,行跡俱融,風神超邁,此雖造詣之功,亦是興趣所得耳。"③一旦進入中唐,就五七言律詩而言,"中唐諸子,造詣興趣所到,化機自在,然體盡流暢,語半清空,其氣象風格,至此而頓衰耳"④。我們看到,在許氏唐詩史的建構中,才力、造詣、興趣、與時代、家數、體制、語言、風格、氣象等構成複雜的交錯關係,而"行跡俱融,風神超邁"仍是"興趣"的標誌。

也有人回到佛教的思辨方式,試圖以中邊説重新闡釋諸如意興與體格、聲響之間不可偏廢的辯證關係⑤。如方以智《通雅·詩説》録其父方孔炤語——"舍聲調、字句、雅俗可辨之邊,則中有妙意無所寓矣"⑥,廖肇亨釋此一術語,謂方孔炤的"中"指的是詩歌的旨趣、情思,"邊"指的是修辭、音律、文字凝練的工夫等,以爲任何美好的情思都必須假修辭的方式傳達,換言之,音節也是認識詩歌内涵最重要的依準。表明方父持格調派的基本立場,其所抨擊主要即來自性靈一派的"以中廢邊"⑦。方以智承父之論,亦曰:"論倫無奪,嫻於節奏,所謂邊也;中間發抒藴藉,造意無窮,所謂中也。"⑧以此作爲佛法"中邊皆甜之蜜"的喻説,被認爲是對其父説法的修正與擴充⑨。此中"發抒藴藉,造意無窮",自可作"興趣"解。當然,所謂中邊亦並非定著不變,方以智自己又説:"詞爲邊,意爲中乎？詞與意,皆邊也;素心不俗,感物造端,存乎其人,千載如見,中也。"⑩廖肇亨認爲意味著由方

---

① 許學夷《詩源辯體》卷一五"盛唐",陳廣宏、侯榮川編校《明人詩話要籍彙編》第9册,第3780頁。
② 許學夷《詩源辯體》卷一六"盛唐",陳廣宏、侯榮川編校《明人詩話要籍彙編》第9册,第3784頁。
③ 許學夷《詩源辯體》卷一七"盛唐",陳廣宏、侯榮川編校《明人詩話要籍彙編》第9册,第3801頁。
④ 許學夷《詩源辯體》卷二一"中唐",陳廣宏、侯榮川編校《明人詩話要籍彙編》第9册,第3842頁。
⑤ 宋元之際的陳櫟在《江楚望淡生活説》中已以中邊説論詩:"昔人論蜜,取其中邊皆甜,予今論詩,非取其中邊皆淡也。能以理爲主,以氣爲輔,以興趣品格爲高,以渾然天成爲妙,其殆庶幾乎!"（《陳定宇先生文集》卷五,清康熙刻本,第四頁上）
⑥ 方以智《通雅》,《方以智全書》,上海:上海古籍出版社1988年版,第1册,第56頁。
⑦ 以上見廖肇亨《中邊·詩禪·夢戲》第四章"藥地愚者大師之詩學源流及旨要論考:以'中邊説'爲討論中心",臺北:允晨文化實業股份有限公司2008年版,166頁。
⑧ 方以智《通雅》,《方以智全書》,第1册,第55頁。
⑨ 廖肇亨《中邊·詩禪·夢戲》第四章,第172頁。
⑩ 方以智《通雅》,《方以智全書》,第1册,第55頁。

父理解的那種中心（主要）/邊緣（從屬）關係，轉至類似體（本體）/用（現象）的結構①。

明清鼎革之際，頗有嫻於佛學的文人士夫質疑嚴羽的禪道與詩道之修爲，至王士禛則挺身予以支持："嚴滄浪《詩話》借禪喻詩，歸於妙悟。如謂盛唐諸家詩，如鏡中之花，水中之月，鏡中之象，如羚羊掛角，無跡可求，乃不易之論。而錢牧齋駁之，馮班《鈍吟雜錄》因極排詆，皆非也。"②因而選《唐賢三昧集》，實踐並闡揚嚴羽"妙悟"與"興趣"之說。這也恰好構成了其論詩的重心，強調"興會神到""興會超妙"③。他爲人作詩序，領會嚴羽"妙悟"與"熟參"之間的關係，提出"夫詩之道，有根柢焉，有興會焉"，"興會"即"鏡中之象，水中之月，相中之色，羚羊掛角，無跡可求"，"根柢"即"本之《風》《雅》，以導其源；溯之《楚》《騷》、漢魏樂府詩，以達其流；博之九經、三史、諸子，以窮其變"，"根柢原於學問，興會發於性情"，稱讚作者"於斯二者兼之"④，則在他的認識中，"興會"與"根柢"恰亦構成一種辯證關係。正如他在答郎廷槐問所說的，"學力深，始能見性情，此一語是造微破的之論"⑤（嚴羽詩學中也有用到"學力"的，與"妙悟"相對）。在此基礎上，他發展出自己獨具面目的詩學主張，被概括爲"專以神韻爲歸"⑥。翁方綱出於爲己之肌理說張本的目的，承認王士禛神韻說源於嚴羽、司空圖之詩說，卻謂"新城變格調之說而衷以神韻，其實格調即神韻也"⑦。故批評"矯其說者"，"一以澄夐淡遠味之，亦不免墮一偏也"⑧。在《神韻論》中，翁氏也講"中道而立"，指斥朱熹"以中爲難易遠近之中間"乃是誤會，而應該是"言教者之機緒，引躍不發，只在此道內，不能出道外一步，以援引學者助之使入也"⑨。佛學所言中道，並非如常人理解的去二邊而取其中，而是認爲凡離卻二邊之諸法，本不可言說，不得已而以"中"表之，若果能悟入其道，

---

① 廖肇亨《中邊·詩禪·夢戲》第四章，第177頁。
② 王士禛撰，張宗柟輯《帶經堂詩話》卷二，第十一頁上。
③ 詳參王士禛撰，張宗柟輯《帶經堂詩話》卷三，第一頁下至第二頁上。
④ 以上見王士禛《突星閣詩集序》，《帶經堂集》卷四一，清康熙七略書堂刊本，第七頁下至第八頁上。
⑤ 王士禛答《師友詩傳錄》，丁福保編《清詩話》，上海：上海古籍出版社1999年版，第125頁。
⑥ 盛符升《唐賢三昧集後序》，王士禛編《唐賢三昧集》卷末，清康熙二十七年吳門書林刻本，第二頁上。
⑦ 翁方綱《神韻論》上，《復初齋文集》卷八，清光緒刻本，第七頁上。
⑧ 翁方綱《神韻論》中，《復初齋文集》卷八，第八頁下。
⑨ 翁方綱《神韻論》中，《復初齋文集》卷八，第八頁下。

"中"便不可説了。故翁氏認爲神韻"非墮入空寂之謂"(《神韻論》上),所謂"似既非也,不似又非也",不如"先於肌理求之"(以上《神韻論》中),有其道理。郭紹虞不同意翁氏以神韻爲格律説之轉變,認爲原是從性靈説轉變得來,假使説七子詩論爲正,則公安詩論爲反,而漁洋之詩論爲合①,或更切當。需要指出的是,雖然没有袁宏道即詩爲禪那麽極端,王士禛還是被視作"以禪入詩"並誤導後人對嚴羽誤解的始作俑者②。張健於王士禛"神韻"説曾有專論,大抵可作如下概括:神韻是一種縹緲悠遠的情調或境界,是從興象中透出的生命情調、人生境界;以古澹、清遠爲尚,並不排斥沉著痛快;神韻與興象超逸有密切的關係,興象與興趣被他看作是同一理論,從生命性的角度來體驗由象與意産生的審美統一體就是神韻;神韻詩的創作應是興會與根柢相兼;詩歌有一種同於禪家悟境的化境,一旦達到此境,根柢與興會的矛盾就得到了解決,主體就要以興會爲詩③。亦屬平允之論,可據以更詳切地瞭解由嚴羽"興趣"説演進至王氏"神韻"説的内藴及來龍去脈。

直到晚清,王國維在所撰《人間詞話》中,正是基於嚴羽、王士禛的學説,以一種現代學術眼光,拓展出他以爲是"探其本"的"境界"説:"但滄浪所謂'興趣',阮亭所謂'神韻',猶不過道其面目,不如鄙人拈出'境界'二字爲探其本也。"④有關"境界"説的闡釋,論者不少,限於篇幅,這裏不再展開,唯録顧隨贊同"境界"二字高於"興趣""神韻"二名之説,以見一斑:他將"興趣"和"神韻"的要義理解爲"無跡可求""言有盡而意無窮"兩個方面,認爲有興趣尚不能使詩成就這兩個方面,因爲"興趣"乃詩之成因,在詩前,而漁洋"神韻"乃詩之結果,在詩後,二者皆非詩之本體,而静安之"境界"纔是詩本體⑤。葉嘉瑩又圓其師説,著重從境界説與興趣、神韻二説相通之處闡發,即境界説同樣重視"心"與"物"相感後所引起的一種"感受之作用",只不過"滄浪之所謂'興趣',似偏重在感受作用本身之感發的活動;阮亭之所謂'神韻',似偏重在由感興所引起的言外情趣;至於静安之所謂

---

① 郭紹虞《中國文學批評史》,北京:商務印書館 2010 年版,下册,第 573 頁。
② 參詳周裕鍇《滄浪詩話的隱喻系統和詩學旨趣新論》,《文學遺産》2010 年第 2 期,第 37 頁。
③ 見張健《清代詩學研究》第九章"對七子、虞山派詩學的繼承與超越:王士禛詩學",北京:北京大學出版社 1999 年版,第 422—478 頁。
④ 王國維《〈人間詞〉〈人間詞話〉手稿》,杭州:浙江古籍出版社 2005 年影印本,第 79 頁。
⑤ 顧隨《境界説我見》,《顧隨全集》卷六,石家莊:河北教育出版社 2000 年版,第 131—133 頁。

'境界',則似偏重在所引發之感受在作品中具體之呈現。滄浪與阮亭所見者較爲空虛,靜安先生所見者較爲質實"①。不管這一脈現代推闡是否與嚴、王輩的意旨及定位相契合,由此一端,至少展示了"興趣"説在新的時代語境下被激發的衍生力。

(作者單位:復旦大學古籍整理研究所暨中國古代文學研究中心)

---

① 以上並見葉嘉瑩《境界説與興趣説及神韻説之比較》,《王國維及其文學批評》第二編第三章"《人間詞話》中批評之理論與實踐",臺北:源流出版社1982年版,第333頁。

The Poetic Connotation of "Inspired Appeal" and the Evolution of Its Discourse

Chen Guanghong

The connotation of the term " inspired appeal" (X*ingqu*) and its evolution, seemingly familiar yet often overlooked, are worth further investigating from the perspective of the history of ideas. This article comprehensively examines the following issues: the origin and formation of this concept; its entry into the Chinese poetics as an explicit expression of critical concepts and categories; and how, amid the backdrop of long-term discourse transformations, it gradually coagulated its essential meaning while constituting a rich and complex reference with its multiple dimensions unearthed. Drawing on insights from modern scholarly works, this essay elucidates the semantic changes and evolution of the term in the context of Chinese poetics. Moreover, following these, it seeks to further explore the internal composition of the systematicity of Chinese literary criticism in early modern times.

Keywords: Inspired appeal (X*ingqu*), connotation, evolution, Chinese poetics, literary theory and criticism

徵引書目

1. 丁福保編：《清詩話》，上海：上海古籍出版社，1999 年版。Ding Fubao edited. *Qing shihua* (*Poetic Discourses of Qing Dynasty*). Shanghai：Shanghai guji chuban she, 1999.
2. 大正一切經刊行會：《大正新修大藏經》，東京：大藏出版株式會社，1934 年版。Taishoo Issaikyoo Kankookai. *Taishoo Shinshu Daizokyo* (*Taishoo Revised Tripitaka*). Tokyo：Daizoshuppan, 1934.
3. 王士禎撰，張宗柟輯：《帶經堂詩話》，清乾隆二十七年刻本。Wang Shizhen. *Daijingtang shihua* (*Master Daijing Hall's Poetic Discourses*). Edited by Zhang Zongnan. The twenty-seventh year of Qianlong period in Qing dynasty (1762).
4. 王利器校箋：《文心雕龍校證》，上海：上海古籍出版社，1980 年版。Wang Liqi. *Wenxin Diaolong jiaozheng* (*Annotation of Wenxin Diaolong*). Shanghai：Shanghai guji chuban she, 1980.
5. 王國維：《〈人間詞〉〈人間詞話〉手稿》，杭州：浙江古籍出版社，2005 年影印本。Wang Guowei. *Renjian ci Renjian cihua shougao* (*The Manuscripts of "Song Lyrics and Remarks on Song Lyrics*"). Hangzhou：Zhejiang guji chuban she, 2005.
6. 王達津：《古代文學理論研究論文集》，天津：南開大學出版社，1985 年版。Wang Dajin. *Gudai wenxue lilun yanjiu lunwenji* (*Collection of Papers on Ancient Literary Theory*). Tianjin：Nankai daxue chuban she, 1985.
7. 方以智：《方以智全書》，上海：上海古籍出版社，1988 年版。Fang Yizhi. *Fang Yizhi quanshu* (*The Complete Works of Fang Yizhi*). Shanghai：Shanghai guji chuban she, 1988.
8. 朱自清：《中國文評流別述略》，1933 年 11 月 11 日天津《大公報·文藝副刊》。Zhu Ziqing. "Zhongguo wenping liubie shulue" (A Brief Introduction to the School of Chinese Literary Criticism). Tianjin：Dagong bao · wenyi fukan (Ta Kung Pao — Literary Supplement), 11 November 1933.
9. 周裕鍇：《滄浪詩話的隱喻系統和詩學旨趣新論》，《文學遺産》第 2 期(2010 年 3 月)，頁 28—37。Zhou Yukai. "Canglang shihua de yinyu xitong he shixue zhiqu xinlun" (A New Study on Metaphorical System and Poetic Purpose of *Canglang's Poetic Discourses*). *Wenxue yichan* (*Literature heritage*) 2 (Mar. 2010)：pp.28–37.
10. 周裕鍇：《興趣與音節：略談嚴羽詩學中復古傾向的真諦及其影響》，《江西師範大學學報(社會科學版)》第 5 期(2010 年 10 月)，頁 75—81。Zhou Yukai. "Xingqu yu yinjie：Luetan Yan Yu shixue zhong fugu qingxiang de zhendi jiqi yingxiang" (Interests and Syllables：A Brief Discussion on the True Meaning of the Renaissance Tendency in Yan Yu's Poetics and Its Influence). *Jiangxi shifan daxue xuebao* [*Shehui kexue ban*] (*Journal of Jiangxi Normal University* [*Social Sciences Edition*]) 5 (Oct. 2010)：pp.75–81.
11. 袁宏道著，錢伯城箋校：《袁宏道集箋校》，上海：上海古籍出版社，2008 年版。Yuan Hongdao. *Yuan Hongdao ji jianjiao* (*Annotations and Proof-reading of Yuan Hongdao's*

Collection of Works). Edited and Collated by Qian Bocheng. Shanghai: Shanghai guji chuban she, 2008.

12. 高棅:《唐詩品彙》,上海:上海古籍出版社,1982 年版影印本。Gao Bing. *Tangshi pinhui*(*A tasting and collection of Tang poetry*). Shanghai: Shanghai guji chuban she, 1982.

13. 郭知達集注:《九家集注杜詩》,宋寶慶元年刻本。Guo Zhida. *Jiujia jizhu dushi* (*Poems of Tu Fu, Collected and Annotated by Nine Scholars*). The first year of Baoqing period in Song dynasty(1225).

14. 郭紹虞:《照隅室古典文學論集》,上海:上海古籍出版社,1983 年版。Guo Shaoyu. *Zhaoyushi gudian wenxue lunji* (*Collection of Classical Literature Essays by Guo Shaoyu*). Shanghai: Shanghai guji chuban she, 1983.

15. 郭紹虞:《中國文學批評史》,北京:商務印書館,2010 年版。Guo Shaoyu. *Zhongguo Wenxue piping shi* (*History of Chinese Literary Criticism*). Beijing: Shangwu yinshu guan, 2010.

16. 許慎:《說文解字》,北京:中華書局,1963 年版影印本。Xu Shen. *Shuowen jiezi* (*Explaining Graphs and Analyzing Characters*). Beijing: Zhonghua shuju, 1963.

17. 陳伯海:《說興趣——讀〈滄浪詩話〉劄記之一》,《文藝理論研究》第 2 期(1982 年 5 月),頁 93—100。Chen Bohai. "Shuo Xingqu—Du Canglang shihua zhaji zhiyi" (Talking about "Interest" —Reading *Canglang's Poetic Discourses*). *Wenyi lilun yanjiu* (*Literary Theory Research*) 2 (May. 1982): pp.93–100.

18. 陳廣宏、侯榮川編校:《明人詩話要籍彙編》,上海:復旦大學出版社,2017 年版。Chen Guanghong, Hou Rongchuan. M*ingren shihua yaoji huibian* (*A Compilation of Important Poetic Discourses in Ming Dynasty*). Shanghai: Fudan daxue chuban she, 2017.

19. 陳應行編:《吟窗雜録》,明嘉靖二十七年崇文書堂刻本。Chen Yingxing. Y*inchuang zalu* (*Scattered Records of Window Chanting*). The twenty-seventh year of Jiajing period in Ming dynasty (1548), Edition of Chongwen Shutang.

20. 張彥遠撰:《歷代名畫記》,杭州:浙江人民美術出版社,2019 年版。Zhang Yanyuan. *Lidai minghua ji* (*Record of Famous Paintings through the Ages*). Hangzhou: Zhejiang renmin meishu chuban she, 2019.

21. 張彥遠撰:《法書要録》,杭州:浙江人民美術出版社,2019 年版。Zhang Yanyuan. *Fashu yaolu* (*Catalogue of Important Calligraphic Treatises*). Hangzhou: Zhejiang renmin meishu chuban she, 2019.

22. 張健:《重探漢代經學中的賦比興説》,《中山大學學報(社會科學版)》第 2 期(2023 年 3 月),頁 38—60。Zhang Jian. "Chongtan Handai Jingxue Zhong De Fu-Bi-Xing Shuo" (Re-exploring the Suggestions of Fu-Bi-Xing in Classics of Han Dynasty). *Zhongshan daxue xuebao*[*Shehui kexue ban*] (*Journal of Sun Yat-sen University*[*Social Sciences Edition*])2 (Mar. 2023): pp.38–60.

23. 張健:《清代詩學研究》,北京:北京大學出版社,1999 年版。Zhang Jian. *Qingdai shixue yanjiu* (*Studies on Poetics in Qing Dynasty*). Beijing: Beijing daxue chuban

she, 1999.
24. 張健編著：《元代詩法校考》，北京：北京大學出版社，2001 年版。Zhang Jian. *Yuandai shifa jiaokao* (*A Proof-reading of the Poetry Rule Documents in Yuan dynasty*). Beijing：Beijing daxue chuban she, 2001.
25. 張健校箋：《滄浪詩話校箋》，上海：上海古籍出版社，2012 年版。Zhang Jian. *Canglang shihua jiaojian* (*Annotated Comments on Canglang's Poetic Discourses*). Shanghai：Shanghai guji chuban she, 2012.
26. 黃伯思撰：《東觀餘論》，明萬曆十二年項篤壽萬卷堂刻本。Huang Bosi. *Dongguan yulun* (*Additional Comments of Huang Bosi*). The twelfth year of Wanli period in Ming dynasty (1574), Edition of Wanjuan tang, by Xiang Dushou.
27. 黃海章：《談嚴羽的〈滄浪詩話〉》，《光明日報》1958 年 3 月 9 日。Huang Haizhang. *Tan Yan Yu de Canglang Shihua* (*Talking about Yan Yu's Notes on Poets and Poetry by Canglang*). Guangming ribao · wenxue yichan (Guangming Daily · Literature Heritage), 9 March 1958.
28. 黃溥撰：《詩學權輿》，明成化六年熊斌刊本。Huang Pu. *Shixue Quanyu* (*The Beginning of Poetics*). The sixth year of Chenghua period in Ming dynasty (1470), Edition by Xiong Bin.
29. 葉嘉瑩：《王國維及其文學批評》，臺北：源流出版社，1982 年版。Ye Jiaying. *Wang Guowei jiqi wenxue piping* (*Wang Guowei and his Literary Criticism*). Taibei：Yuanliu chuban she, 1982.
30. 廖肇亨：《中邊·詩禪·夢戲》，臺北：允晨文化實業股份有限公司，2008 年版。Liao Zhaoheng. *Zhong Bian · Shi Chan · Meng Xi* (*Inside and Outside — Poetry and dhyana — Dream and Game*). Taibei：Yunchen wenhua shiye gufen youxian gongsi, 2008.
31. 錢謙益：《列朝詩集小傳》，上海：上海古籍出版社，1983 年版。Qian Qianyi. *Liechao Shiji Xiaozhuan* (*Biographical Sketches of Poets of the Ming dynasty*). Shanghai：Shanghai guji chuban she, 1983.
32. 錢鍾書：《談藝錄》(補訂本)，北京：中華書局，1986 年版。Qian Zhongshu. *Tanyi Lu* (*Discourses on the Art of Literature*). A revised edition. Beijing：Zhonghua shuju, 1986.
33. 顏崑陽：《詩比興系論》，臺北：聯經出版事業股份有限公司，2017 年版。Yan Kunyang. *Shi bi xing xilun* (*Theory of Bi and Xing in Poetry*). Taibei：Lianjing chuban shiye gufen youxian gongsi, 2017.
34. 顧隨：《顧隨全集》，石家莊：河北教育出版社，2000 年版。Gu Sui. *Gu Sui quanji* (*The Complete Works of Gu Sui*). Shijiazhuang：Hebei jiaoyu chuban she, 2000.

"韻"範疇的衍化脉絡與"神韻説"的近世展開

侯體健

【摘　要】"韻"從最開始表示聲音和諧的"聲韻",轉而在魏晉時衍化爲評論人物、繪畫、詩文的涵括性術語,並與其他限定詞組合形成複合型概念,逐漸成爲中國文藝批評的重要範疇。宋人對"韻"作了全面系統的闡釋,並將其提升爲文學藝術的最高境界。尤其是范温在《潛溪詩眼》中以"有餘意之謂韻"和"韻者美之極"爲思想核心,建構了"韻"範疇相對完整的體系。爰至清代,王士禛吸收前人如司空圖、嚴羽、陸時雍等人的詩學資源,高舉"神韻説"的旗幟,成爲"韻"範疇在近世展開的最重要、最有影響力的形態。"韻"所追求的"取之象外,得於言表"的審美理想,不僅見於古代中國,也廣泛存在於其他文化語境中,應被視爲人類審美的一種共同取向。

【關鍵詞】韻　氣韻　神韻説　范温　王士禛

"韻"作爲審美範疇,普遍存在於中國詩、書、畫、樂等藝術批評領域,而尤以在詩學領域的運用最爲廣泛深入,是中國文論中非常獨特的一個範疇。同時,"韻"範疇的内涵流變在各個歷史時期又頗有不同,並與不同的文藝思潮、創作趣味産生了交集,從而表現出較爲複雜的意藴。學界有關"韻"範疇的研究,已有不少傑出成果,它們從不同側面提供了我們了解其意涵的途徑,值得充分重視①。一個範疇的準確釋義,常常依賴於其所運用

---

① 中國學界對"韻"作了頗爲豐富的探討,具有代表性的成果有錢鍾書《管錐編》"全上（轉下頁）

的具體語境。由於中國古人在使用範疇時多隨興而起，許多時候缺乏嚴密周詳的考慮，即使是同時代人對同一範疇的認識也時有參差，因此我們的研究就需要從具體的歷史語境中去體味各家各派的真實所指，這也不免造成範疇的多義歧解。不過，誠如宋儒"理一分殊"之論所揭示的那樣，"韻"範疇雖然在諸家各有所指，却仍具一以貫之的内核與精神，故而我們仍可從諸家所論中嘗試提煉勾勒出一條線索，窺其主旨，得其神髓，庶幾可把握"韻"之發展脈絡與衍化軌跡。

一、從聲韻到氣韻："韻"意義的衍化

先秦時期並没有"韻"①這個字，無論是在經書，還是諸子之作中，都未曾出現過"韻"字。有學者發現舊署爲戰國中期的《尹文子》"我愛白而憎黑，韻商而舍徵"之句含有"韻"字，然而不少研究顯示，《尹文子》這部書極可能是魏晋時人僞造的。中國第一部字典——許慎的《説文解字》也不收"韻"字，我們現在能在《説文解字》中查到的"韻"字，是宋代的徐鉉增添進去的。這麼來看，"韻"這個字的真正出現大約已是漢末的事。蔡邕《琴賦》"繁弦既抑，雅韻乃揚"可能是目前能確定的最早的"韻"字的出處②。

"韻"字雖然出現得比較晚，却並不代表漢代以前的人不懂"韻"。"韻"的最初含義，就是指聲音的和諧，尤其是音樂的和諧。南朝梁時的字典《玉篇》引《聲類》就説"音和曰韻也"，此後的字典都是這樣解釋"韻"的。也就是説，"韻"源出於人的聽覺感受，聲音的和諧就是"韻"。而《尚書·虞書·舜典》中就已指出"詩言志，歌永言，聲依永，律和聲"，人們在先秦時

（接上頁）古三代秦漢六朝文"第一八九則（北京：中華書局1979年版），張海明《經與緯的交結：中國古代文藝學範疇論要》第七章"韻者美之極"（昆明：雲南人民出版社1994年版），張皓《中國美學範疇與傳統文化》第十七章"韻：風度與琴心"（武漢：湖北教育出版社1996年版），陳竹、曾祖蔭《中國古代藝術範疇體系》第五編"宋元的文韻論"（武漢：華中師範大學出版社2003年版）等，尤以杜磊《古代文論"韻"範疇研究》（上海：復旦大學博士學位論文，2005年）最爲集中而系統，本文即參考前賢諸作撰出，謹致謝忱。

① 有時也寫作"韵"，爲便於論述，本文統一用"韻"字。
② 蔡邕《琴賦》"雅韻乃揚"（見《北堂書鈔》卷一〇九、《初學記》卷一六），有些版本是"雅音復揚"（如《文選》李善注《文賦》"悽若繁絃"所引），則其是否爲"韻"字最早出處，仍然存疑。不過，值得指出的是，"均"字在上古時期也會作爲"韻"的意項使用。

期已經特别地感知到"律和聲"的重要性,尤其是在詩、樂之中追求聲音的和諧。"韻"的本質就在於"和",也就是聲音節奏、旋律的協調性,人們很早就從詩、樂之中對它有所認識了。

"韻"在早期都是指依附於聲音而形成的"聲韻",宋人范温就指出"三代秦漢,非聲不言韻。舍聲言韻,自晉人始"①。無論是漢代蔡邕《琴賦》"繁弦既抑,雅韻乃揚",還是曹魏時期的曹植《白鶴賦》"聆雅琴之清韻",或是嵇康《琴賦》"改韻易調,奇弄乃發",其中的"韻"都與琴音密切相關。撥動琴弦發出聲音,停止撥弦之後仍會有餘音,這種餘音就可稱爲"韻"。而陸機《文賦》所謂"采千載之遺韻""或托言於短韻"則引"韻"入文,他意識到詩文作品在聲韻上所具有的音樂特性,故而用"韻"來代指"韻文"(即詩文的代稱)。南朝劉勰《文心雕龍·聲律篇》進而定義説"同聲相應謂之韻",這裏所謂的"同聲相應"接近於詩歌中的押韻。琴聲的餘音是"韻",詩句最後一個字的餘音,恰好會形成前後的呼應,這個字就是韻脚,詩歌通過韻脚韻部的相同,獲得聲音的和諧美感,這就叫押韻。中國古典詩歌從《詩經》《楚辭》開始,就形成了必須押韻的要求,説明詩文中的"韻"觀念與音樂中的"韻"同樣産生得非常早。與劉勰同時的沈約,更是基於漢語平上去入——"四聲"的發現,進一步深化了"韻"在詩歌中的重要地位。他説"一簡之内,音韻盡殊;兩句之中,輕重悉異。妙達此旨,始可言文",又説"高言妙句,音韻天成"(均見《宋書》謝靈運傳論),特别强調聲韻在詩歌中所産生的獨特審美作用。總之,音樂之韻和聲律之韻,都是停留在聲音層面的"聲韻"。

魏晉時期,月旦人物蔚成風氣。作爲音樂之聲的"韻",逐漸成爲品評人物的術語。如《晉書》寫庾敳"腰帶十圍,雅有遠韻"(《晉書》庾俊傳附子敳傳),《世説新語·品藻》寫裴頠"愛喬之有高韻",東晉謝混寫詩獎勸謝靈運説"康樂誕通度,實有名家韻"(《宋書·謝弘微傳》),陶淵明《歸園田居》自道"少無適俗韻",僧祐《出三藏記集》卷一三形容朱士行"志業清粹,氣韻明烈"等等,這些語句中的"韻"都是表達人物的氣質、風度和品格,與原來表示聲音的"韻"已截然不同。那麽,爲什麽表達聲音和諧的"韻"會被

---

① 范温論"韻",見英國牛津大學圖書館(Bodleian library)藏《永樂大典》第八〇七卷"詩"字下引《潛溪詩眼》。錢鍾書《管錐編》"全上古三代秦漢六朝文"第一八九則首次揭示出這篇重要文獻。

轉而用爲品評人物的術語呢？這是由於魏晉時的人發現了聲音之美與人物之美的共通之處。早在《左傳》之中就有對"君子"舉止氣度的要求，所謂"容止可觀，作事可法，德行可象，聲氣可樂，動作有文，言語有章"（《左傳·襄公三十一年》），作爲有德的君子，從舉止聲氣到言語動作都有一套較高的標準。"聲氣可樂"就是君子風度的體現之一。《禮記·經解》也把人物（天子）的舉止行爲與聲音聯繫起來，説："燕處則聽雅頌之音，行步則有環佩之聲，升車則有鸞和之音。"不同的舉止與不同的聲音密切相關，這些聲音可以體現出舉止言行的品位。在中國傳統的醫學中，聲音與人的氣質性情也是密切關聯的，《黃帝內經·素問》所謂"聽音聲而知所苦""聲合五音，色合五行"等，都表達了這層意思。正是基於這樣的傳統，當"韻"被廣泛運用於評價聲樂之美後，魏晉時期的人物品評也將之移植過來了。音樂帶來的聽覺愉悦，與人物的舉止風度帶來的主觀感受，形成了呼應關係。

魏晉時人用"韻"來品評現實人物，轉而又被用來品評畫中人物或者人物畫。最早且最具代表性的以"韻"品畫者，是南朝齊代的謝赫《古畫品錄》（又名《古今畫品》）。他提出"畫有六法"："一氣韻，生動是也；二骨法，用筆是也；三應物，象形是也；四隨類，賦彩是也；五經營，位置是也；六傳移，模寫是也。"①他所謂的"氣韻，生動是也"，最初就是針對畫中人物而言，畫中人物栩栩如生，生動活潑，即是有"氣韻"。謝赫將"韻"引入品評人物畫，經其後諸人的發展衍生，"韻"又逐漸成爲品評所有畫作的術語。南朝陳代的姚最《續畫品錄》就有"體韻精研""氣韻精靈"之語；唐代的荆浩《山水畫錄》則説"畫有六要，一曰氣，二曰韻，三曰思，四曰景，五曰筆，六曰墨"，這是以"韻"來品評山水畫了。錢鍾書指出："（韻）蓋初以品人物，繼乃類推以品人物畫，終則擴而充之，並以品山水畫焉。"②這樣，"韻"這一美學範疇所關涉的領域便實現了聲音——人物——繪畫的多維衍生。

而在劉勰的《文心雕龍》中，除了聲韻之"韻"之外，也已經有了文學批評意涵的"韻"。《明詩篇》評價晉代文人袁宏（字彦伯）説"彦伯梗概，情韻不匱"，《麗辭篇》説"麗句與深采並流，偶意共逸韻俱發"等等，"情韻""逸

---

① 謝赫著，王伯敏標點注譯《古畫品錄》，北京：人民美術出版社 1959 年版，第 1 頁。此句多以四字爲斷，作"一氣韻生動是也，二骨法用筆是也，三應物象形是也，四隨類賦彩是也，五經營位置是也，六傳移模寫是也"，錢鍾書《管錐編》"全上古三代秦漢六朝文"第一八九則中力辨其非，認爲"氣韻"與"生動"當斷開，"生動"乃是解釋"氣韻"的，本文采用錢鍾書的説法。
② 錢鍾書《管錐編》，第 4 册，第 1356 頁。

韻"這類組合性範疇,都是以"韻"爲中心來評價詩文。與劉勰時代相近的蕭子顯在《南齊書·文學傳論》中,則已用"氣韻"論文,其云:"文章者,蓋情性之風標,神明之律呂也。蘊思含毫,游心内運,放言落紙,氣韻天成。"這裏所謂的"氣韻",主要是指文學作品的風格。此後唐宋時期,用"氣韻"來品評詩文更是常見。文學批評中所謂的"氣韻",又不同於繪畫批評中的"氣韻",我們可以將它看作由"氣"和"韻"兩個範疇組成,其中"氣"立基於作家一定的道德修養和精神風貌(這與中國文論中的"文氣說"密切相關),而"韻"更體現在作品本身的形式之美上。"氣韻"二字兼攝主體和客體、作家生命與作品形式,成爲文學批評中的一個重要術語。

可見,從齊梁時代開始,"韻"已經從單純的聲韻,發展成了包涵多重意義的美學範疇,並多與其他限定詞組合形成複合型範疇,如情韻、逸韻、雅韻、氣韻等等,運用領域也涉及音樂、繪畫、文學等不同藝術門類,逐漸成爲中國文藝批評的重要術語。

二、有餘意之謂"韻":范温與宋代"韻"範疇體系

經過魏晉南北朝的衍生發展,"韻"範疇至唐宋時期又獲得了新的内涵,尤其是在宋代,人們對"韻"的認識更爲深入,甚至將其提升爲文學藝術的最高境界。

唐人司空圖在《與李生論詩書》中提出了詩歌的"韻外之致""味外之旨",這一組概念對後來的中國詩學產生了積極的影響。不過,司空圖並没有賦予"韻"本身更多的意涵[1],"韻外之致"的"韻"仍然只是代指詩歌而已。所謂"韻外之致",就是"把詩分爲'韻内'和'韻外'兩層。'韻内'是指詩的語言文字聲韻及其所表達的意義……'韻外'則是指詩的語言文字聲韻及其表面意義之外所隱含的意味"。而這種"意味"是深藏的意義,要靠讀者自己去品味[2]。這裏深藏的意義,與含蓄美學密切相關。宋人有一系

---

[1] 此前被諸多學者認爲體現了司空圖"韻"之思想的《二十四詩品》,現在學界一般認爲乃是宋代以後的作品,只是僞托司空圖之名,筆者認同此説。見陳尚君、汪湧豪《〈二十四詩品〉不是司空圖所作》,載於《尋根》第 4 期(1996 年 8 月),第 47—48 頁,以及《中國詩學》第 5 輯"《二十四詩品》真僞問題討論"系列論文,南京:南京大學出版社 1997 年版。

[2] 童慶炳《司空圖"韻外之致"説新解》,載於《文藝理論研究》第 6 期(2001 年 11 月)。

列關於詩歌含蓄美學的論述,比如梅堯臣有"狀難寫之景如在目前,含不盡之意見於言外"(見歐陽修《六一詩話》),蘇軾有"言有盡而意無窮,天下之至言也",姜夔有"語貴含蓄,句中有餘味,篇中有餘意,善之善者也"(均見《白石道人詩説》)等等論斷,這些詩人都以含蓄爲美,希望詩歌作品在表面的語言意義之外,還能留給讀者更多的聯想和回味,也就是錢鍾書所謂的"取之象外,得於言表(to overhear the understood)"①。宋代"蘇門六君子"之一的李廌在《答趙士舞德茂宣義論宏詞書》一文中就認爲:"文章之不可無者有四:一曰體,二曰志,三曰氣,四曰韻。"並進一步闡釋説:"如朱絃之有餘音,太羹之有遺味者,韻也。"②這就將文學批評中的"韻"再次與餘音、餘味關聯在了一起,尤其是他所論不是詩歌,而是文章(題中所謂"論宏詞書"已點明這一點),更是拓展了"韻"術語的批評範圍,尤不同於其他人。

　　正是在這樣的時代環境下,宋人范温對"韻"作了系統而頗具代表性的論述,成爲宋代甚至是中國古代論"韻"的代表人物之一。范温是黄庭堅的學生,著有《潛溪詩眼》一書,惜已亡佚,然有論"韻"一篇,留存在明代所編大型類書《永樂大典》之中③。這篇論"韻"的文字,將黄庭堅"書畫以韻爲主"的言論打通至文章,指出"書、畫、文章,蓋一理也",然後采用與朋友王定觀辯難的方式展開對"韻"的内涵的闡發與剖析。

　　范温首先回顧了諸家對"韻"内涵的解釋,並依次作了駁正。他借王定觀之口,將時人對"韻"的認識分爲四種:一是認爲"不俗之謂韻";二是認爲"瀟灑之爲韻";三是認爲"氣韻生動,筆勢飛動"即是"韻";四是認爲"簡而窮其理"即是"韻"。這四種觀點都具有一定的歷史淵源和合理性,但都不能準確揭示"韻"的涵義。范温認爲,"俗者惡之先,韻者美之極","不俗"只是一個很低的審美要求,只是達到及格綫,與作爲"美之極"的"韻"還有很大距離,因而"不俗"不能謂之"韻"。而"瀟灑"只是美的一種,不能涵括所有美,"韻"則是"盡美","瀟灑"可以有"韻",但不是"韻"本身。至於"氣韻生動",那是"得其神",也不是"韻"本身。"簡而窮其理"只用一個"理"字便可以概括,"理"與"韻"不是同一物,自然不能用"窮其理"來解釋

---

① 錢鍾書《管錐編》,第4册,第2118頁。
② 李廌《濟南集》卷八,《景印文淵閣四庫全書》第1115册,臺北:臺灣商務印書館1986年版,第817頁。
③ 前文已揭,牛津大學圖書館(Bodleian library)藏《永樂大典》第八〇七卷"詩"字下引《潛溪詩眼》,以下所引范温論"韻"文字均出自此書。

"韻"。范溫對這四種當時流行的"韻"的定義都作了否定。在他看來，"韻"超越於具體的審美風格，是"美之極"，也就是説，各種各樣具體的審美風格，只要達到了它的極致，都可能獲得"韻"。

那麽，究竟什麽是"韻"呢？范温的回答是："有餘意之謂韻。"與范温互相問答的王定觀形象地將"有餘意"用撞鐘來作比喻，説："嘗聞之撞鐘，大聲已去，餘音復來，悠揚宛轉，聲外之音，其是之謂矣。"王氏將撞鐘分爲"大聲"和"餘音"兩種聲音，認爲那個"聲外之音"（即"餘音"）就是"韻"，這是對"韻"的原始意義的追溯，前文我們已經論及。范温則認爲王定觀的這一説法雖然不錯，但"未得其詳"，没有把"韻"的産生機制説清楚，於是他繼續作闡述。他簡明扼要地總結了"韻"的變化史："自三代秦漢，非聲不言韻；舍聲言韻，自晉人始；唐人言韻者，亦不多見，惟論書畫者頗及之。至近代先達，始推尊之以爲極致。"在范温看來，宋人對"韻"內涵的認識較之前代是具有質的變化的，不但已經脱離了"非聲不言韻"的窠臼，而且也從"惟論書畫"擴展至論文學，並將"韻"作爲美的極致。他繼續闡釋道："凡事既盡其美，必有其韻，韻苟不勝，亦亡其美。"這等於是把"韻"和"美"完全緊密地捆綁在了一起，凡是"盡美"者必有"韻"，也就將"韻"看作了是超越具體風格的、最高級的美感形態。

就文學作品而言，范温認爲有兩種實現這種最高級美感形態的"韻"的途徑：

第一種是"備衆善而自韜晦，行於簡易閑淡之中，而有深遠無窮之味"。也就是要求作家的作品能夠包藴不同的風格，像他所提到的"有巧麗，有雄偉，有奇，有巧，有典，有富，有深，有穩，有清，有古"這些具體的風格能夠出於一人之手，而且這些作品能"自韜晦"，即隱藏不露，從而獲得"深遠無窮之味"，能夠在語言文字的意義傳遞之外，繼續給人以美的回味，那麽就實現了"韻"。其代表性人物就是陶淵明。范温認爲"古今詩人，唯淵明最高"，乃在於陶淵明"體兼衆妙，不露鋒芒"，將質與綺、臞與腴這些看似矛盾的風格統一在一起，表面平淡淺易，内藴則風味悠長，由此帶來"測之而益深，究之而益來"的審美效果，這樣便達到了"所謂出於有餘者"的效果，也就具有了"韻"。他列舉了不少陶淵明的作品以舉證，充分體現出范温的審美取向。

第二種是"一長有餘"，即所謂"巧麗者發之於平淡，奇偉有餘者行之於簡易"。這是指作家擅長某一種風格，其作品能夠藏巧於拙，化深爲淺，即使是巧麗之作，也能以平淡的樣貌示人，即使是非常奇偉的作品也能看上去比較簡易，那就能帶給讀者無窮餘味，這也實現了"韻"。但像文學史上的曹植、劉楨、沈約、謝靈運、徐陵、庾信等人，他們"割據一奇，臻於極致，盡發其美，無復餘蘊，皆難以韻與之"。意思是這些詩人雖然都能擅長某一種風格，並將這種風格發揮到極致，然而因爲未能做到隱藏不露，也就沒有了餘味，算不得"韻"。

范溫圍繞"有餘意"而將"韻"範疇闡述得非常詳盡，强調文學作品本身表達的内斂性，以及被閲讀之後讀者所獲得的無法言説的、悠長的獨特審美體驗。尤其是他將"韻"術語從前人的論書畫爲重心轉移到了論詩歌爲重心，成爲"由畫'韻'而及詩'韻'之轉捩進階"①的代表人物。

除了上述闡釋文學作品之"韻"，范溫也分析了書畫之"韻"，他還特別將"韻"與作家的人格修養、事功器度密切關聯在一起，提出了"聖有餘之韻""學有餘之韻""功業有餘之韻""智策有餘之韻""器度有餘之韻"等不同層面的"韻"，從而將"韻"的發展脈絡、意義内涵、表現形態乃至實現機制都做了前所未有的系統性剖析，提升了"韻"範疇的應用層級，建構了相對完整的體系。當然，范溫論"韻"，並不是他個人天才式的貢獻，而是集合了蘇軾、黃庭堅、李廌、秦觀等不少宋人的智慧，具有一定的集成性，同時也是宋型文化追求平淡幽遠的美學轉型的產物，是時代思潮和審美趣味在理論上的反映。

南宋的張戒在《歲寒堂詩話》中也多次使用"韻"來評述詩人詩作，他説："阮嗣宗詩專以意勝，陶淵明詩專以味勝，曹子建詩專以韻勝，杜子美詩專以氣勝。然意可學也，味亦可學也，若夫韻有高下，氣有強弱，則不可強矣。"②又云："韻有不可及者，曹子建是也；味有不可及者，淵明是也；才力有不可及者，李太白、韓退之是也；意氣有不可及者，杜子美是也。文章古今迥然不同，鍾嶸《詩品》以古詩第一，子建次之，此論誠然。觀子建'明月照高樓''高臺多悲風''南國有佳人''驚風飄白日''謁帝承明廬'等篇，鏗鏘音節，抑揚態度，溫潤清和，金聲而玉振之，辭不迫切，而意已獨至，與三百五篇異世同律，此所謂韻不可及也。"③與范溫將陶淵明視爲"韻"之代表不同，張戒乃以曹植作爲"韻勝"的典型，而陶淵明則是"以味勝"，這就説明張戒的"韻"與范溫的"韻"所指是有明顯差異的。這種差異的產生既是南北

---

① 錢鍾書《管錐編》，第 4 册，第 1361 頁。
② 張戒著，陳應鸞校箋《歲寒堂詩話校箋》，成都：巴蜀書社 2000 年版，第 1—2 頁。
③ 張戒著，陳應鸞校箋《歲寒堂詩話校箋》，第 18 頁。

宋時代語境不同所造成，更是審美趣味偏嗜的結果。張戒在《歲寒堂詩話》中表現出鮮明的詩學態度，推崇漢魏之作，而不屑於蘇軾、黃庭堅的宋調，對以完全追求"平澹"甚至"枯澹"的簡古樸拙的美學趣味，亦即所謂的"發纖秾於簡古，寄至味於澹泊"（蘇軾《書黃子思詩集後》），表示出不滿。於是他高舉"骨氣奇高，詞采華茂"（《詩品》評曹植語）的曹植詩作，視之爲"韻勝"之傑出者。

張戒在書中又將意、味、韻、氣四者並舉，認爲意、味是"可學"的，而韻、氣"不可强"，這就將四個範疇劃分成高低兩個層次，韻高於意、味，而與氣並列①。這和范温以"韻"作爲最高級的審美層級，也明顯不同。可見其"韻"論並未囿於北宋蘇門一系，而能自成一格，是對范温"韻"論的補充，由此也呈現出宋代"韻"範疇體系的豐富性與開放性。

三、神韻："韻"在近世詩學中的展開

"韻"範疇經過宋人的拓展、建構，特別是范温等人的系統性闡釋，獲得了前所未有的獨立地位，成爲宋型文化的審美理想。"氣韻""格韻""韻味""情韻"等複合型範疇也得到了新的發展衍化。明清時期，"韻"在不同時期、不同流派、不同理論主張的文學評論家手中，又被賦予了不一樣的意涵，展現出强勁的生命力。不過，就其在近世最重要的表現形態來説，則是"神韻"一詞的重新定義，並被廣泛地使用。

"神韻"一詞最早出現在六朝，與"韻"一樣，也是先用作品藻人物，後又被引入書畫批評。《宋書·王敬弘傳》引順帝評價王敬弘"神韻沖簡，識宇標峻"，《梁書·蕭子顯傳》評價蕭子顯"神韻峻舉，宗中佳器"等等，都是形容人物的氣質品性；謝赫《古畫品録》則用"神韻氣力，不逮前賢"評價顧景秀的畫。此後"神韻"主要仍是在書畫批評領域使用，直至明代，"神韻"纔被廣泛引入文學批評。明人胡直、薛蕙、鍾惺、胡應麟、許學夷、陸時雍都在著作中以"神韻"評論詩歌，至清代王夫之、毛奇齡、朱彝尊、王士禛、沈德潛、袁枚、翁方綱等人更是在詩學論著中廣泛而深入地使用"神韻"。只是

---

① 關於"韻"和"味"的比較討論，可參考周裕鍇《宋代詩學通論》丙編"詩格篇"第二章，成都：巴蜀書社1997年版，第310—320頁。

各家所持論調各有出入，對"神韻"的理解和闡釋並不完全一致，甚至多有齟齬，從而形成了豐富而複雜的"神韻"範疇群落，呈現出明清詩學的多維面貌。其中尤其以漁洋老人王士禛的"神韻説"最具標志性意義①，與沈德潛"格調説"、袁枚"性靈説"、翁方綱"肌理説"並稱爲清代前期四大詩論派別，是明清時期"韻"範疇論的典型代表，受其影響的詩歌流派也被稱作"神韻派"。

在討論王士禛的"神韻説"之前，有必要就宋、明兩位重要詩論家的主張略作介紹。一位是南宋嚴羽，他撰作了詩話《滄浪詩話》②，對明清詩學影響深遠；一位是明末的陸時雍，他編選了詩歌選集《詩鏡》（包括《古詩鏡》和《唐詩鏡》），並對所選詩歌作了深入評論，書前所附的《詩鏡總論》集中表達了他的詩學觀念。這兩位詩論家與"神韻説"都有密切的關聯。

嚴羽《滄浪詩話》標舉魏晉盛唐之詩，將盛唐詩歌所達到的藝術境界視爲典範，他説："盛唐諸人，惟在興趣，羚羊挂角，無迹可求。故其妙處，透徹玲瓏，不可湊泊，如空中之音，相中之色，水中之月，鏡中之象，言有盡而意無窮。"③他將詩品（也即詩歌的美學風格）分爲九種（即高、古、深、遠、長、雄渾、飄逸、悲壯、淒婉），並言："其大概有二：曰優游不迫，曰沉著痛快。詩之極致有一，曰入神。詩而入神，至矣，盡矣，蔑以加矣。惟李杜得之，他人得之蓋寡也。"（第110—119頁）所謂"優游不迫""沉著痛快"是將九種不同的美學風格再總結爲兩種類型。而不管是哪種風格，哪種類型，詩的極致都只有一種，那就是"入神"。在嚴羽的詩學價值序列中，"入神"超越了一般的風格，"非詩品中之一品，而爲各品之恰到好處，至善盡美"④，是最高級的美感形態。達到"入神"這種境界的詩人，只有李白和杜甫。嚴羽所提出的"入神"，就是他最推崇的這樣一種詩歌境界："透徹玲瓏，不可湊泊，

---

① 關於王士禛"神韻説"的研究成果甚夥，具有代表性的著作如黃景進《王漁洋詩論之研究》（臺北：臺北文史哲出版社1980年版）、王小舒《神韻詩學論稿》（桂林：廣西師範大學出版社2001年版）、蔣寅《王漁洋與康熙詩壇》（北京：中國社會科學出版社2001年版）、孫紀文《王士禛詩學研究》（銀川：寧夏人民出版社2008年版）等，論文則不勝枚舉，尤以王小舒用力劬勤。而吴調公《神韻論》（北京：人民文學出版社1991年版）、王小舒《神韻詩學》（濟南：山東人民出版社2006年版）兩書則對"神韻説"之發展脈絡與代表論著作了系統的討論，可參閲。
② 《滄浪詩話》由詩辨、詩體、詩法、詩評、考證五部分組成，有學者認爲這五部本乃獨立成篇，後人編集而成此書並命名爲《滄浪詩話》，非嚴羽本人所編。參張健《〈滄浪詩話〉非嚴羽所編——〈滄浪詩話〉成書問題考辨》，載於《北京大學學報》第4期（1999年7月），第70—85頁。
③ 嚴羽著，張健校箋《滄浪詩話校箋》上册，上海：上海古籍出版社2012年版，第157頁。本文所引均據此版，隨文注其頁碼。
④ 錢鍾書《談藝録》，北京：三聯書店2007年版，第109頁。

如空中之音,相中之色,水中之月,鏡中之象,言有盡而意無窮。"這和范溫所論的"韻"大體相當,強調的正是詩歌語言文字之外給人回味無窮的審美感受。正緣於此,後人便將嚴羽的"入神"視爲王士禛"神韻説"的重要源頭,翁方綱在其《神韻論》中就説嚴羽的"羚羊挂角,無迹可求"乃"神韻之正旨",兩者確屬一脉相承而有異。

陸時雍在《詩鏡總論》中以"情、韻、氣、色"論詩歌,四庫館臣總結其詩學思想乃"神韻爲宗,情境爲主"(《四庫全書總目·詩鏡提要》)是很中肯的。陸氏指出:"是故情欲其真,而韻欲其長也,二言足以盡詩道矣。乃韻生於聲,聲出於格,故標格欲其高也;韻出爲風,風感爲事,故風味欲其美也。有韻必有色,故色欲其韶也;韻動而氣行,故氣欲其清也。此四者,詩之至要也。"[1]他將"情"和"韻"視爲詩歌的核心,尤其以"韻"統攝審美感受。他甚至認爲:"有韻則生,無韻則死;有韻則雅,無韻則俗;有韻則響,無韻則沉;有韻則遠,無韻則局。物色在於點染,意態在於轉折,情事在於猶夷,風致在於綽約,語氣在於吞吐,體勢在於游行,此則韻之所由生也。"(第4222頁)這裏等於將"韻"提升至無以復加的高度,成爲詩歌藝術成敗的決定性因素。他從物色、意態、情事、風致、語氣、體勢六個方面闡述了"韻"的緣起,強調曲折含蓄而有餘味是"韻"的本質所在[2]。但陸時雍所推崇的詩人與嚴羽却有所差異,他們雖然都很看重魏晉之作,而對盛唐的態度却明顯不同,最顯著者即在於陸氏非但未像嚴羽那樣將李、杜視爲"入神"的完美至極,反而對二人作品略有微詞,如言杜《懷李白》之作"過於悲而失雅",李白《古風》八十二首"寄託猶苦不深,而作用間尚未盡委蛇盤礴之妙"(第4213頁)等等,這又是陸時雍的個性所在。

王士禛的"神韻説"在司空圖(主要是舊題爲司空圖的《二十四詩品》)、嚴羽、陸時雍等人的論詩思想基礎上,給"神韻"注入了新的、更豐富的美學意涵,發展出一套自我完備的詩學體系。他論詩以"清遠爲尚",追求清淡蕭散的藝術境界,編選《神韻集》《唐賢三昧集》等詩選,崇尚王維、孟浩然、韋應物一脉之作。他的詩歌"神韻説"主要有三個方面的指向:

一是創作機制,要求"興會神到"。他在《突星閣詩集序》中把詩歌之道

---

[1] 陸時雍《詩鏡總論》,見陳廣宏、侯榮川編校《明人詩話要籍彙編》第9册,上海:復旦大學出版社2017年版,第4214頁。
[2] 他這裏所謂的點染、轉折、猶夷、綽約、吞吐、游行,都是反對直露無餘,亦正是強調曲折含蓄。

分爲"根柢"和"興會"兩種不同的取向,"根柢"源於學問,"興會"出自性情,嚴羽所説的"鏡中之象,水中之月,相中之色"就是"興會"。揣摩其意,"興會"也就是自然感興,是"妙悟"之作,不假於學問,而秉諸天性。他雖然並不否定"根柢",但顯然更推重"興會",所謂的"佇興而就",即是强調寫詩依托於性情的興發感動。

二是藝術風格,偏於優美陰柔。他最喜《二十四詩品》"沖淡""自然""清奇"諸品,並多次引用"含蓄"一品"不著一字,盡得風流"之句,欣賞空靈清雅的藝術境界,並對藴藉含蓄的審美風格贊不絶口。他極爲認同嚴羽的以禪喻詩,甚至説"禪家以爲悟境,詩家以爲化境,詩禪一致,等無差別"(《香祖筆記》卷八),而以禪喻詩的藝術指向正是"不粘不脱,不即不離",追求"言不盡意"的美學效果。

三是作品體制,多爲短章,尤其是五七言絶句。無論選詩還是論詩,他都偏好王維、孟浩然等人淡遠澄澈的詩歌,尤其是流連山水、點染風景之作。他在《畫溪西堂詩序》中説"王(維)、裴(迪)輞川絶句,字字入禪",又舉李白、常建、孟浩然、劉眘虛的五言寫景詩爲證,這足以見出寫景的短章最符合其"神韻"理想。

王士禛的"神韻説"廣涉創作論、風格論、文體論、鑒賞論等領域,是對"韻"範疇的深化。但也不可否認,從長時段的"韻"範疇發展史來看,王士禛的"神韻説"其實縮小了"韻"的内涵和風格指向。他把"韻"從范温等人那裏的最高級的審美形態,窄化爲詩歌風格中的一種,不再具有統攝各類風格的意涵。只不過因爲王士禛在清初詩壇巨大的輻射力,其"神韻説"廣泛地影響了一時之風氣,從而具備了重要的詩學地位。後來翁方綱專門撰寫《神韻論》對王士禛之説多加修正,他説"格調即神韻""肌理即神韻",並再次强調:"神韻無所不該,有於格調見神韻者,有於音節見神韻者,亦有於字句見神韻者,非可執一端以名之也。有於實際見神韻者,亦有虚處見神韻者,有於高古渾樸見神韻者,亦有於情致見神韻者,非可執一端以名之也。"[1]翁氏顯然意識到了王士禛"神韻説"的弊端所在,希望將"韻"提升至原本的最高級審美形態,於是再次提出"神韻"的統攝性地位,不惜將自己所主張的"肌理"也視爲"神韻"之一種(當然也可以看作是借"神韻"之名,而行"肌理"之實)。翁

---

[1] 翁方綱《神韻論下》,《復初齋文集》卷八,載於《續修四庫全書》第1455册,上海:上海古籍出版社2002年版,第424頁。

方綱的"神韻"與嚴羽的"入神"約莫相等,亦即錢鍾書所謂"非詩品中之一品,而爲各品之恰到好處,至善盡美"者,視"神韻"爲最高境界。這樣來看,翁方綱的"神韻説"超越了王士禛,而再一次回應了范温"韻者美之極"之論。

  總之,從南宋嚴羽而至於清代翁方綱,乃至於後來更多的詩論家,近世詩學語境中的"韻"範疇與中國不同的時代思潮緊密關聯,特別依托於王士禛的"神韻説"而得到了廣泛的傳播和深化,構成了近世詩學的重要一面。

四、餘　論

  錢鍾書先生綜會諸説、刊華落實,對"韻"的具體所指作了扼要總結,其云:"畫之寫景物,不尚工細,詩之道情事,不貴詳盡,皆須留有餘地,耐人玩味,俾由其所寫之景物而冥觀未寫之景物,據其所道之情事而默識未道之情事。取之象外,得於言表(to overhear the understood),'韻'之謂也。"①也可以説,"韻"就是文學作品所追求的"言有盡而意無窮"的藝術效果。古代詩學有此一派,現代詩學亦有此一派。在中國新詩的發展歷程中,20世紀80年代的"朦朧詩派"曾被熱捧,正在於其作品所具有的含蓄之美,是傳統"韻"美學在當代的新表現。中國人的日常生活也更喜歡含蓄的表達,追求事物的回味之美,這也許與"韻"的美學心理不無關係。更重要的是,這一含蓄的美學追求,不僅存在於中國,也能在其他國家的談藝中找到同類。"因隱示深,由簡致遠",錢鍾書在《管錐編》中廣泛徵引了古印度主"韻"一派,以及雅典德米特里厄斯(Demetrius)"幽微隱約則多姿致,質直明了則乏趣味"之説、法國狄德羅(Diderot)"曉達不足感人,詩家當騖隱昧"之論,法國儒貝爾(Joubert)"文帶晦方工"之言,意大利利奧巴迪(Leopardi)"語無滯着則意無窮盡"之句、德國叔本華(Schopenhauer)"作文妙處在説而不説"之例,等等,不同國度和不同文化語境下的類似主張②,正揭示出含蓄而有餘意的"韻"或許應被視爲人類審美的一種共同取向。

(作者單位:復旦大學中國古代文學研究中心)

---

① 錢鍾書《管錐編》第4册,第1358—1359頁。
② 錢鍾書《管錐編》第4册,第1359—1360頁。

The Evolution of the Category of "Yun" and the Modern Development of the "Shenyun Theory"

Hou Tijian

The term "yun" originally referred to the harmony of sounds. During the Wei and Jin periods, it evolved into an inclusive term for evaluating people, paintings, and literary works. It combined with other qualifiers to form composite concepts and gradually became an important category in Chinese literary criticism. Song Dynasty scholars systematically explained "yun" and elevated it to the highest realm of literary art. Fan Wen, in particular, built a relatively complete system of the category of "yun" in his "Qianxi Poetry Eyes" with "yun as the lingering/extra meaning" and "yun as the ultimate beauty" as his core concepts. From the Yuan Dynasty to the Qing Dynasty, Wang Shizhen absorbed the poetic resources of his predecessors like Sikong Tu, Yan Yu, Lu Shiyong and others, and held high the banner of "shenyun theory", which became the most important and influential form of the development of the "yun" category in modern times. The aesthetic ideal pursued by "yun" involves deriving meaning from beyond the explicit words, and it is not only evident in ancient China but is also widely present in other cultural contexts. It can be regarded as a common aesthetic orientation of humanity more generally.

Keywords: "Yun" (ryhme, resonance), "Qiyun" (vital resonance), "Shenyun" (spirit resonance) theory, Fan Wen, Wang Shizhen

徵引書目

1. 杜磊:《古代文論"韻"範疇研究》,復旦大學博士學位論文,2005 年。Du Lei. *Gudai wenlun 'Yun' fanchou yanjiu* (*A Study of the "Yun" Concept in Ancient Literature Criticism*). Fudan University PhD Dissertation, 2005.

2. 李廌:《濟南集》,《景印文淵閣四庫全書》第 1115 册,臺北:臺灣商務印書館,1986 年版。Li Zhi, *Jinan Ji* (*Collected Works of Li Zhi*), *Jing yin wen yuan ge si ku quanshu* (*Photofacsimile Reprint of the Wenyuange Complete Library of the Four Treasures*). Volume 1115. Taipei: Taiwan shangwu yinshuguan, 1986.

3. 周裕鍇:《宋代詩學通論》,成都:巴蜀書社,1997 年版。Zhou Yukai. *Songdai shixue tonglun* (*A General Discussion of Poetry Criticism in Song Dynasty*). Chengdu: Bashu shushe, 1997.

4. 陳竹、曾祖蔭:《中國古代藝術範疇體系》,武漢:華中師範大學出版社,2003 年版。Chen Zhu and Zeng Zuyin. *Zhongguo gudai yishu fanchou tixi* (*The System of Ancient Chinese Art Concepts*). Wuhan: Huazhong shifan daxue chubanshe, 2003.

5. 陳尚君、汪湧豪:《〈二十四詩品〉不是司空圖所作》,《尋根》第 4 期(1996 年 8 月),頁 47—48。Chen Shangjun, Wang Yonghao. "Ershisi shipin bushi Sikong Tu suo zuo" (*Twenty-four Poetic Styles* is not written by Sikong Tu). *Xun gen* (*Root Exploration*) 4 (Aug. 1996): pp. 47–48.

6. 陳廣宏、侯榮川編校:《明人詩話要籍彙編》第九册,復旦大學出版社,2017 年版。Chen Guanghong, Hou Rongchuan. *Mingren shihua yaoji huibian* (*A Compilation of Important Poetic Discourses in Ming Dynasty*). Volume 9. Fudan daxue chubanshe, 2017.

7. 翁方綱:《復初齋文集》,《續修四庫全書》第 1455 册,上海:上海古籍出版社,2002 年版。Weng Fanggang. *Fuchuzhai wenji* (*Collected Works of Weng Fanggang*), *Xuxiu si ku quanshu* (*Continuation of the Complete Library of the Four Treasures*). Volume 1455. Shanghai: Shanghai guji chubanshe, 2002.

8. 張戒著,陳應鸞校箋:《歲寒堂詩話校箋》,成都:巴蜀書社,2000 年版。Zhang Jie. *Suihan tang shihua jiaojian* (*Annotation of the Poetry Criticism of Suihan Hall*). Edited and Annotated by Chen Yingluan. Chengdu: Bashu shushe, 2000.

9. 張海明:《經與緯的交結:中國古代文藝學範疇論要》,昆明:雲南人民出版社,1994 年版。Zhang Haiming. *Jing Yu Wei De Jiaojie: Zhongguo gudai wenyixue fanchou lunyao* (*The Connection of Jing and Wei: A Brief Discussion of the Scope of Literary and Art Criticism in Ancient China*). Kunming: Yunnan renmin chubanshe, 1994.

10. 張健:《〈滄浪詩話〉非嚴羽所編——〈滄浪詩話〉成書問題考辨》,《北京大學學報(哲學社會科學版)》第 4 期(1999 年 7 月),頁 69—84。Zhang Jian, "*Canglang Shihua* fei Yan Yu suobian — *Canglang Shihua* chengshu wenti kaobian" (Canglang Shihua Was not Compiled by Yan Yu: An Analysis of the Completion of Changlang Shihua). *Beijing daxue xuebao* [*zhexue shehui kexue ban*] (*Journal of Peking University* [*Philosophy and Social Sciences*]) 4 (Jul. 1999): pp.69–84.

11. 張皓:《中國美學範疇與傳統文化》,武漢:湖北教育出版社,1996 年版。Zhang Hao. *Zhongguo meixue fanchou yu chuantong wenhua* (*The Concepts of Chinese Aesthetics and Traditional Culture*). Wuhan: Hubei jiaoyu chubanshe, 1996
12. 童慶炳:《司空圖"韻外之致"説新解》,《文藝理論研究》第 6 期(2001 年 11 月),頁 60—67。Tong Qingbing. "Sikong Tu 'yunwai zhi zhi' xinjie" (A New Interpretation of Sikong Tu's 'Aspiration Beyond Yun'). *Wenyi lilun yanjiu* (*Theoretical Studies in Literature and Art*) 6 (Nov. 2001): pp. 60–67.
13. 錢鍾書:《管錐編》,北京:中華書局,1979 年版。Qian Zhongshu. *Guan zhui bian* (*Limited Views: Essays on Ideas and Letters*). Beijing: Zhonghua shuju, 2015.
14. 錢鍾書:《談藝録》,北京:三聯書店,2007 年版。Qian Zhongshu. *Tan yi lu* (*Reflections in Appreciation*). Beijing: Sanlian shudian, 2007.
15. 謝赫著,王伯敏標點注譯:《古畫品録》,北京:人民美術出版社,1959 年版。Xie He. *Gu hua pin lu* (*Record of the Classification of Old and New Painters*). Annotated and Translated by Wang Boming. Beijing: renmin meishu chubanshe, 1959.
16. 嚴羽著,張健校箋:《滄浪詩話校箋》,上海:上海古籍出版社,2012 年版。Yan Yu. *Canglang shihua jiaojian* (*Annotation of Canglang's Discourse on Poetry*). Edited and Annotated by Zhang Jian. Shanghai: Shanghai guji chubanshe, 2012.

文學功能及創作論

風自何方來？
——諷諭説的形成與演變

程蘇東

【摘　要】華夏先民早就認識到風具有地方性和引導性兩大特徵，由此將"風"作爲德行流衍的象徵，引伸出影響、傳告之意。《毛詩大序》基於這些自然屬性，指出詩歌同時具有化民和刺上的雙重功能，是溝通上下階層的獨特文化資源，"風"由此成爲具有詩學意義的概念。漢人常用的"風諫"等概念也由此具有一定的詩學意味。至於"風諭"，最初用來表示中央對地方、尤其是周邊地區的教化，至漢宣帝、劉歆等則用其表示臣下對君主的諫刺。鄭玄將漢人"五諫從諷"説與基於比興的"譬喻"加以整合，由此形成的"諷喻"説強調詩歌的政教性和修辭性，在中古時期影響廣泛。白居易又提出"諷喻詩"的概念，在強調詩歌政教功能的同時，卻強調詩歌語言的直白，與《詩經》學傳統中的"諷諭"説頗爲不同。二者也共同構成宋明以來諷諭説的不同向度。

【關鍵詞】諷諭　諷諫　《毛詩大序》　鄭玄　白居易

在漢代經學爲後世貢獻的衆多理論名詞中，"諷諭"也許是詞義來源最爲駁雜、內涵最爲含混的一個，僅就字面而言，就有"風諭""諷諭""諷喻"等多種寫法。事實上，儘管有關"風"的政教化闡述在先秦時期已不乏多見，但作爲成詞的"風諭"卻遲至西漢纔見諸文獻，而其早期運用也與《詩》學毫無關聯。"風諭"如何逐漸成爲《詩》學論述中的專有概念，又如何經由白居易的發揮而獲得新的意涵，作爲《詩經》學理論的"諷諭"與作爲詩歌創作理念的"諷諭"之間存在何種微妙的差異，關於這些問題，似乎都還有討論的空間。本文即以"諷諭"説的形成與演變爲中心，試圖對上述話題做一些探討。

一、從"風"到"諷"

"諷諭"在漢代文獻中多作"風諭"，其語意構成與作爲自然物象的"風"關係密切。作爲人類日常生活中最重要的感官體驗之一，風不僅關係四時冷暖，還隱含著巨大的不確定性，很早就成爲先民的認知對象。甲骨卜辭中經常問及風的出現，如"其遘大風""其遘小風""不遘大風""其又大風"等①，《洪範》則將"風"列爲象徵吉凶的"庶徵"之一，故孔子於"迅雷風烈必變"②。從戰國秦漢文獻來看，華夏先民對於風的運行形成了兩個基本認知，首先是起源上的地方性。中原地區受東亞季風氣候的影響，四季風向、風速及其溫度、濕度均有不同，先民由此產生四時風各起於一隅的空間想象，認爲四方風在不同時期交替主事，由此導致節候的變化。也是基於這一認識，風將空間與時間勾連起來，成爲宇宙知識的核心。著名的甲骨卜辭"四方風"（《合集》14295）在言及"四方"時即兼言其專有之風名，並在《山海經》《爾雅》中持續記述，顯示有關風的知識已經初步系統化。

《左傳》中又出現"八風"之説③，其具體所指始見於《吕氏春秋·有始覽》："東北曰炎風，東方曰滔風，東南曰熏風，南方曰巨風，西南曰凄風，西方曰飂風，西北曰厲風，北方曰寒風。"類似説法又見於《淮南子·墜形》，分別作"炎風、條風、景風、巨風、涼風、飂風、麗風、寒風"④，"滔"爲幽部透母，"條"爲幽部定母；"厲"爲月部來母，"麗"爲支部來母，於音爲近。至於"熏"與"景"、"凄"與"涼"則於意爲近，二者似爲同一系統的不同流傳版本。這些名號有些與溫度有關，有些與強度有關，基本圍繞風的自然屬性

---

① 《甲骨文合集》自 30225 至 30270 均涉及風。胡厚宣主編《甲骨文合集釋文·二》，北京：中國社會科學出版社 1999 年版。
② 程樹德《論語集釋》，北京：中華書局 1990 年版，卷二一《鄉黨下》，第 728 頁。
③ 《春秋左傳正義》卷三，載於阮元校刻《十三經注疏》，北京：中華書局 2009 年版，第 3750 頁下欄 A。
④ 許維遹《吕氏春秋集釋》，北京：中華書局 2009 年版，卷一三《有始覽》，第 280—281 頁；何寧《淮南子集釋》，北京：中華書局 1998 年版，卷四《墜形訓》，第 317—319 頁。

展開。至於《淮南子·天文》《史記·律書》又有另一種"八風"説,其風名構成更爲複雜:

《淮南子·天文》《史記·律書》風名	方位	宜　　忌	主　司	《吕氏春秋·有始覽》《淮南子·墜形》風名
不周風	西北	修宫室,繕邊城	主殺生	厲風/麗風
廣莫風	北方	閉關梁,决刑罰		寒風
條風	東北	出輕系,去稽留	主出萬物	炎風
明庶風	東方	正封疆,修田疇	明衆物盡出	滔風/條風
清明風	東南	出幣帛,使諸侯	主風吹萬物而西之	熏風/景風
景風	南方	爵有位,賞有功		巨風
涼風	西南	報地德,祀四郊	主地	凄風/涼風
閶闔風	西方	收縣垂,琴瑟不張		飂風

從詞源角度看,這一風名系統顯然具有異質性,其中條風、景風、涼風與《吕氏春秋·有始覽》《淮南子·墜形》風名重合,主要描述風的自然屬性,但前二者所指方位略有不同;至於其餘五風則各有出處,"不周"爲西北神山之名;"閶闔"爲西方天門之名①;"廣莫"見於《莊子·逍遥游》:"今子有大樹,患其無用,何不樹之於無何有之鄉,廣莫之野。"②似有遼闊之意;"明庶"見於《尚書·皋陶謨》,言舜"明庶以功,車服以庸"③;除"不周""閶闔"外,其它並無明顯的方位特徵,但"廣莫"有荒涼之意,"明庶"則寓衆多之意,使之分别對應北方和東方,顯示該風名系統具有一定的陰陽五行背景。

關於風的地方性,還有一個重要認識。儘管風日常運行於天空,但在

---

① 《淮南子·墜形》:"西方曰西極之山,曰閶闔之門;西北方曰不周之山,曰幽都之門。"何寧《淮南子集釋》,卷四《墜形訓》,第336頁。《楚辭·離騷》:"吾令帝閽開關兮,倚閶闔而望予。"洪興祖《楚辭補注》,北京:中華書局1983年版,第29頁。
② 郭慶藩《莊子集釋》,北京:中華書局2006年版,第40頁。
③ 《尚書正義》卷五《益稷》,載於阮元校刻《十三經注疏》,第300頁下欄B。

起源問題上，它卻通常被認爲起源於大地。《山海經·南山經》言："有谷焉，曰育遺，多怪鳥，凱風自是出。""有谷焉，曰中谷，條風自是出。"①認爲風出自山中，這一觀念在《荀子·勸學》中被概括爲："積土成山，風雨興焉。"《乾卦·文言》以爲"雲從龍，風從虎"，前者"本乎天"，後者"本乎地"。宋玉《風賦》言："夫風生于地，起于青蘋之末。"②雖然不以山爲風之所起，但同樣强調其生於"地"。董仲舒甚至基於這一認識而加以闡發，認爲風起於地而歸名於天，正是"地之義"的孝德："地出雲爲雨，起氣爲風，風雨者，地之所爲。地不敢有其功名，必上之於天，命若從天氣者，故曰天風、天雨也，莫曰地風、地雨也。"③由此看來，至晚到戰國秦漢之際，風生於地已經成爲一種常識。這也就從根本上解釋了"八風"差異性的原因：如果説"天"被認爲是一元的整體，則大地很早就被視爲因土性不同而具有異質性的構成，故"風""土"往往連言，起於異土的風自然各具異性。

　　風具有的地方性特徵往往被認爲是音樂風格多樣性的源頭。《吕氏春秋·古樂》提出："帝顓頊好其音，乃令飛龍作效八風之音"④，認爲"八音"本身就是對自然界"八風"的摹擬。《左傳·隱公五年》衆仲稱天子之舞"所以節八音而行八風"⑤，同樣强調"八音"與"八風"的同質性，認爲通過對"八音"的控制可輔助"八風"之行。《大戴禮記·小辨》言"天子學樂辨風"⑥，仍是强調音樂風格與地方風土的相關性，故《孝經》言："移風易俗，莫善於樂。"⑦《左傳·成公十三年》稱楚囚"樂操土風"，襄公十八年又載晋大夫師曠"驟歌北風，又歌南風"，《禮記·樂記》稱虞舜"作五弦之琴，以歌南風"⑧，可知至晚到春秋中後期，"風"已經大量被用以指稱地方性音樂。《詩經》甚至直接以"風"命名邦國之詩，這也爲《毛詩大序》對"風"詩學意義的進一步闡發奠定了基礎。

---

① 郭璞注、郝懿行疏《山海經箋疏》，濟南：齊魯書社 2010 年版，第 4688 頁。
② 王先謙《荀子集解》，北京：中華書局 1988 年版，第 7 頁；阮元校刻《十三經注疏·周易正義》，第 28 頁上欄 A；蕭統編、李善注《文選》，上海：上海古籍出版社 1986 年版，第 582 頁。
③ 蘇輿《春秋繁露義證》，北京：中華書局 1992 年版，第 316 頁。
④ 許維遹《吕氏春秋集釋》，第 123 頁。
⑤ 《春秋左傳正義》卷三，載於阮元校刻《十三經注疏》，第 5558 頁下欄 B。
⑥ 孔廣森《大戴禮記補注》，北京：中華書局 2013 年版，卷一一《小辨》，第 205 頁。
⑦ 《孝經注疏》卷六《廣要道章》，載於阮元校刻《十三經注疏》，第 3750 頁下欄 B。
⑧ 《春秋左傳正義》卷二六，載於阮元校刻《十三經注疏》，第 4137 頁下欄 B；卷三三，第 4267 頁上欄 A；《禮記正義》卷三八《樂記》，載於阮元校刻《十三經注疏》，第 3325 頁上欄 A。

八風雖分居各方，但在各自主司的四十五天中，它們卻君臨四方，不論地域、人畜、老幼、階層，皆受其影響，這就帶來先民關於"風"的另一認識：一種自上而下、自中央而地方的引導性，"風"也由此引申出傳告、影響之義。《左傳·文公六年》言："古之王者知命之不長，是以並建聖哲，樹之風聲，分之采物，著之話言。"①這裏的"風聲"顯然是一種具有廣泛影響力的德教典範。孔子亦以"風"比擬上位者化民之深："君子之德風，小人之德草，草上之風必偃。"②《孟子》以"流風"描述先王善政對後世的影響："紂之去武丁未久也，其故家遺俗，流風善政，猶有存者。"又提出"聞伯夷之風者，頑夫廉，懦夫有立志""聞柳下惠之風者，鄙夫寬，薄夫敦"③。當然，在這些論述中，風的流動顯然具有自上而下的單向性，與後來《詩大序》中上下層的雙向流動有所不同。

　　由此可見，基於對風兩種自然屬性的認識，晚周士人在樂論和道德論述中已經廣泛使用"風"作爲喻像，而《周易·象辭》基於風行地上、水上、天上的不同階段，認爲其分別對應《觀》卦"先王以省方觀民設教"、《涣》卦"先王以享於帝立廟"、《小畜》"君子以懿文德"④，既關注其地方性，也強調其引導性，可謂以風說德之集大成者。《詩經》以"風"命名邦國歌詩，自然也將這一意涵豐富的物象引入詩學論述中。在這方面，似以《毛詩大序》的論述最爲完備，它不僅多次借用風的自然特徵解釋其詩學功能，而且將風的兩種自然屬性分別對應於詩歌的兩種功能，具有重要的理論意義。《大序》開篇先言"風，風也，教也。風以動之，教以化之"，這裏"風以動之"的說法很容易讓我們想到孔子關於風和草的論述，故《經典釋文》引沈重言："下風即是風伯鼓動之風。君上風教能鼓動萬物，如風之偃草也。"⑤這與《禮記·經解》"溫柔敦厚，詩教也"的論述基本一致，代表了戰國秦漢《詩》學的主流觀點。不過，在中段部分，《大序》又提出："上以風化下，下以風刺上，主文而譎諫，言者無罪，聞之者足以戒，故曰風。"這就將風的兩個自然性特徵同時彰顯出來：風從地方一隅發端，最終流行於天下，前者自地方

---

① 《春秋左傳正義》卷一九上，載於阮元校刻《十三經注疏》，第4003頁上欄A—上欄B。
② 程樹德《論語集釋》，卷二五《顏淵下》，第866頁。
③ 焦循《孟子正義》，北京：中華書局1987年版，卷六《公孫丑章句上》，第179頁；卷二八《盡心章句下》，第976頁。
④ 《周易正義》卷三《觀》，載於阮元校刻《十三經注疏》，第73頁上欄A；卷六《涣》，第144頁下欄A；卷二《小畜》，第52頁上欄A。
⑤ 《毛詩正義》卷一之一《周南·關雎》，載於阮元校刻《十三經注疏》，第562頁下欄B。

而至中央,就如同采風的過程,邦國民情借詩歌從四方匯集於天子,這是"下以風刺上";而聖王通過采擇整編,再以詩教化天下,這是"上以風化下"。《大序》將風的自然屬性巧妙轉化爲詩學理論,強調其作爲君民之間雙向溝通的重要載體,既是化民易俗的治理要具,也是勸諫君上的有效方式。不過,《大序》在論述中使用"刺上"這一説法,似乎指采風所得均具有批判色彩,這與風詩實際風格的多樣性顯然不合,與序文"治世之音安以樂"的説法也不一致,應當是其有意強調風詩的譏刺功能而於"美刺"之間偏言"刺上"。《韓詩》説以爲"飢者歌食,勞者歌事"①,同樣強調詩歌的譏刺功能,可見,對於"刺"的強調在漢代《詩》學中具有普遍性。

此外,《詩大序》在論及風詩時又強調其"主文而譎諫"的特點,結合其前文,這一論述應指其音樂性和表達方式上的委婉迂曲。作爲自然物象的風形態多樣,《詩經》中既有溫和的"凱風",也有陰鬱的"谷風"、寒涼的"北風",更有"終風且暴",就自然物象而言,很難説風就是"主文而譎"的。《小雅·北山》以"出入風議"描摹同僚之醜態,這裏"風議"顯然不是一種值得提倡的議論方式,故鄭箋云:"風,放也。"②言其恣肆放縱,這的確也符合風某一方面的特徵。因此,"主文而譎諫"不再是基於風的自然屬性得出的結論,而是對前句"下以風刺上"的補充限定,具體説就是對"刺上"的説明。孔子主張"事父母幾諫"③,"刺上"在儒家倫理中被視爲一種具有道德正當性、但在形式上需要高度技巧性的行爲,只有"主文而譎諫"的"刺上"纔是合理而"無罪"的。總之,無論"風化"還是"風刺",這裏的"風"仍然基於其地方性和引導性等自然屬性,只有當"風"被當成一種特定的詩歌類型之名時,纔被要求具備"主文而譎諫"的語言風格,後者並未成爲一般意義上"風"的語意內涵。

《詩大序》對於"風"的闡釋在後世產生巨大影響。不過,由於《毛詩》學長期不興,故漢人論述中鮮見《詩大序》"風詩"説的影響。《漢書·儒林傳》載魯詩學者王式稱"臣以三百五篇諫",何休《春秋公羊經傳解詁》則言聖王"使之民間求詩……故王者不出牖户,盡知天下所苦"④,可見三家詩同

---

① 徐堅《初學記》,北京:中華書局1962年版,卷一五《樂部上》,第376頁。
② 《毛詩正義》卷一三之一《小雅·北山》,載於阮元校刻《十三經注疏》,第994頁下欄B。
③ 程樹德《論語集釋》,卷八《里仁下》,第270頁。
④ 班固《漢書》,北京:中華書局1962年版,卷八八《儒林傳》,第3610頁;《春秋公羊傳注疏》卷一六,載於阮元校刻《十三經注疏》,第4965頁下欄A。

樣強調《詩》的諫刺功能。漢代文獻中頗見"風""諫"連言者，並逐漸固化成詞。如《史記·司馬相如列傳》言相如之賦"卒章歸之於節儉，因以風諫，奏之天子"，"太史公曰"則言："其要歸引之節儉，此與《詩》之風諫何異！"①以《詩》之"風諫"轉言司馬相如作賦之旨。王逸《楚辭章句》同樣強調詩人"風諫"之旨："詩人怨主刺上曰：'嗚呼小子，未知臧否，匪面命之，言提其耳！'風諫之語，於斯爲切。"②王逸所引詩句見於《大雅·抑》，可知其"風諫"之"風"並非"風詩"之"風"。不過，這些用例都與《詩》有關，可見"風諫"在兩漢士人的使用中帶有一定的詩學色彩。此外，王逸將耳提面命的直白激切之詞仍視爲"風諫"，可見在漢人一般用例中，"風諫"核心在"諫"，"風"主要取其傳告、影響之意而已，並不指向具體的語言風格。

關於"風諫"，漢代文獻中有作"諷諫"者。"諷"字去聲，《周禮·大司樂》言："以樂語教國子，興道諷誦"，鄭玄注："倍文曰諷。"③也就是背誦，應爲其本義。《呂氏春秋·不苟》言"孔丘、墨翟盡日諷誦習業"，《大戴禮記》言"其少不諷誦"④，皆取此義。此外，"諷"亦可泛指言、告，如《韓非子·内儲說下》"微諷秦、荆令之攻魏"，同書《說疑》"諷一而語同"⑤，言内外左右言辭一致。從"微諷"的構詞來看，此時"諷"僅承載告言之意，對其語氣、修辭等具體形式並無限定，故需以"微"修飾。這個意義上的"諷"與"風"在取義上有一定的相關性⑥，故"風諫"多寫作"諷諫"。《史記·滑稽列傳》稱淳于髡以"酒極則亂，樂極則悲"之語"諷諫"齊王，又言楚人優孟"常以談笑諷諫"⑦，這裏"諷諫"實際上就是"告諫"。

不過，漢代又流行一種"五諫"說，將"諷諫"視爲若干諫術中最高明者，在這一結構中，"諷諫"的意涵發生明顯變化。《孔子家語·辯政》載孔子之言：

---

① 司馬遷《史記》，北京：中華書局2014年版，卷一一七《司馬相如列傳》，第3616、3698頁。
② 洪興祖《楚辭補注》卷一，第49頁。
③ 《周禮注疏》卷二二《大司樂》，載於阮元校刻《十三經注疏》，第1700頁下欄B。
④ 許維遹《呂氏春秋集釋》卷二四《不苟論》，第653頁；孔廣森《大戴禮記補注》，卷四《曾子立事》，第89頁。
⑤ 王先慎《韓非子集解》，北京：中華書局1998年版，卷一〇《内儲說》，第248頁；卷一七《說疑》，第406頁。
⑥ 《廣雅·釋詁三》："風、諭，告也。"王念孫疏證："諷，與'風'通。"王念孫《廣雅疏證》，北京：中華書局2019年版，卷三上《釋詁》，第210頁。
⑦ 司馬遷《史記》，卷一二六《滑稽列傳》，第3859、3860頁。

  孔子曰:"忠臣之諫君有五義焉。一曰譎諫,二曰憨諫,三曰降諫,四曰直諫,五曰風諫。唯度主而行之,吾從其風諫乎。"①

這裏"譎""憨""降""直"都形容勸諫的具體形式,故"風"似乎亦莫能外,應特指一種勸諫方式。只是究竟"風諫"與"譎諫"等有何不同,這裏並無交代。這種"五諫從風"說在漢代影響廣泛,唯各家所言"五諫"皆有不同。劉向《說苑·正諫》言:

  是故諫有五:一曰正諫,二曰降諫,三曰忠諫,四曰戇諫,五曰諷諫。孔子曰:"吾其從諷諫矣乎!"夫不諫則危君,固諫則危身,與其危君寧危身。危身而終不用,則諫亦無功矣。智者度君權時,調其緩急,而處其宜,上不敢危君,下不以危身。②

這裏同樣沒有交代"諷諫"的具體形式,從後文來看,應指臣子善於審時度勢,把握諫言的分寸尺度,由此達到勸上而不危身的效果,故爲孔子所從。顯然,這個"諷諫"接近於《論語》中的"幾諫","諷"被賦予委婉、譎曲之意。《白虎通》亦言"五諫",但所指不同:

  諫有五,其一曰諷諫,二曰順諫,三曰闚諫,四曰指諫,五曰陷諫。諷諫者,智也,知禍患之萌,深睹其事,未彰而諷告焉,此智之性也。順諫者,仁也,出詞遜順,不逆君心,此仁之性也。闚諫者,禮也,視君顏色不悦,且郤,悦則復前,以禮進退,此禮之性也。指諫者,信也,指者,質也。質相其事而諫,此信之性也。陷諫者,義也,惻隱發於中,直言國之害,勵志忘生,爲君不避喪身,義之性也。孔子曰:"諫有五,吾從諷之諫。"③

與《說苑》一樣,這段材料同樣引用孔子之言,顯示"五諫"之說淵源有自。同時,《白虎通》對"諷諫"的理解也落實於"智",只是其所指並非諫言者的

---

① 楊朝明《孔子家語通解》,濟南:齊魯書社2013年版,卷三《辯政》,第163頁。
② 向宗魯《說苑校證》,北京:中華書局1987年版,卷四《正諫》,第206頁。
③ 陳立《白虎通疏證》,北京:中華書局1994年版,卷五《諫諍》,第235—236頁。

明哲保身,而是其能睹禍患於未行,先發而諫,這與《説苑》中强調相時而動的"諷諫"完全不同,後者倒是與此段"順諫""窺諫"更爲接近。

不過,《初學記》所引《白虎通》中有一段對孔子之言的闡釋不見於今本《白虎通》:

> 孔子曰:"諫有五,吾從於諷。"諷也者,謂君父有闕而難言之,或托興詩賦以見乎詞,或假托他事以陳其意,冀有所悟而遷於善。諫也者,謂事有不當,指而言之,上至君父,下及朋友,論之不疑,必有所益。①

這裏認爲"諷"者委婉而"諫"者直斥,與今本《白虎通》所言完全不同;但這種有意區分"諷""諫"的説法又見於《潛夫論·遏利》:"昔周厲王好專利,芮良夫諫而不入,退賦《桑柔》之詩以諷。"②這裏"諷"的方式正是《初學記》引文所言"托興詩賦"。此外,《漢書·王莽傳》稱嚴尤"素有智略,非莽攻伐四夷,數諫不從,著古名將樂毅、白起不用之意及言邊事凡三篇,奏以風諫莽。"③從"數諫"到"風諫",後者的變化表現爲撰文以陳意。《漢書》中類似用例還有《韋孟傳》"戊荒淫不遵道,孟作詩風諫",《遊俠傳》"黄門郎揚雄作《酒箴》以諷諫成帝"④,儘管班固未必是在"五諫"的框架下使用"風諫",但至少在其看來,詩文撰述是"諷諫"的重要形式。

何休《春秋公羊經傳解詁》亦有"五諫"之説,所舉又有不同:

> 諫有五。一曰諷諫,孔子曰:"家不藏甲,邑無百雉之城。"季氏自墮之,是也。二曰順諫,曹羈是也。三曰直諫,子家駒是也。四曰爭諫,子反請歸是也。五曰贛諫,百里子、蹇叔子是也。⑤

這段話雖然未引孔子所謂"五諫"之説,但特舉孔子"諷諫"之例。就其分類而言,以"諷諫"區別於直諫、爭諫、贛諫,顯示其勸諫形式應具一定的藝術性。就孔子之諫來看,《公羊傳·定公十二年》:"孔子行乎季孫,三月,不

---

① 徐堅《初學記》,卷一八《人部中·諷諫第三》,第437頁。
② 王符撰、汪繼培校正《潛夫論箋校正》,北京:中華書局1985年版,卷一《讚學》,第27頁。
③ 班固《漢書》,卷九九下《王莽傳》,第4156頁。
④ 班固《漢書》,卷七三《韋賢傳》,第3101頁;卷九二《遊俠傳》,第3712頁。
⑤ 《春秋公羊傳注疏》卷八,載於阮元校刻《十三經注疏》,第4859頁上欄B。

違,曰:'家不藏甲,邑無百雉之城。'於是帥師墮郈,帥師墮費。"何注言:"季氏說其言而墮之。故君子時然後言,人不厭其言。"①何休認爲,孔子注重勸諫的時機,他有意等到自己與季氏建立起充分互信後才說出諫言,且其所言並不直斥季氏,無損其顔面,故季氏樂於聽從。《說苑》與何休都以"時"爲"諷諫"之要義,可見,"諷諫"只是泛指一種巧妙的勸諫形式,雖以"諷"爲名,其實際意涵卻與"諷"字無關,與"順諫""爭諫"等構詞原理並不相同。所謂"五諫"之説亦見於《風俗通義》,但不言出自孔子:"禮諫有五,風爲上,狷爲下。"②可見,漢代儒生中流行著相傳爲聖人之語的"五諫從風(諷)"說,但除了"風諫",其他"四諫"之名並不明確,諸家各自敷演,遂成異説紛紜。在"五諫"這一特定結構中,"諷諫"被視爲最具藝術性的一種,故或言其審時度勢,或言其孤明先發,或指賦詩言志,或指詩文撰述,儘管這些意義沒有一個可以從"諷"本身的字義中衍生出來,但隨著"五諫從風(諷)"説的廣泛影響,"風""諷"也逐漸被賦予委婉、曲譎之意。

二、從"風諭"到鄭玄"諷喻"説

儘管"風諫"在早期用例中具有一定的詩學色彩,但最終發展爲詩學概念的卻是"風諭"。目前所知"風諭"的最早用例見於《史記·劉敬叔孫通傳》所載高祖時期劉敬奏對:"陛下以歲時漢所餘、彼所鮮數問遺,因使辯士風諭以禮節。"③這裏"風諭"顯然指中央王朝對匈奴的教化。在《史記·南越列傳》中,司馬遷述及南越王趙佗之子趙興嗣立後的形勢,也説"漢數使使者風諭嬰齊"④。《三王世家》褚少孫言昭帝初燕王旦之亂:"公卿使大臣請遣宗正與太中大夫公户滿意、御史二人偕往,使燕風喻之。"⑤其後宗正爲王"列陳道昭帝實武帝子狀",御史"責之以正法,問王欲發兵罪",而公户滿意"稱引古今通義、國家大禮,文章爾雅",三者語言風格差異極大,但史筆以爲皆合"風喻"之體,可知"風喻"主要強調上對下,尤其是中央對地方的

---

① 《春秋公羊傳注疏》卷二六,載於阮元校刻《十三經注疏》,第 5089 頁上欄 A。
② 應劭撰、王利器校注《風俗通義校注》,北京:中華書局 1981 年版,第 173 頁。
③ 司馬遷《史記》,卷九九《劉敬叔孫通列傳》,第 2719 頁。
④ 司馬遷《史記》,卷一一三《南越列傳》,第 2971 頁。
⑤ 司馬遷《史記》,卷六〇《三王世家》"褚先生曰",第 2561 頁。

權力關係,並不限定其語言風格。"諭"在表告知義時本就多用於上對下的語境,如《周禮·秋官》"訝士掌四方之獄訟,諭罪刑於邦國"①,即以"諭"指中央政府官員對邦國宣明政令。加上"風"作爲修飾,主要基於其作爲自然物象的引導性特徵,強化了這種傳播的有效性與合法性。類似用例也見於《漢書·西域傳》和《趙廣漢傳》②,完全没有《詩大序》所言上下階層雙向流動、尤其是"下以風刺上"的詩學意味。

存世文獻中最早將"風諭"用於詩學論述的用例見於《漢書》所載漢宣帝關於辭賦的著名論述:"辭賦大者與古詩同義,小者辯麗可喜。辟如女工有綺縠,音樂有鄭衛,今世俗猶皆以此虞説耳目。辭賦比之,尚有仁義風諭。"③前引漢人論述多用"風諭"表示曉告、化育之意,此處宣帝應爲沿用時人習語。不過,如果從漢賦的體例、形成機制來看,辭賦多爲臣下進御君上之作,因此,宣帝所言"風諭"似乎更多具有臣下諫上之意,這就與《史記》《漢書》中的常規用法有所不同,反倒接近漢人習用的"風諫"一詞。具體而言,宣帝將"仁義"與"風諭"並稱,顯然意在強調辭賦的勸諫功能,故其所言"風諭"更接近《史記》中表示告諫之意的"風諫",而非"五諫"結構中的"風諫"。

劉歆《七略·詩賦略》再次使用"風諭"一詞,相關論述見於《漢書·藝文志》:

> 春秋之後,周道寢壞,聘問歌詠不行於列國,學《詩》之士逸在布衣,而賢人失志之賦作矣。大儒孫卿及楚臣屈原離讒憂國,皆作賦以風,咸有惻隱古詩之義。其後宋玉、唐勒,漢興枚乘、司馬相如,下及揚子雲,競爲侈麗閎衍之詞,没其風諭之義。④

這段論述兩次提到"風",前一次是荀卿和屈原作賦以"風",《荀子·賦篇》明言"臣愚不識,敢請之王",屈原之作則"存君興國而欲反覆之,一篇之中

---

① 《周禮注疏》卷三五《訝士》,載於阮元校刻《十三經注疏》,第1894頁下欄B。
② 班固《漢書·西域傳》:"抵宛西諸國求奇物,因風諭以伐宛之威。"《漢書·趙廣漢傳》:"廣漢聰明,皆知其能之所宜,盡力與否。其或負者,輒先聞知,風諭不改,乃收捕之。"班固《漢書》,卷九六上《西域傳》,第3895頁;卷七六《趙尹韓張兩王傳》,第3201頁。
③ 班固《漢書》卷六四下《王褒傳》,第2829頁。
④ 班固《漢書》卷三〇《藝文志》,第1756頁。

三致志焉"①,故這裏"風"顯然是臣下對君主的諫刺。劉歆認爲這種創作方式暗合"古詩之義",並稱宋玉以下的辭人只顧騁辭炫才,湮没了賢人失志之賦應有的"風諭之義"。毫無疑問,這裏"風諭"不可能再指上層對下層的風教,只能理解爲下對上的勸諫。劉歆同時提及"風諭"和"古詩",與前引宣帝之言完全相合,不能排除是受到後者啓發。另一方面,劉歆之論與《毛詩序》似乎也有一定關係。作爲中秘圖書的整理者,劉歆有機會閲讀《毛詩》,其《六藝略》論詩教言:"王者所以觀風俗,知得失,自考正也。"這與《詩大序》"故正得失""先王以是經夫婦,成孝敬,厚人倫,美教化,移風俗"的論述非常相似②;而在强調古詩"風諭"刺上的功能方面,劉歆再次與《詩大序》表現出一致。

班固《兩都賦序》同樣以"風諭"描述武、宣之世"言語侍從之臣"的辭賦創作動機:"或以抒下情而通諷諭,或以宣上德而盡忠孝。"③"抒下情"與"宣上德"句對言,可知"諷諭"只能是臣下對君主的諷諫。在東漢中後期文獻中,這種用法逐漸占據主流,如蔡邕奏議論鴻都門學文風之敗:"諸生競利,作者鼎沸,其高者頗引經訓風喻之言,下則連偶俗語,有類俳優。"趙岐《孟子章句》稱孟子以舊臣爲舊君服喪之禮"諷諭宣王"④,均以"諷諭"指臣下對君上的勸諫,其用法幾乎等同於司馬遷筆下的"風諫",即便部分用例關乎詩賦創作,但整體上還不能説是一個詩學概念。

真正從詩學視角對"諷諭"的内涵做出深入論述的還是鄭玄《六藝論》。他將"諷喻"定位爲詩歌語言的核心要素:

> 詩者,弦歌諷喻之聲也。自書契之興,朴略尚質,面稱不爲諂,目諫不爲謗,君臣之接如朋友然,在於懇誠而已。斯道稍衰,奸僞以生,上下相犯,及其制禮,尊君卑臣,君道剛嚴,臣道柔順,於是箴諫者希,情志不通,故作詩者以誦其美而譏其過,彼書契之興既未有詩,制禮之

---

① 王先謙《荀子集解》,卷一八《賦篇》,第 472 頁;司馬遷《史記》,卷八四《屈原賈生列傳》,第 2997 頁。
② 班固《漢書》,卷三〇《藝文志》,第 1708 頁;《毛詩正義》卷一之一《周南·關雎》,載於阮元校刻《十三經注疏》,第 564 頁下欄 B、第 565 頁上欄 A。
③ 蕭統編、李善注《文選》,卷一《兩都賦》,第 3 頁。
④ 范曄《後漢書》,北京:中華書局 1965 年版,卷六〇下《蔡邕列傳》,第 1996 頁;焦循《孟子正義》,卷一六《離婁章句下》,第 1391 頁。

後始有詩者。①

大概是受《大序》"譎諫"説的影響，鄭玄將詩歌的產生置於臣下諫刺的傳統之中，視其爲書寫文化高度發達的產物。這與一般認爲詩歌以口耳相傳，應早於書寫而出現的觀念大不相同。具體來説，"書契之興"象徵著制度文明的興起，在早期宫廷中，君臣如朋友相接，故諫刺皆尚質無文。隨著禮樂文化逐漸發展，君臣等級觀念日益强化，臣下不再敢於直陳君主善惡，乃轉而以作詩表達美刺。顯然，在鄭玄看來，只有在語言上具備委婉譎曲風格的作品纔可以稱爲詩歌。詩歌的出現是"目諫""箴諫"等傳統諫術衰落後出現的替代品，本質上來説是一種新的諫術。因此，儘管没有提及"諷諫"，但鄭玄對詩歌的理解恐怕不能不受到漢儒"五諫從諷"説的影響，其所謂"諷喻"也就不能不帶有"五諫"説中"諷諫"的意味，不僅專指臣下對君上之言，而且注重修辭，關注形式上的藝術性。

值得注意的是，各本所見鄭玄用字均爲"諷喻"。在《詩序》"上以風化下"二句箋文中，鄭玄同樣以"譬喻"解"風"："風化、風刺，皆謂譬喻，不斥言也。"②可知作"喻"不誤。"諭""喻"在曉知的意義上可以互通，但後者所具"譬喻"之義則非"諭"所有，因此，鄭玄對"諷諭"之修辭性的强調不僅可能受到"五諫從風"説的影響，更基於其對"譬喻"這一修辭方式的認識。張健已經指出③，鄭箋多以"喻"解毛傳之"興"。實際上，毛傳已有以"喻"解"興"之例④：

《唐風·葛生》"葛生蒙楚，蘞蔓于野"，毛傳："興也。葛生延而蒙楚，蘞生蔓於野，喻婦人外成於他家。"

《唐風·采苓》"采苓采苓，首陽之巔"，毛傳："興也。苓，大苦也。首陽，山名也。采苓，細事也。首陽，幽辟也。細事喻小行也，幽辟喻無徵也。"

《小雅·黄鳥》"黄鳥黄鳥，無集于穀，無啄我粟"，毛傳："興也。

---

① 《毛詩正義·詩譜序》，載於阮元校刻《十三經注疏》，第554頁上欄B。
② 《毛詩正義》卷一，載於阮元校刻《十三經注疏》，第566頁上欄B。
③ 張健《重探漢代經學中的賦比興説》，載於《中山大學學報》第2期（2023年3月），第38—60頁。
④ 這一點在鄙人主持的北京大學"《毛詩正義》讀書會"曾有討論，蔡千千同學在讀書中也注意到這一點。

黃鳥宜集木啄粟者，喻天下室家不以其道而相去，是失其性。"①

葛、蔽、苓、首陽、黃鳥均爲物象，毛傳認爲它們都是某種人事之"喻"，而這種表現方法就是"興"。此外，也有不標"興"而以"喻"爲説者：

《小雅·谷風》"習習谷風，維風及穨"，毛傳："風薄相扶而上，喻朋友相須而成。"
《小雅·頍弁》"蔦與女蘿，施于松柏"，毛傳："蔦，寄生也。女蘿，菟絲。松，蘿也。喻諸公非自有尊，託王之尊。"②

二例同樣以"風""蔦""女蘿"等物象作爲人事之"喻"，只是因爲不在首章，故未標"興"。總之，無論是否標"興"，這些詩句均以托物而有所寄寓，故鄭衆言："比者，比方於物""興者，托事於物"。鄭箋基於這一體例而加以擴充，通過"喻"這一解詩手法，爲《毛詩》中大量標"興"和未標"興"的詩句建立起"物"與"事"的關聯。類似説法也見於《周禮·春官》關於"六詩"的鄭注中："比，見今之失，不敢斥言，取比類以言之。""興，見今之美，嫌於媚諛，取善事以喻，勸之雅正也。"③儘管以刺、美分別對應比、興的説法在《毛詩箋》中並未體現，但其"不斥言""媚諛""以喻"等説法仍與《六藝論》《詩序箋》之言一一對應，可見鄭玄始終在"譎諫"説的影響下建構其詩學話語。比、興被定義爲取類、譬喻兩種修辭技巧，二者塑造的語言風格被視爲詩體得以成立的基礎。總之，所謂"弦歌諷喻之聲"，"弦歌"言其音樂性，"諷喻"言其政教性與修辭性，三者共同構成鄭氏詩歌觀念的核心。如果説宣帝、劉歆只是將"風論"從上對下的風教轉變成下對上的諫刺，使其在用法上與"諷諫"趨同；那麽鄭玄將"五諫從諷"與"譬喻"之意加以整合，並將"比興"這一詩歌表現手法融入其中，"諷喻"也就此成爲一個真正的詩學概念。

隨著毛詩和鄭箋廣泛流行，這一新的"諷喻"説逐漸産生影響，"諷"的

---

① 《毛詩正義》卷六之一《唐風·葛生》，載於阮元校刻《十三經注疏》，第 777 頁下欄 A；卷六之二《唐風·采苓》，第 778 上欄 B；卷一一之一《小雅·黃鳥》，第 929 頁下欄 B。
② 《毛詩正義》卷一三之一《小雅·谷風》，載於阮元校刻《十三經注疏》，第 985 頁下欄 B；卷一四之二《小雅·頍弁》，第 1033 頁上欄 A。
③ 《周禮注疏》卷二三《大師》，載於阮元校刻《十三經注疏》，第 1719 頁上欄 A。

內涵被普遍視爲"托物"言志,如范曄《李雲傳論》指出:"禮有五諫,諷爲上。若夫托物見情,因文載旨,使言之者無罪,聞之者足以自戒,貴在於意達言從,理歸乎正。曷其絞訐摩上,以衒沽成名哉!"①儘管仍然以"五諫"說爲起點,但"諷"的內涵被明確限定爲"托物見情,因文載旨",而"言之者"二句更顯示出范曄此論的《詩大序》背景。杜預在《左傳·宣公九年》"王使來徵聘"注中指出:"徵聘不書,微加諷諭,不指斥。"②周王遣使來魯國求聘,此不見于《春秋》,杜預以爲徵聘之事於史策例不見書,今傳文特書此事,意在刺王失禮。杜注以"不指斥"描述"諷諭",也能看到鄭箋的影子。《文心雕龍·比興》則言:"比則畜憤以斥言,興則環譬以記諷。"③劉勰認爲"比"顯而"興"隱,其對於"比"的界定雖與《周禮》鄭注有所不同,但在"興"的理解上則與鄭箋基本相合,"斥言""環譬"之說與《詩序》鄭箋亦頗相關,"興"再次被確認爲"諷"的核心表達方式。

三、白居易與"諷諭詩"的提出

鄭玄"諷喻"說在唐人《五經正義》中得到持續體現,其文或作"諷諭",內涵也隨文略有不同。孔穎達《毛詩正義序》言:"上皇道質,故諷諭之情寡;中古政繁,亦謳歌之理切"④,這裏"諷諭"之說顯然化自鄭玄《六藝論》,故《小雅·節南山》"家父作誦,以究王訩"句下《正義》言:"作詩刺王而自稱字者,詩人之情,其道不一,或微加諷諭,或指斥愆咎,或隱匿姓名,或自顯官字,期於申寫下情,冀上改悟而已。"⑤顯然以"諷諭"言詩人"刺王"之情。不過,《詩序》"風,風也,教也"句下《正義》言:"諷,謂微加曉告;教,謂殷勤誨示。諷之與教,始末之異名耳。言王者施化,先依違諷諭以動之,民漸開悟,乃後明教命以化之。"⑥以"諷諭"言王者之教化,似乎又是西漢古義。不過,無論上對下還是下對上,《正義》所言"諷諭"都強調政教功能和

---

① 范曄《後漢書》,卷五七《杜欒劉李劉謝列傳》,第1853頁。
② 《春秋左傳正義》卷二二,載於阮元校刻《十三經注疏》,第4069頁下欄A。
③ 黃叔琳注、李詳補注、楊明照校注拾遺《增訂文心雕龍校注》,北京:中華書局2012年版,第452頁。
④ 孔穎達《毛詩正義序》,載於阮元校刻《十三經注疏》,第553頁。
⑤ 《毛詩正義》卷一二之一《小雅·正月》,載於阮元校刻《十三經注疏》,第947頁上欄A。
⑥ 《毛詩正義》卷一之一《周南·關雎》,載於阮元校刻《十三經注疏》,第563頁上欄A。

修辭上的隱微、委婉,這一概念的内涵已基本確定。

在詩歌創作領域,隨著文人詩的出現,特別是六朝以來强調聲律、對仗、用典、煉字等詩歌表現藝術的觀念日益興盛,詩歌的政教價值在一定程度上受到忽視,這引起陳子昂等初唐詩人的反思,並提出"興寄"的詩學主張。李白、杜甫等盛唐詩人在創作實踐中大量表現出對於時事的關注。杜甫在《同元使君春陵行》序中稱許元結之作"復見比興體制,微婉頓挫之詞"①,明確强調詩歌的政教功能。安史之亂後,唐代的社會問題進一步暴露,白居易有感於各種社會亂象,同時激憤於古詩"風雅比興"之義的衰落,在《與元九書》中提出"文章合爲時而著,歌詩合爲事而作"的主張,認爲詩歌應首先用來揭示社會弊病,引起朝野警醒。他將自己創作的這類詩歌稱作"諷諭詩":

> 自拾遺來,凡所遇所感,關於美刺興比者;又自武德訖元和,因事立題,題爲《新樂府》者,共一百五十首,謂之諷諭詩……故僕志在兼濟,行在獨善。奉而始終之則爲道,言而發明之則爲詩。謂之諷諭詩,兼濟之志也。謂之閑適詩,獨善之義也。②

白氏在這裹提到"美刺興比"這一關鍵概念,顯示其"諷諭詩"的取義與鄭玄以來《詩經》學傳統存在繼承關係。不過,與鄭玄"諷喻"説同時强調政教性與修辭性相比,面對齊梁以來高度發達的詩歌藝術,白居易反而主張"辭質而徑""言直而切",追求一種通俗平易的語言風格,這也使他的詩歌讀者突破了傳統的士大夫群體,大量"士庶、僧徒、孀婦、處女"成爲其詩歌的傳誦者,"諷諭"也又一次被賦予新的内涵。元稹在《白氏長慶集序》中指出:"諷諭之詩長於激,閑適之詩長於遣,感傷之詩長於切。"③這裹"激"爲激俗之意,主要强調其政教色彩。清人馮班意識到白氏"諷諭"説與傳統"諷諭"説在語言風格上存在重要差異:"白公諷刺詩周詳明直,娓娓動人,自創一體,古人無是也。凡諷諭之文,欲得深隱,使言者無罪,聞者足戒,白公盡而

---

① 杜甫《同元使君春陵行》,載於謝思煒校注《杜甫集校注》,上海:上海古籍出版社2015年版,第850頁。
② 白居易《與元九書》,載於謝思煒校注《白居易文集校注》,北京:中華書局2011年版,第326頁。
③ 劉昫等撰《舊唐書》,北京:中華書局1975年版,卷一六六《白居易傳》,第4357頁。

露,其妙處正在周詳。"①鄭玄以來"諷諭"説强調修辭之"深隱",白氏卻反其道而行之,究其原因,應與其復古的詩學追求有關。"諷諭詩"中頗有題爲"新樂府"者,顯示白氏有意標舉漢樂府所承繼的"古詩"傳統,則其所謂"諷諭"也應更多置於《漢書·藝文志·詩賦略》所謂"風諭之義"的語境中加以理解。

隨著白氏諷諭詩的風行,"諷諭"的内涵也大量受到白氏詩學觀念的影響。司空圖《與李生論詩》言:"宜哉詩貫六義,則諷諭抑揚,渟蓄淵雅,皆在其間矣。"以"諷諭"和"渟蓄"對舉,後者深隱而前者顯白,正是白氏諷諭説之旨。楊慎《升庵詩話》言:"'聞説邊城苦,如今到始知,好將筵上曲,唱與隴頭兒。'此薛濤在高駢宴上樂府也,有諷諭而不露,得詩人之妙。"②楊慎認爲此詩妙在"有諷諭而不露",這裏"而"字表轉折,顯然楊氏默認"諷諭"詩多言露意直,故標許此詩得諷諭之妙而超越其局限。當然,鄭玄"諷諭"説同樣具有持續性的影響。如陳壽祺《桐孫老屋遺詩序》稱許朱君式之詩"諷諭深婉,有古風人之遺",作爲清代重要的漢學家,其所謂"諷諭"顯然仍襲用鄭箋之意,强調文辭"深婉"。應該説,這兩種"諷諭"説均强調詩歌的政教價值,但對語言風格的追求迥然不同,二者交錯互進,共同構成"諷諭"這一詩學理論的内涵,彰顯出中國古代詩學理論的複雜流變過程。

(作者單位:北京大學中國語言文學系,浙江大學馬一浮書院)

---

① 殷元勛注、宋邦綏補注《才調集補注》卷一,乾隆五十八年宋思仁刻本,第二十一頁下。
② 楊慎《升庵詩話》,李調元《函海》清道光五年李朝夔刻本,第三頁。

From Whence Comes the Wind? Transformations of the Concept of Fengyu from Admonition and Instruction to Analogy and Satire

Cheng Sudong

The ancestral peoples of China long ago recognized two major characteristics of wind: its local nature, and its ability to guide or lead [things]. From this, they developed "wind" as a metaphor for the dissemination of virtue, extending its meaning to that of influence and transmission. Based on these natural attributes, the "Great Preface to the *Classic of Poetry*" identifies as dual functions of poetry [comprised most prominently by the airs or "winds" *feng* of the individual states] the civilizing of the people and the admonishment of the ruler, respectively, serving as a unique cultural resource for communication between upper and lower social classes. Through this, "wind" became imbued with poetic significance, and concepts like "wind admonition or remonstrance," which was commonly used by writers of the Han Dynasty, also gained certain poetic implications. Regarding "wind admonition," it was initially employed to signify the central government's moral guidance to local regions, especially border areas, transitioning later during the reigns of Emperor Xuan of Han and Liu Xin to represent subjects' remonstrance to the ruler. Subsequently, Zheng Xuan (127 – 200) integrated the Han era "five admonitions following instruction" with the idea of analogy based in the classical terminology of simile [*bi*] and stimulus or metaphor [*xing*], forming the "admonition with analogy" theory. This emphasizes the political and educational aspects as well as the rhetorical nature of poetry, and exerted broad influence during the medieval period. Bai Juyi (772 – 846) further introduced the concept of "satirical poetry," emphasizing the directness of poetic language while highlighting the political and pedagogical functions of poetry, which contrasted sharply with the "wind admonition" interpretation that dominated the traditional study of the *Classic of Poetry*. These two perspectives together constitute two different dimensions of the theory of *fengyu* as admonition with instruction or metaphor that arose in the Song and Ming dynasties.

Keywords: Admonition, Remonstrance, *Maoshi daxu*, Zheng Xuan, Bai Juyi

徵引書目

1. 孔廣森：《大戴禮記補注》，北京：中華書局，2013年版。Kong Guangsen, ed. *Dadai liji buzhu* (Supplemental Annotations to the Dadai Record of Ritual). Beijing: Zhonghua shuju, 2013.

2. 《毛詩正義》，阮元校刻：《十三經注疏》，北京：中華書局，2009年版。*Maoshi zhengyi* (Correct Meanings to the Mao Commentary of the Classic of Poetry). In Ruan Yuan, ed., *Shisanjing zhushu* (Annotated Thirteen Classics). Beijing: Zhonghua shuju, 2019.

3. 王先慎：《韓非子集解》，北京：中華書局，1998年版。Wang Xianshen, ed. *Hanfeizi jijie* (Collected Explanations of Hanfeizi). Beijing: Zhonghua shuju, 1998.

4. 王先謙：《荀子集解》，北京：中華書局，1988年版。Wang Xianqian, ed., *Xunzi jijie* (Collected Explanations of Xunzi). Beijing: Zhonghua shuju, 1988.

5. 王念孫：《廣雅疏證》，北京：中華書局，2019年版。Wang Niansun, ed. *Guangya shuzheng* (Expanded Erya with Notes and Corrections). Zhonghua shuju, 2019.

6. 王符撰，汪繼培校正：《潛夫論箋校正》，北京：中華書局，1985年版。Wang Fu, Wang Jipei, ed. *Qianfulun jianjiaozheng* (The Discourse of a Recluse, Annotated and Corrected). Beijing: Zhonghua shuju, 1985.

7. 司馬遷：《史記》，北京：中華書局，2014年版。*Shi Ji* (Records of the Grand Historian). Beijing: Zhonghua shuju, 2014.

8. 向宗魯：《說苑校證》，北京：中華書局，1987年版。Xiang Zonglu, ed.. *Shuoyuan jiaozheng* (Collated Garden of Speech). Beijing: Zhonghua shuju, 1987.

9. 何寧：《淮南子集釋》，北京：中華書局，1998年版。He Ning, ed. *Huainanzi jishi* (Collected Annotations on Huainanzi). Beijing: Zhonghua shuju, 1998.

10. 《孝經注疏》，阮元校刻：《十三經注疏》，北京：中華書局，2009年版。*Xiaojing zhushu* (Classic of Filial Piety, with Notes and Explanations). In Ruan Yuan, ed., *Shisanjing zhushu* (Annotated Thirteen Classics). Beijing: Zhonghua shuju, 2019.

11. 《周易正義》*Zhouyi zhengyi* (The Book of Changes, with Notes and Explanations). In 阮元校刻：《十三經注疏》，北京：中華書局，2009年版。Ruan Yuan, ed., *Shisanjing zhushu* (Annotated Thirteen Classics). Beijing: Zhonghua shuju, 2019.

12. 《周禮注疏》，阮元校刻：《十三經注疏》，北京：中華書局，2009年版。*Zhouli zhushu* (Rituals of Zhou, with Notes and Explanations). In Ruan Yuan, ed., *Shisanjing zhushu* (Annotated Thirteen Classics). Beijing: Zhonghua shuju, 2019.

13. 《尚書正義》，阮元校刻：《十三經注疏》，北京：中華書局，2009年版。*Shangshu Zhengyi* (Correct Meanings of the Classic of History). In Ruan Yuan, ed., *Shisanjing zhushu* (Annotated Thirteen Classics). Beijing: Zhonghua shuju, 2019.

14. 《春秋公羊傳注疏》，阮元校刻：《十三經注疏》，北京：中華書局，2009年版。*Chunqiu Gongyang zhushu* (Gongyang Commentary to the Spring and Autumn Annals, with Notes and Explanations). In Ruan Yuan, ed., *Shisanjing zhushu* (Annotated Thirteen Classics). Beijing: Zhonghua shuju, 2019.

15.《春秋左傳正義》,阮元校刻:《十三經注疏》,北京:中華書局,2009 年版。*Chunqiu Zuozhuan zhengyi* (Correct Meanings of the Zuo Commentary to the Spring and Autumn Annals). In Ruan Yuan, ed., *Shisanjing zhushu* (Annotated Thirteen Classics). Beijing: Zhonghua shuju, 2019.

16.洪興祖:《楚辭補注》,北京:中華書局,1983 年版。Hong Xingzu, ed. *Chuci buzhu* (*Supplemented Annotations of Songs of Chu*). Beijing: Zhonghua shuju, 1983.

17.胡厚宣主編:《甲骨文合集釋文》,北京:中國社會科學出版社,1999 年版。Hu Houxuan, ed., *Jiaguwen heji shiwen* (*Collected Oracle Bone Inscriptions with Explanatory Text*). Beijing: Zhongguo shehuikexue, 1999.

18.范曄:《後漢書》,北京:中華書局,1965 年版。Fan Ye. *Hou Hanshu* (*History of the Later Han*). Beijing: Zhonghua shuju, 1965.

19.徐堅:《初學記》,北京:中華書局,1962 年版。Xu Jian, ed. *Chuxue ji* (*Record of Early Learning*). Beijing: Zhonghua shuju, 2004.

20.殷元勳注,宋邦綏補注:《才調集補注》,乾隆五十八年宋思仁刻本。Yin Yuanxun and Song Bangsui, ed., *Caidiaoji buzhu* (*Supplemented Annotations of the Collection of Talented Tunes*). Song Siren keben, 1793.

21.班固:《漢書》,北京:中華書局,1962 年版。Ban Gu. *Hanshu* (*History of the Former Han*). Beijing: Zhonghua shuju, 1962.

22.張健:《重探漢代經學中的賦比興說》,載於《中山大學學報》第 2 期(2023 年 3 月),第 38—60 頁。Zhang Jian. "Chongtan Handai jingxuezhong de fubixingshuo" (Re-examination of Exposition, Simile, and Metaphor in Han Era Classical Scholarship). *Zhongshan daxue xuebao* (Mar. 2023), pp.38–60.

23.許維遹:《呂氏春秋集釋》,北京:中華書局,2009 年版。Xu Weiyu, ed. *Lüshi Chunqiu jishi* (*Collected Explanations of Lushi Chunqiu*). Zhonghua shuju, 2009.

24.郭慶藩《莊子集釋》,北京:中華書局,2006 年版。Guo Qingfan, ed. *Zhuangzi jishi* (*Collected Explanations of Zhuangzi*). Beijing: Zhonghua shuju, 2006.

25.郭璞注,郝懿行疏:《山海經箋疏》,濟南;齊魯書社,2010 年版。Guo Pu and Hao Yixing, ed. *Shanhaijing jianshu* (*Annotated Edition of the Classic of Mountains and Seas*). Ji'nan: Qilu shushe, 2010.

26.陳立:《白虎通疏證》,北京:中華書局,1994 年版。*Baihu tong shuzheng* (*Evidential Annotations for Comprehensive Meanings in the White Tiger [Hall]*). Beijing: Zhonghua shuju, 1994.

27.黃叔琳注,李詳補注,楊明照校注拾遺:《增訂文心雕龍校注》,北京:中華書局,2012 年版。Huang Shulin, Li Xiang, and Yang Mingzhao, ed. *Zeng ding wenxin diaoong jiaozhu*(*Revised Edition of The Literary Mind and the Carving of Dragons with Notes*). Beijing: Zhonghua shuju, 2013.

28.焦循:《孟子正義》,北京:中華書局,1987 年版。Jiao Xun, ed. *Mengzi zhengyi* (*Correct Meanings of Mencius*). Beijing: Zhonghua shuju, 1987.

29.程樹德:《論語集釋》,北京:中華書局,1990 年版。Cheng Shude, ed. *Lunyu jishi*

(*Collected Explications of the Analects*). Beijing: Zhonghua shuju, 1990.
30. 楊朝明:《孔子家語通解》,濟南:齊魯書社,2013 年版。Yang Zhaoming, ed. *Kongzi jiayu tongjie* (*Comprehensive Explanations of the Family Sayings of Confucius*). Ji'nan: Qilu shushe, 2013.
31. 楊慎:《升庵詩話》,李調元《函海》清道光五年李朝夔刻本。Yang Shen. *Sheng'an shihua* (*Sheng'an Poetry Talks*). Collected and printed by Li, Li Chaokui keben, 1825.
32. 劉昫等撰:《舊唐書》,北京:中華書局,1975 年版。Liu Xu et al. *Jiu Tangshu* (*Old Book of Tang*). Beijing: Zhonghua shuju, 1975.
33. 蕭統編,李善注:《文選》,上海:上海古籍出版社,1986 年版。Xiao Tong and Li Shan, ed. *Wenxuan* (*Literary Selections*). Shanghai: Shanghai guji, 1986.
34. 應劭撰,王利器校注:《風俗通義校注》,北京:中華書局,1981 年版。Ying Shao, Wang Liqi, ed. *Fengsu tongyi jiaozhu* (*Collated and Annotated Comprehensive Meanings of Social Customs*). Beijing: Zhonghua shuju, 1981.
35. 謝思煒校注:《白居易文集校注》,北京:中華書局,2011 年版。Xie Siwei, ed. *Bai Juyi wenji jiaozhu* (*Collated and Annotated Collection of the Works of Bai Juyi*). Beijing: Zhonghua shuju, 2011.
36. 謝思煒校注:《杜甫集校注》,上海:上海古籍出版社,2015 年版。Xie Siwei, ed. *Du Fu ji jiaozhu* (*Collated and Annotated Collection of the Works of Du Fu*). Shanghai: Shanghai guji, 2015.
37. 《禮記正義》,阮元校刻:《十三經注疏》,北京:中華書局,2009 年版。*Liji zhengyi* (*Correct Meanings of the Classic of Ritual*). In Ruan Yuan, ed., *Shisanjing zhushu* (*Annotated Thirteen Classics*). Beijing: Zhonghua shuju, 2019.
38. 蘇輿:《春秋繁露義證》,北京:中華書局,1992 年版。Su Yu. *Chunqiu fanlu yizheng* (*Corroborated Meanings of the Abundant Dews of the Spring and Autumn*). Beijing: Zhonghua shuju, 1992.

"虛實"範疇的生成語境與應用場景

劉曉軍　姜俵容

【摘　要】"虛實"是中國古代文藝理論的重要範疇。"虛""實"各有多重義項,"虛"之"空虛""虛假"義與"實"之"充實""真實"義並置,便生成"虛實"這個二元對立的範疇。"虛實"語義的形成源自先秦兩漢時期諸子對宇宙人生、天道人道的論述,其中儒家"充實之謂美"與道家"致虛極,守靜篤"影響最大。應用到文藝理論中,作爲創作方法,"虛實"主要指虛字與實字、虛句與實句的不同作用,虛寫與實寫的表現手法以及虛構與實録的創作方式;作爲作品風格,"虛實"分別指向"空靈"和"質實"等多種文風,涵蓋詩、詞、小説、戲曲以及繪畫、書法等文學藝術類型。

【關鍵詞】虛實　充實　虛静　空靈　質實

"虛實"是中國古代文藝理論的核心範疇之一,内涵非常豐富,外延相當寬廣,涉及文學、史學、哲學、藝術學、軍事學、建築學等諸多學科。要想全面系統又言簡意賅地闡釋這個範疇並非易事,原因主要有三點:一、"虛實"範疇極具衍生性,在長期的使用過程中派生出了大量子範疇,比如"虛實相生""虛實相半""虛實互藏""虛中有實""實中有虛""實者虛之""虛者實之""化虛爲實""化實爲虛""虛象與實象""虛境與實境""虛字與實字"等;二、"虛實"範疇極具包容性,在不同語境下常常與其他範疇交叉融合,比如"有無""真假""形神""意象""文質""情景""陰陽""詳略""顯隱""疏密""濃淡""賓主"等;三、"虛實"範疇極具實用性,廣泛運用於詩詞、小説、戲劇、兵法、書法、繪畫、園林建築等多個領域。這些特點使"虛實"範疇的闡釋變得異常複雜且繁瑣,但同時又凸顯了"虛實"範疇闡釋的重要價值和意義。學界對於"虛實"範疇及相關理論的研究已有不少成果，①本文試圖在前人研究的基礎上，盡可能簡練地梳理"虛實"這個範疇的生成語境與應用場景。

一、"虛實"範疇的語義源流

"虛實"一詞很早就出現在古籍裏。《戰國策》卷二"西周"云："夫本末更盛，虛實有時。"②"虛實"在這裏指事物的盈虧。《孫子·勢篇》云："兵之所加，如以碬投卵者，虛實是也。"③"虛實"在這裏指力量的強弱。在不同語境中，"虛實"範疇有不同的含義。要想瞭解"虛實"這個範疇的內涵與外延，首先要弄清楚構成這個範疇的兩個漢字是什麽含義。

《説文解字》這樣解釋"虛"："虛，大丘也。昆侖丘謂之昆侖虛。"④許慎認爲，"虛"是指高大的"丘"，所以昆侖丘又叫昆侖虛。昆侖丘是古代神話中高聳入雲的大山，是天帝在下界的都邑⑤。既然"虛"就是"丘"，那麽"丘"又是什麽意思呢？《説文解字》説："丘，土之高也，非人所爲也。……一曰，四方高中央下爲丘。"⑥按照許慎的解釋，可知"丘"有兩種含義，一是指天然形成的高大土堆，二是指四周高中央低的窪地。這兩種含義聽上去恰好相反——前者中間高四周低，後者則四周高中間低。但無論是哪一種含義，如果站在高處往低處看，都會產生空曠的視覺效果和不踏實的心理反應。所以段玉裁由"虛"的本義"大丘"，又引申出了"空虛"和"虛假"的含義，他説："虛本謂大丘，大則空曠，故引伸之爲空虛。如魯少皥之虛，衛顓頊之虛，陳大皥之虛，鄭祝融之虛，皆本帝都，故謂之虛。又引伸之爲凡

---

① 詳見葉長海《中國藝術虛實論》，載於《戲劇藝術》第 6 期（2001 年 12 月），第 35—49 頁；胡立新、沈嘉達《虛實範疇在傳統文藝學中的表義系統辨析》，載於《中南民族大學學報（人文社會科學版）》第 5 期（2003 年 10 月），第 105—110 頁；張方《虛實掩映之間》，南昌：百花洲文藝出版社 2017 年版等著述。
② 劉向編集，賀偉、侯仰軍點校《戰國策》，濟南：齊魯書社 2005 年版，第 12 頁。
③ 陳曦譯注《孫子兵法》，北京：中華書局 2011 年版，第 74 頁。
④ 許慎撰，段玉裁注，許惟賢整理《説文解字注》，南京：鳳凰出版社 2015 年版，第 677 頁。
⑤ 《山海經·西山經》云："西南四百里，曰昆侖之邱，是實惟帝之下都，神陸吾司之。"郭璞注，畢沅校《山海經》，上海：上海古籍出版社 1989 年版，第 26—27 頁。
⑥ 許慎撰，段玉裁注，許惟賢整理《説文解字注》，第 677 頁。

不實之稱,《邶風》:'其虛其邪。'毛曰:'虛,虛也。'謂此虛字,乃謂空虛,非丘虛也。……虛訓空,故丘亦訓空,如《漢書》'丘亭'是……"①《史記》說"良賈深藏若虛,君子盛德,容貌若愚"②,這裏的"虛"就是空虛、不存在的意思;《史記》又說"世之傳孟嘗君好客自喜,名不虛矣"③,這裏的"虛"就是虛假、不真實的意思。此外,《爾雅》《集韻》等也將"虛"解釋爲"空",與"實"相對。在長期的使用過程中,"虛"逐漸衍生出多種含義。除了指空虛、不存在,虛假、不真實外,還可以指空隙,可引申爲薄弱環節,如《孫子》說"進而不可禦者,沖其虛也;退而不可追者,速而不可及也"④;指稀疏、減少,如《左傳》說"土虛而民耗,不饑何爲"⑤;指虛構、空想,如清代人盧文弨說"虛文可以僞爲,實事難以空造"⑥;指虛無,如《老子》說"致虛極,守静篤。萬物並作,吾以觀其復"⑦。

"虛"的本義是指大丘,可以引申爲"空虛""虛假"等含義,與它對舉的"實"又是什麽意思呢?《説文解字》說:"實,富也。從宀貫。貫爲貨物。"⑧"宀"表示房屋,跟房屋有關的漢字大多用"宀"作爲偏旁,以標識它的本來意義。"貫"指貨物。"貫"的本義是指串聯銅錢的繩子,可引申爲財富、貨物。段玉裁解釋說,"以貨物充於屋下是爲實"⑨,意思是貨物塞滿屋子,這種狀況就叫做"實",也就是"充實"的意思。管子說"倉廩實,則知禮節;衣食足,則知榮辱"⑩,這裏的"實"就是充實的意思。段玉裁又引申出草木所結的果子也叫做"實",也就是"果實"。《詩經》說"桃之夭夭,有蕡其實"⑪,這裏的"實"就是指果實、子實。此外,《廣韻》《增韻》等也將"實"解釋爲"滿""充",與"虛"相對。在長期的使用過程中,"實"也衍生出多種含義,

---

① 許慎撰,段玉裁注,許惟賢整理《説文解字注》,第677頁。
② 司馬遷撰,裴駰集解,司馬貞索隱,張守節正義《史記·老子韓非列傳》,北京:中華書局1982年版,第2140頁。
③ 司馬遷撰,裴駰集解,司馬貞索隱,張守節正義《史記·孟嘗君列傳》,第2363頁。
④ 陳曦譯注《孫子兵法·虛實篇》,第98頁。
⑤ 洪亮吉;李解民點校《春秋左傳詁·襄公二十八年》,北京:中華書局1987年版,第598頁。
⑥ 盧文弨《新雕西京雜記緣起》,葛洪撰,周天游校注《西京雜記·附錄》,西安:三秦出版社2006年版,第279頁。
⑦ 姚鼐、奚侗、馬其昶撰《老子注三種·十六章》,合肥:黄山書社2014年版,第81頁。
⑧ 許慎撰,段玉裁注,許惟賢整理《説文解字注》,第594頁。
⑨ 許慎撰,段玉裁注,許惟賢整理《説文解字注》,第594頁。
⑩ 《管子》卷一"牧民第一·經言一",杭州:浙江人民出版社1987年據宋哲元影明萬曆刻本影印,第1頁。
⑪ 程俊英、蔣見元譯注《詩經注析·周南·桃夭》,北京:中華書局1991年版,第17頁。

除充實、果實以外，還指充足、富裕，如《國語》説"田野開闢,府倉實,民衆殷"①；指真實、不虛假，如《楚辭》説"後聽虚而黜實兮,不吾理而順情"②；指堅實、踏實，如《孫子》説"兵之形,避實而擊虚"③；指實際、事實，如《宣和遺事》記載"朝廷遣黄潛善按視,潛善歸謂訛傳,不以實聞於上"④。

當"虚"側重於表示空虚、虛假等含義，"實"側重於表示充實、真實等含義時，"虚""實"這兩個字就自然而然地形成了一組二元對立的語詞，應用於各種情境之中。上文提到《楚辭》所說"聽虚而黜實"，《孫子》所說"避實而擊虚"，盧文弨所説"虚文"和"事實"，莫不如此。《韓非子》説"安危在是非,不在於强弱；存亡在虛實,不在於衆寡"⑤，更是將"虚實"與"安危""是非""强弱""存亡""衆寡"等對立概念並舉，體現了中國古人鮮明的二元對立思想。在具體的應用場景中，"虚"的多種義項與"實"的多種義項組合在一塊，就構成了"虚實"豐富多樣的意藴内涵。

二、"虚實"範疇的思想根源

"虚實"範疇的形成有著較爲駁雜的思想根源，源自先秦兩漢時期諸子對宇宙人生、天道人道的論述，比如儒家的"充實之謂美"⑥，道家的"致虚極,守静篤"⑦，兵家的"避實而擊虚"⑧，法家的"虚則知實之情,静則知動者正"⑨，雜家的"有生於無,實出於虚"等⑩。現以儒家和道家爲例，闡述"虚實"範疇的思想根源。

"充實之謂美"是儒家代表人物孟子的主張，討論個體如何加強人格修養的問題。孟子將個體人格分爲善、信、美、大、聖、神六個等級，他説："可

---

① 左丘明撰，徐元誥集解，王樹民、沈長云點校《國語集解·越語下》，北京：中華書局2002年版，第578頁。
② 洪興祖撰，白化文點校《楚辭補注》，北京：中華書局1983年版，第282頁。
③ 陳曦譯注《孫子兵法·虚實篇》，第110—111頁。
④ 《新刊大宋宣和遺事·利集》，上海：古典文學出版社1954年版，第79頁。
⑤ 王先慎撰，鍾哲點校《韓非子集解·安危》，北京：中華書局1998年版，第200頁。
⑥ 焦循撰，沈文倬點校《孟子正義·盡心章句下》，北京：中華書局1987年版，第994頁。
⑦ 姚鼐、奚侗、馬其昶撰《老子注三種·十六章》，第81頁。
⑧ 陳曦譯注《孫子兵法·虚實篇》，第110—111頁。
⑨ 高華平、王齊洲、張三夕譯注《韓非子·主道》，北京：中華書局2015年版，第34頁。
⑩ 陳慶忠譯注《淮南子·原道訓》，北京：中華書局2012年版，第32頁。

欲之謂善,有諸己之謂信,充實之謂美,充實而有光輝之謂大,大而化之之謂聖,聖而不可知之之謂神。"①這六個等級呈遞進關係,"美"處於承上啓下的位置。人要成爲"神人"很難,成爲"美人"則相對比較容易。要怎樣做纔能成爲"美人"呢？漢代趙岐這樣解釋:"充實善信,使之不虛,是爲美人。美德之人也。"②他認爲個體通過自覺努力,擴充仁義禮智信等内在的道德品質,並充盈於外在的形體之中,就是"美人"。宋代張載將"充實之謂美"進一步解釋爲"充内形外之謂美"③,朱熹也認爲"充實之謂美"就是"美在其中而無待於外"④,他們倆都强調"内德"與"外容"兼備方能成爲"美人"。到了清代,焦循對這個命題做了更加詳盡的解釋,他説:"即此有諸己者,擴而充之,使全備滿盈,是爲充實。"⑤他以《詩經·邶風·簡兮》中的"美人"爲例,指出"充滿其所有,以茂好於外,故容貌碩大而爲美。美指其容也"⑥。簡單地説,"充滿其所有"指内在的品質,"茂好於外"指外在的形式,當"善"與"信"相統一的内容以華茂的形式表現出來時,個體就達到了"充實"的狀態,也就成了"美人"。

"充實之謂美"强調個體内在的道德品質與外在的表現形態相統一,這個倫理學命題很快就轉化爲文藝學命題,用來强調作品内容與形式的統一,並與"文質""意象""形神"等範疇交叉融合。從本質上説,孟子對個體人格修養的理解與孔子的"文質"論存在一定程度的承續關係。孔子説:"質勝文則野,文勝質則史,文質彬彬,然後君子。"⑦"質"指事物的本體或本性,泛指一切内容；"文"指事物的紋理或形象,泛指一切形式。孔子認爲,内在的本性樸實,外在的表現又有文采,這樣的人就稱得上君子。不難看出,孔子説的"君子"與孟子説的"美人"都强調個體"内德"與"外容"的統一,這種標準引申到文藝創作中來,便是作品内容與形式的統一。在中國文學批評史上,以"質"爲主導的文質統一觀一直是評判作品優劣的重要標準。陸機説"理扶質以立幹,文垂條而結繁"⑧,王夫之説"離於質者非

---

① 焦循撰,沈文倬點校《孟子正義·盡心章句下》,第994頁。
② 焦循撰,沈文倬點校《孟子正義·盡心章句下》,第994頁。
③ 張載著,章錫琛點校《張載集·中正篇第八》,北京:中華書局1978年版,第27頁。
④ 朱熹撰《四書章句集注·孟子集注·盡心章句下》,北京:中華書局2016年版,第378頁。
⑤ 焦循撰,沈文倬點校《孟子正義·盡心章句下》,第995頁。
⑥ 焦循撰,沈文倬點校《孟子正義·盡心章句下》,第995頁。
⑦ 程樹德撰,程俊英、蔣見元點校《論語集釋·雍也下》,北京:中華書局1990年版,第400頁。
⑧ 陸機著,張懷瑾譯注《文賦譯注》,北京:北京出版社1984年版,第25頁。

文,而離於文者無質也"①,都是強調作品內容與形式不可偏廢。爲了矯正齊梁以來"文秀而質弱"的現狀,韓愈和柳宗元甚至發起了"以質扶文"的古文運動。正因爲強調"文"與"質"的有機統一,特別是表現"美"的"文"應該是"質"完滿時候的自足狀態,所以古人講究"立象以盡意"時,又往往"重意輕象",甚至主張"得意忘象"。這是因爲這種"象"只是技法層面的"象",而非由作品之意自足生發的"象"。那種由"質"自足生成的"象"能够體現出"大象無形"的特點,是"質中有文,文中有質,渾然天成,絶無痕跡"②的,是"如行雲流水,初無定質,但常行於所當行,常止於所不可不止,文理自然,姿態橫生"③的。出於對這種渾然天成之"文"的推崇,那些"文勝質"的文體如漢代大賦、南朝宫體詩、晚唐花間體詞常常被人批評爲"虚文浮誕""文氣卑弱"。

　　"致虚極,守静篤"是道家代表人物老子的觀點,討論個體要怎樣做纔能體察天道的問題。老子説:"致虚極,守静篤。萬物並作,吾以觀其復。"④主張只有極力做到虚静寡欲,徹底堅持清静無爲,個體纔能體察萬物循環往復的規律。老子這種"虚静"觀可以追溯到管子,管子也説過"虚其欲,神將入舍","去欲則宣,宣則静矣。静則精,精則獨立矣。獨則明,明則神矣。……虚者無藏也"⑤,主張清心寡欲,保持清醒的頭腦,這樣纔能獲得高度的智慧。莊子對管子和老子提出的"虚静"觀做了補充和完善,使它變得系統化。莊子説:"夫虚静恬淡、寂寞無爲者,天地之平,而道德之至。故帝王聖人休焉。"⑥强調虚静、恬淡、寂寞、無爲,是天地的本原和道德的極致,帝王、聖人的修爲也只能到這個境界。莊子又説:"以虚静推於天地,通於萬物,此之謂天樂。天樂者,聖人之心,以畜天下也。"⑦莊子認爲將寂静推及於天地,通達於萬物就是天樂;而所謂天樂,便是用聖人的愛心來養育天下。那麽要怎樣做纔能得道成聖呢? 莊子指出"心齋"是得道的唯一途徑:"唯道集虚。虚者,心齋也。"⑧只有虚静的狀態纔是大道停駐的地方,而心

---

① 王夫之著,王孝魚點校《尚書引義・畢命》,北京:中華書局1962年版,第152頁。
② 胡應麟《詩藪・内編卷二》,北京:中華書局1958年版,第21頁。
③ 蘇軾撰,孔凡禮點校《蘇軾文集・與謝民師推官書》,北京:中華書局1986年版,第1418頁。
④ 姚鼐、奚侗、馬其昶撰《老子注三種・十六章》,第81頁。
⑤ 《管子》卷一三"心術上第三十六",第一至三頁。
⑥ 王叔岷撰《莊子校詮》,北京:中華書局2007年版,第469頁。
⑦ 王叔岷撰《莊子校詮》,第473頁。
⑧ 王叔岷撰《莊子校詮》,第130頁。

靈虛靜的狀態,就是心齋。

作爲哲學命題,"致虛極,守靜篤"原本指一種排除主客觀因素干擾,達到物我兩忘的境地,從而認識事物本原"道"的心理狀態。爲了闡明"虛靜"對於"得道"的重要意義,《莊子》講述了很多技藝神化的故事,比如梓慶削木時"輒然忘吾有四肢形體"①,庖丁解牛時能"以神遇而不以目視,官知止而神欲行"②。這種追求極致技藝的過程與作家努力獲取審美對象的過程非常相似,於是"虛靜"又成爲文學範疇,指在審美過程中,審美主體保持虛空澄明的心理狀態而獲得審美對象的方法。作家在進行藝術構思時,應當處於心靈虛靜的狀態,排除外界干擾,摒棄私心雜念,保持創作的絶對自由。劉勰較早將道家的"虛靜"思想運用於創作指導,他指出作家構思時應當保持"虛靜"的心理狀態:"是以陶鈞文思,貴在虛靜,疏瀹五藏,澡雪精神。"③劉勰所説"疏瀹五藏,澡雪精神",是指保持内心的通暢和精神的純净,這個過程類似於老子所説"滌除玄覽"和莊子所説"心齋"。在中國文論史上,"虛靜"成爲作家構思時的標準化流程,得到很多作家和批評家的呼應。蘇軾説:"欲令詩語妙,無厭空且靜。靜故了群動,空故納萬境。"④謝榛説:"凡作文,靜室隱几,冥搜邈然,不期詩思遽生,妙句萌心。"⑤兩人不約而同地談到保持虛靜的心理狀態對於詩歌精妙語句生成的重要意義。

三、"虛實"範疇與創作方法

"虛實"範疇曾在不同的文藝活動和文藝研究的不同理論層次上,被用來説明一些帶規律性的創作問題。其中較常見的有以下三種情況:在文學修辭領域中,指虛字與實字、虛句與實句的不同作用;在藝術創作的具體技巧上,指虛寫與實寫的各種表現手法及其精神實質;在創作内容和具體對象上,指虛構與實録的關係。

---

① 王叔岷撰《莊子校詮》,第705頁。
② 王叔岷撰《莊子校詮》,第105頁。
③ 劉勰著,陸侃如、牟世金譯注《文心雕龍譯注·神思》,濟南:齊魯書社2009年版,第378頁。
④ 蘇軾撰,王文誥輯注,孔凡禮點校《蘇軾詩集·送參寥師》,北京:中華書局1982年版,第906頁。
⑤ 謝榛《四溟詩話》,丁福保輯《歷代詩話續編》,北京:中華書局1983年版,第1179頁。

虛字與實字主要用來談論詩詞創作的修辭問題。在古代漢語中，"虛字"指意義比較抽象的詞，一般來説包括動詞、形容詞、副詞、連詞等，"實字"則指那些意義相對具體的詞，包括名物詞和數詞。字分虛實，源自古人對煉字的重視，陳師道曾説"學詩之要，在乎立格命意用字而已"①，晚唐苦吟派詩人更是留下不少煉字的佳話。對於虛字與實字的不同偏好是詩分唐宋的例證之一，錢鍾書就曾經指出"唐人詩好用名詞，宋人詩好用動詞"②。唐人名句如"雞聲茅店月，人跡板橋霜"，"深秋簾幕千家雨，落日樓臺一笛風"便全用實字。然而，實字只能組成靜態的畫面，容易使句式板實滯塞，因此如何活用實字和虛字，使句子富有動態，就成了古人關注的重點。北宋詩人推崇杜甫的原因之一就是老杜在用字上"變化開闔，出奇無窮"，他既能將虛字、實字本身用得"活"，又能化實爲虛，化虛爲實，如"江山有巴蜀，棟宇自齊梁"，只用"有"與"自"兩個虛字便將"遠近數千里，上下數百年"的實景納入句中③。又如"弟子貧原憲，諸生老伏虔"則將實字用作虛字，"貧""老"本爲實字，在這裏是"以爲貧""以爲老"之意，轉爲虛字④。

　　字分虛實，句也一樣。實句和虛句在古代詩論中有兩種内涵。其一是以"賦"爲"實"，以"比興"爲"虛"。"賦"即直陳其事，描寫的是實事、實景，所以爲"實"；"比興"則需要動用想象和聯想，因此爲"虛"。吴喬《圍爐詩話》説："大抵文章實做則有盡，虛做則無窮。雅頌多賦，是實做。風騷多比興，是虛做。……比興是虛句、活句，賦是實句。有比興，則實句變爲活句。無比興，則實句變成死句。"⑤其二是以描寫景物的句子爲實，以抒發情思的句子爲虛。周弼據此將唐代律詩頷聯和頸聯的作法歸納爲四類：四實、四虛、前虛後實、前實後虛。所謂"四實"指的是四句都寫景，"四虛"則指四句都抒情，"前虛後實"是指頷聯抒情、頸聯寫景，"前實後虛"則是指頷聯寫景、頸聯抒情⑥。句分虛實，其實質是強調通過情與景、賦與比興的適

---

① 張表臣《珊瑚鈎詩話》，何文焕輯《歷代詩話》，北京：中華書局 2004 年版，第 464 頁。
② 錢鍾書《談藝録》，北京：中華書局 1984 年版，第 244 頁。
③ 參葉夢得《石林詩話》，何文焕輯《歷代詩話》，第 420 頁。
④ 楊萬里《誠齋詩話》云："詩有實字而善用之者，以實爲虛。杜云：'弟子貧原憲，諸生老伏虔。''老'字蓋用'趙充國請行，上老之。'"丁福保輯《歷代詩話續編》，第 148 頁。
⑤ 吴喬《圍爐詩話》卷一，上海：商務印書館 1936 年版，第 10 頁。
⑥ 詳見周弼《三體唐詩選例》，載於《景印文淵閣四庫全書》集部第 1358 册，臺北：商務印書館 1983 年版，第四頁。

當搭配來增強詩歌的藝術效果。處理好虛實之間的關係就能創作出靈動的詩句,清代朱庭珍因此認爲作詩的關鍵就在於虛實問題:"夫律詩千態百變,誠不外情景虛實二端。"①

活用虛字、實字與虛句、實句突出了異質元素之間配合和轉換的重要性,這種二元論有它的思想根源,如儒家的"以和爲美",道家的"陰陽調和",雜家的"有生於無,實出於虛"。二元調和的觀念也形成了古人對虛寫與實寫各種表現手法的認識。其實,文藝創作本身就是從虛到實的過程,陸機《文賦》指出寫作是"課虛無以責有,叩寂寞以求音"②,即從虛無中創造出形象和聲音。落實到具體技巧上,"虛"主要指藝術形象中無法直接感覺到的無形的部分,或者由欣賞者從有形部分産生聯想、補充、虛幻出來的東西;"實"則指具體可感的、有形的、實在的部分。在這個層面上,虛實常與藏露、疏密、詳略、濃淡、聚散、顯隱、明晦、賓主、動静、正面描寫和側面描寫等概念交叉融合。中國山水畫最能體現古人對虛實具體技巧的運用——它們本來就由畫幅上的"虛白"和"實染"兩部分組成。清代華琳説"黑、濃、濕、幹、淡之外加一白字,便是六彩。白即紙素之白",畫家可以用素紙之白"作天、作水、作煙斷、作雲斷、作道路、作日光"③。也就是説畫家可以通過運筆賦予虛白以造型,這與書法"計白爲黑"是一樣的道理。在繪畫中,畫面中"實染"的地方是具體可感的,屬於"實寫","虛白"的地方則屬於"虛寫"。同時,在"實染"部分,筆墨濃厚、繁密、明亮的地方屬於"實",顏色淺白、稀疏、暗淡之處則屬於"虛"。運筆的關鍵在於適當地處理濃淡、疏密、詳略、顯隱等關係。比如景物都有陰陽兩面,從視覺上看,陰面光弱色深,就用實染之墨來表現;陽面光强色淺,就用渲染乃至虛白的方法表現④。更重要的是虛實是畫作藝術結構的有機組成部分,"山實虛之以煙靄,山虛實之以亭臺"⑤,正是通過顯隱、藏露、明晦的交合,中國畫便達到了虛實相生之美。

"虛實"除了表現在具體技法上,也用來探討創作内容虛構與真實之間

---

① 朱庭珍《筱園詩話》卷一,北京:北京大學藏光緒十四年(1888)趙鑄刻本,第十五頁。
② 陸機著,張懷瑾譯注《文賦譯注》,第 25 頁。
③ 華琳《南宗抉秘》,俞劍華編著《中國古代畫論類編》(修訂本)上卷,北京:人民美術出版社 2004 年版,第 296 頁。
④ 詳見丁皋《寫真秘訣》,載於俞劍華編著《中國古代畫論類編》(修訂本)上卷,第 548 頁。
⑤ 笪重光《畫筌》,載於俞劍華編著《中國古代畫論類編》(修訂本)下卷,第 807 頁。

的關係。就中國山水畫和書法的寫意性來説，它們更注重神似而非形似，中國詩歌創作也是一樣。陸時雍説："詩貴真，詩之真趣，又在意似之間。認真則又死矣。"①比如李白的詩句"燕山雪花大如席，片片吹落軒轅臺"，描寫是誇張的，但又像真實的一樣，充滿趣味；貫休的詩句"庭花濛濛水泠泠，小兒啼索樹上鶯"，情景是寫實的，但畫面呆板，了無生趣②。蘇軾指出，"論畫以形似，見與兒童鄰。賦詩必此詩，定非知詩人"③，強調繪畫和詩歌要超越形似，追求神似，要區分藝術真實和生活真實。只是藝術真實離不開生活真實，景可以是假的，形可以不似，但也要合乎情理。歐陽修就曾批評"姑蘇臺下寒山寺，半夜鐘聲到客船"描寫的場景不符合情理，因爲三更半夜不是打鐘的時候④。

　　虛構與真實之間的關係在小説創作中更加明顯。古代小説創作深受史家"實錄"精神的影響，特別強調事件的真實。蔣大器説《三國演義》"事紀其實，亦庶幾乎史"⑤，他將這部小説當作歷史的忠實記錄。對歷史演義類小説而言，"實錄"更鮮明地體現在"按鑑"一詞上，明清歷史演義小説大多在書名前標注"按鑑"字樣。所謂"按鑑"，就是按照《資治通鑑》及其續作、仿作和其他史傳文獻的記載編創小説的意思⑥，強調的正是小説創作必須符合歷史真實。實錄精神對於中國古代小説的創作影響深遠，直到晚清，人們還以實錄的態度編創小説，比如中國老少年在輯錄《中國偵探案》時就強調"吾之輯是書也，必求紀實，而絕不參以理想"⑦，他説的"理想"就是"虛構"的意思。然而藝術真實終究不同於歷史真實，金豐説："從來創説者，不宜盡出於虛，而亦不必盡出於實。苟事事皆虛，則過於誕妄，而無以服考古之心；事事皆實，則失於平庸，而無以動一時之聽。"金豐認爲，小説創作不能完全虛構，也不能完全實錄。如果内容都是虛構的，就會過於荒

---

① 陸時雍《詩鏡總論》，載於丁福保輯《歷代詩話續編》，第 1420 頁。
② 參謝榛《四溟詩話》，載於丁福保輯《歷代詩話續編》，第 1149 頁。
③ 蘇軾《書鄢陵王主簿所畫折枝二首》，載於蘇軾撰，李之亮箋注《蘇軾文集編年箋注·詩詞附》第 11 册，成都：巴蜀書社 2011 年版，第 299 頁。
④ 詳見歐陽修《六一詩話》，載於何文煥輯《歷代詩話》，第 269 頁。
⑤ 蔣大器《三國志通俗演義序》，載於丁錫根編著《中國歷代小説序跋集》，北京：人民文學出版社 1996 年版，第 887 頁。
⑥ 參劉曉軍《"按鑑"考》，載於《明清小説研究》第 3 期（2006 年 9 月）第 19—33 頁。
⑦ 中國老少年《中國偵探案弁言》（1906），載於陳平原、夏曉虹編《二十世紀中國小説理論資料》第 1 卷，北京：北京大學出版社 1997 年版，第 213 頁。

誕而無法讓人信服；如果內容都是實錄的，又會過於平庸而無法吸引讀者。因此金豐主張虛實之間應該相互轉化，"實者虛之，虛者實之"①。金聖歎讚揚《水滸傳》深得"文章家虛實相間之法"，他認爲"文到入妙處，純是虛中有實，實中有虛"②，好的小說一定是虛實相生的。不僅小說創作如此，戲曲創作也面臨虛實問題。王驥德說："戲劇之道，出之貴實，而用之貴虛。《明珠》《浣紗》《紅拂》《玉合》，以實而用實者也。《還魂》、'二夢'，以虛而用實者也。以實而用實也易，以虛而用實也難。"③王驥德以七部具體的戲曲作品爲例，認爲把真實的事情寫得合乎情理比較容易，而把虛假的事情寫得合情合理難度就大多了。人們一般把詩文當作抒情文學，而把小說戲曲當作敘事文學。既然以敘事爲主，故事的真假、虛實往往就成了讀者最在乎的事情，所以如何處理題材的虛實問題，就成爲小說戲曲創作的當務之急。謝肇淛提出了"虛實相半"的原則，他說："凡爲小說及雜劇戲文，須是虛實相半，方爲遊戲三昧之筆。"④直到今天，"虛實相半"都是小說戲曲創作處理故事素材比較理想的解決方案。

四、"虛實"範疇與作品風格

古人圍繞"虛實"範疇在不同理論層面上的討論最終都落實到作品的風格上。

從創作內容的特徵和組織形式來看，"虛實"分別指向"空泛"和"質實"兩種創作風氣。王充《論衡》曾提出"疾虛妄""求實誠"，⑤"虛妄"是導致文風"空泛"的主要原因，大多是由創作主體自身學識修養不扎實引起的，這樣的文章常常被古人批評爲"虛文""不經之談""無本之文"。這種"崇實"的精神被繼承下來，就形成了"虛文"與"實文"這組相反相成的概念。"疾虛妄""求實誠"的審美趣味發展到清代乾嘉時期，便形成了集大成

---

① 金豐《説岳全傳序》，載於丁錫根編著《中國歷代小說序跋集》，第987—988頁。
② 金聖歎著，陸林整理《第五才子書施耐庵水滸傳》第二十六回"母夜叉孟州道賣人肉 武都頭十字坡遇張青"，南京：鳳凰出版社2016年版，第503頁。
③ 王驥德著，陳多、葉長海注《王驥德曲律》卷三"雜論"四十五，長沙：湖南人民出版社1983年版，第201頁。
④ 謝肇淛《五雜組》卷一五"事部三"，上海：中華書局上海編輯所1959年版，第447頁。
⑤ 王充撰，黃暉校釋《論衡校釋》"對作篇"，北京：中華書局1990年版，第1179頁。

的"實學"。"實學"受到樸學考據風氣和"經世致用"等思想的影響,形成了關於"實文"的豐富認識。第一,"實"意味著"有本之文",那些內容有根底有來源的文章可以稱爲"實文",那些"無本之文""不經之文"則被斥爲虛文;第二,即使有根底也未必"實",還需要貼近人事,那些不切人事的心性、天道之論則被斥爲虛文;第三,在論述過程中證據充足、條理清楚、結論可信叫做"實",那些憑空虛談之作則被批爲"虛";第四,文章應該以用世爲目的,如果不以經世致用爲目的只算是"虛文";第五,即使以經世致用爲目的但是無法在現實中操作的論述,也會被嘲諷爲虛文。①

"空泛"和"質實"主要是古人對應用型文體風格的界定,但也影響到其他文類,比如左思就批評司馬相如《上林賦》、揚雄《甘泉賦》、班固《兩都賦》等"假稱珍怪""侈言無驗""虛而無證"②。"質實"也一度影響小説的創作,上文提到歷史演義講究"實錄"便是重要例證。然而,作爲通俗文學的小説與應用文體畢竟有所不同,在求實之外,"傳奇""貴幻"是小説在虛實融合下形成的新的風格追求。"好奇尚異"本來就是人們的正常心理,胡應麟曾談及古代"小説"在不入流的情況下還能昌盛的原因就在於"怪、力、亂、神,流俗喜道"③。"奇"是明清書商吸引消費者的一個重要字眼,翻閲明清小説序跋,"奇人""奇事""奇情""奇文"甚至"奇書"隨處可見。而且,除了神魔形象和荒誕情節帶來的"不正之奇",明清小説的作者還從日常生活中抉發了"不奇之奇"的命題。凌濛初在編纂《拍案驚奇》時發現"耳目之內日用起居"中就有許多超出常理之外的事情④。笑花主人在《今古奇觀序》中也説"故夫天下之真奇者,未有不出於庸常者也"⑤,他認爲真正稀奇的事情,往往就藴藏在平常的事情當中。這些關於"不奇之奇"的論述直接引導作者從日常生活出發,以現實生活爲背景創作小説,形成了魯迅推崇的"人情小説"這個類別,其中以《金瓶梅》《紅樓夢》爲典型。"幻"

---

① 詳細論述可參:蔡智力《〈四庫全書總目〉虛實論的辯證結構》,載於《清史研究》第 2 期(2020 年 3 月),第 61—72 頁;葛榮晉《明清實學簡論》,載於《社會科學戰線》第 1 期(1989 年 3 月),第 67—74;中國實學研究會編《實學文化與當代思潮》,北京:首都師範大學出版社 2002 年版等論述。
② 左思《三都賦序》,陳宏天、趙福海、陳復興主編《昭明文選譯注》,長春:吉林文史出版社 1988 年版,第 225 頁。
③ 胡應麟《少室山房筆叢》,上海:上海書店出版社 2001 年版,第 282 頁。
④ 凌濛初《拍案驚奇序》,載於丁錫根編著《中國歷代小説序跋集》,第 785 頁。
⑤ 笑花主人《今古奇觀序》,載於丁錫根編著《中國歷代小説序跋集》,第 793 頁。

本身被用來形容假像和變化，受到佛家的影響，"幻"又常常與夢幻泡影等觀念聯繫在一起。袁于令在《西遊記》題詞中指出，"文不幻不文，幻不極不幻。是知天下極幻之事，乃極真之事；極幻之理，乃極真之理。故言真不如言幻，言佛不如言魔"①，袁于令在這裏強調"幻中有真"。佛家認爲現象世界的本質是空，大千世界都是心的幻相，所以古代小説戲曲常常用夢幻來設置情節，如前面提到的《金瓶梅》和《紅樓夢》就有很多夢幻敘事。爲了強調人生如夢幻泡影，金聖歎甚至刪除了《西廂記》張生考中進士的大團圓結局，以張生在草橋的旅館裏夢見崔鶯鶯結束全劇。他説："今夫天地，夢境也；衆生，夢魂也。無始以來，我不知其何年齊入夢也；無終以後，吾不知其何年同出夢也。"②既然人生如夢，那麽後文張生考中進士並與愛人團聚也就失去了意義，還不如刪除這些"實有"的情節，留下一個虛幻的結局。《紅樓夢》更是如此，"凡用夢用幻等字，是提醒閱者眼目，亦是此書立意本旨"③。"傳奇貴幻"是古代小説通俗性質引導出的必然結果，"奇"和"幻"的風格之所以得到推崇，與古人"好奇尚異"的心理得到肯定，以及"奇幻"事件中的寄寓性有很大的關係，這種心理和寄寓性也是古人爲小説虛構成分辯護時常用的理由。

小説的通俗特性要求"傳奇貴幻"，可見"質實"並不適合所有文體，對於文學文體如詩詞、戲曲、散文來説也是一樣。一味追求"質實"容易導致作品滯塞，使文章缺乏靈動之氣，因此與"質實"相對，古人又提出了"空靈"這個範疇。佛教的"色空觀"將一切有形的物質都稱爲"色"，一切看不到或者非物質的都稱爲"空"，"空靈"之"空"就來自佛家的"色空"。"空"在實質上爲讀者建構了一個想象的空間，指向的是一種超越具體可感的形象、形式的審美活動。"空靈"不拘泥於客觀物象的模擬和再現，而是要致力於表達主體的内在性情和審美趣味，從而達到一種以無顯有、以空帶靈的特殊審美形態。張炎提出"詞要清空，不要質實"④，張炎貶斥的"質實"就是内容堆砌、形式呆板、凝澀晦昧的作品。"空靈"可以避免"質實"帶來的上

---

① 袁于令《李卓吾評本西遊記題詞》，載於丁錫根編著《中國歷代小説序跋集》，第1358頁。
② 金聖歎著，陸林整理《貫華堂第六才子書西廂記》卷七"驚夢"評點，南京：鳳凰出版社2016年版，第1080頁。
③ 曹雪芹著，鄧遂夫校《脂硯齋重評石頭記庚辰校本》，北京：作家出版社2006年版，第91頁。
④ 張炎《詞源》，載於唐圭璋編《詞話叢編》，北京：中華書局2005年版，第259頁。

述毛病。周濟說:"初學詞求空,空則靈氣往來。既成格調求實,實則精力彌滿。"①只有先掌握了空靈,求實纔不會填塞、繁縟、迂腐、無精神。而好的詩文更是能够將"空靈"和"質實"融合,劉熙載便誇獎韓愈的古文能做到"結實處何嘗不空靈,空靈處何嘗不結實"②。"空靈"不僅作用於文學作品,對於書法、繪畫、園林設計也具有同樣的作用,清代畫家惲壽平說:"古人用筆,極塞實處,愈見虛靈。今人佈置一角,已見繁縟。虛處實,則通體皆靈。愈多而愈不厭玩,此可想昔人慘澹經營之妙。"③虛實之間配合轉換纔能使得畫作"通體皆靈"。"空靈"强調以"空"帶"靈",一方面突出的是藝術作品形式上的活潑、變化、靈趣,另一方面也指向藝術作品意藴的無窮。就後一點來說,它和"意境"交叉,"意境"之"境"和"空"一樣來自於佛教,意境强調一種"言已盡而意無窮"的審美特性,它是藝術作品以虛代實從而調動讀者、欣賞者想象力的結果,追求的是作品的"韻外之致""味外之味"④。惲壽平說:"用筆時須筆筆實,卻筆筆虛。虛則意靈,靈則無滯。跡不滯,則神氣渾然。神氣渾然,則天工在是矣。夫筆盡而意無窮,虛之謂也。"⑤虛實之間的搭配轉換不僅有助於形成空靈的風格,也能產生"筆盡而意無窮"的意境美感。

　　以上我們探討了"虛實"範疇的語義源流和思想根源,分析了"虛實"範疇作爲創作方法與作品風格的意藴內涵。正如我們在文章開頭强調的那樣,"虛實"是一個含義非常複雜而應用又非常廣泛的範疇,只有置於具體的語境、結合具體的文本,我們纔能具體感知它的真切含義。本文所提供的或許只是一種理解的線索和門徑,粗疏之處,還請讀者批評指正。

(作者單位:華東師範大學中文系)

---

① 周濟《介存齋論詞雜著》,載於唐圭璋編《詞話叢編》,北京:中華書局 2005 年版,第 1630 頁。
② 劉熙載著《藝概》,上海:上海古籍出版社 1978 年版,第 23 頁。
③ 惲壽平著,吕鳳棠點校《甌香館集》,杭州:西泠印社出版社 2012 年版,第 238 頁。
④ 參司空圖撰,杜黎均評析《二十四詩品譯注評析》,北京:北京出版社 1988 年版,第 189 頁。
⑤ 惲壽平著,吕鳳棠點校《甌香館集》,第 351 頁。

The Generating and Applying Contexts of *xu* (emptiness) and *shi* (substance)

Liu Xiaojun, Jiang Biaorong

Xu and *shi* are two important concepts in ancient Chinese literary theory. both of which have multiple meanings. The juxtaposition of *xu* as "emptiness" and "unreal" with *shi* as "substance" and "true" creates the binary opposition of *xushi* as a literary concept. This concept originated from the scholars' discussions on the universe, life, and the ways of nature during the pre-Qin and Han periods. Confucians pointed out that "substance is called beauty;" and Taoists believed that "reaching the extremity of emptiness to maintain tranquility." After being applied to literary theory, the philosophical concept transformed to be a creative method and a literary style. As creative methods, *xushi* refers to the choice of function and content words and sentences. It also refers to the choice of fictionalizing and documenting. As literary styles, *xushi* indicates various critical standards such as "intangible" and "substantial," which can be used in evaluating poems, *ci* song lyrics, fictions, dramas, paintings, calligraphy and other artistic forms.

Keywords: Emptiness and substance, fill-up, emptiness and tranquility, empty and numinous, density

徵引書目

1. 丁福保輯：《歷代詩話續編》，北京：中華書局，1983年版。Ding Fubao edited. *Lidai shihua xubian*（*A Continued Anthology of Chronologically Arranged Poetry Chats*）. Beijing：Zhonghua shuju, 1983.
2. 丁錫根編著：《中國歷代小說序跋集》，北京：人民文學出版社，1996年版。Ding Xigen edited. *Zhongguo lidai xiaoshuo xuba ji*（*An Anthology of Prefaces and Colophons to Chronologically Arranged Fiction Works*）. Beijing：Renmin wenxue chubanshe, 1996.
3. 中國實學研究會編：《實學文化與當代思潮》，北京：首都師範大學出版社，2002年版。Zhongguo shixue yaniu hui edited. *Shixue wenhua yu dangdai sichao*（*The Culture of Substantive Studies and Contemporary Intellectual Currents*）. Beijing：Shoudu shifan daxue chubanshe, 2002.
4. 王夫之著，王孝魚點校：《尚書引義》，北京：中華書局，1962年版。Wang Fuzhi. *Shangshu yinyi*（*Explained Meanings of the Shangshu*）. Punctuated and collated by Wang Xiaoyu. Beijing：Zhonghua shuju, 1962.
5. 王充撰，黃暉校釋：《論衡校釋》，北京：中華書局，1990年版。Wang Chong. *Lunheng jishi*（*Annotations on Balanced Discourses*）. Annotated by Huang Hui. Beijing：Zhonghua shuju, 1990.
6. 王先慎撰，鍾哲點校：《韓非子集解》，北京：中華書局，1998年版。Wang Xianshen. *Hanfeizi jijie*（*Collected Explanations of Han Feizi*）. Punctuated and collated by Zhong Zhe. Beijing：Zhonghua shuju, 1998.
7. 王叔岷撰：《莊子校詮》，北京：中華書局，2007年版。Wang Shumin. *Zhuangzi jiaoquan*（*Annotations on the Zhuangzi*）. Beijing：Zhonghua shuju, 2007.
8. 王驥德著，陳多、葉長海注：《王驥德曲律》，長沙：湖南人民出版社，1983年版。Wang Jide. *Wang Jide Qulu*（*Rules for Qu*）. Annotated by Chen Duo and Ye Changhai. Changsha：Hunan renmin chubanshe, 1983.
9. 司空圖撰，杜黎均評析：《二十四詩品譯注評析》，北京：北京出版社，1988年版。Sikong Tu. *Ershisi shipin yizhu pingxi*（*Commentary and Analysis of the Twenty Four Grades of Poetry*）. Annotated by Du Lijun. Beijing：Zhonghua shuju, 1988.
10. 司馬遷撰，裴駰集解，司馬貞索隱，張守節正義：《史記》，北京：中華書局，1982年版。Sima Qian. *Shiji*（*The Records of the Historian*）. Annotated by Pei yin, Sima Zhen and Zhang Shoujie. Beijing：Zhonghua shuju, 1982.
11. 左丘明撰，徐元誥集解，王樹民、沈長雲點校：《國語集解》，北京：中華書局，2002年版。Zuo Qiuming. *Guoyu jijie*（*Collected Explanations of the Guoyu*）. Annotated by Xu Yuangao, Wang Shumin and Shen Changyun. Beijing：Zhonghua shuju, 2002.
12. 朱庭珍：《筱園詩話》，北京：北京大學藏光緒十四年（1888）趙鎬刻本。Zhu Tingzhen. *Xiaoyuan shihua*（*Xiaoyuan Notes on Poetry*）. Beijing：Zhao Hao engraved edition in the 14th year of Guangxu's reign (1888). Peking University Collection.
13. 朱熹撰：《四書章句集注》，北京：中華書局，2016年版。Zhu Xi. *Sishu zhangju jizhu*

(*Collected Commentaries to Paragraphs and Sentences in the Four Books*). Beijing: Zhonghua shuju, 2016.

14. 何文煥輯:《歷代詩話》,北京:中華書局,2004 年版。He Wenhuan edited. *Lidai shihua* (*Chronologically Arranged Poetry Chats*). Beijing: Zhonghua shuju, 2004.

15. 吳喬:《圍爐詩話》,上海:商務印書館,1936 年版。Wu Qiao. *Weilu shihua* (*Poetry Chats While Sitting Around the Brazier*). Shanghai: Shangwu yinshuguan, 1936.

16. 周弼:《三體唐詩選例》,《景印文淵閣四庫全書》本,臺北:商務印書館,1983 年版。Zhou Bi. *San ti tangshi xuan li* (*Selected Examples of Three styles of Tang Poems*). *Yingyin Siku Quanshu edition*. Taibei: Shangwu yinshuguan, 1983.

17. 金聖歎著,陸林輯校:《第五才子書施耐庵水滸傳》,南京:鳳凰出版社,2016 年版。Jin Shengtan. *Diwu caizishu shinaian shuihuzhuan* (*The Water Margin by Shi Naian, The Fifth Work of Genius*). Edited by Lu Lin. Nanjing: Fenghuang chubanshe, 2016.

18. 金聖歎著,陸林輯校:《貫華堂第六才子書西廂記》,南京:鳳凰出版社,2016 年版。Jin Shengtan. *Guanhuatang diliu caizishu xixiaingji* (*Romance of the Western Chamber, The Sixth Work of Genius*). Edited by Lu Lin. Nanjing: Fenghuang chubanshe, 2016.

19. 俞劍華編著:《中國古代畫論類編》(修訂本),北京:人民美術出版社,2004 年版。Yu Jianhua edited. *Zhongguo gudai hualun leibian* (*xiuding ben*) (*An Anthology of Categorically Arranged Theoretical Texts on Chinese Premodern Painting, Revised Edition*). Beijing: Renmin meishu chubanshe, 2004.

20. 姚鼐、奚侗、馬其昶撰:《老子注三種》,合肥:黃山書社,2014 年版。Yao Nai, Xi Dong and Ma Qichang. *Laozi zhu sanzhong* (*Three Commentaries on the Laozi*). Hefei: Huangshan shushe, 2014.

21. 洪亮吉撰,李解民點校:《春秋左傳詁》,北京:中華書局,1987 年版。Hong Liangji. *Chunqiu Zuozhuan Gu* (*Glosses for the Zuo Commentary on the Spring and Autumn Annals*). Punctuated and collated by Li Jiemin. Beijing: Zhonghua Shuju, 1987.

22. 洪興祖撰,白化文點校:《楚辭補注》,北京:中華書局,1983 年版。Hong Xingzu. *Chuci buzhu* (*Supplementary Commentary to the Chuci*). Punctuated and collated by Bai Huawen. Beijing: Zhonghua shuju, 1983.

23. 胡立新、沈嘉達《虛實範疇在傳統文藝學中的表義系統辨析》,《中南民族大學學報(人文社會科學版)》第 5 期(2003 年 10 月),頁 105—110。Hu Lixin, Shen Jiada. "Xushi fanchou zai chuantong wenyixue zhong de biaoyi xitong bianxi" (An Analysis of the Meaning of the Emptiness-Substance Category in Premodern Chinese Literature). *Zhongnan minzu daxue xuebao* [*Journal of South-Central Minzu University* (*Humanities and Social Sciences*)] 5 (Oct. 2003): pp. 105–110.

24. 胡應麟:《少室山房筆叢》,上海:上海書店出版社,2001 年版。Hu Yinglin. *Shaoshi shanfang bicong* (*The Collected Jottings of the Shao Studio Mountain Dwelling*). Shanghai: Shanghai shudian chubanshe, 2001.

25. 胡應麟:《詩藪》,北京:中華書局,1958 年版。Hu Yinglin. *Shi shou* (*A Gathering of Poetry Comments*). Beijing: Zhonghua shuju, 1958.

26. 唐圭璋編：《詞話叢編》，北京：中華書局，2005 年版。Tang Guizhang edited. *Cihua congbian*（*A Collection of Song Lyric Chats*）. Beijing：Zhonghua shuju，2005.
27. 高華平、王齊洲、張三夕譯注：《韓非子》，北京：中華書局，2015 年版。*Hanfeizi*, *Wang Qizhou*, *Zhang Sanxi*. Translated and annotated by Gao Huaping. Beijing：Zhonghua shuju，2015.
28. 張方：《虛實掩映之間》，南昌：百花洲文藝出版社，2017 年版。Zhang Fang. *Xushi yanying zhijian*（*Walking Between the Real and Surreal*）. Nanchang：Baihuazhou wenyi chubanshe，2017.
29. 張載著，章錫琛點校：《張載集》，北京：中華書局，1978 年版。Zhang Zai. *Zhangzaiji*（*Collected Works of Zhang Zai*）. Edited by Zhang Xichen. Beijing：Zhonghua shuju，1978.
30. 曹雪芹著，鄧遂夫校：《脂硯齋重評石頭記庚辰校本》，北京：作家出版社，2006 年版。Cao Xueqin. *Zhiyanzhai chongping shitouji gengchen jiaoben*（*The Zhiyan Zhai Commentary on the Gengchen edition of Story of the Stone*）. Collated by Deng Suifu. Beijing：Zuojia chubanshe，2006.
31. 許慎撰，段玉裁注，許惟賢整理：《說文解字注》，南京：鳳凰出版社，2015 年版。Xu Shen. *Shuowen Jiezi*（*Annotations of Characters in the Shuowen Jiezi*）. Annotated by Duan Yucai. Edited by Xu Weixian. Nanjing：Fenghuang chubanshe，2015.
32. 郭璞注，畢沅校：《山海經》，上海：上海古籍出版社，1989 年版。*Shan Hai Jing*（*The Classic of Mountains and Seas*）. Annotated by Guo Pu and Proofread by Bi Yuan. Shanghai：Shanghai guji chubanshe，1989.
33. 陳平原、夏曉虹編：《二十世紀中國小說理論資料》，北京：北京大學出版社，1997 年版。Chen Pingyuan and Xia Xiaohong edited. *Ershi shiji zhongguo xiaoshuo lilun ziliao huibian*（*Materials on Twentieth Century Chinese Fiction Theory*）. Beijing：Beijing daxue chubanshe，1997.
34. 陳宏天、趙福海、陳復興主編：《昭明文選譯注》，長春：吉林文史出版社，1988 年版。Chen Hongtian, Zhao Fuhai and Chen Fuxing edited. *Zhaoming wenxuan yizhu*（*Translations and Annotations to the Prince Zhaoming's Wen Xuan*）. Changchun：Jilin wenshi chubanshe，1988.
35. 陳慶忠譯注：《淮南子》，北京：中華書局，2012 年版。*Huainanzi*. Translated and annotated by Chen Qingzhong. Beijing：Zhonghua shuju，2012.
36. 陳曦譯注：《孫子兵法》，北京：中華書局，2011 年版。Sun Wu. *Sunzi bingfa*（*Sunzi's Art of War*）. Translated and annotated by Chen Xi. Beijing：Zhonghua shuju，2011.
37. 陸機著，張懷瑾譯注：《文賦譯注》，北京：北京出版社，1984 年版。Lu Ji. *Wenfu yizhu*（*Translation and annotation of Wenfu*）. Translated and Annotated by Zhang Huaijin. Beijing：Beijing chubanshe，1984.
38. 惲壽平著，呂鳳棠點校：《甌香館集》，杭州：西泠印社出版社，2012 年版。Yun Shouping. *Ouxiangguan ji*（*Collected Works of Ouxiangguan*）. Punctuated and collated by Lu Fengtang. Hangzhou：Xiling yinshe chubanshe，2012.

39. 焦循撰,沈文倬點校：《孟子正義》,北京：中華書局,1987 年版。Jiao Xun. *Mengzi Zhengyi* (*The Correct Meanings of the Mengzi*). Punctuated and collated by Shen Wenzhuo.Beijing：Zhonghua shuju,1987.
40. 程俊英、蔣見元注：《詩經注析》,北京：中華書局,1991 年版。*Shijing Zhuxi* (*Annotated of The Book of Songs*). Annotated by Cheng Junying and Jiang Jianyuan. Beijing：Zhonghua shuju, 1991.
41. 程樹德撰,程俊英,蔣見元點校：《論語集釋》,北京：中華書局,1990 年版。Cheng Shude. *Lunyu jishi* (*Collected Commentaries on the Analects*). Punctuated and collated by Cheng Junying and Jiang Jianyuan. Beijing：Zhonghua shuju,1990.
42. 《新刊大宋宣和遺事》,上海：中國古典文學出版社,1954 年版。*Xinkan Dasong xuanhe yishi*(*A New Edition of the Leftover Events of the Xuanhe Era During the Great Song Dynasty*). Shanghai：Zhongguo gudian wenxue chubanshe,1954.
43. 葉長海：《中國藝術虛實論》,《戲劇藝術》第 6 期(2001 年 12 月),頁 35—49。Ye Changhai. "Zhongguo yishu xushilun" (A Discussion of Emptiness-Substance in the Chinese Arts) *Xiju yishu* (*Theatre Arts*) 6 (Dec. 2001)：pp. 35 – 49.
44. 葛洪撰,周天游校注：《西京雜記》,西安：三秦出版社,2006 年版。Ge Hong. *Xijing zaji* (*Random Notes on the Western Captial*). Annotated by Zhou Tianyou. Xian：Sanqin chuban she, 2006.
45. 葛榮晉：《明清實學簡論》,《社會科學戰線》第 1 期(1989 年 3 月),頁 67—74。Ge Rongpu. "Ming Qing shixue lianlun" (A Brief Discussion of Substantial Studies During the Ming and Qing dynasties) *Shehui kexue zhanxian* (*Social Science Front*) 1 (Mar. 1989)：pp. 67 – 74.
46. 《管子》,杭州：浙江人民出版社據宋哲元影明萬曆刻本影印,1987 年版。*Guanzi*. Song Zheyuan's photocopy of block-printed edition on Wanli year of Ming Dynasty. Hangzhou：Zhejiang renmin chubanshe,1987.
47. 劉向編集,賀偉、侯仰軍點校：《戰國策》,濟南：齊魯書社,2005 年版。Liu Xiang edited. *Zhanguo ce* (*Strategems of the Warring States*). Punctuated and collated by He wei and He yangjun. Jinan：Qilu shushe,2005.
48. 劉熙載著：《藝概》,上海：上海古籍出版社,1978 年版。Liu Xizai. *Yigai* (*Outline of Arts*). Shanghai：Shanghai guji chubanshe, 1978.
49. 劉勰著,陸侃如、牟世金譯注：《文心雕龍譯注》,濟南：齊魯書社,2009 年版。Liu Xie. *Wenxin diaolong*(*Translation and Annotation of the Literary Mind and the Carving of Drag*). Translated and annotated by Lu Kanru and Mou Shijin. Jinan：Qilu shushe,2009.
50. 劉曉軍：《"按鑑"考》,《明清小說研究》第 3 期(2006 年 9 月),頁 19—33。Liu Xiaojun. "An jian kao" (An Investigation of the Term "According to the Mirror"). *Ming Qing xiaoshuo yanjiu*(*Journal of Ming-Qing Fiction Studies*) 3 (Sep. 2006)：pp.19 – 33.
51. 蔡智力：《〈四庫全書總目〉虛實論的辯證結構》,《清史研究》第 2 期(2020 年 3 月),頁 61—72。Cai Zhili. "Siku quanshu zongmu, xushi lun de bianzheng jiegou"(The Systematic Application of Emptiness-Substance in the Catalog to the Complete Library of

the Four Treasuries). *Qingshi yanjiu* (*The Qing History Journal*) 2 (Mar. 2020): pp. 61–72.
52. 錢鍾書:《談藝錄》,北京:中華書局,1984年版。Qian Zhongshu. *Tanyilu* (*Discourses on the Art of Literature*). Beijing: Zhonghua shuju, 1984.
53. 謝肇淛:《五雜俎》,上海:中華書局上海編輯所,1959年版。Xie Zhaozhe. *Wu zazu* (*Five Assorted Offerings*). Shanghai: Zhonghua shuju Shanghai bianjisuo, 1959.
54. 蘇軾撰,孔凡禮點校:《蘇軾文集》,北京:中華書局,1986年版。Su Shi. *Su Shi wenji* (*The Collected Prose of Su Shi*). Punctuated and collated by Kong Fanli. Beijing: Zhonghua shuju, 1986.
55. 蘇軾撰,王文誥輯注,孔凡禮點校:《蘇軾詩集》,北京:中華書局,1982年版。Su Shi. *Su Shi shiji* (*Collected Poems of Su Shi*). Punctuated and collated by Kong Fanli. Beijing: Zhonghua shuju, 1982.
56. 蘇軾撰,李之亮箋注:《蘇軾文集編年箋注》,成都:巴蜀書社,2011年版。Su Shi. *Su Shi wenji biannian jianzhu* (*Chronologically Arranged Commentary on the Collected Prose of Su Shi*). Annotated by Li Zhiliang. Chengdu: Bashu shushe, 2011.

"義法"原委考
——一個古文概念工具的"時間層"*

陸 胤

【摘 要】"義法"是清代學者方苞提出的一個古文概念,詞源見於先秦子書、《史記》以及漢代以降有關《春秋》書法、義例的討論,其意義源則是宋元明以來的文章法度之學。清初方苞激活"義法"一詞,賦予其表微、紀事、辨體等多層含義,使之區別於文法"意義群"中的其他親緣詞,實可謂"有爲而作"。康熙末《南山集》案的刺激,使方苞致力於索解司馬遷的盛世心曲,通過《史記》義法的闡釋,試探政治高壓下的隱微表達機制;同時代史學單向度的徵實風尚,更激發方苞在紀事義法中凸顯主觀真實。在方苞身後,桐城後學試圖以"聲氣"超越"義法",將"義法"理解爲桐城古文結構中一個較粗的環節。古文圈外對於"義法"的理解則更趨寬泛。"義法"概念不斷衍變,多個"時間層"重疊層累,既有在無意識間沿襲前代文法之學的"古層",又有在政、學具體語境中強烈波動的"表層"。

【關鍵詞】義法 古文 文法學 意義群 時間層

"義法"是清代學者方苞提出並加以闡揚的一個古文概念。不同於此前評選家通用的"筆法""機法""理法"等術語,"義法"以接跡史法的叙事

---

* 本論文爲北京市社科基金重點項目(青年學術帶頭人項目)"近代文章學研究"(項目編號:21DTR033)的階段性成果。論文撰寫過程中,承蒙戴沙迪(Alexander Des Forges)、羅時進、陳廣宏、周興陸、劉奕等師友惠賜批評,兩位匿名審稿人提出了修改意見,謹此一併致謝。

性古文爲其最核心的分析對象,强調古文法度的學理性、隱寓性、個體性。作爲方苞獨造的"概念工具"①,"義法"同時具有多個層次的意義指涉。在清初學術趨實的風向中,回溯經史典範的"義法"論述仍然注重"詭辭""性情""體要",彰顯了文章家不同於主流史家的"紀事"視點;在古文與時文評選實踐中,方苞又延續着明人的評點習氣,"義法"一詞的内涵從他本人那裏就已開始膚淺化。"義法"不僅是傳統文論有關"法度"論述的延續,更深度參與了清代乃至近代古文譜系的建構與重構。清季民初新式文學教育創生的過程中,"義法"甚至一度充當了中、西"文法"比較溝通的媒介。

　　1934年方孝嶽《中國文學批評》一書問世,已列專章討論"清初'清真雅正'的標準和方望溪的'義法論'"②。1947年郭紹虞《中國文學批評史》下卷出版,更提出古文義法説實"集古今文論之大成":"就文之整體言之,則包括内容與形式的調劑,而融合以前道學家與古文家之文論;就文之局部言之……則又能融合'秦漢派'之從聲音證入以摹擬昔人之語言,與'唐宋派'之從規矩證入以摹擬昔人之體式。"③郭氏牽合文道關係及明代以來所謂秦漢派與唐宋派之争,運用内容、形式二元對立的框架,區劃"義法"一詞爲"兩個分立的單詞"與"一個連綴的駢詞"兩層,進而以廣義上的義法説籠蓋包括方苞、劉大櫆、姚鼐在内整個"桐城文論",對後來研究影響至鉅。此後七十餘年間,關於方苞或桐城古文義法説的考論層出不窮,似已題無剩義。然而,時至今日,學界對於"義法"的理解仍存有若干模糊籠統之處。或者過於寬泛,將"義法"等同於方苞古文之學的全體,對其建構"義法"的

---

① 這裏借用思想史領域的"概念工具"(conceptual apparatus)一語,主要是爲了强調"義法"一詞的晚出性、建構性和非通用性。有别於"風骨""氣象""意境""神韻"等從傳世文獻或習慣用法中抽繹出來的通用批評概念,"義法"雖有其古典語源,但作爲一個廣泛傳播的文學概念卻甚爲晚出,而且主要是被當作古文家乃至"桐城派"專用的語詞。工具屬性決定了"義法"不僅具有一般概念的描述性,更要凸顯"應該如何"的現實導引性。工具並非首創者專有,而是在一定範圍内可通用,正是在這一通用化過程中,"概念工具"得以向一般概念的轉化。比如清末以來"國民""社會""革命""進步"等外來(或本土固有而改變了原意的)新名詞層出不窮,這些名詞往往經歷從特定人群(留學生、新派人士)使用的特殊概念工具到普通學術名詞,再到日常生活語詞的通用化過程。但是,在新文化運動以後古文之學整體式微的背景下,作爲古文專用詞的"義法"即便付出了重構的代價,也未能完成通用化。在日常語言甚至文學批評語言中,"義法"遠不如"章法""筆法"等常見,"義法"仍是停留於特定人群的"概念工具"。
② 方孝嶽《中國文學批評　中國散文概論》,北京:三聯書店2007年版,第265—284頁。
③ 郭紹虞《中國文學批評史》,北京:商務印書館2010年版,下册,第375頁。

語境和契機缺乏關注；或者執"義法"二字苦索定義，卻忽略了"義法"時而是自覺的概念工具，時而又是不自覺的評點套語；作爲概念的"義法"又可析爲多個層次，難以一概論之。部分學者仍將"義法"之"義"限於程朱理學的義理，甚至視之爲對於皇權旨意的迎合，殊不知義理、考據、詞章三才固可集於一身，但其人運用之際，又受到各種知識固有傳統制約，自有畛域分别。理學在明清時代被奉爲官學，但服膺理學者未必完全折服於"帝王心術"；感恩輸忠的程式套語與微辭立言的心理動機可能同時存在，卻不能混爲一談①。

衡以晚近思想史或概念史研究準則，概念不妨重疊雜糅，甚至越雜糅越有深度。重要的是，同一時代使用的概念往往層累着不同時代的事實與心態，有待史家剥開"時間層"（sediments of time），分别其中沉潛的"古層"與波動的"表層"②。同一概念在不同時、地和上下文中的指涉也有差異，各層意涵可能只是循着某種家族相似性而凝結於一詞；圍繞一個核心意義，又常有多個相近詞語形成"意義群"（如"義法"之外還有"筆法""格法""文法""機法""理法"）。理論家創造"概念工具"，有時正爲示別於同一"意義群"中的其他親緣詞，以便於針對具體語境，提倡一種新範式或新風

---

① 以上僅就一般研究的流弊言之，實則半個世紀以來圍繞"義法"的專題研究多有可觀成果：1960年代初段熙仲、王澤浦、王竹樓等就已展開義法説論爭（段熙仲《論桐城派的"義法"説及其實質》、王澤浦《桐城派的"義法"》、王竹樓《關於桐城派的"義法"説》，載於《桐城派研究論文集》，合肥：安徽人民出版社 1961 年版，第 93—133 頁），諸家議論雖仍限於内容、形式二分的框架，卻已觸及"義法"詞源及其多義性等問題。進入新時期，王鎮遠《論方苞的"義法"説》（載於《江淮論壇》第 1 期［1984 年 3 月］，第 64—72 頁）一文首開先河。該文不僅回溯了"義法"的經史來源，更析出"義法"的不同層次，明確指出"今人往往根據望溪與姜宸英論行身祈向時所説的'學行繼程朱之後，文章介韓歐之間'一言，認爲'義法'就是宋子之理學加上唐宋文章的格法。……我們細查望溪集中講到'義法'的地方，找不到與程朱理學相關的論述"，堪稱的論。近十多年來值得注意的成果，有羅軍鳳《方苞的古文"義法"與科舉世風》，《文學遺産》第 2 期（2008 年 3 月），第 124—136 頁；石雷《方苞古文理論的破與立——桐城"義法説"形成的文學史背景分析》，《文學評論》第 5 期（2013 年 9 月），第 76—81 頁；張高評《比事屬辭與方苞論古文義法：以〈文集〉之讀史、序跋爲中心》，《中國文化研究所學報》第 60 卷（2015 年 1 月），第 225—259 頁；師雅惠《正聲初起：早期桐城派作家研究》，北京：中國社會科學出版社 2019 年版，第 308—326 頁等，各自從科舉風氣、古文選本、古文評點、經學背景、文學史背景等多元角度揭示"義法"的資源和内涵。惟相關研究多從源頭立論，覆蓋"義法"流播的下游研究則相對較少。方苞義法説研究的概貌，參見任雪山《歸雅：方苞與清代文壇》，合肥：安徽大學出版社 2021 年版，第 245—265 頁。

② 參見 Reinhart Koselleck, *Sediments of Time: On Possible Histories*, translated and edited by Stefan-Ludwig Hoffmann and Sean Franzel (Stanford: Stanford University Press, 2018), pp.1-9；丸山真男《歷史意識の"古層"》，《丸山真男集》第 9 卷，東京：岩波書店 1997 年版，第 63—64 頁。

氣；一時的"概念工具"要成爲歷時的通用概念，又必須超脱當初抽繹、建構新詞的具體語境，在更爲宏大的結構中實現重構。作爲中國文論史上的一個甚爲晚出而又頗具影響力的概念，"義法"的生成與下沉完整地體現了一種概念工具從建構到重構的過程，但目前似仍缺少對之窮原竟委的"全過程研究"。本稿即欲在此方面稍作嘗試。

一、"義法"的詞源和相關"意義群"

"義法"成詞早見於先秦子書①，但方苞追溯的源頭卻是《史記·十二諸侯年表》前序。該序提到孔子"西觀周室，論史記舊聞，興於魯而次《春秋》……約其辭文，去其煩重，以制義法，王道備，人事浹"。② 司馬遷以前，《孟子·離婁下》已指示古史包含事、文、義三層③。在經學傳統中，《春秋》被認爲長於"屬辭比事"，能夠防止"不能節制"之"亂"④；董仲舒則根據《公羊春秋》之義，認定孔子修撰《春秋》時憑藉"相爲左右""其居參錯"等修辭技法達成了"人道浹而王道備"的效果，或即司馬遷表序所本⑤。從《春秋》經、傳中提取並加以完善的"書法""義例"，在何休、范甯、杜預的三《傳》注疏中日益系統化。二者不僅是經學意義上探討《春秋》微言大義的媒介，更爲後世文章法度的確立提供了來自經典的依據。

在概念史研究中，形式上指稱的"詞源"固然重要，但不拘泥於特定指稱而實際産出意涵的"意義源"更值得追溯。《史記》中偶然一見的"義法"二字，在很長時間内並没有成爲文學批評的主流術語。"義法"的意義源實在於唐宋科舉制度成熟以後的詩文法度之學，與舉業文字的變化

---

① 《墨子·非命中》："凡出言談、由文學之爲道也，則不可而不先立義法。若言而無義，譬猶立朝夕於員鈞之上也，則雖有巧工，必不能得正焉。"畢沅云："義，上篇作'儀'。義、儀同。"引自孫詒讓撰、孫啓治點校《墨子閒詁》卷九，北京：中華書局2002年版，上册，第272頁。
② 司馬遷撰，裴駰集解，司馬貞索隱，張守節正義《史記》，北京：中華書局2016年版，第2册，第647—648頁。段熙仲嘗疑"義法"本義與《太史公自序》提到的"儀法""儀表"相通，"初不如方苞所理解"。見《桐城派研究論文集》，第94頁。
③ 阮元校刻《十三經注疏（清嘉慶刊本）》，北京：中華書局2009年影印本，第5932頁。
④ 《禮記·經解》，《十三經注疏（清嘉慶刊本）》，第3493頁。
⑤ 董仲舒《春秋繁露·玉杯》，蘇輿《春秋繁露義證》，清宣統二年（1910）長沙刻本，卷一，第二十二頁下。按：《史記·十二諸侯年表》序末舉"上大夫董仲舒推《春秋》義，頗著文焉"，《索隱》認爲"即作《春秋繁露》"，可見表序與《春秋繁露》之間的關係。見《史記》，第2册，第649頁。

密切相關。南宋時期，經義、論、策逐漸取代詩賦成爲科考主流文體，"法的問題"開始在古文領域凸顯。吕祖謙《古文關鍵》卷首即爲《看古文要法》，魏天應《論學繩尺》亦列有《行文要法》，元代陳繹曾《文筌》更提出"制法九十種"，臚列古文體段之間的銜接、承轉、過渡、伏應、繳結的要訣。後人遂有"文之法至宋而始備"之説①。明代中葉以降，隨着鄉會試首場四書文程式的確立，程墨、房稿、行卷、社稿等舉業文字的評選日益繁盛②。在古文理論的脈絡上，郭紹虞也早就指出唐順之等"提一'法'字與'秦漢派'立異"的趨勢③。唐宋派主張"文之必有法，出乎自然而不可易者，則不容異也"④，因反對前後七子模擬三代兩漢的詞句字面，轉而發掘唐宋以來古文的結構法度。這些內外因素都使得文章法度之學日趨體系化。明人將文章之法分爲不同層次："大法有四：曰篇法也，股法也、句法也、字法也"；"要法有六：曰操縱也，闔闢也，抑揚也，起伏也，頓挫也，錯綜也"⑤。就文章整體上的修辭風格或結構佈置而言，有"格法"之説。如唐順之《文編》對於所選韓、歐、蘇諸家古文，往往在題下附注"借客格""古今格""立題格""反題格""貫珠格""敘事格""分段格""相形格""牽合格""抑揚格""尚奇格""閒説格""脱空格""譬喻格"等類别⑥；評選家論八股文，則有"一滾格""連珠格""中紐格""兩活扇格""兩扇遥對格""影喻格"等格式⑦。就氣脈關鎖、迎拒承轉、頓挫順逆等細部用筆（線性結構的貫穿）而言，晚明時期更湧現了多種針對古文或時文的"筆

---

① 方苞《書韓退之平淮西碑後》引明人艾南英語，見彭林、嚴佐之主編《方苞全集》，上海：復旦大學出版社 2017 年版，第 8 册，第 270 頁。關於"法的問題"在南宋以降古文論述中的凸顯，參見郭紹虞《中國文學批評史》，下册，第 31—34 頁。
② 明代八股文選本流通的大概情形，參見沈俊平《舉業津梁：明中葉以後坊刻制舉用書的生産與流通》，臺北：臺灣學生書局 2009 年版，第 212—228 頁。
③ 郭紹虞《中國文學批評史》，下册，第 245 頁。
④ 唐順之《董中峰侍郎文集序》，載於馬美信、黄毅點校《唐順之集》，杭州：浙江古籍出版社 2014 年版，第 466 頁。
⑤ 武之望撰，陸翀之輯《新刻官板舉業卮言》卷一，載於陳廣宏、龔宗傑編校《稀見明人文話二十種》，上海：上海古籍出版社 2016 年版，上册，第 457 頁。
⑥ 以上例證取自《文編》"序"（贈序）類所選韓文，見唐順之選批《文編》，明嘉靖三十五年（1556）序刻本，卷五四，第一頁下至第二十六頁上。按此類"格法"説亦源於宋人，如魏天應《論學繩尺》選科舉文一百五十六篇，每兩篇爲一格，共有七十八格。見王水照主編《歷代文話》，上海：復旦大學出版社 2008 年版，第 1 册，第 1067 頁。
⑦ 《新刻官板舉業卮言》卷一，載於《稀見明人文話二十種》，上册，第 450 頁。

法"指南①。評選家將這套術語移用於經傳、子史、詩賦、小説、戲曲的評點，在經史子集各自不同的内容、宗旨和文體規範之上，抽離出一套通行於各文類和書籍類型的行文通則，統稱爲"文法"。

除了"格法""筆法""文法"等指涉寬泛且早已融入日常語言的詞彙，明清時代古文、時文論述中還流行着一些較爲專用"法"類語詞，對方苞提出"義法"之説有直接的影響。首先是"機法"。在《欽定四書文·凡例》中，方苞曾將明代四書文分爲正嘉、隆萬、啓禎三階段，指出："隆、萬間，兼講'機法'，務爲靈便，雖巧密有加，而氣體苶然矣。"②明季羅萬藻以時文著稱，名列"江右四大家"，嘗謂："制藝之業今不及古者，由機法不清，名理不真耳。"③"機法"與"名理"相對，專就法度而言，通過"轉機""活機"的運用，實爲一種更高層次的筆法之説。正如武之望在《舉業卮言》中所示："文字妙處，全在機。文之有機，猶車之有軸，户之有樞。車無軸則不能轉旋，户無樞則不能開合，文無機則不能運動。故行文之法，有操縱，有闔闢，有抑揚，有起伏，有頓挫、錯綜，有轉折、呼應，變化百端，不可窮詰，而其要一本之乎機。"④"機"是決定操縱、闔闢、抑揚、起伏、頓挫、錯綜等有形之法的關鍵，無形無象，要在以虛運實，以圓御方。

康熙四十五年（1706），戴名世評選《方靈皋全稿制義》，在《定公問一　全章》篇下著評語云："其體高潔，其氣流轉，其機法自然靈便"，將"體""氣""機法"分爲三截；《子擊磬於　全章》篇評："一面寫聖人，一面寫荷蕢，兩邊皆極刻露，魯叟（張壽朋）、賓王（張榜）諸公有此機法，無此深曲也"，在"機法"之上又指出"深曲"一層⑤。戴名世、方苞反復提到"機法"以"靈便"爲要，實爲清人機法説強調的重點：

---

① 此類"筆法"，可取李騰芳《文字法三十五則》與董其昌《華亭九字訣》爲例。李書首論"立意""格法""句法""字法"，接着羅列"搶""款""進""住""貼""拌""突""括""喝""串"等三十多個筆法術語，取古文名篇爲例證，分别加以闡釋或辨别，顯然與陳繹曾《文筌》的"制法九十字"在同一脈絡上，參見《歷代文話》，第 3 册，第 2448—2510 頁；董氏"九字訣"爲"賓、轉、反、斡、代、翻、脱、擒、離"，主要針對八股文寫作，在明清兩代影響尤爲深遠，參見龔篤清《中國八股文史·明代卷》，長沙：岳麓書社 2017 年版，第 535—540 頁。
② 方苞《欽定四書文·凡例》，載於《方苞全集》，第 10 册，第 39 頁。
③ 計六奇撰，任道斌、魏得良點校《明季北略》，北京：中華書局 1984 年版，第 164 頁。
④ 《新刻官板舉業卮言》卷一，《稀見明人文話二十種》，上册，第 452 頁。
⑤ 引自戴廷傑《戴名世年譜》康熙四十五年條下，北京：中華書局 2004 年版，第 693 頁。

> 文有機法:法者,一篇之反正、開合、順逆也;機則所以運此法者也,趁勢打轉,隨手生波。法有定而機無定,而用法之妙,尤在用反、用開、用逆,則步步皆生趣矣。①

若將"機"與"法"二者分開闡釋:"法"即晚明以來"筆法""文法"之類基於文本線性結構的法則,"機"則是"法"之上的運用動機和動力。"法有定而機無定","機"更爲靈活多變,既制約"法"又突破"法"。這種在固有法度之上設置一定"第一因"的構造,不同於"筆法""格法""文法"的詞純粹偏正結構(用筆之法、立格之法、行文之法),而是以偏正結構兼有並列結構(既是"機之法",又是"機與法"),形成一種二元制約的關係,與後來"義法"等概念的構詞法極爲類似。

"機法"一詞在明末進入小説評點,用來指稱"水窮雲起"的奇筆②。清人則以"機法"評古文詞賦,浦起龍《古文眉詮》總評歐陽修《秋聲賦》有云:"古不如漢,麗不如唐,超解亦讓後來坡老,而其機法之楚楚,可以津逮幼學。"③其稱"機法"爲古文初學門徑,已脱去晚明機法論的玄妙色彩。方苞早年在京師與戴名世、何焯、汪份、劉齊等游,常切磋時文。方氏以"經術湛深"著稱,不同於他人的"好言波瀾意度"或"精於法律"④。至晚年編定四書文選,不取"靈巧"的"隆萬機法",亦是勢所必至。方苞指責隆萬四書文末流"專事淩駕",失去"實理真氣"。在理、氣、體、法共同構成的要素層級中,"機法"的地位顯然較低。但機法派的"淩駕"亦非初學所能。戴名世認爲"論經義者有二家:曰鋪敘,曰淩駕。鋪敘者,循題位置,自首及尾,不敢有一言之倒置,以爲此成化、弘治諸家之法也;淩駕者,相題之要而提挈之,參伍錯綜,千變萬化而不離其宗,以爲此《史》、《漢》、歐、曾之法也。"⑤——

---

① 于學訓《文法合刻·王希江先生文訣》,載於余祖坤編《歷代文話續編》,南京:鳳凰出版社2013年版,上冊,第478頁。
② 袁無涯刻《忠義水滸全傳》第六十五回總評:"此篇有水窮雲起之妙,吾讀之而不知其爲《水滸》也。張順渡江迎醫,而殺一盗殺一淫,此是極奇手段。作此傳者,真是極奇文字。及請得安道全,忽出神行太保迎接上山,此又機法之變,而不可測識者也,噫!奇矣。"馬蹄疾輯《水滸資料彙編》,北京:中華書局1980年版,第119頁。
③ 浦起龍《古文眉詮》,清乾隆九年(1744)三吴書院序刻本,卷六二,第13頁下。
④ 戴名世《自訂時文全集序》,載於王樹民編校《戴名世集》,北京:中華書局2019年版,上冊,第142頁。
⑤ 戴名世《丁丑房書序》,載於《戴名世集》,上冊,第112頁。

所謂"淩駕",就是運用"機法"的奇變來打破"鋪敘"的定格,反被認爲更接近"史家之法"和古文傳統。惟過分執著於"機法之變",處處有意"淩駕",又有可能落入新的定格。清初業已空洞化爲幼學門徑的"機法"一詞,自不能滿足戴名世、方苞等創立文章新格範的需要。

另一個與"義法"相關的親緣詞是"理法"。"理法"同樣是偏正兼並列的結構,強調文章合於義理。但在不同思想傾向的文家心目中,義理所指也不盡相同。明人論文未嘗不講"理"。流播甚廣的袁黄《遊藝塾文規》中即著有"文貴説理"一條,指出"理有真有僞,有淺有深,有虛有實,有微有顯,有平有滿,有偏有正,只就題中尋覓",主要就八股文寫作的"認題"而言;至於"須借他題目,説我自家道理"云云,主張借題發揮,又不無溢出經書義理之虞①。此外又有"理路"一説,重在"理"的線性呈現,則又與筆法有關:"做文字第一要理路熟,熟則胸中無滯礙,筆下無齟齬,伸紙揮毫,有如游利刃於脆物之中,驅輕車於熟路之上,更無有難之者。"②清初評選家專講"理法",可舉吕留良爲代表。吕氏門人爲《吕晚村先生論文彙鈔》作"弁言"有云:

夫學者得《講義》以明理,復得《論文》以知法,理法兼備,行文無不宜之矣。③

這裏提出"理法兼備"四字,日後屢見於整肅文風的諭旨,幾乎貫穿有清一代。吕留良撰《四書講義》以尊朱辟王爲門面,其門人所稱之"理"當然是程朱義理。不過,在更偏向"法"一邊的《論文彙鈔》中,吕留良對"理"還有更深一層闡釋。他指出"今人未嘗不遵傳注、論先輩,然理則講章之理,法則學究之法,調則梏乞之調,豈可以此爲傳注、先輩哉",仍然强調"理"的獨創性④。吕留良時而又以"理法"偏指法度,大概近於"合理之法"的意思。如謂:"凡自命古學者,多失之粗疏;而專精理法者,則又成講説俚鄙之習。兩

---

① 袁黄撰,黄强、徐珊珊校訂《遊藝塾文規正續編》,武漢:武漢大學出版社2009年版,第13頁。
② 《新刻官板舉業卮言》卷一,《稀見明人文話二十種》,上册,第444頁。
③ 曹端《吕晚村先生論文彙鈔弁言》,載於《吕晚村先生文集》補遺卷六,俞國林編《吕留良全集》,北京:中華書局2015年版,第2卷,第575頁。
④ 《吕留良全集》,第2卷,第604頁。

家分據門户、畸互勝負以爲救,而文章之道盡矣。"①吕留良的八股文選本及相關論評在清初影響極大。戴名世稱吕氏"爲學者分別邪正,講求指歸,由俗儒之講章而推而溯之,至於程朱之所論著;由制義而上之,至於古文之波瀾意度,雖不能一一盡與古人比合,而摧陷廓清,實有與艾氏(南英)相爲頡頏者"②。雖然對其文論尚有不滿,但吕氏影響及於同樣致力於時文選政的戴名世、方苞等人,殆可斷言。

雍正十年(1732),清世宗特旨釐正科場文體,指出四書文"理、法、辭、氣,指歸則一。近科以來文風亦覺丕變,但士子逞其才氣詞華,不免有冗長浮靡之習,是以特頒此旨,曉諭考官,所拔之文務令清真雅正,理法兼備。雖尺幅不拘一律,而支蔓浮誇之言,所當屏去"③。儘管此前吕留良已因曾靜案發而被宣告爲"罪大惡極"的逆犯,但吕氏門下標榜的"理法兼備"原則,卻獲得了朝廷認證,得以迅速向基層士子普及。在乾隆間成書的《儒林外史》中,馬二先生自道評選程墨的心得,便提到:"文章總以理法爲主,任他風氣變,理法總是不變。所以本朝洪、永是一變,成、弘又是一變,細看來,理法總是一般。"④不難想見,"理法"在小説家擬設的士子心目中已上升爲超越時代的絕對標準。乾隆元年(1736)方苞上《進四書文選表》,提出"理""詞""氣"三者兼備的理念,主張"凡所録取,皆以發明義理、清真古雅、言必有物爲宗",自是響應雍正十年上諭之舉⑤。《欽定四書文》評語中不時浮現"義法"二字(姑不論這些評語是否出自方苞)。自方孝嶽以來,論者多肯定"清真雅正"的衡文標準與義法説的聯繫。但必須注意的是,方苞上表所稱"理""詞""氣"等,大體仍屬"理法"而非"義法"系統的術語。方氏義法説較少言"氣",此處之"氣"是指有別於"驅駕氣勢"的"真氣",專就八股文"氣脈"而言。在專注於藉程朱義理之名整肅文風、士風的

---

① 《吕留良全集》,第 2 卷,第 609 頁。
② 戴名世《九科大題文序》,《戴名世集》,上册,第 123 頁。
③ 《欽定學政全書》卷六"釐正文體",清乾隆三十九年(1774)武英殿刻本,第三頁上至第四頁上。
④ 吴敬梓著,李漢秋輯校《儒林外史彙校彙評》,上海:上海古籍出版社 2010 年版,第 172 頁。按:馬二先生下面接着説道:"大約文章既不可帶注疏氣,尤不可帶詞賦氣;帶注疏氣不過失之於少文采,帶詞賦氣便有礙於聖賢口氣,所以詞賦氣尤在所忌。"所論與方苞、李紱等的古文辭禁説亦頗有照應之處。
⑤ 《方苞全集》,第 8 册,第 172—173 頁。據戴名世轉述,方苞早年八股文也經歷了從"奇傑卓犖之氣,發揚蹈厲,縱横馳騁,莫可涯涘"到"是收斂其才氣,浚發其心思,一以闡明義理爲主"的變化,因此《上四書文選表》主張"發明義理",亦不能視爲迎合朝旨,而應是素來宗旨與官方政策有所湊泊的結果。見戴名世《方靈皋稿序》,載於《戴名世集》,上册,第 65 頁。

朝廷"理法",和側重於古文本身表現力的自家"義法"之間,方苞有意作出了區隔。

"機法""理法"等同時代流行的同構語,構成了與"義法"概念直接相關的"意義群"。方苞從《史記》中發掘並激活久遭埋没的"義法"一詞,既受到這些相鄰概念激發,又勢必要與之立異。康熙末葉有別於明清之際的政治環境和文章語境,更迫使他要去啓用一個更爲順手的概念工具。晚近學者追論,無論是將"義法"窄化爲單純的文章技法,還是使"義法"之"義"僅限於程朱義理,甚至將之等同於"理法"之"理"所照映的統治心術,都是脱離"義法"生成語境的後起之説。

二、方苞建構"義法"的層次與隱衷

康熙三十年(1691)方苞始入國子監讀書,李光地與韓菼即歎賞其文,繼而結交王源、劉齊、徐念祖、戴名世諸人,加入國子監"狂士"群體,自命"清議之所從出"①。據方苞自述,這一時期與經史大家萬斯同的一段交往,更使他走上了"輟古文之學而求經義"的新路②。方苞文集中所存文字幾乎都作於此次入京之後,有關"義法"的論述亦不能例外。提出"義法"作爲一個古文概念,大概是"輟古文之學"以後之事,一開始就是要將古文、時文的早年經驗往經義、史學的方向上擢升。

今人論及方氏義法説,常引《又書貨殖列傳後》的一段文字作爲"定義":

---

① 方苞《四君子傳》,載於《方苞全集》,第8册,第522—525頁。其時國子監諸士"清議"的表現,主要是拒絶明珠、徐乾學、翁叔元等權臣籠絡,而與李光地、湯斌、張伯行等"理學名臣"較爲接近。戴名世《徐詒孫遺稿序》記:"當丙寅(1686)、丁卯(1687)之間,余與詒孫(徐念祖)先後貢於太學。太學諸生與余最善者莫如言潔(劉齊),詒孫則僅識面而已。而詒孫最善方靈皋(方苞),靈皋與余同縣,最親愛者也,詒孫介靈皋以交於余,而靈皋介余以交於言潔。此數人者,持論斷斷,務以古人相砥礪,一時太學諸生皆號此數人爲狂士。"見《戴名世集》,上册,第66—67頁。據師雅惠的研究,當時國子監的"狂士"群體至少還包括方舟(方苞之兄)、何焯、朱書、劉岩、汪份等,其中多人爲來自江南的拔貢生,且多從事於時文評選。師雅惠《正聲初起:早期桐城派作家研究》,第11—38頁。
② 方苞《萬季野墓表》,《方苞全集》,第9册,第721頁。

《春秋》之制義法,自太史公發之,而後之深於文者亦具焉。義即《易》之所謂"言有物"也,法即《易》之所謂"言有序"也。義以爲經而法緯之,然後爲成體之文。①

方苞利用來自《易》象、卦辭的"有物""有序"之説論文,又見於中年作《書歸震川文集後》②、乾隆元年作《上四書文選表》等文。戴名世於康熙三十六年(1697)作《答趙少宰書》,同樣引《易·家人》象辭界定文之"有物",包含"有所爲而爲之""不得已而爲之""近類而切事,發揮而旁通"三層,總其説於"修辭立其誠"③。方苞此段"定義"的好處,在於提供了一個二元的框架,足供後人向其中填充"道與文""内容與形式"等意涵。方苞此文實際上是在討論《貨殖列傳》與《平準書》等篇如何利用互爲表裏、前後措注等寫法表現司馬遷埋藏的"大義",他指出《史記》中《禮》《樂》《封禪》三書及《貨殖》《儒林》二傳看似雜亂無章,背後卻有"微辭",與《左傳》、韓文"顯然可尋"的"義法"不同④。讀此可知方苞所稱"義法"確實有多個層次,《左傳》、《史記》(乃至《史記》中的不同部分)、韓文各有所屬,源頭則在《春秋》的"大義微言"。

現存方苞集中(包括"文集""集外文""集外文補遺""遺集",但不包括被戴鈞衡收入集外文補遺的《史記評語》)提及"義法"一詞的文字共20篇。將這20篇按不同層次分類,略如下表:

類　　別	篇目(括號中爲繫年)
(一) 表微之法	1.《讀史記八書》(年三十至五十) 2.《書樂書序後》(年三十至五十) 3.《書史記十表後》(年三十至五十) 4.《又書貨殖傳後》(未詳) 5.《書漢書禮樂志後》(未詳)

---

① 《方苞全集》,第8册,第97頁。
② 《方苞全集》,第8册,第276—277頁。文目編年繫此文於年三十至五十間。
③ 《戴名世集》,上册,第8頁。繫年據戴廷傑《戴名世年譜》,第391頁。
④ 《方苞全集》,第8册,第98頁。

續　表

類　　別	篇目（括號中爲繫年）
（二）紀事之法	6.《與程若韓書》（年三十至五十） 7.《萬季野墓表》（五十一歲） 8.《書漢書霍光傳後》（未詳） 9.《與吕宗華書》（六十一歲或稍後） 10.《再與宗華書》（六十一歲或稍後）
（三）辨體之法	11.《答喬介夫書》（年三十至五十） 12.《書韓退之平淮西碑後》（未詳） 13.《書五代史安重誨傳後》（未詳） 14.《書李習之盧坦傳後》（未詳） 15.《古文約選序例》（六十六歲） 16.《答尹元孚書》（七十七歲） ＊《書史記十表後》 ＊《與吕宗華書》
（四）脈絡之法	17.《答申謙居書》（年五十至七十） ＊《書五代史安重誨傳後》 ＊《再與宗華書》 （《左傳義法舉要》、《古文約選》評語）
（五）概稱或虛譽	18.《光禄吕公墓誌銘》（六十一歲或稍後） 19.《沈編修墓誌銘》（六十三歲或稍後） 20.《與王介山書》（年代待考） ＊《古文約選序例》

表注：（1）繫年主要根據蘇惇元《望溪先生年譜》附"文目編年"，個別篇章另考。
　　　（2）標星號（＊）者表示重出的篇目。
　　　（3）另有《答翁止園書》提到"義法"，實泛指編書辦法，暫不列入。

不同層次的意義依據"家族相似性"凝集於同一概念，造成任何概念分層都不可能截然明晰；即便是同一篇文字中提到同一概念，也可能包含多層意義，故表中頗有重出的篇目。相關文字大概可按"史傳書後"和"碑誌及有關碑誌的書後、信札"區爲兩個集群：前者以三十至五十歲之間所撰各篇《史記》"書後"爲中心，集中於（一）類；方氏《史記》評點多與之"語意相應",可能也屬同一時期或稍後①。後者散見(二)(三)兩類,因紀事法度與碑誌體例本就有重合之處,區別在於(二)類是就史書、紀事古文整體上虛實詳略的安排而言,(三)類則分別辨析各體軌則。(四)類篇目較少,多屬方苞對"義法"字面不自覺的使用,但《左傳義法舉要》及《古文約選》所載評語卻多屬此層。需要注意的是,概念工具的使用並不僅限於概念現身之時,一些篇章中即使沒有出現"義法"二字,也隱含着各層"義法"指引下的評價標準或寫作規範②。

(一) 表微之法

這一層次的"義法"指向史書的隱微表義機制,相關論述多屬描述或闡釋性質,主要就《史記》中的若干"問題篇目"而發,卻隱寓着方苞揭櫫"義法"之說的私衷。衆所周知,今傳本《史記》"八書"中,《禮》《樂》《律》《曆》四篇頗有與《禮記·樂記》以及《荀子》中《禮論》《議兵》諸篇重合的段落,且與後四"書"(《河渠》《平準》《封禪》《天官》)結構不同,往往被疑爲司馬遷未完或褚少孫所補的"亡書"。而如"十表序"、《禮》、《樂》、《封禪》三"書"以及《儒林》《貨殖》諸傳,在一些後世的文章家看來,也存在着次第紊亂、觀點突兀等問題。與這些通行議論相對,方苞則明確主張《禮》《樂》《律》《曆》四書皆爲司馬遷所作,"十表序"等各篇雜亂無章的表象下,無不寄寓着司馬遷批判當代政治的微意。爲了"微約"地表達這些"嚴密"的大

---

① 方苞的《史記》評點在清代中後期古文家中流傳甚廣,但來源頗爲模糊,繫年更是不明。方苞《答梁裕厚書》云:"僕有批點補注《史記》、刪定補注《管》《荀》二子,半《大全》之費,便可刻三書,其行世尤速,將期月而遍佈於海内,可使學者因文以向道……又聞中雷孝廉名鋐頗好古,近官國學。"方苞在其《史記》評點之外尚有《史記注補正》,爲門人程崟、王兆符編定的講授紀錄,未知是否即此種與"批點"相合的"補注"。雷鋐於雍正八年至十一年(1730—1733)任國子監學正,《史記》評點在此前已完成。《方苞全集》,第 8 册,第 405 頁。
② 既有研究不無對"義法"進行分類的嘗試,如王鎮遠就分爲(1)"文體對寫作的規定和限制",(2)"對文章材料的取捨詳略提出的要求",(3)"文章的開合起伏,脈絡呼應",(4)"要求文字雅潔"四類。見王鎮遠《論方苞的"義法"說》,載於《江淮論壇》1984 年第 1 期,第 64—72 頁。最近任雪山又分爲"剪裁的權度""結構的照應""文體的規制""常事不書的原則""雅潔之美"五個方面。見任雪山《歸雅:方苞與清代文壇》,第 147—155 頁。本文分層之説頗受益於已有研究,但"表微"一層似尚未經前人道及。此外,"雅潔"之説雖在方苞古文論述中頗爲重要,但其與"義法"的直接關係,僅見於沈廷芳《方望溪先生傳書後》的轉述;且"雅潔説"主要是就措辭法(字法、句法)而言,與義法説在"言有序"一層處理的行文法(章法、篇法)還是有所區別。故本文暫不將"雅潔"納入"義法"原初概念的指涉範圍。

義,《史記》各篇都有"一定而不可易"之法度,是即所謂"義法"①。"義法"不是此前評選家理解的故爲搖曳,而是司馬遷闡幽發微的不得不然。

具體而言:首先,針對歷來啓人疑竇的《禮》《樂》二書結構,方苞認爲正是"用意尤深":司馬遷傷於漢初制度"襲秦故不合聖制"、"幾無所謂禮樂"、儒術之士"不能定儀"的事實,身處武帝朝"未敢斥言之",故只能序其大略,不復排纂爲書,以表達隱識。其次,後四《書》不同於前四《書》的"論繫書後"結構也是"各有其義",其間詳略序次的差異("法")無不能在各《書》的表義邏輯中推繹而得②。在批點《史記》的評語中,方苞更隨文詳細闡釋了他所理解的司馬氏表微技術:《禮書》引孔子不欲觀魯禘語,乃是譏諷武帝"以封禪爲不死之術";《樂書》開頭"成王作頌"一段,則是反襯武帝"好大喜功","稱引古事,皆與漢事相發,無泛設者"③。與《史記》的《禮》《樂》二書相比,看上去更善於排比事實且合於史家法度的《漢書・禮樂志》反而顯得"不貫不該,偶然而無所歸宿",被方苞認定爲班書"疏於義法"的證明④。方苞還從諸多列傳中解讀出司馬遷的皮裏陽秋:《儒林列傳》表面上贊美漢武帝興學,實際上卻在歎息推行試士之策後"六藝之難興";《淮陰侯列傳》詳載武涉、蒯通遊説韓信反漢之言,則是暗示韓信在"天下既集"之後謀反的指控實爲誣告⑤。就連《太史公自序》所記司馬談未嘗隨武帝封禪而"發憤且卒"的事實,爲了與《封禪書》譏諷武帝之説相應,竟也被方苞曲解成是司馬遷故意以此表明"其父未嘗與此";所謂"發憤以死",正是司馬談憤恨於武帝之愚迷,"恨己不得從行而辨明其事也"⑥。這些解讀未免過

---

① 方苞《書史記十表後》,載於《方苞全集》,第 8 册,第 87 頁。
② 方苞《讀史記八書》《書禮書序後》,載於《方苞全集》,第 8 册,第 76—78 頁。
③ 《方望溪平點史記》卷一,"禮書""樂書"條,載於《方苞全集》,第 7 册,第 302、304 頁;方苞《書漢書禮樂志後》,載於《方苞全集》,第 8 册,第 100 頁。按:戴鈞衡編《望溪集外文補遺》有《史記評語》一卷,據稱從王拯所"買得《史記》評本"錄存,但細按其文字,頗與王拯纂《歸方平點史記合筆》中所錄的方苞評語相出入。如戴編本中有兩處作"義法"的地方,《合筆》本均僅作"法";戴編本"十二諸侯年表"條正是與"又書貨殖傳後"、"《春秋》之制義法"云云基本相同的一段評語,而《合筆》並無此條;戴編本全無"八書"評語,而《合筆》本又有。諸如此類,不一而足。
④ 方苞《書漢書禮樂志後》,載於《方苞全集》,第 8 册,第 101 頁。
⑤ 方苞《書儒林傳後》《又書儒林傳後》《書淮陰侯列傳後》,載於《方苞全集》,第 8 册,第 91—92、95 頁。
⑥ 方苞《書太史公自序後》,《方苞全集》,第 8 册,第 98—99 頁。按:此文當爲方苞早年之作,文目編年繫於二十至三十歲之間。

求深刻，未必與"義法"直接相關，一些觀點前代評注家早已提及①。但方苞的關注點始終在於如何用一種隱微的歷史書寫表達當代關切，所謂"深感世變，而詭其辭以志痛"②，不僅是史家司馬遷的"私心"，更是經學闡釋中孔子作《春秋》竊取其"義"的初衷所在。

因之，考察這一層隱寓微辭"義法"的來源，又不能不從《史記》回溯《春秋》。據門人追記，方苞專治《春秋》《周官》諸經，始於康熙五十二年（1713）《南山集》案獄決後供事南書房、蒙養齋、武英殿之際③。五十五年（1716）方苞撰成《春秋通論》，旨在分類排比，辨別魯史舊文與《春秋》筆削；書序指出"凡諸經之義可依文以求，而《春秋》之義則隱寓於文之所不載，或筆或削，或詳或略，或同或異，參互相抵，而義出於其間"，強調《春秋》之"義"隱寓於無文字之處，有別於他經可以"依文以求"，需要在排比參互的"義法"中凸顯。至康熙六十年（1721）成《周官析義》，方苞更移治《春秋》眼光治三《禮》，謂"凡義理必載於文字，惟《春秋》《周官》則文字所不載，而義理寓焉"④。此句中"義理"未必限於程朱理學，卻同樣凸顯了隱微表達的模式。這一時期方苞與同在內廷修書的李光地交往密切，曾互質經學⑤。李光地語錄開篇即提及"《春秋》義法"，認之"一出於《周易》"，實與方苞借《易》象、卦辭之"有物""有序"解說"義法"的思路相通；又說"《春秋》是作古文之根，一字不苟，稱名切實，不如此便錯"，只是從"正名"的技術層面論，實不如方苞深入作者心態的見解深到⑥。

不妨從更大範圍來理解方苞從隱寓微辭角度激活"義法"概念的語境。前述康熙三十年前後結成的"狂士"群體，正是在康熙五十年（1711）《南山集》案中徹底摧滅。不僅戴名世作為主犯論斬，當初同在國子監之汪份、劉巖、劉齊乃至已故之王源、朱書均牽連其中，方苞更由於為戴氏作序收版而

---

① 如韓信謀反出自"告變"之說，茅坤、歸有光、馮班均曾提及；前引方苞《又書貨殖傳後》稱《貨殖列傳》與《平準書》相表裏，明人趙汸《讀貨殖傳》一篇亦早著此說。茅說見淩稚隆輯校《史記評林》卷九二，明萬曆間吳興淩氏刻本，第十八頁上；歸說見《歸方平點史記合筆》卷五，清同治丙寅（1866）廣州刻本，第四十三頁下；馮班、趙汸之文，載於楊燕起等編《歷代名家評史記》，北京：北京師範大學出版社1986年版，第638、726頁。
② 方苞《書史記六國年表序後》，載於《方苞全集》，第8冊，第88頁。
③ 程崟《儀禮析疑序》，載於《方苞全集》，第4冊，第7頁。
④ 方苞《春秋通論序》《周官析疑序》，載於《方苞全集》，第8冊，第200、197頁。
⑤ 方苞《與程啓生書》，載於《方苞全集》，第8冊，第343頁。
⑥ 李光地撰，陳祖武點校《榕村語錄　榕村續語錄》，北京：中華書局1995年版，第2、3頁。

被逮下獄，方氏一族改籍入旗，被迫遷徙。詳戴氏獲罪緣由，除《孑遺録》載録南明年號、事蹟，《南山集偶鈔》中《與余生書》一通涉及南明統緒外，刑部題本所列其他五篇"大逆之言"並不存在直接挑戰清廷統治威權的文字①。審案原疏語焉不詳，卻仍不難推測這五篇中可能的敏感點，實在於諸如"俗之衰久矣，非獨其仁義道德功名之際蕩盡焉無餘"，"至於今……聖人之道掃地無餘"，"天下之人廢書不讀久矣"，"今夫講章時文其爲禍更烈於秦火"之類批評當代士風、文風的牢騷語②。從"近日方寬文字之禁"的期許③，到發幾句牢騷就被打成"語多狂悖"④，戴名世直白書寫的嚴重後果，足以在朝野上下的文士之間造成一種寒蟬效應⑤。

然而，《南山集》案的罹難經歷固然會導致嚴苛的自我禁抑與審查，卻並不意味着方苞等文士已經完全融入"帝王心術"。從方氏中年以後交往看，他仍較接近李光地、徐元夢、湯斌、朱軾等服膺理學的朝臣。文集中多載此數人碑誌、逸事，全然不顧康熙末年整頓"僞理學"的政治風向，一再書寫諸人不畏强禦、犯顏直諫的事蹟，也凸顯了理學諸臣與明珠、余國柱集團的衝突。方苞晚年深交楊名時、蔡世遠、魏廷珍、李紱等督臣，亦多屬雍正以降觸犯時忌、橫遭整肅者。近代以來，清初"理學名臣"及桐城一系古文家先後遭到污名化，學界對方苞乃至整個清初理學圈清議精神的持久性未免估計不足。惟身經《南山集》案後，清議精神自然不能再像戴名世那樣出

---

① 刑部原疏爲滿文，據戴廷傑考證，其中提到《南山集偶鈔》中"均有大逆之言"的六篇文字分別爲《與余生書》《贈許亦士序》《送釋鍾山序》《送劉繼莊還洞庭序》《贈劉言潔序》《朱翁詩序》，載於戴廷傑《戴名世年譜》，第 870—871 頁。
② 分別見《朱翁詩序》《送許亦士序》《送劉繼莊還洞庭序》《贈劉言潔序》，載於《戴名世集》，上册，第 34、159、164、167 頁。
③ 《與余生書》，載於《戴名世集》，上册，第 2—3 頁。按：今人憑後見之明，或歎息戴名世此書中"近日方寬文字之禁"等語爲天真，實則戴氏此信很可能受明史館表彰明季死難者這一新方針的鼓舞。戴書作於康熙二十一年(1682)，此前三年，"康熙己未(1679)，睢州湯文正(斌)自監司復入翰林充《明史》纂修官，奏'……請(順治)元年、二年以前抗拒本朝、臨危致命諸臣，據事直書，無庸瞻顧'。聖祖仁皇帝嘉與，頒之史館，以爲成命"。事見方苞《書楊維斗先生傳後》，《方苞全集》，第 8 册，第 281 頁。
④ 《南山集》案最初發難的御史趙申喬題參一疏，即指斥戴名世"前爲諸生時，私刻文集，肆口游談，倒置是非，語多狂悖"。《戴名世年譜》，第 836 頁。
⑤ 嚴迪昌先生曾從桐城一地文風的角度揭示《南山集》案對文學生態的影響："桐城文學自錢澄之、方以智父子等人而後，原自有所傳承，唯《南山》一案後，該地邑文風發生歧變。這種歧變簡言之，即批判理念失落，錢澄之以來詩文中的鋒鋭的批判性日漸消散。"見嚴迪昌《從〈南山集〉到〈虯峰集〉——文字獄案與清代文學》，《文學遺產》第 5 期(2001 年 9 月)，第 73—85 頁。

之以顯白直露，《春秋》及方苞解讀下《史記》"隱寓於文之所不載"的寫法逐漸浮現。在方苞的"義法"闡釋中，司馬遷身逢漢武帝大一統盛世卻飽受身心摧殘，只能"詭其辭以志痛"，埋藏種種後人難以理解的微辭"參互相抵"，在其中寄寓隱微的譏刺。這很難不讓人聯想到同樣身處"盛世"的方苞在親歷文字獄之後所面臨的言説困境。此類"異代同時"的感受不能求之過深，否則將流於穿鑿。但康熙末葉的政治壓抑與言説禁制實爲方苞重新界定"義法"的重要語境，這一推斷大概可以成立①。

（二）紀事之法

"義法"的第二個意義層指向紀事整體原則，即所謂"虚實詳略之權度"②。分析對象從史書延展到碑誌、傳記、年譜等"紀事之文"，並體現於方苞的寫作實踐。此層"義法"源自《春秋》至《史記》"約其辭文，去其煩重"的簡約之法，與史法關係密切。惟歷來多視之爲一種文章剪裁法，偏向於"法"之利病的討論。實則繁簡之中亦有"義"的考量，貫注於"常事不書""獨知""一端引伸"等書寫義例，體現了有别於史家徵實標準的紀事追求。

方苞早年交遊中，戴名世"平居好言史法"，頗有撰述③。不過戴氏史傳文注重整體鋪敘，論者謂其具"宏闊文風"，與方苞中年以後紀事短小簡省的氣象不同④。方苞在紀事層次建構"義法"的真正起點，還屬康熙三十年入京後與萬斯同的交往。據方苞日後追述，康熙三十五年（1696）將出京，萬斯同邀之宿寓齋，以《明史稿》相託付，希望方苞能以古文"義法"删略之⑤。學者或憑此推斷方苞"義法"得自萬斯同的點撥。實則此語爲方氏轉

---

① 早有研究注意到《南山集》案對方苞義法説有潛在影響，如張高評即指出："方苞受戴名世《南山集》案株連，因文字獄衝擊，刺譏挹損自較他人敏感在意，所謂諱莫如深。今觀方苞有關'義法'之論述，多側重'如何書'之'法'，似乎刻意輕言、略説'何以書'之'義'，當非無心之輕忽漏失。"（見張高評前揭文，第244頁。）不過，類似論説仍主要側重於鋪陳文字獄使文士噤聲的效應，或憑此解釋方苞義法説主張簡潔的動機，卻多少忽略了《南山集》案後方苞的《史記》義法論正是重在"刺譏挹損"，於"法"固多所論述，於背後隱微之"義"亦未嘗放鬆。
② 方苞《與孫以寧書》，載於《方苞全集》，第8册，第312頁。
③ 參見戴名世《贈劉言潔序》《方靈皋稿序》，載於《戴名世集》，上册，第166、65頁。今傳戴氏史學撰述除致禍之《孑遺録》及文集卷一三所載四種《紀略》外，尚有多種碑誌傳記。
④ 戴名世、朱書與方苞紀事風格的異同，參見師雅惠《正聲初起：早期桐城派作家研究》，第82—89頁。此處第87頁。
⑤ 方苞《萬季野墓表》（乾隆五十七年，方苞五十一歲時作），載於《方苞全集》，第9册，第721—722頁。

述,並不足據,惟頗能體現方苞在紀事一層運用"義法"的關切。如同乾嘉間章學誠在"史學"與"史纂""史考"之間的區別,方苞借萬斯同之口傳達了在極博之客觀材料(以"直載其事與言而無可增飾"的《實錄》爲指歸)與極簡之主體成書之間的界限①。方苞重視紀事過程中個人經驗的投入與沉浸,下文又從萬斯同口中道出批評官修史書成於衆手的著名比喻:

> 譬如入人之室,始而周其堂寢匽湢焉,繼而知其蓄産禮俗焉,久之其男女少長、性質剛柔、輕重賢愚,無不習察,然後可制其家之事也。官修之史,倉卒而成於衆人,不暇擇其材之宜與事之習,是猶招市人而與謀室中之事耳。②

針對晚近官修史書集體成書、臨時湊辦的弊端,形成於紀事者切身體驗而長期浸潤於其中的"主觀真實",正是方苞在碑傳寫作中權度詳略,彰顯紀事一層"義法"的起點。

至於權度詳略的原則,以往論者多注意源自《春秋》書法的"常事不書"一例。方苞推崇《漢書·霍光傳》與韓愈《順宗實錄》,嘗謂:"古之良史,於千百事不書,如所書一二事,則必具其首尾,並所爲旁見側出者,而悉著之,故千百世後,其事之表裏可按,而如見其人……蓋其詳略、虛實措注,各有義法如此。"③重要的是,"常事不書"實以撰史者對傳主個性和生平重要節點的主觀體驗爲前提。同爲《漢書》傳記,方苞對《王莽傳》就頗爲不滿,批評該傳紀事過求完備,流於小説家之"駁雜"④。使事件表裏可按而人物如在目前的敘事完整性,並非來自事無巨細、比次排列的"史纂",而是取決於撰史者對於關鍵時刻和經典場面的提煉。紀事的簡潔不同於側重措辭禁

---

① 章學誠《浙東學術》篇自注:"整輯排比,謂之史纂;參互搜討,謂之史考;皆非史學。"又《答客問中》有云:"天下有比次之書,有獨斷之學,有考索之功,三者各有所主而不能相通。"見劉公純標點《文史通義》,北京:古籍出版社 1958 年版,第 53、137 頁。按:章學誠對同時代古文家多有不滿,方苞自詡"約以義法",在實齋看來,恐怕不過是能文之士的"史選""史評"之類,低於"史考""史纂""史例"之學,更不用説上攀"史學"了。參見章學誠《上朱大司馬論文》,載於劉公純標點《文史通義》,第 345 頁。
② 《方苞全集》,第 9 册,第 722 頁。
③ 方苞《書漢書霍光傳後》,載於《方苞全集》,第 8 册,第 101—102 頁。
④ 方苞《書王莽傳後》,載於《方苞全集》,第 8 册,第 102 頁。在此文中,方苞舉出的對照組是《新五代史·馮道傳》;他認爲歐陽修忽略馮道大量"醜言穢行"而獨著美言美行,結以"當時士無賢愚皆喜爲稱譽,至擬之於孔子"一句,可謂"妙遠而不測"。

例的"雅潔",前者主要是指對"事"的別擇和安排,更需要作者主體意識的參與。

方苞壯年入京即有文名,海内聞人子弟多求撰碑傳,虚實詳略一層"義法"也是他在碑傳書寫實踐中反復向人申説的宗旨。康熙五十四年(1715)孫奇逢後人求爲夏峰傳記,寄來若干文字供參考,方苞回書卻指出已有群賢論述"皆未得體要",瑣述這些"末跡"反而會導致夏峰獨有的"志事"隱没。他以《史記·留侯世家》僅著"天下所以存亡之事"爲例,再次重復"所載之事必與其人之規模相稱"的義例,説明"詳者略,實者虚,而徵君所藴蓄,轉似可得之意言之外"①。傳統上墓誌銘、墓表的寫作多以親屬所奉行狀等較詳資料爲基礎,方苞則往往脱離行狀"平列"的事實,專以自身與傳主交往或對傳主的認知爲線索,著有"獨知"之例。如爲黄際飛撰墓表,即説明其人生平已別詳,此篇是"感念平生離合之跡、始終之義,乃著其所獨知於際飛者"②。方苞爲查慎行撰墓銘的經歷更具戲劇性:雍正六年(1727)查慎行身故,其子克念即以行狀請銘於方苞;十年後查慎行彌甥沈廷芳(亦是方苞門人)託人催促此銘,並告克念已死,方苞這纔"命家人檢故狀",結果未能找到,只能"就所獨知於君者以志焉"。分明是拖延以至失落原狀後的不得已之舉,方苞竟毫無愧意地説"覽者即是以求之,其所狀事蹟雖不具可也"③。而所謂"獨知於君"的内容,除了概述交往,實不過當初同值南書房諸人口中二人行跡不謀而合的一段側寫。此類"獨知"之例,最能表現方苞紀事義法的主觀性。

康熙五十四年,方苞致信名宦陳鵬年,爲亡母求銘。供求關係的顛倒之下,或許更能看出方苞紀事義法的貫徹情形。在信中,方苞提供了多處行狀之外的生活細節,向不甚知情的撰文者分享他所"獨知"的家庭内情。更有意味的是,在信末方苞竟忍不住越俎代庖,直接爲陳鵬年指點志銘義法:

> 志銘每事必詳,乃近人之陋,古作者每就一端引伸以極其義類。④

---

① 方苞《與孫以寧書》(康熙五十四年),載於《方苞全集》,第 8 册,第 311 頁。
② 方苞《黄際飛墓表》,載於《方苞全集》,第 9 册,第 737 頁。
③ 方苞《翰林院編修查君墓誌銘》,載於《方苞全集》,第 9 册,第 622 頁。
④ 方苞《與陳滄州書》(康熙五十四年),載於《方苞全集》,第 9 册,第 384 頁。

方苞特地在信末強調,提供家庭内情數事絕非"以多爲貴",而是要引導陳鵬年從這些充滿個體性情的"親屬敘述、家常文字"中抽取最爲典型的"一端",引出推而廣之的普遍意義。這種"一端引伸"之例,在方苞本人的碑傳寫作中屢見不鮮,有時甚至流爲格套。雍正六年(1728)光禄寺卿吕謙恒身故,方苞爲撰墓誌銘,在銘序及與其親屬討論寫法的通信中反復提及"義法"一詞,既批評從班固到錢謙益"按部平列"事實而不知剪裁,又指出"古文最難發端,志銘爲甚",據此解釋其《光禄吕公墓誌銘》"首舉以光禄卿罷"乃是"義法之一定者"①。按吕謙恒在雍正五年(1727)以具札不合式議罷,旋即死去,親屬或欲曲諱此事,方苞卻反而舉爲全篇發端,以表現"天子之恩意及公之生平"。《禮部尚書贈太子太傅楊公墓誌銘》的寫法與之類似。該文述楊名時官場起落,實爲雍正朝政局翻覆之一大案,忌諱甚多;方苞則舉重若輕,取一逆勢,以乾隆帝即位之初爲楊氏翻案起復爲發端,一氣而下②。類似寫法往往以"某年月日"起頭,敘出一事乃至一場景,或爲傳主人生高光時刻,或爲與傳主的最初交際,或爲聞訃來告情形,或爲夢境預知後事,敘畢又從頭羅列生平③。此種來自《左傳》《史記》的逆敘法,在方苞的闡釋中,並不是單純技法角度的"有意側入以爲奇"④。他更注重由此"一端"還原事件和人物的生氣,無此"則索索無氣矣"⑤。

雍正十一年(1733)方苞編選《古文約選》,於韓愈所撰諸墓誌不録"奇崛高古清深者",而僅録《殿中少監馬君墓誌》《柳子厚墓誌銘》兩篇"變調頗膚近"之作,"蓋志銘宜實徵事蹟,或事蹟無可徵,乃敘述久故交親,而出之以感慨,馬誌是也,或别生議論,可興可觀,柳誌是也"⑥——不僅指示墓誌銘一體的"體要",更凸顯"感慨""議論""可興"等史傳和各體紀事文寫作通行的主觀要素。然而,這種於"實徵事蹟"之外兼顧"敘述親故""别生

---

① 方苞《與吕宗華書》、《再與宗華書》,載於《方苞全集》,第8册,第409—410頁。
② 關於楊名時案及背後的政治文化衝突,參見郭成康《清代政治論稿》,北京:生活·讀書·新知三聯書店2021年版,第552—581頁。
③ 方苞集中採用這種寫法的墓誌銘,除以上吕謙恒、楊名時兩篇,至少還有《劉古塘墓誌銘》《王生墓誌銘》《吏部侍郎蔡公墓誌銘》《李抑亭墓誌銘》《安徽布政使李公墓誌銘》《劉紫函墓誌銘》《謝母王孺人墓誌銘》《王孺人墓誌銘》《明故兵部郎中劉公墓誌銘》《長寧縣令劉君墓誌銘》《李友楷墓誌銘》《楊千木墓誌銘》《高素侯先生墓誌銘》《李世賁墓誌銘》《吏部員外王君墓誌銘》等多篇。
④ 《方望溪評點史記》卷四總評"吴王濞列傳",載於《方苞全集》,第7册,第363頁。
⑤ 方苞《再與宗華書》,載於《方苞全集》,第8册,第410頁。
⑥ 方苞《古文約選·凡例(代)》,載於《方苞全集》,第12册,第28頁。

議論"的紀事義法,在同時代金石碑傳文的應酬風俗和史學徵實的學術風氣中,接受度似乎都不太高。方苞曾提到自己"每爲名貴人作志,其門生族姻必雜然獻疑"①。求文者往往懷疑方苞所作"事實太略",難以涵蓋傳主生平。從學術史上看,自劉知幾推論"煩省"以來,敘事"繁簡"早已是史家反覆論述的話題。顧炎武批評歐陽修《新唐書》"不簡於事,而簡於文",錢大昕更曾反駁方苞"動人心目"之說,體現出經史本位與文章本位之下對於"真實"的不同理解②。作爲更爲專精的史家,錢大昕同樣好言"義法",尤其強調譜録"以義法爲重",有時亦以"義法"指具體的體式法度。不過錢氏所推崇"古史之義法"的標準是"雖因前人之舊,而正其訛、補其闕,不虛美、不詞費",完全從傳遞客觀事實的準確性和經濟性著眼③。

(三) 辨體之法

方苞《與喬介夫書》云:"諸體之文,各有義法。"④古文體式各有其法度,各體獨有的法度也被方苞稱爲"義法",且與前述表微、紀事之法頗有重合。如《史記》十表序固然暗示了"義法"的表微原理,但作爲正史"志考論序"與古文"書經子後"兩類文的淵源,又示範了體式之法⑤;"表志尺幅甚狹,而詳載本議,則臃腫不中繩墨",既是紀事文通用虛實詳略之法的表現,又較典型地體現在篇幅較短的墓表、墓誌二體之中⑥。

此外,方苞還確立了一些針對具體文體的"排他性法則"。《與吕宗華書》提到:"墓誌之體於子載,於孫否,女子及孫以'凡'舉,孫與女婿非有見焉不名。韓歐成法不可易也。"此爲墓誌銘之序末的載名之法⑦。《書韓退

---

① 方苞《再與宗華書》,載於《方苞全集》,第 8 册,第 410 頁。
② 參見顧炎武《日知録》卷一九"文章繁簡",載於黃汝成集釋、秦克誠點校《日知録集釋》,長沙:岳麓書社 1994 年版,第 686—687 頁;錢大昕《與友人書》,載於《潛研堂文集》卷三三,陳文和主編《嘉定錢大昕全集(增訂本)》,第 9 册,南京:鳳凰出版社 2016 年版,第 345—346 頁。關於乾嘉時代經學家對"義法"説的批評,參見劉奕《乾嘉經學家文學思想研究》,上海:上海古籍出版社 2012 年版,第 75—81 頁。
③ 參見錢大昕《鉅野姚氏族譜序》、《吴興閔氏家乘序》,載於《潛研堂文集》卷二六,《嘉定錢大昕全集(增訂本)》,第 9 册,第 411、412—413 頁
④ 《方苞全集》,第 8 册,第 313 頁。
⑤ 參見方苞《書史記十表後》《古文約選·凡例》,載於《方苞全集》,第 8 册,第 87 頁;第 12 册,第 28 頁。
⑥ 《方苞全集》,第 8 册,第 313 頁。
⑦ 《方苞全集》,第 8 册,第 409 頁。

之平淮西碑後》云:"碑記墓誌之有銘,猶史有贊論,義法創自太史公,其指意辭事必取之本文之外……此意惟韓子識之,故其銘辭未有義具於碑誌者。"此爲墓誌之銘辭不與前序復出的避重之法①。《黃際飛墓表》云:"墓之有志,以納於壙,義主於識其人之實,其道宜一而已……外碑之表,依表之者以重。緣孝子之心所以光揚其親者不一而足,則受其請者,各以其意爲之可也。"此爲墓誌銘(僅一篇專明事實)與墓表(可多篇多角度撰之)的辨體之法②。《書五代史安重誨傳後》批評歐陽修此傳爲"書疏論策體,記事之文古無是也",爲議論與傳記的辨體之法③。乾隆九年(1744)尹會一欲將其母事蹟列入家譜,方苞指出"家譜獨載婦德,則於體不稱……不若編年獨爲一帙",則爲家譜、年譜辨體之法④。至於《書李習之盧坦傳後》所言"文士不得爲達官立傳",早已見於顧炎武《日知錄》等前人著作的辨析⑤。

傳統詞章之學素來强調明辨文體,明清兩代辨體之學尤爲瑣細。方苞所示各體義法並無太多新意,甚至不無誤解之處。如其稱韓碑"銘詞未有義具於碑誌者",實誤襲宋代以來"呼前序曰誌"的習慣,姚鼐曾在《古文辭類纂序目》中加以辨別。姚範也曾針對方苞《書韓退之平淮西碑後》一篇指出:"或云銘詞當出於序之外,補序所不及,僅以避重文者,其亦未達《詩》《書》之殊軌,文、質之異用矣。"⑥推崇方苞的桐城後學尚且如此,方氏辨體義法之粗可見一斑。

(四) 脈絡之法

方苞晚年作《答申謙居書》揭示"古文之傳與詩賦異道"的原理,素爲文學批評史研究者所重視。但該信末卻有數語引人疑惑:"若夫《左》《史》以

---

① 《方苞全集》,第 8 冊,第 270 頁。
② 見《方苞全集》,第 8 冊,第 270 頁。按:方苞貫徹此例並不嚴格。此間所謂墓表"各以其意爲之"的法度,實即前述紀事文的"獨知"一例,方苞亦以之行於墓誌銘等體裁。
③ 見《方苞全集》,第 8 冊,第 103 頁。此處似將"書疏論策"作爲一個整體與傳記相對,但方苞又在《古文約選》匡衡《法祖治性正家疏》評語中揭示"書疏"與"論策"體式有別:"惟書疏之體,主於指事達情,有分陳數事而各不相蒙者,匡衡《進》《戒》二疏及韓退之《再與柳中丞書》是也。至北宋人乃總敘於前,條舉於後,蓋惟恐澶漫無檢局,而體制則近於論策矣。"《方苞全集》,第 12 冊,第 125 頁。
④ 見《方苞全集》,第 8 冊,第 432—433 頁。
⑤ 見《方苞全集》,第 8 冊,第 274 頁;《日知錄集釋》,第 691 頁。
⑥ 分別見徐樹錚纂輯《諸家評點古文辭類纂》,北京:中國國家圖書館出版社 2012 年版,第 1 冊,第 43 頁;第 3 冊,第 587—588 頁。

來相承之義法，各出之徑涂，則期月之間可講而明也。"①方苞視爲古文七百年獨得之秘的"義法"，何以"期月之間"即可講明？此處"義法"相對於古文"本經術而依於事物之理"所需要的素養而言，"定祈向"需要長時間的人格涵泳，講明"義法"則是純技術性的傳授。

考察方苞對於"義法"一詞的運用，有必要區分有意識的概念工具與無意識的習慣套語，後者多見於古文、時文評點，亦散見於部分論古文篇章。《古文約選》評劉向《諫起昌陵疏》云："左氏敘事，於極零雜處，間用總束，或於首，或於尾，或於中。子政用之，多於篇末，此古文義法之最淺者，不可數用。"《書五代史安重誨傳後》則稱："記事之文，惟《左傳》《史記》各有義法，一篇之中，脈相灌輸，而不可增損。"②這些句子中所稱的"義法"，主要是指以"首尾一線""一義相貫"爲目標的總束、顯隱、貫穿、伏應之法，接近評選家的"文法""筆法"之説。

除了《古文約選》，乾隆初方苞奉敕編定《欽定四書文》，書中評點八股文亦往往借用"義法"一詞。如《孰不爲事　一節》評語稱歸有光能"運《史記》、歐、曾之義法而與題節相會"，不過是泛指歸氏以古文爲時文的寫法；評胡友信《浥水者　禹掘地而注之海》，稱其"上下兩截，一氣呼吸，義法自然關生"，則是指連接八股文前後兩截的"氣脈"；評顧天埈《伊尹相湯以王於天下》，言其"義法亦人所共知，而敘來嶔崎磊落，非胸無書卷人所能仿佛"。所説"義法"好似已是人人皆知的常識。根據此文大結部分的行間夾評："通篇散行，束以嚴整之筆，非獨文字雄煉，亦疏密相間，一定章法也。"則總評中所謂"義法"，實近於《古文約選》所説"最淺"的總束之法③。

對"義法"一詞的膚淺化使用，還可追溯到更早成書的《左傳義法舉要》。在方苞門人程崟爲此書所作"附識"中，"義法"被等同於"首尾、開闔、虛實、詳略、順逆、斷續"乃至"紛賾細瑣、包括貫穿"等各項脈絡筆法。

---

① 《方苞全集》，第 8 册，第 340 頁。
② 分別見《方苞全集》，第 12 册，第 118 頁；第 8 册，第 102—103 頁。
③ 方苞校閱《欽定四書文》(不分卷)，清乾隆間武英殿刻本，"正嘉文下孟"第三頁下、"隆萬文上孟"第四十一頁上、"隆萬文下孟"第五頁上。按：《方苞全集》整理《欽定四書文》以四庫本爲底本，失去了夾評、圈點等四庫本抄寫時刪去的信息，故此處仍引用保留二者的殿本。又按：《欽定四書文》的"經理諸臣銜名"中，除了任"校閱"的方苞，還有萬承蒼、儲皆觀、趙青藜、周日藻等"校對"。據安東強考證，舉人周日藻的作用尤爲顯著。故亦不能排除部分選篇及評語出自分纂的情况。參見安東強《〈欽定四書文〉編纂的立意及反響》，《中山大學學報》第 1 期（2012 年 1 月），第 37—47 頁。

清代評選家本來就有以文法批點《左傳》的風氣。據説方氏口授《左傳》諸篇"義法",就是針對王源《文章練要》中的《左傳評》一種①。羅軍鳳推考這種《左傳》義法説最爲早出,甚至可以"推至方苞與王源初交的康熙三十年",而以經史爲準則的《史記》義法説反而是"針對舉業不讀書"的後起之論。羅氏還指出《左傳義法舉要》旨在揭示通向時文的兩兩"對偶"之法,與康熙朝流行的馮李驊《左繡》臭味相投。其推論大體可信②。評選慣性下的(四)類"義法"至少在《南山集》案以前即已形成,從康熙中後期一直延續到乾隆初年,凝結爲方苞評點古文、時文的無意識用語,實爲其"義法"系統中最爲穩定的一個"古層"。而在政治和學術語境刺激下建構的其他各層"義法",則可視爲這個穩定"古層"之上的波動。

三、在結構中重構:從桐城義法到國文義法

在方苞身後,"義法"二字久爲古文家門面語,内涵多有變化。一方面,膚淺化的義法説繼續在古文圈外流傳,不僅爲方苞招來"與孫鑛、林雲銘、金人瑞之徒何異"的惡名,更在清中葉以降所謂"桐城派"的形成過程中,漸與其他桐城古文理論相混,成爲桐城派文法的統稱。在古文圈内部,關於"義法"本身的討論一度相當沉寂,"義法"並没有成爲一個通用概念,而是被塑造爲專屬方苞的一個標籤。大抵乾隆以降桐城一地崛起的後學,如劉大櫆、姚範、姚鼐、方東樹等,皆不滿於他們理解中單講佈置技法的義法説,同時又不得不在宗派譜系中將方苞奉爲桐城古文的"初祖"。於是只能採取懸置之法,不再對"義法"理論進行闡釋或發展,而是逐漸忘卻或剥離其原初語境,模糊其間各個層次的區分,最終使"義法"作爲一個整體加入桐城古文譜系,將之重構爲服務於一個更宏大結構的全新概念工具。

(一)桐城古文譜系中的"義法"

乾嘉以後桐城古文一系對於"義法"概念的重構分爲兩步:

---

① 參見程崟《〈左傳義法舉要〉識語》,《方苞全集》,第7册,第5頁。程氏記方苞語云:"凡所論,特爲文之義法耳,學者宜或知之,而非所急也。"可知方苞對此一層"義法"的態度。
② 羅軍鳳《方苞的古文"義法"與科舉世風》,載於《文學遺産》第2期(2008年3月),第124—136頁。羅氏對《左傳義法舉要》的繫年依據雍正六年程崟"識語"轉述的方苞語。

第一步：劉大櫆、姚鼐開拓"神氣"境界，配以"聲氣"誦讀，在"義法"之外造就了古文修習的新途徑。桐城古文一系本有"氣論"隱脈，至少可追溯到戴名世與方舟（方苞之兄）。戴氏與門人論文時曾借用道家"精氣神"之說，指出："語言文字，文也，而非所以文也；行墨蹊徑，文也，而非所以文也。文之爲文，必有出乎語言文字之外而居乎行墨蹊徑之先。"又引申方舟文有魂魄之說，謂："今夫文之爲道，行墨字句其魄也，而所謂魂也者，出之而不覺，視之而無跡者也。"①此種超乎文字、文法（"行墨蹊徑"）之外的行文動力，被戴名世歸結爲"氣"與"神"，與其論文主張"自然"，注重意境的特點有關。然而，這條氣論隱脈在方苞處卻有所中斷。相對而言，方苞更多在八股文評點中用"氣"，氣論在古文義法論述中並不凸顯。直到方苞門人劉大櫆，"神""氣"等術語纔被重新激活。二者與"法"相對，構成古文修爲的更高境界。正如劉氏《論文偶記》所言：

> 神者，氣之主；氣者，神之用。神只是氣之精處。古人文章可告人者，惟法耳。然不得其神而徒守其法，則死法而已。要在自家於讀時微會之。②

"神氣"與"法"的二元對立提升了氣論的地位，卻也固化了在方苞那裏原本靈活精變的"法"。更重要的是，劉大櫆還爲上達"神氣"設計了由粗御精的有效途徑，亦即"要在自家於讀時微會之"，從"字句""音節"進入，憑藉口耳感受達成與古作者神氣的溝通，遂使"神氣論"逐漸轉變爲"聲氣論"③。聲氣論訴諸日常吟誦，強調自然相習，有別於義法說發凡起例的舊塗，很快獲得桐城後學的認同和仿效。姚鼐即以"聲音"爲古文證入的不二法門，指出"大抵學古文者，必要放聲疾讀，又緩讀，只久之自悟。若但能默看，即終身作外行也。"④姚氏門人梅曾亮也認爲："古文與他體異者，以首尾氣不可斷耳……欲得其氣，必求之古人，周、秦、漢及唐宋人文，其佳者皆

---

① 戴名世《答伍張兩生書》（康熙二十五年）、《程偕柳稿序》（康熙三十六年），載於《戴名世集》，上册，第5、86頁。
② 《歷代文話》，第4册，第4108頁。
③ 《歷代文話》，第4册，第4109頁。
④ 姚鼐《與陳碩士（三四月間）》（嘉慶九年），載於《惜抱軒尺牘》卷六，盧坡《姚鼐信札輯存編年校釋》，合肥：安徽大學出版社2020年版，第247頁。

成誦乃可。"①道光間梅曾亮、戴鈞衡在京師啓導曾國藩從事古文之學，曾氏及其門下進而提出"因聲求氣"之説。自劉大櫆直到晚清的吴汝綸、張裕釗，前後五代文士都在接力建構一個神氣理論與聲氣實踐相結合的古文整體，桐城本地更是長期流傳着諸多古文前輩吟誦的傳説②。值得注意的是，在這些吟誦佳話中，作爲桐城派"初祖"的方苞往往缺席。聲氣論的新視野下，"義法"籠罩下的删改評選仍是桐城統系内部延續的家法，但又亟待超越③。

姚鼐作爲所謂"桐城派"譜系的建立者，提出義理、考據、詞章三者不可偏廢，其詩文集卷帙宏富，卻幾乎没有出現"義法"二字。姚鼐集中有答翁方綱論詩書一通，以索倫、蒙古人射箭爲喻，説明詩文主要憑藉"意與氣相御而爲辭"成就"聲色之美"，並没有什麽"定法"可言④。此信收入文集後，隨即獲得經學家凌廷堪的響應，看破姚説實已對"方望溪義法之説"構成挑戰⑤。而在不示外人的師生尺牘文字中，姚鼐更直接表露對於"義法"之説的不滿，謂方苞"閲《太史公書》，似精神不能包括其大處、遠處、疏淡處及華麗非常處，止以**義法**論文，則得其一端而已"。作爲方苞的再傳後學，姚鼐當然承認"文家**義法**亦不可不講"，卻將"義法"等同於"繩墨"約束，已失去方氏苦心經營"義法"的真精神⑥。

"神氣""聲氣"取代"義法"，成爲桐城古文的新關鍵詞，實爲乾嘉以降考證學壓力下，古文之學從上攀經史的政教、學術領域撤回，重新退守詞章領域的一大表徵。當初，方苞積康、雍、乾三朝之清望，與萬斯同、李光地、

---

① 梅曾亮《與孫芝房書》(咸豐元年)，載於彭國忠、胡曉明校點《柏梘山房詩文集》，上海：上海古籍出版社 2005 年版，第 43 頁。
② 張裕釗《答吴至父書》轉述方宗誠語："劉海峰(大櫆)絶豐偉，日取古人之文，縱聲讀之；姚惜抱(鼐)則患氣羸，然亦不廢哦誦，但抑其聲使之下耳。"見王達敏校點《張裕釗詩文集》，上海：上海古籍出版社 2007 年版，第 85 頁。
③ 關於"義法"與删改簡法在桐城古文統系中的延續，參見張知强《桐城派"義法"實踐與古文删改》，載於《文學遺産》第 5 期(2019 年 9 月)，第 111—124 頁。
④ 方苞《答翁學士書》，劉季高標校《惜抱軒詩文集》文集卷六，上海：上海古籍出版社 1992 年版，第 84—85 頁。
⑤ 凌廷堪《復姚姬傳先生書》(嘉慶七年)："又集中論詩，假索倫、蒙古人之射爲喻，以爲非有定法，此誠不易之論。竊謂詩既如此，文亦宜然，故於方望溪義法之説，終不能無疑也。"見王文錦點校《校禮堂文集》卷二四，北京：中華書局 1998 年版，第 219 頁。
⑥ 見姚鼐《與陳碩士(再得書)》(乾隆五十五年)，載於《惜抱軒尺牘》卷五，盧坡《姚鼐信札輯存編年校釋》，第 207 頁。

李塨、江永、沈彤等第一流學者往還。他改造出自明季評選積習的法度之説，建構"義法"回溯經史，顯示從明代"文人之文"向清代"學者之文"轉型的趨勢。但在方苞身後，"學者之文"的新傳統卻折入錢大昕、戴震、焦循、淩廷堪、汪中等更爲專精的經史學者。在考據學風掩襲一世的大氣候中，姚範、姚鼐的經學成就或許後出轉精，足以傲視方苞，但古文家在整個知識場域中的位置卻有所變化。劉大櫆等本地文士身處政、學邊緣，更要在義理、經濟、書卷的包圍中，强調"行文自另是一事"①。古文理論重心從"義法"向"聲氣"的轉移，還與詩、文本領的分合有關。錢鍾書早就指出"桐城亦有詩派"②。清初方文、錢澄之獨以詩名，至劉大櫆則"文與詩並極其力"，此後姚範、姚鼐、梅曾亮、方東樹乃至別開宗派的曾國藩都是詩、文兼修。唯獨方苞早年就"絶意不爲詩"，甚至"終身未嘗作詩"。在整個桐城文學傳統中，不擅詩學的方苞反而是一個異數。與方苞不願"以詩自瑕"的自述略爲不同的是，在姚範、姚鼐等記述中，望溪戒詩實緣自查慎行"君詩不能佳"的告誡，"不爲"與"不能"的分别深具意味③。曾有學者追溯劉大櫆以降古文聲音與誦讀習慣的詩學淵源④。不妨推論，正是隨着詩文溝通理念的強勢回歸，不通於詩的"義法"之學纔逐漸被詩文兼通的桐城後學看淡，或強使之通於詩。

第二步：姚鼐門人方東樹總結"桐城三家"之説，將"義法"重構爲專屬方苞的古文理論，作爲一個籠統的整體納入桐城古文譜系。道光十三年（1833），方東樹應同門姚瑩、毛嶽生催促作《書惜抱先生墓誌後》，分别以"學""才""識"概括方苞、劉大櫆、姚鼐三人所長，建構了以"桐城三家"爲框架的古文統系：

---

① 劉大櫆《論文偶記》，《歷代文話》，第 4 册，第 4107 頁。
② 見錢鍾書《談藝録》四二"補訂二"，北京：中華書局 1993 年版，第 145—146 頁。
③ 參見方苞《喬紫淵詩序》，《方苞全集》，第 8 册，第 235 頁；姚鼐《劉海峰先生傳》，載於《惜抱軒詩文集》文集後集卷五，第 308—309 頁。按：姚鼐稱方苞"終身未嘗作詩"，實不無誇張，戴鈞衡編定《望溪先生集外文》卷九附刊有家藏詩稿十五首。不過確是鳳毛麟角，與劉大櫆、方苞的大肆作詩、選詩，甚至詩人自命不可同日而語。另外，袁枚《隨園詩話》記有方苞以詩投汪琬遭斥、投王士禛不譽，最終劉體仁誡之不作詩，遂"終身不作詩"之事。顧學頡標點《隨園詩話》，北京：人民文學出版社 1960 年版，上册，第 118—119 頁。按：在方苞之前，古文家而不甚能詩的先例尚有曾鞏、歸有光等，實不足爲奇。
④ 參見陳引馳《"古文"與聲音——兼及其與詩學的關聯》，載於《嶺南學報》復刊第 5 輯（2016 年 3 月），第 259—273 頁。

> 侍郎（方苞）之文，静重博厚，極天下之物賾而無不持載，泰山岩岩，魯邦所瞻；擬諸形容，象地之德焉，是深於學者也。學博（劉大櫆）之文，日麗春敷，風雲變態，言盡矣，而觀者猶若浩浩然不可窮；擬諸形容，象太空之無際焉，是優於才者也。先生（姚鼐）之文，紆餘卓犖，樽節齸括，託於筆墨者浄潔而精微，譬如道人德士，接對之久，使人自深。……學博論文主品藻，侍郎論文主義法。要之，不知品藻，則其講於義法也慤；不解義法，則其貌夫品藻也滑耀而浮。先生後出，尤以識勝，知有以取其長、濟其偏、止其敝，此所以配爲三家，如鼎足之不可廢一。①

此段論述極具結構感。方東樹不僅借用劉知幾"史有三長"之説分配三家，更將三家文境擬爲地、天、人三才之象，繼而討論劉大櫆"主品藻"與方苞"主義法"的高下。問題在於，"品藻"與"義法"並不在同一層級，劉大櫆從來没有像方苞標舉"義法"那樣將"品藻"打造爲一個古文概念。這組對立的設置，更像是爲了導出調和方、劉而"取其長、濟其偏、止其敝"的姚鼐。在方東樹設計的結構中，"三長"鼎足而立，實有高下本末之别，"三長"相濟更構成一個古文研習的整體。方東樹擡舉姚鼐古文之學，認爲其中有不同於方、劉且不爲世人所識的"微妙深苦之心"，實即"精誦沉潛、反復諷玩"的聲氣工夫。在方東樹看來，無論是劉氏所長"運思置詞"的"品藻"，還是方氏所主"迎拒措注"的"義法"（已將"義法"涵義窄化），最終都要通過吟誦聲氣"暗通"於"自然"，這纔是古文之學由粗御精的正確路徑②。

在此篇中，方東樹並没有爲姚鼐提煉出一個可與他所謂方苞"義法"、劉大櫆"品藻"相提並論的名詞。後來其從弟方宗誠在《桐城文録序》中提出"神韻"一詞，作爲姚鼐古文的宗主，遂形成"義法""品藻""神韻"的三足鼎立的譜系③。方東樹表面上認同"義法"説，聲言"文章者，道之器，體與詞者，文章之質，範其質，使肥瘠修短合度，欲有妍而無媸也，則存乎義與法"，實際上卻是將"義法"限定爲僅僅主要處理文章修短妍媸等形貌問題

---

① 方東樹《書惜抱先生墓誌後》，《考槃集文録》卷五，嚴雲綏點校《桐城派名家文集·方東樹集》，合肥：安徽教育出版社 2014 年版，第 325 頁。
② 《桐城派名家文集·方東樹集》，第 325—326 頁。毛嶽生評方東樹此篇"中有微言，自足不朽"。
③ 《柏堂集次編》卷一，楊懷志、方寧勝點校《桐城派名家文集·方宗誠集》，合肥：安徽教育出版社 2014 年版，第 117 頁。

的技法,更未遑彰顯方苞紀事之法背後的主觀意識。方東樹出自桐城魯𬬱方氏,與方苞所在明代以來聲勢顯赫的"桂林方"並非一支,對方苞的古文的缺乏聲色、"好承用舊語"更是頗著不滿①。他曾在《昭昧詹言》中明確宣言:

> 徒謂義法而不解精神氣脈,則於古人之妙,終未有領會悟入處,是識上事。②

在方東樹看來,姚鼐所擅長的"識"纔是古文最高境界,方苞拘於"義法"則終有一間未達。需要辨別的是,方東樹説詩強調法度,嘗謂"欲學杜、韓,須先知義法粗胚",似乎頗在詩學中實踐"義法"。但細按其所舉"義法"條目,則爲"章法""起法""轉接""氣脈""離合""伸縮""頓挫""倒煞"等文章評選家慣用的筆法熟套。此前姚鼐論杜甫長律,已揭示其間"旁見側出,無所不包,而首尾一線,尋其脈絡,轉得清明"的文法③。所謂"以古文義法入之聲律",不過是推廣"以文爲詩"的風氣而已④。在劉開、姚瑩等姚鼐其他門人的論述中,方苞的義法説仍然受到尊重,卻往往不被認爲是古文之學的極致⑤。李兆洛則指出"義充則法自具,不當歧而二之",對方苞分説義、法的策略提出挑戰⑥。

晚近還出現了將"義法"窄化爲金石碑版文條例的傾向。如李慈銘日記評馮登府《金石綜例》云:"自黄梨洲氏《金石要例》出後,文之義法,已括其凡,爲碑版者,謹守不渝,即爲定則。"評《蕺山集》稱劉宗周"敍事亦多循俗稱,未嘗講求義法",更是就稱名之例言之⑦。民國間,程千帆注章學誠

---

① 參見方東樹《書望溪先生集後》,《桐城派名家文集·方東樹集》,第 313 頁。
② 方東樹撰,吴汝綸編,吴闓生評《吴氏評本昭昧詹言》卷一,民國七年(1918)武强賀氏刻本,第六頁下。按:此句之上,吴闓生録有吴汝綸批語:"南青(姚範)之不滿望溪(方苞)以此。"
③ 姚鼐《五七言今體詩鈔》卷六,載於曹光甫標點《今體詩鈔》,上海:上海古籍出版社 1986 年版,第 124 頁。
④ 參見錢鍾書《談藝録》,第 146 頁。
⑤ 參見劉開《與阮芸臺宫保論文書》,載於《劉孟塗集》文集卷四,清道光六年(1826)姚氏檗山草堂刻本,第三頁下至第七頁下;姚瑩《復陸次山論文書》,載於《中復堂集·東溟文後集》卷八,清同治六年(1867)姚濬昌刻本,第二十三頁上至二十四頁上。
⑥ 見李兆洛《答高雨農書》,載於《養一齋文集》卷八,《清代詩文集彙編》第 493 册,上海:上海古籍出版社 2009 年影印本,第 123 頁。
⑦ 李慈銘撰、由雲龍輯録《越縵堂讀書記》,北京:中華書局 2016 年版,第 1062、716 頁。

《古文十弊》開篇"義例"一語,有云:"蓋所謂義者,制法以垂世;所謂例者,依義以發凡,亦或變文言'義法'。"①

(二)"歸方義法"

針對方東樹等姚門後學"右姚而左方",使"義法"一詞限於方苞,將"義法"内容窄化爲行文筆法、義例的趨向,咸豐初邵懿辰在給方宗誠的一封回信中提出反駁:

> 夫方氏以義法言文……凡韓、李、歐陽以下論文之旨皆統焉。而劉氏乃以音節、姚氏乃以神韻爲宗,斥義法爲言文之粗,此非後學所能知而能信也。音節、神韻,獨不在法之内乎?②

邵氏欲以方統劉、姚,將乾嘉以降的"音節""神韻"之説都包含在"義法"之内。但他認爲"義法"就是"遠鄙倍""辭達",可以充當一切古文之學的概括,則未免過於寬泛,同樣抽空了"義法"的内涵。這種泛化的"義法"理解,正是在道、咸之際逐漸傳播開來,構成了義法説流衍的另一方向。

當時在王拯、莫友芝等學者文字中,都出現了"歸方義法"這一新提法,將方苞獨創的一家之説贈與歸有光分享。咸豐三年(1853),王拯撰《彭子穆墓表》,提到彭昱堯好古文詞之學,"時永福吕先生璜罷官自浙歸,主桂林書院,又以古文詞爲鄉里倡。君以所質於楚雄(池生春)者質之,於是君又聞當世所稱歸方義法者於吕,而折節從之,一屏材氣,委蛇繩尺。"③按此,則"歸方義法"之説似來自姚鼐的再傳吕璜。所謂"一屏材氣,委蛇繩尺",强調"義法"作爲"繩墨"的規約性,仍未脱姚門觀念籠罩。道光末葉,在梅曾亮、吴敏樹等人倡導下,京師文壇曾一度出現"歸有光熱",對"歸方"並稱的

---

① 程千帆《文論十箋》,石家莊:河北教育出版社2001年版,第278頁。關於清人古文"義例"之學及其與義法説的區别,參見何詩海《古書凡例與文學批評——以明清集部著作爲考察中心》,第八章"清代文章義例之學",北京:中華書局2023年版,第208—232頁。
② 邵懿辰《復方存之書一》,載於《半巖廬遺文》卷上,《清代詩文集彙編》第635册,上海:上海古籍出版社2009年影印本,第264頁。此信中提到方東樹已殁,戴鈞衡尚在世,則當作於咸豐元年(1851)以後,五年(1855)以前。
③ 見《龍壁山房文集》卷七,汪長林點校《桐城派名家文集·王拯集》,合肥:安徽教育出版社2014年版,第491頁。

流行頗具助力①。其時朱琦、王拯、邵懿辰、馮志沂、余坤、龍啓瑞、曾國藩等先後從游於梅曾亮,講求古文之學②。王、邵二人曾在琉璃廠偶遇方苞朱緑評點本《史記》,既抄録其書,又從梅曾亮處借到歸有光《史記評點》,過録於方評本之上。是即同治五年王拯刊行《歸方平點史記合筆》的緣起③。邵懿辰斤斤於維護方氏義法説,與王拯提出"歸方義法"之稱,可能都與這段經歷有關。同樣在道光末年,又有桐城鄉人戴鈞衡編輯《望溪先生全集》之役。可以説,當道、咸之際,隨着桐城文獻的復出,方苞的古文之學曾有一次短暫的中興,配合着京師士人的"歸有光熱",再次提起學者對於"義法"之説的興趣。但其所謂"義法"逐漸包含了後起的劉、姚"聲氣"之學,已是對整個桐城古文統系的泛稱。今存莫友芝殘簡中有一則提及"姬傳言文,必用震川、望溪義法,以溯韓、歐",仿佛姚鼐也主張"歸方義法"之説④。

  咸、同時代,曾國藩以高位殊勳倡導詩文之學,擴充了桐城古文的堂廡。曾氏論文大體仍屬劉大櫆、姚鼐以下的"聲氣"一路,對方苞其人頗有微詞。但相對於同時代其他文士,他對"義法"二字的日常運用卻較爲嚴謹。同治八年(1869)八月初,曾國藩盡數日之力爲小學家苗夔撰墓誌銘,作畢後"細閲竟無一字是處",遂在日記中反思"今年試作數首,乃無一合於古人義法"。至第二年正月間爲亡婿郭依永作墓銘,日記中同樣留下了"全不合古人義法,深以爲愧"的字句。撰畢此文前一日,曾國藩剛收到王拯寄來新刻《歸方平點史記合筆》,前後兩次翻閲⑤。無論是否來自方苞,至少就碑誌撰作而言,曾國藩心中確有一番"古人義法"的衡度。曾氏古文中當然也有將"義法"泛化的用法,如《羅君伯宜墓誌銘》稱讚傳主夙慧,"真草法書,古文詩辭以至科舉之業,俱有義法",便使"義法"覆蓋了包括書法、古文、時文、詩賦在内的各種藝文領域⑥。

---

① 參見柳春蕊《晚清古文研究——以陳用光、梅曾亮、曾國藩、吴汝綸四大古文圈子爲中心》,南昌:百花洲文藝出版社2007年版,第140—188頁。
② 李詳《論桐城派》,《國粹學報》第49期(光緒三十四年十二月二十日),"文篇"第3—4頁。參見魏泉《士林交遊與風氣變遷:19世紀宣南的文人群體研究》,北京:北京大學出版社2008年版,第119—125頁。
③ 王拯《歸方平點史記合筆·序》,載於《歸方平點史記合筆》,清同治丙寅(1866)廣州刻本,卷首第一頁上至第二頁上。
④ 莫友芝《論藝三則》,載於張劍、張燕嬰整理《莫友芝全集》,北京:中華書局2017年版,第8册,第212頁。
⑤ 蕭守英等整理《曾國藩全集·日記三》,長沙:岳麓書社1989年版,第1668—1669、1719頁。
⑥ 王澧華整理《曾國藩詩文集》文集卷四,上海:上海古籍出版社2005年版,第415頁。

光緒年間，有兩部以"義法"題名的古文著作問世，同樣值得關注。一是李鍾珏編輯的《古文義法彙鈔》二卷，光緒二十六年（1900）由新寧明善社刊行。據書前趙宗壇序，此書實爲李氏早年在龍門書院劉熙載門下時"所致力"，共鈔錄方苞、姚鼐、朱仕琇、梅曾亮、吳敏樹、周樹槐、曾國藩、李元度、王先謙、劉熙載十人的29篇文論，以選本序例及論文書信爲主①。其選目雖然包括方苞《古文約選序例》《與孫以寧書》《答喬介夫書》《與程若韓書》《與喬紫淵書》等"義法"論述的核心篇目，卻也納入了姚鼐、曾國藩的聲氣論；甚至嚴格來説不屬桐城派的劉熙載，其《文概》也全文收錄，佔據全書最多篇幅。可知李氏所謂"義法"，正是以桐城派文論爲中心的古文之學。二是許鍾嶽輯《古文義法鈔》一卷，原爲抄本，有光緒二十八年（1902）自序。所鈔自歸有光以下，涵蓋桐城、湘鄉諸家及侯方域、魏際瑞、魏禧、汪琬、朱彝尊、袁枚、沈德潛、邵長蘅等不在桐城統系内的文家，又附錄韓、柳、蘇洵、羅大經論文名篇，幾乎已是一部不分派系的古文理論彙編。書尾錄鮑鶚跋語，主張語言文字爲一國精神所寄，固有文學不可輕棄。在此語境中界定"文章義法"，乃是"佈置井井，約不病略，繁不病冗，足以闡難達之理，狀難顯之情，於郵譯亦不爲無助"，主要仍從技法角度理解②。這一時期泛化的"義法"理解，在將"義法"從方苞乃至桐城古文剥離的同時，又有將之集中於文章技法的趨勢。

　　同樣在光緒二十八年，學者章太炎撰《清儒》概括清代學術流別，提到："江淮間治文辭者，故有方苞、姚範、劉大櫆，皆産桐城，以效法曾鞏、歸有光相高，亦願尸程朱爲後世，謂之桐城義法……陽湖惲敬、陸繼輅，亦陰自桐城受義法。"③在"歸方義法"之後，又有"桐城義法"一説，體現了清末古文圈外學人關於"義法"的常識。

（三）新學場域中的"義法"重構

　　時至近代，在西學壓力與啓悟下，整個中國傳統學術進入了總結和轉型時期。清中葉以來偏向聲氣論的古文理論顯得過分高蹈，反而是表面上

---

① 李鍾珏《古文義法彙鈔》，清光緒二十六年（1900）新寧明善社序刻本，"序"第1頁上。
② 鮑鶚《古文義法鈔・跋》，載於王水照、侯體健編《稀見清人文話二十種》，上海：復旦大學出版社2021年版，下册，第1738頁。
③ 章太炎《訄書重訂本・清儒》，載於朱維錚整理《章太炎全集》第三卷，上海：上海人民出版社1984年版，第157頁。

循規蹈矩的"義法"之說被認爲更具操作性,充當了中、西"文法"溝通的先導。當然,在這個古今中西接觸、碰撞的過程中,"義法"的原意也遭到了更爲嚴重的抽象和誤解。

清季民初,姚永樸以"桐城末學"任教京師大學堂,曾在《文學研究法》講義中總結"義法"的内涵:

> 文章必有義法,而記載門尤重……記載之文,全以義法爲主。所謂義者,有歸宿之謂;所謂法者,有起、有結、有呼、有應、有提掇、有過脈、有頓挫、有鈎勒之謂。①

作爲經常被研究者徵引的經典定義,姚永樸這段論述至少包含了四點信息:(1)近代古文家理解的"義法"主要指向敘記、雜記、紀傳、碑誌、讚頌等"記載之文",對應於前述方苞的(二)類"義法"。(2)"義"被闡釋爲"歸宿",即文章的方向感。"義法"概念最初所含"隱衷"和"義理"層面的考量被完全抽空,流於明代評選家所稱"千里來龍到頭祇求一穴"的脈絡筆法,對應於(四)類"義法"。(3)姚永樸解釋"法"所用的起、結、呼、應、提掇、過脈、頓挫、勾勒等術語,均來自方苞以前評選家的文法闡釋系統。(4)在闡發敘記類古文寫法時,姚永樸引用吳闓生等《左傳文法讀本》,揭示《左傳》有"逆攝""横接""旁溢""反射"四種"文法之奇",反映了曾國藩以後近代古文多取逆勢、强調奇崛詼詭之趣的新傾向②。吳闓生所稱"反射"主要指《左傳》"正言若反""委婉深曲"的表微風格,超越了包括《左傳義法舉要》在内諸多前代文家以文法評《左傳》的視野,近於(一)類"義法",卻未能在姚書中得到充分凸顯③。總體而言,姚永樸所説"義法"一定程度上呈現了晚清古文之學的進境,但作爲一部學堂國文講義,視點主要仍在"法"的傳授,以敘事文爲主要分析對象,時而流於評選筆法。

必須注意到,姚永樸講義所處的文化環境與教學空間,跟方苞、姚鼐甚至曾國藩的時代相比,都有着天壤之别。不僅在學術思想上有西學對整個

---

① 姚永樸《文學研究法·記載》,《歷代文話》,第7册,第6911、6918頁。
② 參見周游《詼詭之趣:晚近桐城派的韓文闡釋趣味》,載於《文學遺產》第6期(2021年11月),第156—167頁。
③ 吳闓生《與李右周進士論左傳書》,載於劉培極、吳闓生《左傳文法讀本》,《晚清四部叢刊》第二編第18册,臺北:文聽閣圖書有限公司2010年影印本,第6、10頁。

中國傳統的衝擊,更在具體的文教制度上經歷了清季改科舉、興學堂的翻騰。傳統小學、詞章之學在新學制下被整合爲"國文"一科,古文之學不再通向科舉時文,而是充當着中、高等學堂國文教學的材料。"義法"作爲一個古文家專用的概念工具,卻在此轉型過程中迎來了通用化的契機,亦即接受另一種外來"文法"的改造。

光緒二十四年(1898)《馬氏文通》問世,來自西洋的語法(Grammar)知識體系開始與中國固有的古文之學接觸。相對而言,蒙學、小學文法側重字類(詞性)區分,中學以上則涉及句法和文章組織法。外來的語法、修辭、邏輯學科與本土的文字學、文章學混合,産生了來裕恂《漢文典》、龍志澤《文字發凡》、王葆心《古文辭通義》等專門指導文章寫作、適用於中等以上國文科的"文法書"①。在西洋、日本語文資源的交錯刺激下,"法的問題"重新得到張揚;中西"文法"知識混合,爲"義法"在新教育領域登場創造了條件。光緒二十九年十一月(1904年1月),作爲近代中國第一部付諸實施的新式學校制度,癸卯學制正式頒佈。該學制在中學堂和初級師範學堂"中國文學"課程中設有"文法"一項,並特意在"文法"一項突出了講解"義法"的要求:

> 一曰文義:文者積字而成,用字必有來歷,下字必求的解,雖本乎古,亦不駭乎今。此語似淺實深,自幼學以至名家,皆爲要事。二曰文法:文法備於古人之文,故求文法者,必自講讀始。先使讀經、史、子、集中平易雅馴之文,《御選古文淵鑑》最爲善本,可量學生之日力擇讀之,並爲講解其義法;次則近代有關係之文,亦可流覽,不必熟讀。三曰作文:以清真雅正爲主,一忌用僻怪字,二忌用澀口句,三忌發狂妄議論,四忌襲用報館陳言,五忌以空言敷衍成篇。②

此段闡述"學爲文之次第"的課業標準,堪稱清代古文理論的集萃。既包括"爲文辭宜略識字"的基本常識③,又涉及"清真雅正"的科場衡文標準,還

---

① 參見陸胤《清末"文法"的空間——從〈馬氏文通〉到〈漢文典〉》,載於《中國文學學報》第4期(2013年12月),第55—84頁。
② 張之洞、張百熙、榮慶《奏定中學堂章程》《奏定初級師範學堂章程》,載於璩鑫圭、唐良炎主編《中國近代教育史資料彙編·學制演變》,上海:上海教育出版社2007年版,第329、407頁。
③ 參見林峰《"凡爲文辭宜略識字"——一個文學常識的形成》,載於《文藝理論研究》第4期(2021年7月),第40—50頁。

借用了"古文辭禁"的體式,同時宣示御選古文總集的權威性。最重要的是重新啓用了"義法"一詞。在更高學程的優級師範學堂公共科"中國文學"課程中,又有"講歷代文章源流、**義法**"的規定,"義法"是與相當於文學史的"文章源流"並列的内容①。

在癸卯學制講讀古文、講解"義法"規定的刺激下,坊間隨即湧現了一系列中學國文教科書。這些"教科書"或"讀本"多沿襲古文選本體例,實際上仍處在桐城一系古文之學的延長線上。光緒三十二年(1906)廣智書局出版《高等國文讀本》。在該書序言中,編者潘博直接化用方苞《又書貨殖傳後》關於"義法"的經典論述,強調"義法"並非"近世制義家"所謂"筆法"②。書中闡釋古文名篇,也往往引用方苞的論述。不過方氏《又書貨殖傳後》本以"有物""有序"分釋"義"與"法",潘氏教科書則將文章分爲"序事""立論"兩大類,又區分"義理"和"義法"兩項,與之相配,乃云:"序事之文以義法爲本,《易》所謂'言有序'者是也;立論之文以義理爲本,《易》所謂'言有物'者是也。有物之文非多讀書多積理,不可驟幾;而義法則固可講而明之也。"③這段話顯然扭曲了方苞統合"有物""有序"於一體的本意,"義法"與"義理"相對,已被改造爲純然獨立於"義"的敘事技法。較之後來姚永樸將"義"簡化爲"有歸宿"的定論,可謂異曲同工。

前引鮑鶚《古文義法鈔·跋》曾預想廣義的義法説"於郵譯亦不爲無助",這一想法實已在集古文家與小説翻譯家於一身的林紓那裏得到實現。光緒二十七年(1901),林紓與魏易合譯《黑奴籲天録》,"例言"中聲稱:

> 是書開場、伏脈、接筍、結穴,處處均得古文家義法。可知中、西文法,有不同而同者。④

此處所説四種"義法"都近於評選筆法術語。清末章太炎嘗稱林紓的古文之學是"以猥俗評選之見,而論六藝諸子之文",雖近於詆毀,卻不無道理⑤。

---

① 張之洞、張百熙、榮慶《奏定優級師範學堂章程》,《中國近代教育史資料彙編·學制演變》,第420頁。
② 潘博《高等國文讀本》,清光緒三十二年(1906)上海廣智書局鉛印本,卷首"敘"第2—3頁。
③ 潘博《高等國文讀本》,卷首"敘"第3頁。
④ 林紓《黑奴籲天録·例言》,引自陳平原、夏曉虹編《二十世紀中國小説理論資料》第一卷,北京:北京大學出版社1997年版,第43頁。
⑤ 章絳《與人論文書》,《學林》第2册(庚戌年[1910]),第79—82頁;此處第81頁。

林紓早年古文之學從歸有光《五色評點史記》悟入，認同"專論文章氣脈"一路，評點時多在"關鎖穿插"處施加批圈箋識①。辛丑（1901）入都，與吳汝綸論《史記》竟日，提出"融散爲整""疏密繁簡""詳略互見"三例②。後來林紓更將這些法則運用於西洋小説技法的闡釋③。光宣之際，林紓爲商務印書館評選《中學國文讀本》，同樣著有大量批點，或點醒"脈絡筋節，或斷或續，或伏或應"之所在，或指示字法、句法、筆法的奧竅。而在"或謂其曾授京師大學文科生"的《春覺齋論文》中，更以主要篇幅論述"用筆八則"（起、伏、頓、頂、插、省、繞、收）之類的筆法技巧。由此可以想見其理解"義法"的層次。林紓雖在現實中依附吳汝綸及其門下，就古文理念而言，則方苞以下桐城諸家久已在挑列，晚年更有"六百年中，震川外，無一人敢當我者"的豪語④。方苞樹立古文禁例排斥"雜小説家"，林紓的古文評點也曾刻意凸顯古文與小説的界限。只是清季在西洋近代文學觀照下的"小説"已不能與方苞時代的"小説家"相提並論。"義法"本身的涵義也在翻譯、比較的過程中突破古文範圍，擴展爲中外一切叙事文學的技法。

　　然而，在民國初年的"新文化運動"中，隨着林紓淪爲《新青年》同人攻擊整個中國舊文學的靶子，其所主張的"義法"也隨之遭到嘲弄和唾棄。即便如此，後五四時代學院中"中國文學批評史"學科的興起，仍難以回避"義法"的影響。特別是方苞在"有物""有序"並立意義上闡述的"義法"論，常被理解爲"內容—形式"二元思維的體現，從而在各種文學批評史教科書中佔據一席之地。在古文寫作式微的當代中國，"義法"更多被當作一種理論資源，而非指導文學實踐的法則。

---

① 林紓曾自述光緒二十五年前後"客杭州時得一舊本，不審爲誰氏所刊，序目已散落，余於書中關鎖穿插處加一硃點，一日就日中映視，則經余點處，其下咸有淡黃圈，同其八九也，心異之。追讀至終卷，則婁江謝氏用震川（歸有光）本加黃爲標識"。見林紓《桐城吳先生點勘史記讀本序》，《畏廬續集》，民國十六年（1927）上海商務印書館鉛印本，第八頁上、下。此外，林紓還曾在《春覺齋論文》中提到曾有《震川史記平點發明》，"大要即標舉文中之頂筆，或遙醒文中之伏線"。見《歷代文話》，第7冊，第6330頁。
② 林紓《桐城吳先生點勘史記讀本序》，《畏廬續集》，第八頁上至第九頁下。
③ 除《黑奴籲天錄·例言》概述的"古文義法"，又如《大宛列傳》"融散爲整法"見於《斐洲煙水愁城錄序》（1905），《絳侯世家》諸傳"詳略互見法"見於《洪罕女郎傳跋語》（1906），司馬遷"抽換埋伏之筆"見於《冰雪因緣序》（1908）等。《二十世紀中國小説理論資料》第一卷，第157、181、374頁。
④ 此語僅見於錢鍾書轉述，來自他從李宣龔處看到的《林畏廬先生手札》，見錢鍾書等《林紓的翻譯》，北京：商務印書館1981年版，第50頁。

四、小結

　　無論就明清兩代古文、時文評選風習，還是從桐城文學詩文相濟的傳統來看，方苞其人與其所建構"義法"概念體系都是頗爲突兀的存在。宋元以來科場文字的程式化與詩文評選的流行，造就了一種專注於文本線性佈置的"筆法"之學，從古文、時文領域橫溢到包括經史子集乃至小説、戲曲在內的一切著作領域。進入清代，皇權統制和趨實學風都對評選積習造成一定程度的壓制，但評點習慣和筆法思維依然沉澱於日常讀寫，源出晚明的"機法""理法"之說也仍在時文講章中延續。正是在此背景下，方苞有意識地從古書中激活"義法"概念，使之區別於文法"意義群"中其他既有親緣詞，賦予其表微、紀事、辨體等多層含義，實可謂"有爲而作"。《南山集》案的刺激，使方苞從《史記》的"問題篇目"中索解出司馬遷的盛世心曲，在"義法"闡釋中寄寓了政治高壓下的隱微表達機制；同時代史學單向度的徵實風尚，更激發方苞在紀事義法層面反對平列事實，凸顯"獨知"與"一端引伸"的主觀真實。凡此均顯示方苞其人其説與時代潮流格格不入，迥非調適雅俗、權度繁簡的文術所能籠括；背後有康熙朝政局與清初學術轉型的趨勢，卻未必迎合皇權意旨或學風走向。其文論的實質，乃是將"義法"從春秋經學傳統中一個不太彰顯的語詞改造成了一種針對時下士風、學風、文風的概念工具。既在經史向度提升了古文法度之學的學理性，又保留了文章家對於文辭隱寓性和感受個體性的敏感。

　　然而，就方苞本人對於"義法"的無意識運用來看，其人其説實深深浸潤於明季以來的評選風習之中。方苞早年以時文名，"於四書文義法夙嘗究心"，評點《左傳》《史記》諸書也沿襲了歸有光五色評點的體例。通向時文筆法的《左傳》義法説之形成，甚至還早於《南山集》案；晚年代果親王編《古文約選》、奉敕主編《欽定四書文》，依舊貫徹了"首尾一線""一義相貫"的筆法論。評選筆法一層的"義法"理解可謂其"義法"概念體系底部長久穩定的一個"古層"。這種穩定性不僅貫穿方苞一生，甚至可以説是整個清代古文之學的底色。直到清季民初，當傳統"義理"褪色之際，技法化、膚淺化的"義法"理解仍然佔據主流，通過教育和翻譯的新學場域，接引了全新的外來"文法"。與這種長時段的穩定性相比，方苞出自特定政治、學術、文學史語境而構建的表微之法、紀事之法、辨體之法,反而只是這個"古層"之上的意外波動而已。

桐城文學本有詩文相濟的傳統,"絶意不爲詩"的方苞在其中同樣顯得孤立。無論是主要分析敍事性古文的紀事簡法,還是排斥小説、語録、藻麗俳語、漢賦字法、詩歌雋語、南北史佻巧語的雅潔文禁,背後均包含着確立"古文"文體獨立性的訴求。方苞認爲"古文之傳與詩賦異道……古文本於經術,而依於事物之理,非中有所得,不可以僞爲",與之相對,四六、時文、詩賦則各有窠臼程式,"按其格式,填詞而已,以言乎文,固甚遠也"①。古文源自經、史的表達直截性(同時並不否認隱寓性)、多變性、及物性,是"義法"區別於程式化詩文筆法的前提。但在方苞身後,劉大櫆、姚鼐等桐城後學重新回到了詩文相濟的傳統。他們不僅繼承了明末清初文法説詩的套路,更憑藉通於詩學的聲氣吟誦,在"義法"之外開拓"神氣""神韻"的新境界。姚鼐、方東樹師弟建構的桐城古文譜系中,"義法"作爲專屬方苞的一環,不過是"學、才、識"三維結構中一個較粗糙的部分,有待於"識"的提升。道咸之際京師的"歸有光熱"與《望溪先生全集》《歸方平點史記合筆》等文獻的問世,在"歸方義法"名下激起了對義法説的又一輪重構。但其結果,卻是將"義法"導向更爲泛化的桐城派文法或整個古文理論。

從方苞開始,"義法"一詞經歷了激活、分層、膚淺化、結構化、浮泛化的演變。撥開概念的時間層累,不難發現對於概念的無意識使用,其意義並不一定弱於有意識的論述,而且往往反映超越概念本身更爲持久的思想基層。概念構造者(方苞)所處的原初語境固然重要,而概念社會化、空洞化的下游過程同樣值得關注。就此而言,"義法"也許並不是一個理想的概念史對象,因爲它始終停留於古文精英運用的"概念工具",並沒有社會化爲一個通用詞彙,也未能影響到更廣泛人群的思想世界或讀寫行爲。清季民初,趨新者憑藉"義法"接引西洋語法學、修辭學,對"義法"萌生了一種可付諸國民教育現場的技法化想象,實有可能爲"義法"提供一個社會化渠道。但這個渠道卻在與古文勢不兩立的"文學革命"中被截然打斷了。

(作者單位:北京大學中國語言文學系)

---

① 分別見方苞《答申謙居書》、蘇惇元《望溪先生年譜》引《言行録》,載於《方苞全集》,第 8 册,第 339—340 頁;第 13 册,第 47 頁。

The Sources and Flows of "Yifa": Sediments of Time in a Conceptual Apparatus for Chinese Archaic Prose Writing

Lu Yin

Yifa (substantive technique) is a literary critical concept proposed by the Qing scholar Fang Bao (1668 - 1749). The origins of this term can be traced back to pre-Qin philosophical texts, the *Shiji* (Historical Records), and Han dynasty discussions of the *Chunqiu* (Spring and Autumn Annals); the significance of the term, however, draws on and reacts against the standards of literary composition characteristic of the Song, Yuan, and Ming dynasties. These standards constitute a "meaning cluster", against which Fang Bao distinguished substantive technique as a conceptual apparatus with which to confront the elite culture, scholastic paradigms, and literary style of his era. Fang Bao's successors in the Tongcheng lineage used the discourse of sound and vital force (*shengqi*) to transcend substantive technique, which they relegated to a relatively basic status within the Tongcheng classical prose system. The understanding of substantive technique outside of classical prose circles subsequently broadened significantly, as early modern educators and translators went so far as to include all narrative techniques, old and new, Chinese and Western, under its rubric. Among the multiple layers of Fang Bao's conceptual apparatus, we find a deep sediment constituted through unconscious adaptation of the literary techniques of earlier generations, as well as a forcefully dynamic layer that appears in response to specific political and scholarly contexts.

Keywords: *Yifa* (substantive technique), *Guwen* (Archaic Prose), Learning of prose writing rules, Meaning cluster, Sediments of time

徵引書目

1. 丸山眞男:"丸山眞男集"第 9 卷,東京:岩波書店,1997 年版。Maruyama Masao. *Maruyama Masao shū* (*The Collected Works of Masao Maruyama*), vol. 9. Tokyo: Iwanami Shoten, 1997.

2. 方孝嶽:《中國文學批評　中國散文概論》,北京:三聯書店,2007 年版。Fang Xiaoyue. *Zhongguo wenxue piping Zhongguo sanwen gailun* (*Chinese Literary Criticism and An Introduction to Chinese Prose*). Beijing: Sanlian shudian, 2007.

3. 方宗誠著,楊懷志、方寧勝點校:《桐城派名家文集·方宗誠集》,合肥:安徽教育出版社,2014 年版。Fang Zongcheng. *Tongchengpai mingjia wenji: Fang Zongcheng ji* (*Literary Collections of the Masters of the Tongcheng School: Fang Zongcheng*). Punctuated and collated by Yang Huaizhi and Fang Ningsheng. Hefei: Anhui jiaoyu chuban she, 2014.

4. 方東樹著,嚴雲綬點校:《桐城派名家文集·方東樹集》,合肥:安徽教育出版社,2014 年版。Fang Dongshu. *Tongchengpai mingjia wenji: Fang Dongshu ji* (*Literary Collections of the Masters of the Tongcheng School: Fang Dongshu*). Punctuated and collated by Yan Yunshou. Hefei: Anhui jiaoyu chuban she, 2014.

5. 方東樹撰、吳汝綸、吳闓生評:《吳氏評本昭昧詹言》,民國七年(1918)武强賀氏刻本。Fang Dongshu, Wu Rulun and Wu Kaisheng. *Wushi pingben zhaomei zhanyan* (*Wu's Commentaries to Zhaomei Zhanyan*). Wuqiang: Heshi keben, 1918.

6. 方苞著,彭林、嚴佐之主編:《方苞全集》,上海:復旦大學出版社,2017 年版。Fang Bao. *Fang Bao quanji* (*The Complete Works of Fang Bao*). Edited by Penglin and Yan Zuozhi. Shanghai: Fudan daxue chuban she, 2017.

7. 王水照、侯體健編:《稀見清人文話二十種》,上海:復旦大學出版社,2021 年版。Wang Shuizhao and Hou Tijian, ed. *Xijian qingren wenhua ershizhong* (*Twenty Rarely Seen Prose Talks in Qing Dynasty*). Shanghai: Fudan daxue chuban she, 2021.

8. 王水照主編:《歷代文話》,上海:復旦大學出版社,2008 年版。Wang Shuizhao, ed. *Lidai wenhua* (*Discussions of Literature throughout the Ages*). Shanghai: Fudan daxue chuban she, 2008.

9. 王拯:《歸方平點史記合筆》,清同治丙寅(1866)廣州刻本。Wang Zheng, ed. *Guifang pingdian shiji hebi* (*The Combined Commentaries by Gui Youguang and Fang Bao on the Records of the Grand Historian*). Guangzhou: Wangzheng keben, 1866.

10. 王拯著,汪長林點校:《桐城派名家文集·王拯集》,合肥:安徽教育出版社,2014 年版。Wang Zheng. *Tongchengpai mingjia wenji: Wang Zheng ji* (*Literary Collections of the Masters of the Tongcheng School: Wang Zheng*). Punctuated and collated by Wang Changlin. Hefei: Anhui jiaoyu chuban she, 2014.

11. 王鎮遠:《論方苞的"義法"說》,《江淮論壇》第 1 期(1984 年 3 月),頁 64—72。Wang Zhenyuan. "Lun fangbao de yifa shuo" (On Fang Bao's *Yifa* Discourse). *Jianghuai luntan* (*Jianghuai Tribune*) 1(Mar. 1984): pp.64–72.

12. 司馬遷撰，裴駰集解，司馬貞索隱，張守節正義：《史記》，北京：中華書局，2016年版。Sima Qian. *Shiji* (*The Records of the Grand Historian*). Annotated by Pei Yin, Sima Zhen and Zhang Shoujie. Beijing：Zhonghua shuju, 2016.

13. 石雷：《方苞古文理論的破與立——桐城"義法説"形成的文學史背景分析》，《文學評論》第5期(2013年9月)，頁76—81。Shi Lei. "Fang Bao guwen lilun de po yu li：Tongcheng yifashuo xingcheng de wenxueshi Beijing fenxi" (The Literary Background in the Formation of Yifa Discourse of Tongcheng School：Fang Bao as an Example). *Wenxue pinglun* (*Literary Review*) 5 (Sep. 2013)：pp.76–81.

14. 任雪山：《歸雅：方苞與清代文壇》，合肥：安徽大學出版社，2021年版。Ren Xueshan. *Guiya: Fang Bao yu qingdai wentan* (*Returning to Elegance: Fang Bao and the Literary World of the Qing Dynasty*), Hefei：Anhui jiaoyu chuban she, 2021.

15. 安東強：《〈欽定四書文〉編纂的立意及反響》，載於《中山大學學報》第1期(2012年1月)，頁37—47。An Dongqiang. "*Qingding Sishuwen* bianzuan de liyi ji fanxiang" (The Intentions and Repercussions of the Compilation of *Qinding Sishuwen*), *Zhongshan daxue xuebao* (*Journal of Sun Yat-sen University*) 1 (Jan. 2012)：pp.37–47.

16. 安徽人民出版社編：《桐城派研究論文集》，合肥：安徽人民出版社，1961年版。Anhui renmin chuban she, ed. *Tongchengpai yanjiu lunwenji* (*Collected Studies on the Tongcheng School*). Hefei：Anhui renmin chuban she, 1961.

17. 何詩海：《古書凡例與文學批評——以明清集部著作爲考察中心》，北京：中華書局，2023年版。He Shihai, *Gushu fanli yu wenxue piping: yi Mingqing jibu zhuzuo wei kaocha zhongxin* (*Ancient Books' Rules and Literary Criticism: Focus on the Ming and Qing Collected Works*). Beijing：Zhonghua shuju, 2023.

18. 余祖坤編：《歷代文話續編》，南京：鳳凰出版社，2013年版。Yu Zukun, ed. *Lidai wenhua xubian* (*Discussions of Literature throughout the Ages, Continued*). Nanjing：Fenghuang chuban she, 2013.

19. 吴敬梓著，李漢秋輯校：《儒林外史彙校彙評》，上海：上海古籍出版社，2010年版。Wu Jingzi. *Rulin waishi huijiao huiping* (*The Unofficial History of the Scholars with Compiled Commentaries*). Punctuated and collated by Li Hanqiu. Shanghai：Shanghai guji chuban she, 2010.

20. 吕留良著，俞國林編：《吕留良全集》，北京：中華書局，2015年版。Lu Liuliang. *Lu Liuliang quanji* (*The Complete Works of Lu Liuliang*). Edited by Yu Guolin. Beijing：Zhonghua shuju, 2015.

21. 李光地撰，陳祖武點校：《榕村語録 榕村續語録》，北京：中華書局，1995年版。Li Guangdi. *Rongcun yulu Rongcun xu yulu* (*Rongcun Quotations, Rongcun Renewed Quotations*). Punctuated and collated by Chen Zuwu. Beijing：Zhonghua shuju, 1995.

22. 李慈銘撰，由雲龍輯録：《越縵堂讀書記》，北京：中華書局，2016年版。Li Ciming. *Yuemantang dushuji* (*Record of Studies from the Yueman Hall*). Edited by You Yunlong. Beijing：Zhonghua shuju, 2016.

23. 李鍾珏：《古文義法彙鈔》，清光緒二十六年新寧明善社序刻本。Li Zhongjue. *Guwen*

yifa huichao (*Collection and Transcription of Canonical Texts on Yifa*). Xinning: mingshanshe, with a preface in 1900.

24. 沈俊平:《畢業津梁:明中葉以後坊刻制舉用書的生產與流通》,臺北:臺灣學生書局,2009 年版。Shen Junping. *Juye jinliang: Ming zhongye yihou fangke zhiju yongshu de shengchan yu liutong* (*Shortcuts to Success in the Imperial Examinations: The Production and Circulation of Commercial Printed Reference Books for Examinations after the Mid-Ming Period*). Taipei: Taiwan xuesheng shuju, 2009.

25. 阮元校刻:《十三經注疏(清嘉慶刊本)》,北京:中華書局,2009 年影印本。Ruan Yuan, ed. *Shisanjing zhushu: Qing Jiaqing kanben* (*Thirteen Classics and collation notes: Jiaqing Edition*). Beijing: Zhonghua shuju, 2009.

26. 周游:《詼詭之趣:晚近桐城派的韓文闡釋趣味》,載於《文學遺產》第 6 期(2021 年 11 月),頁 156—167。Zhou You. "Huigui zhiqu: wanjin tongchengpai de hanwen chanshi quwei" (Witty Grotesque: Late Tongcheng School's Preferential Reading on Han Yu's Archaic Prose). *Wenxue yichan* (*Literary Heritage*) 6 (Nov. 2021): pp.156–167.

27. 林峰《"凡爲文辭宜略識字"——一個文學常識的形成》,《文藝理論研究》第 4 期(2021 年 7 月),頁 40—50。Lin Feng. "Fan weiwenci yi lue shizi: yige wenxue changshi de shengcheng" (Writers Should Learn Philology First": The Genesis of a Common Sense in Literature). *Wenxue lilun yanjiu* (*Theoretical Studies in Literature and Art*) 4 (Jul. 2021): pp.40–50.

28. 林紓:《畏廬續集》,上海:商務印書館,1927 年版。Lin Shu, *Weilu xuji* (*Weilu's Works: A Sequel*). Shanghai: Commercial Press, 1927.

29. 邵懿辰:《半巖廬遺文》,《清代詩文集彙編》第 635 册,上海:上海古籍出版社,2009 年影印本。Shao Yichen. *Banyanlu yiwen* (*The Collected Works of Banyanlu*). In *Qingdai shiwenji huibian* (*Compendium of Poetry and Prose Collections of the Qing Dynasty*) vol. 635. Shanghai: Shanghai guji chuban she, 2009.

30. 姚瑩:《中復堂集·東溟文後集》,清同治六年(1867)姚濬昌刻本。Yao Ying. *Zhongfutang ji: dongming wen houji* (*Anthology of Zhongfutang: The Second Collected Works of Dongming*). Tongcheng: Yao Junchang, 1867.

31. 姚鼐著,曹光甫標點:《今體詩鈔》,上海:上海古籍出版社,1986 年版。Yao Nai. *Jinti shichao* (*An Anthology of Recent-style Poetry*). Punctuated and collated by Cao Guangfu. Shanghai: Shanghai guji chuban she, 1986.

32. 姚鼐著,劉季高標校:《惜抱軒詩文集》,上海:上海古籍出版社,1992 年版。Yao Nai. *Xibaoxuan shiwenji* (*Collection of Poems and Proses by Yao Nai*). Punctuated and collated by Liu Jigao. Shanghai: Shanghai guji chuban she, 1992.

33. 姚鼐著,盧坡整理:《姚鼐信札輯存編年校釋》,合肥:安徽大學出版社,2020 年版。Yao Nai. *Yao Nai's Letters* (*Yao Nai's Letters: A Chronological Explanation*), Punctuated and collated by Lu Po. Hefei: Anhui daxue chuban she, 2020.

34. 柳春蕊:《晚清古文研究——以陳用光、梅曾亮、曾國藩、吴汝綸四大古文圈子爲中心》,南昌:百花洲文藝出版社,2007 年版。Liu Chunrui. *Wan Qing guwen yanjiu — yi*

Chen Yongguang, Mei Zengliang, Zeng Guofan, Wu Rulun sida guwen quanzi wei zhongxin (*Studies on Archaic Proses in Late Qing Period: Centering on the Literati Circles of Chen Yuguang, Mei Zengliang, Zeng Guofan and Wu Rulun*), Nanchang: Baihuazhou wenyi chuban she, 2007.

35. 計六奇撰,任道斌、魏得良點校:《明季北略》,北京:中華書局,1984 年版。Ji Liuqi. *Mingji beilue* (*Northern Campaigns during the Late Ming Dynasty*). Punctuated and collated by Ren Daobin and Wei Deliang. Beijing: Zhonghua shuju, 1984.

36. 唐順之著,馬美信、黃毅點校:《唐順之集》,杭州:浙江古籍出版社,2014 年版。Tang Shunzhi. *Tang Shunzhi ji* (*The Collected Works of Tang Shunzhi*). Punctuated and collated by Ma Meixin and Huang Yi. Hangzhou: Zhejiang guji chuban she, 2014.

37. 唐順之選批:《文編》,明嘉靖三十五年(1556)序刻本。Tang Shunzhi, ed. *Wenbian* (*A Compilation of Prose Writing*). Unknown publisher, with a preface in 1556.

38. 孫詒讓撰、孫啓治點校:《墨子閒詁》,北京:中華書局,2002 年版。Sun Yijiang. *Mozi jian gu* (*The Interpretation of Mozi*). Punctuated and collated by Sun Qizhi. Beijing: Zhonghua shuju, 2002.

39. 師雅惠:《正聲初起:早期桐城派作家研究》,北京:中國社會科學出版社,2019 年版。Shi Yahui. *Zhengsheng chuqi: zaoqi tongchengpai zuojia yanjiu* (*The True Sound First Arises: Studies on Early Period Tongcheng Authors*). Beijing: Zhongguo shehui kexue chuban she, 2019.

40. 徐樹錚纂輯:《諸家評點古文辭類纂》,北京:國家圖書館出版社,2012 年版。Xu Shuzheng, ed. *Zhujia pingdian guwenci leizuan* (*Classified Compendium of Archaic Prose with Commentaries*). Beijing: National Library Press, 2012.

41. 浦起龍:《古文眉詮》,清乾隆九年(1744)三吳書院序刻本。Pu Qilong, ed. *Guwen meiquan* (*Annotated Compendium of Classical Prose*). Suzhou: Sanwu shuyuan, with a preface in 1744.

42. 素爾訥等修撰:《欽定學政全書》,清乾隆三十九年(1774)武英殿刻本。Surne et al., eds. *Qinding xuezheng quanshu* (*Imperially Authorized Compendium of Records on Education Policies*). Beijing: Wuyingdian keben, 1774.

43. 袁枚著,顧學頡標點:《隨園詩話》,北京:人民文學出版社,1960 年版。Yuan Mei. *Suiyuan shihua* (*Poetry talks from Sui Garden*). Punctuated and collated by Gu Xuejie. Beijing: Renmin wenxue chuban she, 1960.

44. 袁黃撰、黃強、徐珊珊校訂:《遊藝塾文規正續編》,武漢:武漢大學出版社,2009 年版。Yuan Huang. *Youyishu wengui zhengxubian* (*The Complete Youyishu's Regulations for Eight-legged Essay Writing*). Punctuated and collated by Huang Qiang and Xu Shanshan. Wuhan: Wuhan daxue chuban she, 2009.

45. 馬蹄疾輯:《水滸資料彙編》,北京:中華書局,1980 年版。Ma Tiji, ed. *Shuihu ziliao huibian* (*A Compendium of Research Materials on Water Margin*). Beijing: Zhonghua shuju, 1980.

46. 張知強:《桐城派"義法"實踐與古文删改》,載於《文學遺產》第 5 期(2019 年 9

月),頁 111—124。Zhang Zhiqiang, "Tongchengpai 'yifa' shijian yu guwen shangai" (Tongcheng School's Practice of "Yifa" and Corrections and Deletions of Archaic Proses). *Wenxue yichan* (*Literary Heritage*) 5(Sep. 2019): pp.111–124.

47. 張高評:《比事屬辭與方苞論古文義法:以〈文集〉之讀史、序跋爲中心》,載於《中國文化研究所學報》第 60 卷(2015 年 1 月),頁 225—259。Chang Kao-ping. "Bishizhuci yu Fang Bao lun guwen yifa: yi *Wenji* zhi dushi xuba wei zhongxin" (Analogy and Fang Bao's Assertion on *Yi* and *Fa* of Ancient Chinese Prose: Based on the Study of History, Preface, and Postscript in Fang Bao's Collected Essays). *Zhongguo wenhua yanjiusuo xuebao* (*Journal of Chinese Studies*) 60 (Jan. 2015): pp.225–259.

48. 張裕釗著,王達敏校點:《張裕釗詩文集》,上海:上海古籍出版社,2007 年版。Zhang Yuzhao. *Zhang Yuzhao shiwenji* (*The Collected Poems and Writings of Zhang Yuzhao*). Punctuated and collated by Wang Damin. Shanghai: Shanghai guji chuban she, 2007.

49. 梅曾亮著,彭國忠、胡曉明校點:《柏梘山房詩文集》,上海:上海古籍出版社,2005 年版。Mei Zengliang. *Baijianshanfang shiwen ji* (*The Collected Poems and Writings of Baijian Shanfang*). Punctuated and collated by Peng Guozhong and Hu Xiaoming. Shanghai: Shanghai guji chuban she, 2005.

50. 凌廷堪著,王文錦點校:《校禮堂文集》,北京:中華書局,1998 年版。Ling Tingkan. *Jiaolitang wenji* (*The Collected Works of Jiaolitang*). Punctuated and collated by Wang Wenjin. Beijing: Zhonghua shuju, 1998.

51. 凌稚隆輯校:《史記評林》,明萬曆間吳興凌氏刻本。Ling Zhilong, ed. *Shiji pinglin* (*A Collection of commentary on the Records of the Grand Historian*). Wuxing: Lingshi keben, 1573–1619.

52. 章太炎著,朱維錚整理:《章太炎全集》第三卷,上海:上海人民出版社,1984 年版。Zhang Taiyan. *Zhangtaiyan quanji* (*The Complete Works of Zhang Taiyan*) vol. 3. Punctuated and collated by Zhu Weizheng. Shanghai: Shanghai renmin chuban she, 1984.

53. 章絳:《與人論文書》,載於《學林》第 2 册,庚戌年(1910),頁 79—82。Zhang Jiang, "Yuren lunwen shu" (Letter on Classical Prose). *Xuelin* (*Forest of Learning*) 2(1910): pp.79–82.

54. 章學誠著,劉公純標點:《文史通義》,北京:古籍出版社,1958 年版。Zhang Xuecheng, *Wenshi tongyi* (*Comprehensive Meaning of Literature and Historiography*). Punctuated by Liu Gongchun. Beijing: Guji chuban she, 1958.

55. 莫友芝著,張劍、張燕嬰整理:《莫友芝全集》,北京:中華書局,2017 年版。Mo Youzhi. *Mo Youzhi quanji* (*The Complete Works of Mo Youzhi*). Punctuated and collated by Zhang Jian and Zhang Yanying. Beijing: Zhonghua shuju, 2017.

56. 郭成康:《清代政治論稿》,北京:生活·讀書·新知三聯書店,2021 年版。Guo Chengkang. *Qingdai zhengzhi lungao* (*Essays on Politics of Qing Dynasty*). Beijing: Shenghuo dushu xinzhi sanlian shudian, 2021.

57. 郭紹虞:《中國文學批評史》,北京:商務印書館,2010 年版。Guo Shaoyu. *Zhongguo*

wenxue piping shi (*A History of Chinese Literary Criticism*), Beijing: Commercial Press, 2010.

58. 陳引馳：《"古文"與聲音——兼及其與詩學的關聯》,《嶺南學報》復刊第 5 輯（2016 年 3 月）, 頁 259—273。Chen Yinchi. "Guwen yu shengyin: jianji qi yu shixue de guanlian" (Archaic Prose, sound, and the history of Chinese poetics). *Lingnan Xuebao* (*Lingnan Journal of Chinese Studie*) 5 (Mar. 2016): pp.259–273.

59. 陳平原、夏曉虹編：《二十世紀中國小説理論資料》第一卷, 北京：北京大學出版社, 1997 年版。Chen Pingyuan and Xia Xiaohong, ed. *Ershi shiji zhongguo xiaoshuo lilun zilao* (*Theoretical Materials on Twentieth-Century Chinese Fiction*), vol.1. Beijing: Beijing daxue chuban she, 1997.

60. 陳廣宏、龔宗傑編校：《稀見明人文話二十種》, 上海：上海古籍出版社, 2016 年版。Chen Guanghong and Gong Zongjie, ed. *Xijian Mingren wenhua ershi Zhong* (*Twenty Rarely Seen Remarks on Prose in Ming Dynasty*). Shanghai: Shanghai guji chuban she, 2016.

61. 陸胤：《清末"文法"的空間——從〈馬氏文通〉到〈漢文典〉》,《中國文學學報》第 4 期（2013 年 12 月）, 頁 55—84。Lu Yin. "Qingmo *wenfa* de kongjian: cong *Mashi wentong* dao *Hanwendian*" (The Ambiguity of *Wenfa*: A Re-examination of Late Qing Chinese Grammar Textbooks). *Journal of Chinese Literature*, vol. 4 (Dec. 2013): pp.55–84.

62. 曾國藩著, 王澧華整理：《曾國藩詩文集》, 上海：上海古籍出版社, 2005 年版。Zeng Guofan. *Zengguofan shiwen ji* (*The Collected Poems and Essays of Zeng Guofan*). Punctuated and collated by Wang Lihua. Shanghai: Shanghai guji chuban she, 2005.

63. 曾國藩著, 蕭守英等整理：《曾國藩全集·日記三》, 長沙：嶽麓書社, 1989 年版。Zeng Guofan. *Zeng Guofan Quanji: riji* (*The Complete Works of Zeng Guofan: Diary*), vol.3. Punctuated and collated by Xiao Shouying et al.. Changsha: Yuelu shushe, 1989.

64. 程千帆：《文論十箋》, 石家莊：河北教育出版社, 2001 年版。Cheng Qianfan. *Wenlun shijian* (*Annotations on Ten Classics Articles of Chinese Literary Theory*). Shijiazhuang: Hebei jiaoyu chuban she, 2001 ed.

65. 楊燕起等編：《歷代名家評史記》, 北京：北京師範大學出版社, 1986 年版。Yang Yanqi et al., ed. *Lidai mingjia ping Shiji* (*Commentaries on the Records of the Grand Historian by Scholars of All Ages*), Beijing: Beijing shifan daxue chuban she, 1986.

66. 劉奕：《乾嘉經學家文學思想研究》, 上海：上海古籍出版社, 2012 年版。Liu Yi. *Quanjia jingxuejia wenxue sixiang yanjiu* (*Studies on the Literary Thought of Qianjia Scholars*). Shanghai: Shanghai guji chuban she, 2012.

67. 劉培極、吳闓生：《左傳文法讀本》,《晚清四部叢刊》第二編第 18 册, 臺北：文聽閣圖書有限公司 2010 年影印本。Liu Peiji and Wu Kaisheng. *Zuozhuan wenfa duben* (*A Literary Reader of Zuozhuan*). Taipei: Wentingge tushu youxian gongsi, 2010.

68. 劉開：《劉孟塗集》, 清道光六年（1826）姚氏檗山草堂刻本。Liu Kai: *Liu Mengtu ji* (*The Collected Works of Liu Mengtu*). Tongcheng: Yaoshi boshan caotang, 1826.

69. 潘博：《高等國文讀本》，清光緒三十二年(1906)上海廣智書局鉛印本。Pan Bo. *Gaodeng guowen duben* (*The National Literature Reader for High Schools*). Shanghai： Guangzhi shuju, 1906.

70. 錢大昕著,陳文和主編：《嘉定錢大昕全集(增訂本)》,南京：鳳凰出版社,2016年版。Qian Daxin. *Jiading Qian Daxin quanji* (*The Complete Works of Qian Daxin*). *Revised Edition*. Edited by Chen Wenhe. Nanjing：Fenghuang chuban she, 2016.

71. 錢鍾書：《談藝錄》,北京：中華書局,1993年版。Qian Zhongshu. *Tanyi lu* (*A Record of Discussions of Art*). Beijing：Zhonghua shuju, 1993.

72. 錢鍾書等：《林紓的翻譯》,北京：商務印書館,1981年版。Qian Zhongshu et al.. *Lin Shu de fanyi* (*Lin Shu's Translations*). Beijing：Shangwu yinshu guan, 1981.

73. 戴名世著,王樹民編校：《戴名世集》,北京：中華書局,2019年版。Dai Mingshi. *Dai Mingshi ji* (*The Collected Works of Dai Mingshi*). Punctuated and collated by Wang Shumin. Beijing：Zhonghua shuju, 2019.

74. 戴廷傑：《戴名世年譜》,北京：中華書局,2004年版。Dai Tingjie (Pierre-Henri Durand). *Dai Mingshi nianpu* (*Chronicle of Dai Mingshi*), Beijing：Zhonghua Shubu, 2004.

75. 璩鑫圭、唐良炎主編：《中國近代教育史資料彙編·學制演變》,上海：上海教育出版社,2007年版。Qu Xingui and Tang Liangyan, eds.. *Zhongguo jindai jiaoyushi zilioa huibian: xuezhi yanbian* (*Compendium of Materials on Modern Chinese Education History: The Evolution of the School Systems*). Shanghai：Shanghai jiaoyu chubanshe, 2007.

76. 魏泉：《士林交遊與風氣變遷：19世紀宣南的文人群體研究》,北京：北京大學出版社,2008年版。Wei Quan. *Shilin jiaoyu yu fengqi bianqian: 19 shiji Xuannan de wenren qunti yanjiu* (*Scholarly Interactions and Changes in Academic Atmosphere: A Study of Xuannan Literati Groups in the 19th Century*), Beijing：Beijing daxue chubanshe, 2008.

77. 羅軍鳳：《方苞的古文"義法"與科舉世風》,《文學遺產》第2期(2008年3月),頁124—136。Luo Junfeng. "Fangbao guwen yifa yu keju shifeng" (Fang Bao's *Yifa* of Archaic Prose Writing and the Atmosphere of Late Imperial Examination). *Wenxue yichan* (*Literary Heritage*) 2(Mar. 2008)：pp.124–136.

78. 嚴迪昌：《從〈南山集〉到〈蚓峰集〉——文字獄案與清代文學》,《文學遺產》第5期(2001年9月),頁73—85。Yan Dichang, "Cong *Nanshan ji* dao *Qiufeng ji*：wenziyu'an yu Qingdai wenxue" (From *Nanshan ji* to *Qiufeng ji*：The Literary Inquisitions and Qing Literature). *Wenxue yichan* (*Literary Heritage*), 5(Sep. 2001)：pp.73–85.

79. 蘇輿：《春秋繁露義證》,清宣統二年(1910)長沙刻本。Su Yu. *Chunqiu fanlu yizheng* (*Collected Commentaries on the Luxuriant Dew of the Spring and Autumn Annals with Annotations*), Changsha：Unknown publisher, 1910.

80. 顧炎武著,黃汝成集釋,秦克誠點校：《日知錄集釋》,長沙：岳麓書社,1994年版。Gu Yanwu. *Rizhilu jishi* (*Collected Explanations of Record of Daily Knowledge*). Edited by Huang Rucheng and punctuated and collated by Qin Kecheng. Changsha：Yuelu shushe, 1994.

81. 龔篤青:《中國八股文史·明代卷》,長沙:岳麓書社,2017 年版。Gong Duqing. *Zhongguo baguwen shi: Mingdai juan*(*A History of Chinese Eight-legged Essay: Ming Dynasty*). Changsha:Yuelu shushe, 2017.
82. Reinhart Koselleck. *Sediments of Time: On Possible Histories.* Translated and edited by Stefan-Ludwig Hoffmann and Sean Franzel. Stanford:Stanford University Press, 2018.

口誦心惟:"文氣"説的聲音性與文本性

胡 琦

【摘 要】在中國傳統文學批評中,"氣"是一個内藴豐富的概念,兼有作者才氣、語句辭氣、篇章氣勢等多層次的含義。本文從"聲音"的角度追溯"文氣"概念的淵源,認爲中國古典文論中的"氣",基本含義即是貫通"人"與"文"的語言聲氣。在文學主要媒介由聲音轉爲文字之後,"文氣"的概念也發生了隱喻化的轉向,被詮釋爲"擬生命體"的文章中内藴的氣力。後世文人一方面通過字法、句法、章法的講求,以細部批評探尋"氣盛則言之短長與聲之高下皆宜"的文字形態,另一方面也用誦讀的方式,不斷重構"文氣"的聲音本源。

【關鍵詞】文氣 誦讀 《典論·論文》 聲音

"氣"是中國思想中一個核心概念,代表了古人對宇宙萬物的基本認識;在傳統中國文學理論中,"文氣"也是一個樞紐性的概念,貫串其文章的方方面面。傳統哲學、文論和一般日常知識中,圍繞"氣"衍生出了一系列語彙:例如"清氣"與"濁氣"、"正氣"與"邪氣"等不同種類的氣,"血氣""聲氣""辭氣""文氣"等適用於不同事物的氣,以及"氣質""氣韻""氣脈"等描述人或藝術作品屬性的術語;可以説形成了有關文章本體、作者才力、創作過程、審美形式等多方面的知識譜系。對"文氣"這個在古代文學思想史中占有重要地位的關鍵詞,近現代以來學者甚爲關注。如姚永樸《文學研究法》立有《氣味》篇,對古人論"氣"之要言有頗精要的總結①。現代各種中國文學批評史著作中，圍繞曹丕"文以氣爲主"、劉勰"風骨"、韓愈"氣盛言宜"等核心論述，對傳統的"文氣"之説皆有涉及②；專題研究文氣的著作亦有不少③；英文世界對"文氣"也有一些譯介和研究④，可以説對這一中國文論的核心概念，中西學界已經積纍了極爲豐碩的學術成果。過往研究對"文氣"的詮釋，有兩個特點值得注意：其一，是對傳統文學批評中"氣"論或涉於玄虚模糊的批評。郭紹虞《文氣的辨析》開宗明義便指出：

> 用抽象的名詞以論文，本已不易捉摸。何況再加以昔人之好作玄談不著邊際，濫用術語不審名理！所以文氣之説，遂難有定論。⑤

郭氏此論，正可以代表現代學者面對古人"文氣"之"渾沌"的典型觀

---

① 姚永樸撰，王宜瑗整理《文學研究法》卷三《氣味》，王水照主編《歷代文話》第 7 册，上海：復旦大學出版社 2007 年版，第 6951—6957 頁。此書原爲姚氏在北京大學授課之講義，成於 1914 年。
② 具體例證可參見後文對《典論·論文》"文以氣爲主"各家解説的分析。
③ 綜合討論"文氣"者，代表性的論文如郭紹虞《中國文學批評史上的"神""氣"説》和《文氣的辨析》，是較早深入梳理古代文氣論的論文，其主要觀點融會入郭氏《中國文學批評史》而對學界影響巨大。徐復觀《中國文學中的氣的問題——〈文心雕龍·風骨〉篇疏證》（《中國文學論集》，臺北：臺灣學生書局 1976 年版）以《文心雕龍》爲中心，對文章之"氣"有精彩深入的研究。錢仲聯《釋"氣"》（古代文學理論研究編委會《古代文學理論研究叢刊》第五輯，上海：上海古籍出版社 1981 年版）在總論"氣"之概念源流後，復列舉闡釋了"志氣""意氣""神氣""辭氣""氣脈""習氣"等複合術語，揭示出古代文氣説的複雜面嚮。蔣述卓《説"文氣"》（《中國文學研究》第 4 期[1995 年 10 月]）還延伸探討了"氣"在書畫等藝術批評中的影響，指出語言聲氣是各類藝術之氣中最基本的層次。

較有代表性的論著，如鄭毓瑜《六朝文氣論探究》集中討論了《典論·論文》《文心雕龍》等要籍之氣論；朱榮智《文氣論研究》則以中古之前爲重心，梳理了唐宋至明清文氣論述的發展。近年有夏静的《文氣話語形態研究》，則旁參哲學史的研究，對"氣"的多元知識譜系做了較充分的展現。此外，討論文氣的某種類型（如"齊氣""逸氣""氣勢""氣韻"），或某一時代、理論家之文氣論（如方孝孺、黄宗羲、曾國藩的文氣論）的專深研究亦有不少，本文主要關注的是對"文氣"概念的綜合理解，故此不贅述。

④ 較爲經典的研究當推 Pollard, David. "Ch'i in Chinese Literary Theory". in *Chinese Approaches to Literature from Confucius to Liang Ch'i-Ch'ao*. Adele Rickett. ed. Princeton: Princeton University Press, 1978. 晚近的研究，可參 Mingdong Gu, "From Yuanqi (Primal Energy) to Wenqi (Literary Pneuma): A Philosophical Study of a Chinese Aesthetic", *Philosophy East and West* 59.1 (Jan. 2009): pp.22-46. 此外，對中國古代文氣論核心文獻的翻譯闡釋也頗可重視，例如：Wong, Siu-kit, ed. & trans. *Early Chinese Literary Criticism*. Hong Kong: Joint Publishing Co., 1983. Owen, Stephen. *Readings in Chinese Literary Thought*. Cambridge: Council of East Asian Studies, Harvard University, 1992.

⑤ 郭紹虞《文氣的辨析》，載於《小説月報》第 20 卷第 1 號（1929 年），第 43 頁。

感。故今人論文氣,莫不希望以分析性的語言,細致地分解其内涵的複雜層次。然這反過來又帶來第二方面的問題,即在深入細膩的研究之後,"文氣"概念内涵的複雜多變,反而又顯得"治絲愈棼"。如羅宗强先生在分析曹丕所謂"文氣"時所言:"'文氣'的提法,本身含蘊巨大,且義界模糊。它既使解者紛紛,亦使自己處在一種不確定的、不斷變動的狀態中。"①因此,如何在古今有關"文氣"的豐富論述中,抽繹出最可體現此概念核心價值與批評效用的"主綫",同時將抽象"玄談"盡可能落實爲具體的理論知識,或許是當下深入探討中國傳統"文氣"論的方向。本文希望結合中國古代文學媒介從聲音轉向文字的背景,重新梳理傳統中國思想中"文氣"的知識譜系,考察"聲""文"之辨如何成爲"文氣"説醖釀、發展的内在動力。在前人研究的基礎上,本文既會勾勒出文學關鍵詞"氣"的多層次内涵,以及不同層次間的邏輯聯繫,同時也將著重探討,以"聲音"本質的"氣",進入"文字"形態之後,如何獲得具象、生動的呈現形態。

一、引氣成聲:"文氣"的語音根源

以"氣"論文的認識論基礎,在於中國古代的宇宙論。在古人的知識體系中,氣是一種不見諸顯著形體的物質存在,被視爲構成世界的基本元素,是在複雜表象之下最樸素的底層本質②。"氣"既然可以解釋世間萬物形成、演變、運動的規律,在邏輯上自然也可順理成章地用於解釋文學作品内在的規律。關於中國傳統"氣"的觀念及其對"文氣"的影響,前人已有不少討論③。不過,作爲一種精神創造物的"文",何以與物質世界一樣也可通過"氣"來闡釋? 這在理論上又並非不證自明,或可進一步推敲。本文認爲,文學理論中的"文氣"之説,最直接而切要的觀念基礎是"辭氣"的傳統,所

---

① 羅宗强《魏晉南北朝文學思想史》,北京:中華書局1996年版,第27頁。
② 馮友蘭《新原道》第六章《漢儒》:"凡不可看見、不可捉摸底東西或勢力,舊日多稱之爲氣。近來'空氣'或'電氣'之所以稱爲氣者,其故也由於此。用現在的話説,所謂天地之氣,大概可以説是宇宙間的根本的本質或勢力。"馮友蘭《三松堂全集》,鄭州:河南人民出版社2001年版,第5卷,第79頁。
③ 參見小野沢精一、福永光司、山井湧《氣の思想:中國における自然觀と人間觀の展開》,東京大學出版會,1978。楊儒賓《儒家身體觀》,臺北:"中研院"文哲所,1996年。

謂"聲含宮商,肇自血氣"①,文章的本質是對人類語言的記錄,而語言的生理基礎就是氣息吞吐使用。因此,文章從根本上將可以視爲一種"氣"的創造物;書面文辭作爲對語音的記錄,其中也便潛在蘊含著"氣"的流動和抑揚。

中國文論傳統中對"辭氣"的關注在先秦時期已經出現。《論語·泰伯》記曾子言"出辭氣,斯遠鄙倍也"②,便是用"辭氣"指稱形塑人類語言中的氣息。這爲後人有關"辭氣"的討論提供了重要的核心理論資源。清代劉熙載《藝概》云"'出辭氣,斯遠鄙倍矣',此以氣論辭之始。至昌黎《與李翊書》、柳州《與韋中立書》皆論及於氣。"③正是將文氣論的淵源上溯到《論語》。需要特別指出的是,這種"辭氣"本質上就是人體之氣。言語行動中,人體內之氣通過呼吸運行"出"於體外,形爲"聲氣",便是"出辭氣"④。《孟子》所謂"我善養吾浩然之氣",雖有義、道方面的發揮,但就其本源,"氣,體之充也"⑤,仍是指人體內之氣,而其論"養氣"之後,一轉便談及"知言",正緣於"言"即藉"氣"爲之也。班固《兩都賦》"相與嗟嘆玄德,讜言弘說,咸含和而吐氣,頌曰'盛哉乎斯世!'"⑥亦是以"吐氣"作爲辭令表達之代稱,反映出秦漢時期對"氣"作爲語言之本的一般認識。語音之氣,在人體內的來源是"心氣",故說話之聲氣與內在性情密切相關。《大戴禮記·文王官人》指出對人的考察需要"方與之言,以觀其志",而人聲的特性便取決於"心氣":

  氣初生物,物生有聲,聲有剛有柔,有濁有清,有好有惡,咸發於聲也。心氣華誕者,其聲流散;心氣順信者,其聲順節;心氣鄙戾者,其聲嘶醜;心氣寬柔者,其聲溫好。⑦

"聲氣"之表現形式取決於"心氣"之屬性,此論也正不妨視爲《孟子》

---

① 劉勰撰,詹鍈義證《文心雕龍義證》,第1209頁。
② 朱熹《四書章句集注·論語集注》卷四《泰伯第八》,北京:中華書局1983年版,第103—104頁。
③ 王水照主編《歷代文話》第6冊,第5570頁。
④ 皇侃《論語義疏》卷四《泰伯第八》:"辭氣,言語音聲也。"桂林:廣西師範大學出版社2018年版,第270頁。朱熹《四書章句集注》:"辭,言語。氣,聲氣也。"
⑤ 朱熹《四書章句集注·孟子集注》卷三《公孫丑上》,第231頁。
⑥ 蕭統編,李善注《文選》卷一,上海:上海古籍出版社1986年版,第38頁。
⑦ 孔廣森撰,王豐先點校《大戴禮記補注》卷一〇《文王官人》,第192頁,北京:中華書局2013年版。

"詖辭知其所蔽,淫辭知其所陷,邪辭知其所離,遁辭知其所窮"之注脚:知其言,正在於能而"聽其聲"而"處其氣"也。

這種將言語視爲口出之"氣"的觀念,在先秦至漢代一直延續,"聲氣"之概念,當是"文氣"概念得以形成最重要的知識背景①。值得注意的是,文氣論的核心經典文本《典論·論文》,恰恰也是藉"聲音"以言氣:

> 文以氣爲主,氣之清濁有體,不可力强而致。譬諸音樂,曲度雖均,節奏同檢,至於引氣不齊,巧拙有素,雖在父兄,不能以移子弟。②

曹丕此處所言之"氣",類比管樂吹奏或人聲演唱中氣息的運用,氣息不同則音聲有别,在旋律節奏的普遍法度之外,尚有因人而異的個性因素;而這種個性的實現,便見諸對"氣"的控制。同理,文學文本亦因其中"氣"的使用而呈現出不同的面貌。《典論·論文》"文以氣爲主"之"氣"究係文本内含之"氣",抑或作者所稟之"氣",前人詮釋不一。陳鍾凡、郭紹虞、朱東潤、劉若愚、徐復觀、敏澤、鄭毓瑜、王運熙及楊明等皆偏於後者③;羅根

---

① 朱曉海《清理"齊氣"説》(《臺大中文學報》第 9 期,1997 年 6 月)在詮釋"齊氣"時即以提出"齊氣"之"氣"是指聲氣,并從音韻、辭辯等方面有頗精彩的論證。胡大雷《從"談説之術"到"文以氣爲主"——文氣説溯源新探》(《文學評論》第 3 期[2013 年 5 月])也注意到"文氣"與"口談"的關係,並梳理了先秦至魏晉時期"氣在口爲言"的文獻例證,頗具啓發性。但胡文似以曹丕《典論·論文》所言之"氣"乃就作家才質、個性而言,與本文的理解有别。
② 蕭統編,李善注《文選》卷五二《典論·論文》,第 2271 頁。
③ 陳鍾凡:"此實指'才性'言之,爲後世陽剛陰柔説之所本,與唐宋人以'語勢'爲'文氣'者不同。"陳鍾凡《中國文學批評史》,上海:中華書局 1927 年版,第 24 頁。朱東潤:"子桓所論氣,指才性而言,與韓愈之所謂文氣者殊異。"朱東潤《中國文學批評史大綱》,上海:古典文學出版社 1957 年版,第 23—24 頁。劉若愚將《典論·論文》之"氣"分析爲三個階段:(1) 風格(style,包括特定地區之風格和作家才性決定的風格);(2) 作家之才性(individual genius or talent);(3) 作品中表現的氣質(a perceptible quality in someone's wirtings)。見 James J.Y. Liu, *Chinese Theories of Literature*, "Introduction", The University of Chicago Press, 1975. 徐復觀《中國文學中的氣的問題》主張曹丕是説"文章的體貌乃由作者的生理地生命力所決定",即以文章的體貌解釋"文",作者的生命力解釋"氣",徐復觀《中國文學論集》,第 300 頁。敏澤認爲"曹丕還明確地提出了作者的氣質和個性與創作的關係這一新的命題,所謂'文以氣爲主'……他所説的'氣'就是作者的氣質和才性。"敏澤《中國文學理論批評史》,北京:人民文學出版社 1982 年版,第 154 頁。王運熙、楊明列舉了宇宙元氣、人體血氣、精神氣質、音樂之氣、言辭之氣等豐富内涵之後,總結指出:"所謂'氣'近似於今日所謂風格。"在曹丕"説某作家具有某種氣時,自然是就其作品而言,但也兼指作家本人的氣質。……文氣與作者的氣質是一致的"。王運熙、楊明《魏晉南北朝文學批評史》,上海:上海古籍出版社 1989 年版,第 30 頁。揆其語氣,當是承認"氣"的多元含義,但主要還是要落到作者之氣上來。

澤、張少康、羅宗強等則側重前者①。總體看來,側重"作者之氣",以才性解釋曹丕所謂"氣"者較衆。學界大多承認"氣"本有人、文二義,在此亦有互涉交通:如郭紹虞認爲曹丕所論,兼有才氣、語氣兩種意義,"氣之清濁有體"指才氣,"齊氣""逸氣"指語氣;而"蓄於内者爲才性,宣諸文者爲語勢,蓋本是一件事的兩方面"②。羅根澤認爲"文以氣爲主""齊氣""逸氣"是指"文章的氣勢聲調","氣之清濁有體""體氣高妙"則指"先天的才氣及體氣",而前者源於後者,"所以仍是一而已矣"。郭、羅兩位先生的解釋大體一致,皆持"兼綜"的立場,認爲《典論·論文》中的幾處"氣"在不同語境取義不同,但又可以相通③。"兼綜"式的解釋,固然有其不偏執一端的優長,但另一方面不免又有在一段文本中義項不穩定的缺點。例如鄭毓瑜《六朝文氣論探究》批評羅根澤之説,便是以緊密連續的文本中不當有詞義變化,主張原文各處的"氣"都是指作者之氣,用同一個穩定的義項對《典論·論文》作出通貫性的串解④。另一種思路,則是作"融合"式的理解,大體上落到文之"氣"這個層面。如張少康先生認爲:"這裏講的是文章中的氣,它是由作家不同的個性所形成,它是指作家……一種特殊精神狀態在文章中的體現。"⑤這種處理乃是以"文章之氣"貫穿全篇,但文章之氣是由作家之氣所决定,因此可以融合。

現代學者辨析"人之氣"和"文之氣"的努力,事實上正折射出分析型理論框架在闡釋古代文論概念中所遇到的掣肘。從現代的知識框架看,作者

---

① 各家論述詳下。張仁青《魏晉南北朝文學思想史》將古今有關《典論·論文》之"氣"含義的解説分爲才性派、氣勢派、音律派、風骨派、折衷派五種,較爲細密,可參。其中氣勢派、音律派、風骨派都屬於本文所説的"文之氣",才性派則是"人之氣"。
② 郭紹虞《中國文學批評史上之"神""氣"説》,載於《小説月報》第19卷第1期,1928年,第127頁。此後郭先生《中國文學批評史》第四篇第一章對《典論·論文》的闡釋亦持此説。
③ 羅宗強認爲:"'文以氣爲主'的氣是指表現在文章中的氣,即文氣。而'氣之清濁有體'的氣,則是指作者的氣。"羅宗強《魏晉南北朝文學思想史》,第29頁。羅宗強也是采用這種兼綜的思路。
④ 鄭毓瑜:"羅根澤先生認爲'文以氣爲主'之'氣'是指文章的氣勢聲調;'氣之清濁有體'之'氣'則是指先天的才氣及體氣而言。但是,我們發現這兩句話在行文上是如此緊密地相續,那麽,曹丕會將這兩句話中的同一個'氣'字,作二義解嗎? 而下文'至於引氣不齊,巧拙有素,雖在父兄,不能以移子弟'之'氣'又應當作何解釋呢?……如果將這段資料中的三個'氣'字,都用來代表作者之氣的話,則不但能保有這一小段文字的完整性,不致於有斷章取義之嫌疑,而且第三段文體論末尾所謂'此四科不同,故能之者偏也;唯通才能備其體'在意義上才能相承接。"鄭毓瑜《六朝文氣論探究》,臺北:臺灣大學文學院1988年版,第76—77頁。
⑤ 張少康、劉三富《中國文學理論批評發展史》,北京:北京大學出版社1995年版,第170頁。

之氣與文本之氣,固然屬於兩個不同的層次。不過,如果回到秦漢時期的知識圖景中,口出之"聲氣"本身便天然貫通了人體與言辭兩層含義,並不存在矛盾。在這個意義上,曹丕選擇以音樂設譬,恐非泛泛比較,而恰恰是要喚起文章的"聲音"特性。徐復觀先生指出"曹丕對文氣的自覺","恐怕是由音樂觸發出來的"①,觀察甚爲敏鋭。我們更可於此追問:曹丕論文,何以要援引音樂爲喻?

《典論·論文》描述音樂表演時使用的"引氣"一詞,前人討論不多,但卻值得關注。何爲"引氣"? 管樂或聲樂的演奏都需要人體呼吸氣流以發出聲音,言辭的表達同樣如此,這是聲音形態的"文辭"與"音樂"的共同性,也是"樂""文"之類比得以成立的基礎。此處所謂"引氣",本義應是吸入氣流。《詩·小雅·大東》:"維南有箕,載翕其舌。"鄭玄箋:"翕猶引也。"向内收斂需拉引的動作,此二者意義之相通處。許慎《説文解字》:"歙,縮鼻也。"即謂收縮以吸氣也。又《説文解字》"鼻"字條云:"鼻,引氣自畀也。"②可見是以"引氣"指稱以鼻吸氣。又如王嘉《拾遺記》載術士"能爲雪霜","引氣一噴,則雲起雪飛"③,亦當是言吸氣而復噴出化爲寒雲冰雪。鄭玄、許慎時代略早於曹丕,王嘉則較晚,但大體上能反映漢晉之際的用語習慣,可作爲理解《典論·論文》中"引氣"的參考。吹奏或歌唱之前,皆須先吸入空氣,後復利用體内之氣息發出聲音,故所謂"引氣不齊",或當指吸氣之不同(多寡不均、性質有别),"巧拙有素"則指演奏中對氣息的控制使用。郭紹虞先生認爲"引,猶言運行,指吹奏時的引氣",似是涉下句而連言④。英文譯本多將"引氣"直譯爲"draw of breath"⑤,或是平實但較爲妥當的理解。如宇文所安將"引氣"譯爲"運用積蓄之氣"(drawing on a reserve of *qi*),並闡釋云"氣來自作家體'内',通過朗誦中的呼吸而運之於'外'"⑥,

---

① 徐復觀《中國文學論集》,第 302 頁。
② 許慎撰,段玉裁注《説文解字注》卷四上,上海:上海古籍出版社 1988 年版,第 137 頁。
③ 王嘉撰,蕭綺録,齊治平校注《拾遺記校注》卷三,北京:中華書局 1981 年版,第 73—74 頁。
④ 郭紹虞主編《中國歷代文論選》第 1 册,上海:上海古籍出版社 2001 年版,第 162 頁。傅剛先生認爲此説牽强,並根據日本古抄殘本《文選》,認爲《典論·論文》原文"引氣"當爲"孔氣",可參傅剛《關於近代發現的日本古抄無注三十卷本〈文選〉》,載於《文學遺產》第 6 期(1997 年 11 月),第 86—88 頁。本文仍取歷代沿的"引氣"爲釋。
⑤ 如 David Pollard 譯爲"the drawing of breathe is unqual";劉若愚譯爲"when it comes to the drawing of breath[ch'i], which will be different from person to person"。
⑥ "Ch'i comes from 'within' the writer, carried to the 'outside' in the breath used in recitation." *Readings in Chinese Literary Thought*, p. 66.

更已潛在將喻體(聲樂演唱或管樂吹奏)的性質移植到本體(文辭語言)上來。

從聲音的角度看,《典論·論文》的"氣之清濁有體"亦可得到更具體的索解。在音樂,高音輕清,低音重濁;依傳統"候氣"之觀念,律吕之標準即本於天地之氣。《周禮·大司樂》鄭玄注"濁者爲角,清者爲徵、羽"①;《禮記·樂記》"倡和清濁",鄭玄注"清謂蕤賓至應鐘也,濁謂黄鐘至中吕"②。康成乃漢末經學大家,其説當爲曹丕所習知。《三國志》記樂人杜夔、柴玉之爭,亦圍繞樂器發聲之"清濁"展開:

> 夔令玉鑄銅鐘,其聲韻清濁,多不如法。數毁改作,玉甚厭之。謂夔清濁任意,頗拒捍夔。夔、玉更相白於太祖,太祖取所鑄鐘,雜錯更試,然知夔爲精而玉之妄也。……文帝愛待玉,又嘗令夔與左鼴等,於賓客之中吹笙鼓琴。夔有難色,由是帝意不悦。③

銅鐘聲韻"清濁"是否"如法",大抵即其音高是否標準規範。曹丕嘗介入之杜、柴之爭,對其有關音樂"清濁"的爭議亦當熟悉。事實上,音聲"清濁"係當時音樂審美中的重要觀念,在鐘律之外,也涉及管樂、聲樂等等。《淮南子·氾論訓》云"不知音者之歌也,濁之則鬱而無轉,清之則燋而不謳"④,正指出不能協調"清濁"(過於尖高之音和過於低沉之音)對歌唱的負面影響。曹丕所謂"氣之清濁有體,不可力强而至",置於音樂譬喻的語境中,亦可作如是觀:歌唱或吹奏的效果,即取決於表演者對"清氣""濁氣"的掌握運用。音樂固以調和清濁爲至,而魏晉時人之審美,又偏好於"清"。如曹丕《善哉行》:"悲絃激新聲,長笛吐清氣。"乃謂笛聲内含清氣。又其另一首同題之作:"知音識曲,善爲樂方。哀絃微妙,清氣含芳。流鄭激楚,度宫中商。感心動耳,綺麗難忘。""清氣"與"哀絃"對文,當是指高而美之聲,可能涉及弦樂演奏與歌唱⑤。繁欽《與太子牋》描述薛訪車子的

---

① 阮元校刻《十三經注疏·周禮注疏》卷二二《春官宗伯·大司樂》,北京:中華書局2009年版,第1705頁。
② 《十三經注疏·禮記注疏》卷三八《樂記》,第3330頁。
③ 陳壽撰,裴松之注《三國志·魏書》卷二九《方技傳》,北京:中華書局1982年版,第806頁。
④ 何寧《淮南子集釋》卷一三《氾論訓》,北京:中華書局1998年版,第937頁。
⑤ 兩例分别見逯欽立輯校《先秦漢魏晉南北朝詩》,北京:中華書局1983年版,第391、393頁。此處"清氣含芳"可以有兩種解釋:一是順承上句"哀絃微妙",指琴聲内藴清氣;二是與上句並列,謂表演者且彈且歌,歌聲中含清氣。

演唱"潛氣內轉,哀音外激","清激悲吟,雜以怨慕";曹丕答箋則稱道歌者王孫琪"芳聲清激","斯可謂聲協鐘石,氣應風律",則是專就人聲而言。由此皆可見"清濁"概念在音樂批評中的使用。同時,語辭之聲亦以"清"爲美,如《後漢書》稱蔡文姬爲夫求情,"音辭清辯"①,即其例也。由是觀之,氣之清濁,形於語言,亦可塑造其藝術風貌。歌唱中的音高、音色,都源於聲氣之"清濁",而吟誦之風姿,亦復如是。

《典論·論文》對文氣的討論,針對的應當是文字形態的文本;但自先秦以降,歌吟誦讀一直是文學呈現的重要面嚮②;漢魏之際,士大夫對於言談聲音之美,更是甚爲關注③。曹丕對具體作家之"氣"的批評,其中正不無"吟誦"語境的啓發。例如徐幹之"齊氣"係就其辭賦而言:

> 王粲長於辭賦,徐幹時有齊氣,然粲之匹也。如粲之《初征》《登樓》《槐賦》《征思》,幹之《元猿》《漏巵》《員扇》《橘賦》,雖張、蔡不過也。然於他文,未能稱是。④

按"齊氣",李善注"言齊俗文體舒緩,而徐幹亦有斯累"。從"口誦"的立場看,"齊人"之氣性遲緩⑤,正可直接表現爲言語之寬緩,成爲其文體舒緩的内在根源⑥。朱曉海先生認爲"齊氣"是指徐幹賦作在吟誦間露出"齊方音的影響",無法符合"雅言"的要求⑦。倘采此解,則更可見"氣"與口頭吟誦之密切關聯。事實上,在"不歌而誦謂之賦"的傳統下,建安時期士人對賦的鑒賞,也是要形諸聲音的。陳琳上曹植之《答東阿王牋》云:

---

① [南朝宋]范曄撰,[唐]李賢等注《後漢書》卷八四《列女傳》,北京:中華書局1965年版,第2800頁。
② 關於中古文學的"聲音"屬性,可參陳引馳《"古文"與聲音——兼及其與詩學的關聯》,《嶺南學報》第5期(2016年3月),頁259—273。
③ 王運熙、楊明《魏晉南北朝文學批評史》第二編第二章討論聲律論的興起時,對此問題有所論述,第219—222頁。
④ 《文選》卷五二《典論·論文》,第2270—2271頁。
⑤ 《漢書·朱博傳》顏師古注"言齊人之俗,其性遲緩"。
⑥ 陶禮天《"齊氣"說及其文學地理批評範式新探》(《中原文化研究》第6期[2023年11月])對"齊氣"有深入詳細的分析,認爲李善注的解釋"基本爲正解",並結合《詩經·齊風》作品,指出"齊氣"主要表現爲"文辭上善於夸飾,句尾多綴虛詞,節奏上較爲疏宕(乃至鬆散),不太注重物色的描繪",可參。
⑦ 朱曉海《清理"齊氣"說》,載於《臺大中文學報》第9期(1997年6月),第209—210頁。

> 昨加恩辱命,并示《龜賦》,披覽粲然。……音義既遠,清辭妙句,焱絶煥炳……謹韜櫝玩耽,以爲吟頌。①

陳牋中"音義既遠"乃謂其音韻、文義並爲高遠,下言"以爲吟頌",則是以口誦之方式玩味之。《典論·論文》對孔融的評價,亦當以其口才聲氣爲背景:

> 孔融體氣高妙,有過人者,然不能持論,理不勝詞,至於雜以嘲戲,及其所善,楊、班儔也。②

此處所評當係論說類文章。郭紹虞先生認爲"楊、班儔也"是指揚雄《解嘲》、班固《答賓戲》一類作品③。而這兩篇文章,《文選》收入"設論"類,可見在南北朝時人的心目中,其體與論說相近。《文心雕龍·論說》云"孔融《孝廉》,但談嘲戲……言不持正,論如其已"④,對其"論"體文的批評與曹丕相近。孔融《孝廉論》今已佚失,而劉勰當時尚可讀到,正可爲《典論·論文》作一佐證。西晉司馬彪《九州春秋》中的一則文獻也可與此對照:

> 〔孔融〕高談教令,盈溢官曹,辭氣温雅,可玩而誦,論事考實,難可悉行。⑤

此處乃是對孔融"教令"之文的評價。此類文章,今所傳者有《告高密縣立鄭公鄉教》⑥《答王修教》⑦等。與論說文的情況相似,孔氏之教令文,

---

① 《文選》卷四〇,第 1824 頁.
② 蕭統編,李善注《文選》卷五二《典論·論文》,第 2271 頁。
③ 郭紹虞主編《中國歷代文論選》第 1 册,第 161 頁。
④ 劉勰撰,詹鍈義證《文心雕龍義證》,第 694 頁。
⑤ 陳壽撰,裴松之注《三國志》卷一二《魏書·崔毛徐何邢鮑司馬傳》裴注引司馬彪《九州春秋》,第 371 頁。
⑥ 《後漢書·鄭玄傳》"孔融深敬於玄,屣履造門,告高密縣,爲玄特立一鄉曰"云云。明人編《孔少府集》題爲《告高密縣立鄭公鄉教》。
⑦ 《三國志》卷一一《魏書·王修傳》注引《孔融集》,第 345—346 頁。《孔少府集》題爲《答王修教》。

同樣存在類似"理不勝辭"的情況,即"辭氣"甚美而事實不當。此處的"辭氣"正好兼有口頭、書面二重性:從媒介載體看,這些"高談教令"顯然已經形諸文字,紙上流播;但誦讀的方式,則可以更充分地顯現其審美屬性。由此推之,《典論·論文》所言孔融之"體氣高妙",也不妨理解爲其論說中呈現出的高曠玄遠、機敏辯給之"辭氣"。

此外,《文心雕龍·風骨》所引劉楨對孔融的評價亦可與曹丕之説並觀:

> 魏文稱"文以氣爲主,氣之清濁有體,不可力强而致"。故其論孔融,則云"體氣高妙"……公幹亦云"孔氏卓卓,信含異氣,筆墨之性,殆不可勝"。並重氣之旨也。①

劉勰將劉楨、曹丕之説並録,正視之爲漢魏之際"氣"論的關鍵文本。所謂"信含異氣"與"筆墨之性"對舉,或亦包含了"口頭"與"書面"的潛在張力。《論衡》曾將儒生的"諷詠"與文吏的"筆墨"相互比照:"儒生……被服聖教,日夜諷詠,得聖人之操矣。"而"文吏幼則筆墨,手習而行,無篇章之誦,不聞仁義之語"②。王充所言,乃係批評文吏不習儒術,道德有虧,固非單純針對文章的"口""筆"之分;但這種二分的背後,潛在卻含有《孟子》"仁言不如仁聲之入人深也"③的觀念:見諸聲音的"諷詠",比形諸文字的"筆墨",更接近"聖教",更能真誠地承載"仁義"。至孔穎達《毛詩正義》"情見於聲,矯亦可識",錢鍾書釋爲"詩之'言'可矯而樂之'聲'難矯",亦是此種觀念的反映④。仁聲入人,樂情唯誠,其背後的理論基礎,恰恰就是人聲與人心皆是由"氣"構成,聲氣出於心氣,二者具有天然的一致性。因此"聲音"與生俱來地更近於人的内在情性。值得注意的是,《文心雕龍·風骨》亦是在"氣"與"辭采"對立的框架中論述前者的重要性。倘若將劉楨之説放在這條脈絡之上,則也可以解釋爲孔融談吐中包含著高遠生動的

---

① "卓卓"與"高""過人"詞義相近;郭紹虞先生已指出"所謂異氣,即曹丕《典論·論文》所說'孔融體氣高妙,有過人者'"。
② 黄暉《論衡校釋(附劉盼遂集解)》卷一二《程材篇》,北京:中華書局1990年版,第545頁。
③ 朱熹《四書章句集注·孟子集注》卷一三《盡心上》,第353頁。
④ 錢鍾書《管錐編·毛詩正義·四》,北京:生活·讀書·新知三聯書店2019年版,第105頁。

卓異辭氣,非舞文弄墨、尋章摘句式的書面寫作可比①。如前所述,"辭氣"在先秦兩漢時期大多是指口頭表達之"氣";而曹丕評孔融所用"體氣"一詞,在同時代的文獻中,往往也是針對人的氣色狀態,例如《三國志·魏書·滿寵傳》"明帝召之,既至,體氣康彊";《吴書·王蕃傳》云"蕃體氣高亮,不能承顔順指,時或迕意"②。這兩個例子中的"體氣"實際上都是人的生理或精神狀態外顯於"氣"③,而言語聲情,或許便是這種身心狀態的直接體現。滿寵的"康彊",王蕃的"高亮",都可能是在面君奏對之時從語氣、容色中表現出來。這些材料,可以成爲理解"孔融體氣高妙"的重要背景。

二、"氣"的隱喻化及其創作論意義

《典論·論文》所謂的"文以氣爲主"中,存在著一種"作者之氣"與"文本之氣"的同構關係。這種人、文合一的思路,乃是基於文氣作爲"口頭聲氣"的本質,作者身體之氣在創作(直接口誦)或吟詠玩味(誦讀)中轉化爲文章之氣,可以概括爲一種"轉喻"的過程。在聲音作爲藝術媒介的時代或文類中,這種轉喻本當是順理成章之事。而曹丕的時代,文學中文字載體的地位已經越發重要,因此在申説"文以氣爲主"這一命題時,他不得不援引"音樂"作爲旁證。而隨著文字、聲音兩種媒介的此消彼長,"人"與"文"之間以"氣"爲橋梁的這種天然轉喻關係也潛在出現了危機。劉勰《文心雕龍》對文章之"氣"的論述深受曹丕影響,其《風骨》篇中便直接引述了《典論·論文》之原句。但是,《風骨》對"氣"的理解,卻已不同於前述先秦以來貫通人體與言語的"辭氣"④,而是采用了一種新的"隱喻"模式,即將文章比喻成一個生命體,生命因有周流全身的"氣"而得以存活,文章亦須有

---

① 這種解釋是以"孔氏卓卓,信含異氣"爲一句,主語是孔融;"筆墨之性,殆不可勝"爲另起一句,主語是其他作家,其筆墨之性不可勝過孔融的卓異之氣。當然,劉楨此語也有另一種解釋的可能,即"筆墨之性,殆不可勝"承上,主語仍是孔融,其"筆墨之性"爲其他作家所不能勝。
② 《三國志》卷二六《魏書·滿寵傳》,第 723 頁;卷六五《吴書·王蕃傳》,第 1453 頁。
③ 樊善標《清濁陰陽辨:曹丕"以氣論文"再詮釋》指出此兩例"體氣"指人的健康情況或天生性格,《中國文化研究所學報》總第 42 期(2002 年 1 月),第 377 頁。
④ 《文心雕龍》中亦有繼承傳統"辭氣"概念的論説,主要見於《章句》《聲律》等篇,詳後文。

通貫全篇的情感力量或思維脈絡,此即文中之"氣":

> 怊悵述情,必始乎風;沉吟鋪辭,莫先於骨。故辭之待骨,如體之樹骸;情之含風,猶形之包氣。結言端直,則文骨成焉;意氣駿爽,則文風清焉。①

此篇將文章形式中體現的"氣",分為結構性、靜態的"骨"和流動性、動態的"風"兩大類。言辭精要、仿效經典、情感充沛都屬於有"風骨"的表現,但究其大端,"風骨"之說,針對的當是一種貫穿於篇章中的力量,形成"風清骨峻,篇體光華"的效果。從這一術語的來源看,"骨"和"風"分別指生物體的骨架和呼吸流動之氣。劉勰此處論"文氣",似已脫離了口頭吟誦的潛在語境,而是通過"文體"與"人體"/"生命體"的隱喻②,以"氣"闡釋文章內部各種要素之間的關係。劉勰又以鳥為喻,將文章的"風骨"與"辭采"對立,有辭采而缺乏風骨的作品如同五彩斑斕的野雞,"肌豐而力沉",徒有外表而不能高飛;有風骨而少辭采的文章則好似鷹隼,"骨勁而氣猛",翱翔於長空之中;最理想的狀況當然是兼顧兩端,成為既有華麗羽毛、又有強勁力量的鳳凰③。總括"風""骨"二端,或可將彥和此篇對"文氣"的申說概括為"氣力"之隱喻。《顏氏家訓·文章》云"文章當以理致為心腎,氣調為筋骨,事義為皮膚,華麗為冠冕",取譬與彥和相似,也是將文章喻為人體,其中"氣調"發揮了結構全身的作用。值得注意的是,此處"氣"出現在本體(文體)而非喻體(人體)一端,可見已成為頗成熟的文學批評術語。後世論者亦頗沿襲這種思路,如歸莊論詩有氣、格、聲、華,也是以人有氣、五官四體、聲音、威儀服飾為譬,指出"氣猶人之氣,人所賴以生者也"④。方東樹指出"觀於人身及萬物動植,皆全是氣所鼓蕩,氣纔絕,即腐敗臭惡不可近,詩文亦然"。同樣是以"氣"比喻詩文內在的生命力。"氣力"這種隱喻的用法,與前述文學在歌詠誦讀中體現出的"聲氣",頗異其趣。

在"聲""文"分化的文學史背景之下,我們或許可以認為,劉勰對曹丕

---

① 劉勰撰,詹鍈義證《文心雕龍義證》,第1048—1055頁。
② 參見張健《〈文心雕龍〉的組合式文體論》,《北京大學學報》第3期(2017年5月),第31—41頁。
③ 劉勰撰,詹鍈義證《文心雕龍義證》,第1063—1064頁。
④ 歸莊《歸莊集》卷三《玉山詩集序》,上海:上海古籍出版社2010年版,第206頁。

的"文氣"之說進行了深入的改造,其中"人""文"原本以聲音媒介爲樞紐的連接,發生了"絕地天通"式的斷裂。一個顯著的現象便是,《文心雕龍》中所用"辭氣",已經主要作爲書面文辭的指稱。例如《封禪》篇以"秦始皇銘岱,文自李斯,法家辭氣,體乏弘潤"①描述泰山刻石文風格,《書記》篇以"漢來筆札,辭氣紛紜"②概括西漢《報任安書》《報孫會宗書》等書信之體貌,皆是針對書面文章而言。相對於《三國志》《後漢書》中多以"辭氣"描寫口頭表述的用法,這種轉變無疑是很可措意的。與之桴鼓相應,在中國古代文章的承載媒介從口頭轉向書面之後,作者之氣與文章之氣"鑿破渾沌"分爲二端,聲氣之轉喻漸成潛流,而作爲隱喻義的"氣"則被凸顯爲主流。當然,劉勰絕非否認"人"與"文"之間的密切關聯,而是在"聲音"淡出之後,轉而以另外的方式重構了"人—文"之連接:首先,在文章氣力之理論中,潛入概念底層的轉喻關係,實際上爲概念表層的隱喻關係提供了邏輯前提:因爲文章之氣(聲氣)乃是作者之氣(血氣)的轉化,故而文章之氣(氣力)本身也具有"類生命體"的性質。其次,《文心雕龍》亦鑄造了極富創作論內涵的"才氣"概念,用以重新構築從"人"(作者)到"文"(文本)的連接。《文心雕龍·體性》舉才、氣、學、習四者論文,並因之以解釋不同文章風貌的形成:

  若夫八體屢遷,功以學成,才力居中,肇自血氣;氣以實志,志以定言,吐納英華,莫非情性。是以賈生俊發,故文潔而體清;長卿傲誕,故理侈而辭溢;子雲沉寂,故志隱而味深;子政簡易,故趣昭而事博;孟堅雅懿,故裁密而思靡;平子淹通,故慮周而藻密;仲宣躁競,故穎出而才果;公幹氣褊,故言壯而情駭;嗣宗俶儻,故響逸而調遠;叔夜儁俠,故興高而采烈;安仁輕敏,故鋒發而韻流;士衡矜重,故情繁而辭隱;觸類以推,表裏必符。豈非自然之恒資,才氣之大略哉!③

  劉勰主張,文章風貌的差異源於作者才性的分別,而才性則以血氣爲生理基礎。由於稟氣剛柔不同("風趣剛柔,寧或改其氣"④),不同的作家

---

① 劉勰撰,詹鍈義證《文心雕龍義證》,第803頁。
② 劉勰撰,詹鍈義證《文心雕龍義證》,第924頁。此處"辭氣",一作"辭旨"。
③ 劉勰撰,詹鍈義證《文心雕龍義證》,第1022—1025頁。
④ 劉勰撰,詹鍈義證《文心雕龍義證》,第1012頁。

有不同的個人性情、不同的文學風格，例如賈誼才氣英發而文風清通，劉楨性格偏狹而爲文壯烈，陸機爲人莊重而文章含蓄繁複等等。值得注意的是，此言"才力居中，肇自血氣"，與《聲律》篇"聲含宫商，肇自血氣"用語極相似，同是追溯"氣"的生理本質，然後者是説"聲氣"（即上節所論者），前者則是説稟賦造成的"才氣"，正可見"氣"不同層面内涵的發展。《體性》篇言作家氣性決定文章風貌，表面看似與《典論·論文》相近，思路上亦有因承，但細究其實則頗有不同。首先，如前所述，曹丕所言之"氣"取義於聲氣，本然貫通人體與文體；劉勰所言"才氣"，則聚焦在人體一端。《體性》也沿襲了語音聲氣的轉喻關係，明言"志以定言""吐納英華"，即其證也；但劉勰描述的文章風貌，都已經是文字文本的風格，而非聲音媒介下的風格："理侈""事博""裁密""情繁"諸評，尤可見之。同時，曹丕論"氣"，是置於辭賦、論説等文類的框架之下，《體性》則没有突出文類，可以認爲是對賈誼、司馬相如、揚雄、劉向、班固、張衡、王粲、劉楨、阮籍、嵇康、潘岳、陸機等人整體文風的批評。蓋"聲氣"繫乎韻律格式和語體特徵，與文類區别關係密切；"才氣"源於個人，則是作者情性決定的總體風格。

　　劉勰"才氣"之基礎，乃是先秦以來相沿的"氣稟"之説。"氣"不單是構成人體的基本物質，更被視爲文學創造才能的根本來源。早期先民的觀念中，天、地、萬物皆爲元氣所生①。作爲萬物之靈長，人自然也是由"氣"構成。如《禮記·禮運》言人乃"五行之秀氣"②，《管子·内業》稱"凡物之精"，"流於天地之間，謂之鬼神"，"藏於胸中，謂之聖人"③，都反映出這種天人同"氣"的觀念。人稟天地之秀氣，便是其靈性與創造力的來源。《文心雕龍·原道》繼承《禮記·禮運》之説，指出人有性靈，"爲五行之秀，實天地之心"，因此"心生而言立，言立而文明"，可以創作文學。白居易認爲"天地間有純靈氣焉，萬類皆得之，而人居多；就人中，文人得之又居多"，也是

---

① 《淮南子·天文訓》云："虚霩生宇宙，宇宙生氣，氣有涯垠，清陽者薄靡而爲天，重濁者凝滯而爲地。"描繪了清（陽）、濁（陰）二氣分别形成天、地的過程。《淮南子》繼續用這種陰陽二氣的理論解釋萬物的生成，例如陽氣積纍而生火，陰氣沉聚則爲水；飛禽走獸乃陽氣所生，介鱗（爬行類和魚類等）則屬於陰氣的産物；陰陽二氣激蕩相薄，則是風雨霜雪等自然現象的成因。見何寧《淮南子集釋》卷三《天文訓》，第165—167頁。
② 《十三經注疏·禮記正義》卷二二《禮運》，第3081頁。
③ 黎翔鳳撰，梁運華整理《管子校注》卷一六《内業第四十九》，北京：中華書局2004年版，第931頁。

用"靈氣所鍾",解釋人類文學才能的產生①。在此種"氣稟"的觀念之下,文學風格的差異、創作狀態的通塞,亦可以獲得解釋。首先,氣稟在性質、分量方面的差異,就形成了人的體質、身份、才能等方面的區別,進一步又導致了文章風格的多樣化。《淮南子·墜形訓》已經提到"土地各以其氣生人"②。王充《論衡》則更爲詳密地指出,人的貴賤、壽夭、賢愚都取決於稟氣之不同③。《文心雕龍·體性》論才性與文風之"表裏必符",正是這種思想觀念的發展。氣稟主要出於天賦,但同時也會受後天陶染、學習的影響,《體性》篇即指出"才有天資,學慎始習",認爲作家需要通過學習經典之文鍛煉自己的才性④。在後世,蘇轍主張"文不可學而能,氣可以養而致",也舉古人之文爲例,認爲孟子的浩然之氣與其"寬厚宏博"的文風相稱,司馬遷之奇氣則顯現爲"疏蕩"的文風;後人則自然要學習其文以養自身之氣⑤。元代《木天禁語》指出詩人之中,翰林、隱逸、僧侶乃至江湖游士的不同身份之人各有氣象,"各隨人之資稟高下而發",學詩者需要通過學習"變化氣質",去俗求雅⑥。清代古文家方苞認爲行文時"依於理以達乎其詞者,則存乎氣",而"氣也者,各稱其資材,而視其所學之淺深以爲充歉者也",同樣是兼顧先天與後天⑦。這些例證,都顯示出中國傳統文論對作家天賦才能與學習功夫的平衡。

其次,作者精神與身體"氣力"的暢通或閉塞,決定了創作開展的具體

---

① 朱金城箋注《白居易集》卷六八《故京兆元少尹文集序》,上海:上海古籍出版社1988年版,第3653頁。
② 例如"山氣多男,澤氣多女,水氣多暗,風氣多聾"等等(《淮南子·墜形訓》)。參見福永光司《秦漢期の氣の思想》的討論,《氣の思想:中國における自然觀と人間觀の展開》第一部第三章,第142—146頁。
③ 例如(一) 貴賤之別源自所受氣體之不同。"人稟氣而生,含氣而長,得貴則貴,得賤則賤";天上群星位有尊卑,其精氣賦予人體,導致人在地位、財富方面各有高下(黃暉《論衡校釋》卷二《命義篇》,第46—47頁)。(二) 生命力的强弱則取決於稟氣的厚薄。《論衡·命義》:"氣渥厚而體堅彊,堅彊則壽命長","氣少泊而性羸窳,羸窳則壽命短"。(三) 人的賢與愚、善與惡,亦緣於受氣之不同。《論衡·率性》稱"人之善惡,共一元氣。氣有多少,故性有賢愚",又分别舉性急、性緩之人爲例(黃暉《論衡校釋》卷二《率性篇》,第81頁)。緯書《春秋演孔圖》有"正氣爲帝,間氣爲臣"之說,亦是類似觀念的產物。
④ 劉勰撰,詹鍈義證《文心雕龍義證》:"故宜摹體以定習,因性以練才,文之司南,用此道也。"第1013頁。
⑤ 蘇轍撰,曾棗莊、馬德富校點《欒城集》卷二二《上樞密韓太尉書》,第477頁,上海:上海古籍出版社2009年版。
⑥ 張健編著《元代詩法校考》,第174—176頁,北京:北京大學出版社2001年版。
⑦ 劉季高校點《方苞集·集外文》卷二《進四書文選表》,第581頁。

狀態。構成人體的"血氣",對身體和精神兩方面都有影響:《論語·季氏》以"血氣未定""血氣方剛""血氣既衰"劃分人成長的階段,每個階段又分別以色、鬥、得爲戒①,可見"血氣"貫通物質與德性的觀念,在先秦時期已經出現。至遲在漢代,士人精英和一般民衆中則形成了"魂魄"的信仰:與天相連的陽氣塑造了"魂",支配人的精神;與地相關的陰氣組成了"魄",支配人的身體②。"氣"貫通身體與精神,因而必然影響到創作過程,《文心雕龍》的養氣論主要便從這個角度展開。在劉勰眼中,主宰文學創造的是作者的"文心"或者說"神思"。人體之神宅於心胸之中,思想即心之官能;而神思的順利展開,并非純粹的精神問題,而是有賴於身體條件的配合。所謂"神居胸臆,而志氣統其關鍵"③,故作者需要修養精氣,勿使"神疲而氣衰","清和其心,調暢其氣",方能文思通達④。此種觀念又稱爲"衛氣",強調從容與節制,優游不迫,反對苦思爲文、過度消耗精力,在後來的文論中亦有回響。例如《文鏡秘府論》提倡在"無興"即沒有靈感時應該以睡眠"養神",睡足之後醒來,"興發意生,精神清爽",自然能寫成文章⑤。元代陳繹曾主張按肅、壯、清、奇、古等不同内容或風格類型養不同的氣,而其過程需要通過澄静思考"油然而生","切不可作氣",造作之氣"昏而不可用"⑥。同時代的《答韓莊伯讀書說》也主張文思湧動之際不當立即付諸寫作,否則會"昏氣隨至";須待積蓄已久,對整篇文章胸有成竹、"不費尋思"之後,再一揮而就⑦。雖關注點與劉勰不盡相同,但其中不過度消耗精力、追求自然成文的趣味,則有相通之處。

"氣"不但可以建立從"文"到"人"的聯繫(在曹丕是一種轉喻關係,在劉勰則更多是一種隱喻關係),還可以更進一步與世界萬物相互關聯,建立一種"物——人——文"的創作論鏈條。天地萬物皆由氣構成,人體也由氣

---

① 朱熹《四書章句集注·論語集注》卷八《季氏第十六》,第172頁。
② D.C. Lau(劉殿爵)trans, *Mencius*, "Introduction", Penguin, 1970. Yu Ying-Shih(余英時)."'O Soul, Come Back' A Study in the Changing Conceptions of the Soul and Afterlife in Pre-Buddhist China", Harvard Journal of Asiatic Studies, 47: 2, 1987.
③ 劉勰撰,詹鍈義證《文心雕龍義證》,第976頁。
④ 劉勰撰,詹鍈義證《文心雕龍義證》,第1565、1581頁。
⑤ 遍照金剛撰,盧盛江校考《文鏡秘府論彙校彙考(修訂本)》,北京:中華書局2015年版,第1260頁。
⑥ 陳繹曾《文説》,王水照主編《歷代文話》第2册,第1338頁。
⑦ 陳繹曾《文説》引用,王水照主編《歷代文話》第2册,第1352頁。

構成,同類的氣相互感應,處在不同空間的氣流動交通,就形成了彼此影響的關係①。同時,人的情感起伏也與體內血氣的變化關係密切,如憤怒之情會使陰氣壓制陽氣,悲傷之情使得氣虛等等。因此,外在事物可以通過"氣"的流通和感應激發人的情感,成爲文學創作的源泉,即古人所謂"興感"。正所謂"氣之動物,物之感人,故搖蕩性情,形諸舞詠"②;"人秉七情,應物斯感,感物吟志,莫非自然。"③這種氣類相感,往往與"天時"即四季節令相關。在春夏秋冬的變化中,陰陽二氣消長推移,帶來不同的物候,也促發了不同的情感。例如《春秋繁露》中便以喜、樂、怒、哀分屬春夏秋冬,稱爲"四氣之心"④。鍾嶸《詩品序》便列舉了"春風春鳥,秋月秋蟬,夏雲暑雨,冬月祁寒"等四季各具代表性的動物、氣候。《文心雕龍·物色》篇則指出隨著季節變換,人心也會産生或愉快、或低沉的不同情感⑤。由此,自然之氣化爲人的情感之氣,直接主導了以詩歌爲代表的文學創作。在感應的過程中,不同類型的氣引發人的不同反應,進而便可能影響文藝作品本身的形式和性質。《荀子·樂論》在描述音樂的感染功能時,便認爲聲音的正邪對應了人身體中的"順氣"或"逆氣",因而產生不通過的音樂形式:"凡奸聲感人而逆氣應之,逆氣成象而亂生焉;正聲感人而順氣應之,順氣成象而治生焉。"⑥《禮記·樂記》援用此語,進一步指出逆、順之氣會分別產生"淫樂"與"和樂",即決定了音樂屬性是中正平和抑或邪僻過度。反過來,王者制禮作樂,就需要以"雅頌之聲"調和民衆的"血氣心知","使之陽而不散,陰而不密,剛氣不怒,柔氣不懾"⑦,如此實現道德教化之和諧。

---

① 古代醫學認爲人體之氣與天地之氣相通。如《黄帝内經·陰陽應象大論》將自然界之氣與人的五臟相配:"天氣通於肺,地氣通於嗌,風氣通於肝,雷氣通於心,谷氣通於脾,雨氣通於腎。"而人體之疾病,也是由天地之邪氣、濕氣引起。見《黄帝内經素問》卷二《陰陽應象大論篇第五》,第31頁,北京:人民衛生出版社2012年版。
② 鍾嶸《詩品序》,曹旭《詩品集注(增訂本)》上海:上海古籍出版社2011年版,第1頁。
③ 劉勰撰,詹鍈義證《文心雕龍義證》,第173頁。
④ 董仲舒著,蘇輿義證,鍾哲點校《春秋繁露義證》卷一一《王道通三第四十四》,北京:中華書局1992年版,第330—331頁。
⑤ 劉勰撰,詹鍈義證《文心雕龍義證》:"是以獻歲發春,悦豫之情暢;滔滔孟夏,鬱陶之心凝;天高氣清,陰沉之志遠;霰雪無垠,矜肅之慮深。"第1731頁。
⑥ 王先謙集解,沈嘯寰、王星賢點校《荀子集解》卷二〇《樂論》,北京:中華書局1988年版,第541頁。
⑦ 司馬遷《史記》卷二四《樂書第二》,北京:中華書局2014年版,第1435頁。

三、從字句到篇章:"文氣"的文本呈現

在文學主要的媒介由語音轉變爲文字之後,文章之"氣"便由一種現實的物質存在,轉化爲文字文本内部一種隱喻性的存在。"氣"如何在文字媒介中得以體現,成爲值得關注的問題。按照文本結構的組成層次,形式批評中的"文氣",可以從字句、篇章、文章整體幾個層面展開。"氣"這一概念本身藴含著"不可見性",故常用以指稱文本中超越的、抽象的審美特徵。但另一方面,相對於形而上的"道"、人心内在的"志","氣"又是形而下、具象的。這種特性,使得"文氣"成爲下學上達之依憑,成爲貫通形式細節與整體美學乃至情感、義理内涵的通路。在這個方面,唐代韓愈、李德裕有關"氣"的論述實有樞紐之地位。

韓愈《答李翊書》"氣盛言宜"的名言,承續孟子"知言養氣"之説,從兩個方向深刻影響了唐宋以降的文氣説:(一) 由"氣盛"推演出對雄渾有氣勢之文的推崇;(二) 由"言宜",發展出對文本細部字法、句法的講求。在韓愈,其本意是强調作者須有内在修養即"氣盛"[①],唐宋時人引述其説,也重在説明古文須有盛大之氣勢。如曾鞏主張以讀書"自壯其氣","覺其辭源源來而不雜"[②],便是繼承韓愈之説,以"氣"决定"辭"。在文章風格方面,"氣盛"往往意味著剛健浩大之風。如吕本中建議"讀三蘇進策涵養吾氣,他日下筆自然文字滂沛"[③];王十朋稱贊蔡端明治詩文"實出於氣之剛",認爲學者"宜先涵養吾胸中之浩然",皆可見之。有趣的是,在明清論者,"氣盛言宜"這一命題的重心悄然轉移到了對"短長""高下"的剖析,構

[①] 張健《知識與抒情:宋代詩學研究》,北京:北京大學出版社 2015 年版,第 36—43 頁。前賢闡釋韓愈之"氣盛言宜",多指出其道德學養方面的内涵。如徐復觀《中國文學中的氣的問題》認爲韓愈"是由儒家人格的修養,以言養氣"(徐復觀《中國文學論集》,第 340 頁)。王運熙、楊明主張《答李翊書》所謂氣是指作者的精神狀態,具體内容則是"道德學識的修養"(王運熙、楊明《隋唐五代文學批評史》,第 498 頁)。張少康認爲"韓愈所説的氣與言的關係,就是仁義道德修養和文章之間的關係"(張少康《中國文學理論批評史》,第 338 頁)。羅宗强《隋唐五代文學思想史》亦云韓愈所説的"氣"偏指宏觀的作者之氣。

[②] 曾鞏撰,陳杏珍、晁繼周點校《曾鞏集》卷五一,《讀賈誼傳》,北京:中華書局 1984 年版,第 700 頁。

[③] 王正德《餘師録》卷三引吕本中説,王水照主編《歷代文話》第 1 册,第 386 頁。

成文章學的一大"底色"。而李德裕《文章論》"氣不可以不貫"之説,則代表了"氣"在篇章功能方面的意涵。本節將略從字句、篇章、文章整體諸層次,試論傳統文章學如何爲源於聲音的"文氣",建構出一套文字分析的知識系統。

(一) 用字造句

語言之"辭氣"最基本的反映便是其語音特徵,落到紙面則是由用字、遣詞的選擇實現。《論語》的"出辭氣斯遠鄙倍",後代逐漸成爲批評文章中使用方言口語要素,提倡"雅言"的理論資源①。《文心雕龍·聲律》篇便詳細討論雙聲叠韻、句尾押韻等"吐納律吕"之術②。近體詩成熟之後的平仄黏對法則③,通過平仄交替形成節奏變化,則是詩歌辭氣的主導因素。不過,平仄等語音要素,也可在散文中發揮點綴性的作用。劉大櫆《論文偶記》云:

　　一句之中,或多一字,或少一字;一字之中,或用平聲,或用仄聲,則音節迥異。④

劉氏之論,後半句是就平仄而言,前半句所論字數多少,實質上則指向散文辭氣最主要的特徵——長短緩急的變化。在這個層面,字數多寡固是形成"長短"的表面形態標志。但倘若進一步追問,"句"中字數的多少如何判定? 這就不能不涉及句式分析與節奏體會之内容。如吴德旋(1767—1840)便通過闡釋韓愈"氣盛言宜"之論提出自己的觀點:"昌黎謂'聲之長短高下皆宜',須善會之。有作一句不甚分明,必三句兩句乃明而古雅者;亦有煉數句爲一句,乃覺簡古者。"⑤吴氏此説,便是具體分析了"長短高下"的成因。試以《史記·春申君列傳》著名的長句"而李園女弟初幸春申

---

① 例如楊慎(1488—1559)舉出宋儒語録中"活潑潑地""喫緊"等詞匯作爲辭氣鄙俗的代表。楊慎《升庵集》卷四五"活潑潑地",《景印文淵閣四庫全書》第 1270 册,第 334—335 頁。詳參拙文《言文之間:漢宋之爭與清中後期的文章聲氣説》,載於《文學遺産》第 1 期(2022 年 1 月),第 167—178 頁。
② 劉勰撰,詹鍈義證《文心雕龍義證》,第 1218—1242 頁。
③ 參閲王力《漢語詩律學》,北京:中華書局 2015 年版。
④ 劉大櫆《論文偶記》,載於王水照主編《歷代文話》第 4 册,第 4109 頁。
⑤ 吴德旋《初月樓古文緒論》,載於王水照主編《歷代文話》第 5 册,第 5038 頁。

君有身而入之王所生子者遂立"爲例:這句話實際上整合了如下幾個簡單主謂句的意思:① 李園女弟初幸於春申君,② 女弟有身,③ 女弟入之王,④ 女弟生子,⑤ 此子遂立。《史記》的寫法,將五句濃縮爲一個長句,當即吳德旋所説的"煉句"之術。在誦讀之時,一個停頓單位需"作一氣讀",如何安排此"氣"的收放行止,就決定了文章整體"文氣"的風貌。長句一口氣讀下,簡勁有力,頗能凸顯氣勢;短句散落,不斷换氣,急促亦有其用武之地。基於這層含義,在八股文理論中甚至將"氣"作爲句之上、股之下的一種節奏單位,如晚清孫萬春主張小講"大多説四氣或五氣",後比"少則六氣,多則七八氣"爲正格,而一比只用一氣、二氣者,則盡顯"聲調之高"①。這實際是從停頓節奏的角度將"文氣"剖析、落實。在各種句式中,散句相對駢句更富流動感,更能成爲"氣"的載體:"凝重多出於偶,流美多出於奇","體雖駢,必有奇以振其氣"②。究其原因,駢偶句式節奏形態相對整齊、穩定,而散文句式節奏之多變、不平衡,無疑爲文氣的疾馳緩步、圓轉停頓提供了更大可能。

此外,虚字使用也是塑造"文氣"的重要手段。所謂"凡字無義理可解,助辭氣之不足者,曰虚字"是也③。具體而言,語氣助詞"矣""焉""哉"等顯然對口吻聲氣的塑造大有裨益;分句之間關聯詞如"既……又""或……則""其果……抑亦"等亦能塑造彼此呼應的氣脈④。至於句中的一些連詞,也能起到舒緩、調節文氣之作用,例如歐陽修《晝錦堂記》"仕宦而至將相,富貴而歸故鄉",用兩個"而"字使文氣緩而有意態,便是一個經典的例子⑤。

(二) 謀篇布局

從篇章的層面討論"文氣",其起源亦甚早。前述《文心雕龍·風骨》之説,即已藴含了對文章整體結構的講求。較正式地將"氣"與篇章整體性的問題提煉出來,則當推李德裕(787—850)的《文章論》:

---

① 孫萬春《縉山書院文話》,載於王水照主編《歷代文話》第 6 册,第 5880、5928、6000—6001 頁。
② 包世臣《藝舟雙楫·論文》卷一《文譜》,載於王水照主編《歷代文話》第 6 册,第 5188 頁。
③ 馬建忠著,吕叔湘、王海棻編《馬氏文通·序》,第 3 頁,上海:上海教育出版社 2019 年版。
④ 參閲左培《書文式·文式》卷下關於虚詞呼應之"調法"的討論。王水照主編《歷代文話》第 3 册,第 3179 頁。
⑤ 參閲范公偁撰,孔凡禮點校《過庭録》,北京:中華書局 2002 年版,第 325 頁。《過庭録》與《墨莊漫録》《可書》合訂。

> 魏文《典論》稱："文以氣爲主,氣之清濁有體。"斯言盡之矣。然氣不可以不貫;不貫則雖有英詞麗藻,如編珠綴玉,不得爲全璞之寶矣。鼓氣以勢壯爲美,勢不可以不息;不息則流宕而忘返。亦猶絲竹繁奏,必有希聲窈眇,聽之者悅聞;如川流迅激,必有洄狀逶迤,觀之者不厭。①

李德裕從《典論·論文》的"文以氣爲主"引出對文氣的推崇,其所論有兩個方面:一是"氣"要貫穿全文,否則便是零散片段、徒有詞藻;二是氣勢有壯有細,須平衡用之;乃是對曹丕之論的進一步發揮。此後錢謙益、劉大櫆、盛大士等論文氣,都嘗稱道李説②,可見其影響。

文氣如何能"貫"?"章法"可以作爲塑造通篇一氣的一種重要手段。唐順之(1507—1560)采用了與曹丕相似的類比,指出"喉中以轉氣,管中以轉聲"的音樂表演,其聲氣推移行止中藴含了"開闔首尾"之節,文章之理亦不外乎是。由此可見,唐氏心目中文章的"聲氣",即是這種通貫篇章的"開闔首尾經緯錯綜之法"③。梅曾亮主張:"古文與他體異者,以首尾氣不可斷耳……其能成章者,一氣者也。"④乃是將貫穿全章的"氣",視爲其得以成爲一個整體的基礎。方東樹則重視"章法"與"氣"的相互配合,以章法如"形骸"而氣則是運行其中、不可見之"脈"⑤,頗似《文心雕龍》"骨""風"之二分。曾國藩主張爲文重在"行氣",而段落結構技巧便是行氣之一方:"欲氣盛,全在段落清,每段分束之際,似斷不斷,似咽非咽,似吞非吞,似吐非吐,古人無限妙境,難於領取。"強調在章節層次清晰的基礎上,又有貫穿其中的情感、意義綫索作爲"氣脈",乃是方、曾所論之共通處。

除了古文,其他文類中亦出現了對氣脈的討論,藉此體現對文本整體

---

① 傅璇琮、周建國校箋《李德裕文集校箋》外集卷三《文章論》,北京:中華書局2018年版,第802頁。
② 見錢謙益《牧齋有學集》卷三九《答徐禎起書》,上海:上海古籍出版社年版,第1354頁;劉大櫆《論文偶記》,王水照主編《歷代文話》第4册,第4109頁;盛大士《樸學齋筆記》卷七,嘉業堂叢書本,葉2a—2b。
③ 馬美信、黄毅點校《唐順之集》卷一〇《董中峰侍郎文集序》,杭州:浙江古籍出版社2014年版,第465—466頁。
④ 梅曾亮著,彭國忠、胡曉明校點《柏梘山房詩文集·文集》卷二《與孫芝房書》,上海:上海古籍出版社2020年版,第43頁。
⑤ 方東樹著,吳闓生評《昭昧詹言》卷一,第54頁,北京:朝華出版社2019年版(影印武强賀氏刊本)。

性的追求。如清代詞論、駢文論中,亦發展出所謂"潛氣内轉"之説①。這一説法淵源於繁欽《與魏文帝箋》,本是描述歌者聲樂之美,與曹丕的"文以氣爲主"乃是同一知識背景下的産物。晚清學者則取以説明文學作品中須有一種貫穿隱現的氣脈;所謂"潛"與"内",都是指不使用虚字等明顯的過渡筆法,透過文本表層形式,而訴諸一種文意深層的轉移和連續。如朱一新《無邪堂答問》認爲駢文和詞都要"明於向背斷續之法",達到藕斷絲連、蕩氣回腸的效果②。劉師培亦推許魏晉文章中層次謹嚴而難以劃明何爲"轉進"之處的寫法,認爲此是"章段入化"(分章劃段融化入文章整體)的文章勝境③。

在"氣"與篇章之法的討論中,事實上還藴含著篇章(整體)與字句(局部)之間的和諧統一問題:追求一氣混融,反對過度雕琢字句、破壞整體感。傳統文論中有所謂"氣象混成"之説。如朱熹認爲歐陽修之文猶有拙而渾厚的特色,"和氣"未散,蘇軾便太精巧華麗,"散了和氣";又認爲唐人盧仝之詩"語雖險怪",但是"意思自有混成氣象"。所謂"和氣""混成氣象"都是指一種具有整體感、不過分文飾的審美風格。嚴羽更直接地將混成氣象與字句雕琢對立起來,推崇"漢魏古詩,氣象混沌,難以句摘",認爲最好的詩中,整體的美感超越了個別句子的警策,在詩論中影響頗大。此後如王世貞主張"篇法之妙,有不見句法者;句法之妙,有不見字法者",如此方能"神合氣完"④,用意亦相仿佛。明末艾南英(1583—1646)提出"氣有斷續則章法亡",并且强調他所言的"氣斷"之弊,不是針對缺乏文學技巧之人,而恰恰是指"能文而巧俊者犯之",因爲巧者雕琢字句,反而會"無渾樸之氣行乎其間"⑤。律詩批評中也有類似之論,如朱庭珍主張煉字而"不傷氣格","謀篇貴一氣相生"⑥。事實上,奇字拗句與整體篇章的關係,正可以用作品内部的文氣流動來解釋。文從字順,平易易讀,自然文氣會顯得暢快通達;難讀的字句多,文氣便會受阻。傳統醫學中論氣有"滑""澀"之别,

---

① 參見彭玉平《詞學史上的"潛氣内轉"説》,《文學評論》第 2 期(2012 年 4 月),第 197—208 頁。
② 朱一新撰輯《無邪堂答問》卷二,第 223—224 頁,北京:朝華出版社 2018 年版。
③ 劉師培撰,羅常培整理《漢魏六朝專家文研究·論文章之轉折與貫串》,上海:上海古籍出版社 2011 年版,第 132 頁。
④ 王世貞著,羅仲鼎校注《藝苑巵言校注》,濟南:齊魯書社 1992 年版,第 28 頁。
⑤ 艾南英《天傭子集》卷一三《陳興公湖上草序》,《明别集叢刊》第 5 輯第 39 册,合肥:黄山書社 2016 年版,第 178 頁。
⑥ 朱庭珍《筱園詩話》卷一,葉 14a—14b。

也被借用於文章之中：文氣流暢者即"滑"，行氣滯阻者則"澀"。如樊宗師古文多用生僻字，讀之氣流不暢，便產生苦澀的效果。不過，另一方面，倘若氣息流動過於便利，則又過猶不及，流於圓滑而庸俗，有時反而要以有意的拗折挽救之①。

（三）作家或文類的整體風格

文學作品中下字遣句、連段分章、立意抒情等各方面特色綜合到一起，可以呈現出某些整體的氣質特色。將這種整體風格與作者的個性聯繫起來，實際上就是前述之"氣稟説"。當然，如果推到更本原的層次，人體血氣也來自天地，因此文章之氣亦可係於陰陽剛柔之氣。姚鼐著名的"陰陽剛柔説"便由此出發。姚氏認爲"文者，天地之精英，而陰陽剛柔之發也"；從歷史上看，"惟聖人之言，統二氣而弗偏"，後世文章則或偏於陽剛，或偏於陰柔②。先秦及唐宋古文中，孟子、韓愈、蘇軾爲陽剛之代表，歐陽修、曾鞏可爲陰柔之代表。由陽剛、陰柔又可進一步推演出雄偉勁健、淵懿深厚兩種氣體風格。曾國藩推崇西漢文，以揚雄、司馬相如雄偉之文爲"遒勁之氣，得於陽與剛之美者，此天地之義氣也"，劉向、匡衡淵懿之文爲"温厚之氣，得於陰與柔之美者，此天地之仁氣也"③；樹立了文氣之健而不弱、厚而不薄的典範。

有關"文氣"的論述亦可以置於特定的文類之中。清儒考據之文，因其旁徵博引，頭緒繁多，常被批評"氣不能流行自在"④，需要以"盛氣"推動之。但也有辯護者稱，應當考慮不同文類"氣體"之不同："文家論氣，當兼論體"，議論文、記敘文、解説文在篇幅、寫法上各有不同的特徵，"體有殊而氣亦有殊"，因此不能用唐宋論辯古文典型的"盛氣"要求學術考證之文⑤。在經學家眼中，其引據豐贍、條分縷析的文章，亦自有"盤折流動之氣"⑥。

---

① 參見蔣寅《"澀"作爲詩學概念的意味》，載於《江海學刊》第5期（2018年9月），第198—208頁。
② 姚鼐著，劉季高標校《惜抱軒詩文集·文集》卷六《復魯絜非書》，上海：上海古籍出版社1992年版，第93—94頁。
③ 王澧華校點《曾國藩詩文集·文集》卷三《聖哲畫像記》，上海：上海古籍出版社2013年版，第290頁。
④ 姚鼐《惜抱先生尺牘》卷六《與陳碩士》，海源閣叢書本，葉26a。
⑤ 羅汝懷《緑漪草堂文集》卷二〇《與曾侍郎論文書》，《清代詩文集彙編》第617册，上海：上海古籍出版社2010年版，第299—300頁。
⑥ 朱琦《小萬卷齋文集》卷首《自序》，《清代詩文集彙編》第494册，第4頁。

這或許又是新的學術風氣與寫作風格刺激出的有關"文氣"的新認識。

四、誦讀與文氣的聽覺還原

如前所述,書面文章以口頭語言爲基礎,語言的"聲氣",乃是文章"辭氣""文氣"之源頭。在口頭表達占據顯要地位的時代,於吟誦中見"聲氣",乃是極自然的行爲。而在書面媒介爲主的時代,從字句篇章乃至文類等層次討論文本中的文氣,事實上不免都有些"紙上談音"的味道。因此,通過誦讀吟詠的方式將書寫文字還原爲口頭聲音,重新在語音的世界中"因聲求氣",在明清時期的文學創作和鑒賞中都頗常見。誦讀不但可以更直觀形象地呈現朗誦者對文本內在節奏、情感的理解和詮釋,還可以成爲一種修養身心的方式。前者乃是對文本之"氣"的外化,後者則是對人體之"氣"的調節。簡言之,誦讀,即是一種將文本"文氣"重新還原爲人體"聲氣"的過程。

以誦讀見文氣的觀念基礎,在於確認"言語"作爲文章的本質。姚鼐之言文"氣",便特別點出其有別於單純的文字符號積纍:

> 文字者,猶人之言語也。有氣以充之,則觀其文也,雖百世而後,如立其人而與言於此;無氣,則積字焉而已。意與氣相御而爲辭,然後有聲音節奏高下抗墜之度、反復進退之態、采色之華。①

姚氏此言之"氣",正是回到了口頭語言的語境之中,兼有言語聲氣與人體之氣兩方面的含義。文章有"氣"方能精彩,對於學習者而言,自然就要通過誦讀以養畜鍛煉其"氣"。方東樹《書惜抱先生墓誌後》主張:"夫學者欲學古人之文,必先在精誦,沉潛反復諷翫之深且久,闇通其氣於運思置詞、迎拒措注之會,然後其自爲之以成其詞也,自然嚴而法、達而臧。不則心與古不相習,則往往高下短長齟齬而不合。"②其說遠承韓愈的"氣盛言宜",但主要又是從文章藝術的角度談"氣"之修養當通過誦讀以實現。

---

① 姚鼐著,劉季高標校《惜抱軒詩文集·文集》卷六《答翁學士書》,第84—85頁。
② 方東樹《考槃集文錄》卷五,《清代詩文集彙編》第507册,第207頁。

從聲音表現形式上看，中國古代的誦讀大致存在"諷"與"誦"之別，前者重在記憶背誦文本，後者則強調須有抑揚頓挫的節奏感，即所謂"倍文曰諷，以聲節之曰誦"①。爲文章家所重視者，主要在後一個方面。"誦"的節奏感，實際上就是上述"文氣"，尤其是字句層面文氣的直觀顯現。文章有辭氣，節奏和諧，則可付諸誦讀。清代學者李兆洛（1769—1841）富有啓發性地從句式語法的角度，指出辭氣即是"句讀"。在書寫系統中，"獨字不可誦，句而後可誦"，文字符號的纍積並不等於語言，需要經過"句讀"分析之後纔能真正記錄語言。而"句讀"反映的，就是聲氣的導引運行。李兆洛指出，人朗讀詩文之時，產生了緩急、疏密、高下的節奏，"而氣隨之，而心之解悟因之"②，文章内在的音樂性也得以發揮。誦讀中的抑揚吞吐，固然有個性化，乃至即興處理的成分，但文本中句式的長短錯綜，則是聲氣展開的基本條件。

不同的誦讀方法，對"聲氣"的類型、狀態也有不同的要求。例如朱熹提倡熟讀涵泳以體貼典籍文意，就需要在緩慢、反覆的閱讀中仔細推敲文本的意義脈絡。然其吟誦則與此不同，乃是"微醺則吟哦古文，氣調清壯"③，可以推知是以較高昂的聲氣朗讀。姚鼐主張學古文者應"放聲疾讀"，"又緩讀"④，兩者之氣息使用，想亦有別，大抵相當於後來曾國藩所說的"高聲朗誦以昌其氣"，"密詠恬吟以玩其味"。這是從不同的賞鑒角度而言。而在科舉之學中，也有配合文章寫法的讀法：於"一筆趕到底"之文"急讀"，於"筆氣有停頓及按寫題神、題理"之文"緩讀"，以及通過"高聲讀"玩味用筆修詞之法，藉助"低聲讀"以研究看題、命意、搆局之法⑤。此類急、緩、高、低的技術，可以視爲姚鼐之說在八股文寫作領域的應用，正是要將文字筆法還原爲語音聲氣，令學文者可以更直觀的體貼揣摩。

以誦讀作爲修養身心之術，其淵源在於儒家的樂教思想。秦漢時期已有通過音樂"動蕩血脈，通流精神而和正心也"⑥的觀念。宋代理學家以此意闡發孔子所說的"成於樂"，認爲"古人有歌詠以養其性情，聲音以養其

---

① 《十三經注疏·周禮注疏》卷二二《春官宗伯·大司樂》鄭玄注，第 1700 頁。
② 李兆洛《養一齋文集》卷三《錢子樂十三經斷句序》，《清代詩文集彙編》第 493 册，第 38 頁。
③ 黎靖德編，王星賢點校《朱子語類》，北京：中華書局 1986 年版，第 2674 頁。
④ 姚鼐《惜抱先生尺牘》卷六，葉 6b—7a。
⑤ 謝若潮《帖括枕中秘》，陳維昭編校《稀見明清科舉文獻十五種》下册，第 1731—1732 頁。
⑥ 司馬遷《史記》卷二四《樂書第二》，第 1467 頁。

耳,舞蹈以養其血脈"①,詩歌樂舞的結合貫通,就可以實現對人從身體到精神的培養。王陽明也提倡將歌詠、誦讀用於兒童之教育,通過"跳號呼嘯""抑揚諷誦"宣導其内心的意志和"幽抑結滯"之情緒②。這種樂教、詩教的知識傳統至清代被轉化爲提倡誦讀之理論依據。如梅曾亮既主古文應以"一氣"成章,而求此氣之方法,則在誦讀古人佳作:

> 欲得其氣,必求之於古人。周秦漢及唐宋人文,其佳者皆成誦乃可。夫觀書者,用目之一官而已,誦之而入於耳,益一官矣,且出於口、成於聲而暢於氣。夫氣者,吾身之至精者也。以吾身之至精,御古人之至精,是故渾合而無有間也。③

此處通過誦讀,不僅是抽象地學習古人文章之音節、風格,更是要在自己身體中培養一種實在的"氣",以之上通古人。梅氏又自述曾夜取古人之文,"縱聲讀之,一無所忌,結約之氣,略爲一伸"④,便暗示誦讀疏解胸中積鬱之氣的功能。何紹基亦主張經史子集之書,都需要"高聲讀之",通過音節的推敲激昂領會其中義理内涵,"可以涵養性情、振蕩血氣",獲得多方面的收穫。

五、結　語

在中國古代文學批評中,"氣"是一個淵源久遠、含義複雜的概念。現代研究者固然可以今天的知識結構,分別從宇宙觀、作者論、文本論、讀者論等方面闡述其内涵,但更重要的,或許是回到中國古人的語境之中,考察"氣"作爲一個文學理論術語,如何將不同層次的義項貫串到一起。在中國古人的眼中,"氣"是一種普遍存在的基本元素,其周流變化帶來了萬物的運行。因此,天地、景物與作者之間通過"氣"的交通建立起感應的關係;作

---

① 朱熹《四書章句集注・論語集注》卷四,第105頁。
② 王守仁撰,吳光、錢明、董平、姚延福編校《王陽明全集》卷二(《傳習錄》中)《訓蒙大意示教讀劉伯頌等》,第99—100頁。
③ 梅曾亮著,彭國忠、胡曉明校點《柏梘山房詩文集・文集》卷二《與孫芝房書》,第43頁。
④ 梅曾亮著,彭國忠、胡曉明校點《柏梘山房詩文集・文集》卷二《復陳伯游書》,第21頁。

者與文本之間通過"氣"的投射建立起內外相符的相似性;文字與聲音通過"氣"的吐納讀誦建立起彼此呼應的關係。總括而言,以"氣"論文,從三個方面推進了傳統中國文論的深入發展:其一,氣的物質性使得看似玄妙抽象的理念轉化爲具體實在的文本細節(字法、句法、章法等),將形式與意味結合無間;其二,氣的不可見性使得相關討論不停留在機械的結構分析,而是關注各結構要素之間相互組合、配合形成的節奏關係;其三,氣的通貫性使之超越局部細節,強調對文學作品整體的關注。從這些共同的基本關注出發,"氣"在不同歷史時期纍積的豐富含義、在不同知識領域形成的多元内涵,可以被聯通起來,使之成爲中國文學批評中一個富有能産性的核心概念。

(作者單位:北京大學中國語言文學系)

The Vocality and Textuality of *Qi*
Hu Qi

In Chinese literary criticism, "*qi*" is a concept with multi-layered meanings, including the author's talent, tone of sentence, the coherence of writing, etc. This article traces the origin of the concept of "*wenqi*" (*qi* in or of written texts), points out that the basic meaning of "*qi*" as a literary term is the sound of language. According to ancient Chinese concepts, the human body and speech sounds are both composed of *qi*. Therefore, *qi* naturally connects the speaker to the phonetic form of the text. This material connection between speaker and text was split after the primary medium of literature changed from sound to text. *Qi* transforms from a metonymic concept to a metaphorical concept of the human body. A literary work is compared to a person's body, and the *qi* running through it resembles the vitality and organic unity caused by breathing, blood circulation, and body movements. During the Ming and Qing Dynasties, on the one hand, literati applied analysis of diction, syntax, and composition to construct the text form of "*qi*" in a certain piece of literary work. On the other hand, they also used chant and recitation to re-perform the vocal form of "*wenqi*".

Keywords: *Wenqi* (*qi* in or of written texts), Recitation, *Dianlun lunwen* (Cao Pi's "Discourse on Literature"), Sound

徵引書目

(一)中文書目

1. 王力:《漢語詩律學》,北京:中華書局,2015 年版。Wang Li. *Hanyu Shilüxue* (*Chinese Versification*). Beijing: Zhonghua shuju, 2015

2. 王水照主編:《歷代文話》,上海:復旦大學出版社,2007 年版。Wang Shuizhao. Ed. *Lidai wenhua* (*Literary Discourses Through the Ages*). Shanghai: Fudan daxue chubanshe, 2008

3. 王世貞著,羅仲鼎校注:《藝苑卮言校注》,濟南:齊魯書社,1992 年版。Wang Shizhen. *Yiyuanzhiyan jiaozhu* (*Goblet Words From the Garden of Literature*). Annotated by Luo Zhongding. Jinan: Qilu shushe, 1992.

4. 王先謙集解,沈嘯寰、王星賢點校:《荀子集解》,北京:中華書局,1988 年版。Wang Xianqian. *Xunzi Jijie* (*Collected Explanations of Xunzi*). Punctuated and Collated by Shen Xiaohuan and Wang Xingxian. Beijing: Zhonghua shuju, 1988.

5. 黃暉:《論衡校釋(附劉盼遂集解)》,北京:中華書局,1990 年版。Huang Hui. *Lunheng jiaoshi* (*Collation and Annotation of Lunheng, with Collected Interpretations by Liu Pansui*). Beijing: Zhonghua shuju, 1990.

6. 王運熙、楊明:《魏晉南北朝文學批評史》,上海:上海古籍出版社,1989 年版。Wang Yunxi and Yang Ming. *Weijin nanbeichao wenxue piping shi* (*History of Literary Criticism in the Wei, Jin, Southern and Northern Dynasties*), Shanghai: Shanghai guji chubanshe, 1989.

7. 王嘉撰,蕭綺錄,齊治平校注:《拾遺記校注》,北京:中華書局,1981 年版。Wang Jia. *Shiyiji jiaozhu* (*Annotation of the Record of Heretofore Lost Works*). Annotated by Xiao Qi and Qi Zhiping. Beijing: Zhonghua shuju, 1981.

8. 中醫出版中心編:《黃帝內經素問》,北京:人民衛生出版社,2012 年版。The Chinese Medicine Publishing Center(ed). *Huangdii Neijing Suwen* (*The Yellow Emperor's Inner Canon*). Beijing: Renmin weisheng chubanshe, 2012.

9. 方苞著,劉季高校點:《方苞集》,上海:上海古籍出版社,2008 年版。Fang Bao. *Fang Bao ji* (*The Collected Writings of Fang Bao*). Punctuated and Collated by Liu Jigao. Shanghai: Shanghai guji chubanshe, 2008.

10. 方東樹著,吳闓生評:《昭昧詹言》,北京:朝華出版社,2019 年版。Fang Dongshu, *Zhaomei Zhanyan* (*Chatter Bright and Dim*). With Commentary by Wu Kaisheng. Beijing: Zhaohua Publishing House, 2019.

11. 方東樹:《考槃集文錄》,《清代詩文集彙編》,上海:上海古籍出版社,2010 年版。Fang Dongshu. *Kaopanji wenlu* (*Writings of the Kaopan Collection*). In *Qingdai shiwenji huibian* (*Compilation of Poetry and Prose from the Qing Dynasty*). Shanghai: Shanghai guji chubanshe, 2010.

12. 孔廣森撰,王豐先點校:《大戴禮記補注》,北京:中華書局,2013 年版。Kong Guangsen. *Dadailiji buzhu* (*Supplementary Annotations of Ritual Records of Dai the*

Elder). Punctuated and Collated by Wang Fengxian. Beijing: Zhonghua shuju, 2013.

13. 艾南英:《天傭子集》,《明別集叢刊》,合肥:黄山書社,2016 年版。Ai Nanying. *Tianyongzi ji*(*Collected Works of Tianyongzi*). In *Mingbieji congkan*(*Collected Works from the Ming Dynasty*). Hefei: Huangshan shushe, 2016.

14. 白居易著,朱金城箋注:《白居易集》,上海:上海古籍出版社,1988 年版。Bai Juyi. *Bai Juyi ji*(*Collected Works of Bai Juyi*). Annotated by Zhu Jincheng. Shanghai: Shanghai guji chubanshe, 1988.

15. 司馬遷撰,裴駰集解,司馬貞索隱,張守節正義,趙生群修訂:《史記》,北京:中華書局,2014 年版。Sima Qian. *Shiji*(*Records of the Grand Historian*). Annotated by Pei Yin, Sima Zhen and Zhang Shoujie. Edited by Zhao Shengqun. Beijing: Zhonghua shuju, 2014.

16. 李兆洛:《養一齋文集》,《清代詩文集彙編》,上海:上海古籍出版社,2010 年版。Li Zhaoluo. *Yangyi zhai wenji*(*Collected Works from the Study of Cultivating the One*). In *Qingdai shiwenji huibian*(*Compendium of Poetry and Prose Collections of the Qing Dynasty*). Shanghai: Shanghai guji chubanshe, 2010.

17. 朱一新撰輯:《無邪堂答問》,北京:朝華出版社,2018 年版。Zhu Yixin. *Wuxietang dawen*(*Question and Answer from the Hall of Orthodoxy*). Beijing: Zhaohua chubanshe, 2018.

18. 朱東潤:《中國文學批評史大綱》,上海:古典文學出版社,1957 年版。Zhu Dongrun. *Zhongguo wenxue pipingshi dagang*(*A Historical Outline of Chinese Literary Criticism*). Shanghai: Gudian wenxue chubanshe, 1957.

19. 朱榮智:《文氣論研究》,臺北:臺灣學生書局,1986 年版。Zhu Rongzhi. *Wenqilun yanjiu*(*Research on the Theory of Wenqi*). Taipei: Taiwan xuesheng shuju, 1976.

20. 朱熹:《四書章句集注》,北京:中華書局,1983 年版。Zhu Xi. *Sishu zhangju jizhu*(*Collected Annotations on the Four Books*). Beijing: Zhonghua shuju, 1983.

21. 朱曉海:《清理"齊氣"説》,《臺大中文學報》第 9 期(1997 年 6 月),頁 187—210。Zhu Xiaohai. *Qingli qiqi shuo*(*Clarifying "Qiqi"*), *Bulletin of the Department of Chinese Literature*(*Taiwan University*) 9 (Jun. 1997): pp.187–210.

22. 鄭玄注,賈公彦疏:《周禮注疏》,阮元校刻:《十三經注疏》,北京:中華書局,2009 年版。Zheng Xuan annotated, Jia Gongyan sub-annotated. *Zhouli zhushu*(*Annotations and Sub-Annotations of the Rites of Zhou*). In Ruan Yuan ed. *Shisanjing zhushu*(*Annotated Thirteen Classics*). Beijing: Zhonghua shuju, 2009.

23. 何寧:《淮南子集釋》,北京:中華書局,1998 年版。He Ning. *Huainanzi jishi*(*Collected Interpretations of Huainanzi*). Beijing: Zhonghua shuju, 1998.

24. 胡大雷:《從"談説之術"到"文以氣爲主"——文氣説溯源新探》,《文學評論》第 3 期(2013 年 5 月),頁 139—144。Hu Dalei. *Cong "tanshuo zhi shu" dao "wen yi qi weizhu": wenqi shuo suyuan xintan*(*From "The Way of Talk" to "Literature is Dominated by Qi": A New Investigation of the Origin of Wenqi*). *Wenxue pinglun*(*Literary Review*) 3 (May. 2013): pp.139–144.

25. 胡琦：《言文之間：漢宋之爭與清中後期的文章聲氣説》，《文學遺産》第 1 期（2022 年 1 月），頁 167—178。Hu Qi. *Yan wen zhi jian: Han Song zhi zheng yu qing zhonghouqi de wenzhang shengqi shuo* (*Between Speaking and Writing: The Han-Song Debate and the Literary Theorization of "Sound" in the Mid-to-Late Qing Dynasty*), *Wenxue yichan* (*Literary Heritage*) 1 (Jan. 2022): pp.167–178.
26. 皇侃：《論語義疏》，桂林：廣西師範大學出版社，2018 年版。Huang Kan. *Lunyu yishu* (*Annotations on the Analects*). Guilin: Guangxi shifan daxue chubanshe, 2018.
27. 姚鼐：《惜抱先生尺牘》，海源閣叢書本，清咸豐五年。Yao Nai. *Xibaoxiansheng chidu* (*Letters of Yao Nai*). Liaocheng: Haiyuange book series, 1855.
28. 姚鼐著，劉季高標校：《惜抱軒詩文集》，上海：上海古籍出版社，1992 年版。Yao Nai. *Xibaoxuan shiwenji* (*Collected Poems and Prose of Cherish-My-Aspiration Studio*). Annotated by Liu Jigao. Shanghai: Shanghai guji chubanshe, 1992.
29. 班固：《漢書》，北京：中華書局，2012 年版。Ban Gu. *Han Shu* (*Book of Han*). Beijing: Zhonghua shuju, 2012.
30. 馬建忠著，呂叔湘、王海棻編：《馬氏文通》，上海：上海教育出版社，2019 年版。Ma Jianzhong. *Mashi wentong* (*Ma's Grammar*). Edited by Lü Shuxiang and Wang Haifen. Shanghai: Shanghai jiaoyu chubanshe, 2019.
31. 夏静：《文氣話語形態研究》，北京：商務印書館，2014 年版。Xia Jing. *Wenqi huayu xingtai yanjiu* (*On the Discourse Forms of Wenqi*). Beijing: Shangwu yinshuguan, 2014.
32. 徐復觀：《中國文學論集》，臺北：臺灣學生書局，1976 年版。Xu Fuguan. *Zhongguo wenxue lunji* (*Collected Essays on Chinese Literature*). Taipei: Taiwan xuesheng shuju, 1976.
33. 郭紹虞：《中國文學批評史上的"神""氣"說》，《小說月報》第 19 卷第 1 期（1928 年 1 月），頁 121—136。Guo Shaoyu. "*Zhongguo wenxue pipingshi shang de 'shen' 'qi' shuo*" (*The Concepts of "Shen" and "Qi" in the History of Chinese Literary Criticism*), *Xiaoshuo yuebao* (*Short Story Magazine*) 19.1 (Jan. 1928): pp. 121–136.
34. 郭紹虞：《文氣的辨析》，《小說月報》第 20 卷第 1 號（1929 年 1 月），頁 43—46。Guo Shaoyu. "*Wenqi de bianxi*" (*Analysis of Wenqi*), *Xiaoshuo yuebao* (*Short Story Magazine*) 20.1 (Jan. 1929): pp.43–46.
35. 郭紹虞主編，王文生副主編：《中國歷代文論選》，上海：上海古籍出版社 2001 年版。Guo Shaoyu and Wang Wensheng edited. *Zhongguo lidai wenlun xuan* (*Selected Readings on Chinese Literature Theory Through the Ages*). Shanghai: Shanghai guji chuban she, 2001.
36. 唐順之著，馬美信、黄毅點校：《唐順之集》，杭州：浙江古籍出版社，2014 年版。Tang Shunzhi. *Tang Shunzhi ji* (*Collected Writings of Tang Shunzhi*). Punctuated and Collated by Ma Meixin and Huang Yi. Hangzhou: Zhejiang guji chuban she, 2014.
37. 陳引馳：《"古文"與聲音——兼及其與詩學的關聯》，《嶺南學報》第 5 期（2016 年 3 月），頁 259—273。Chen Yinchi. "*Guwen yu shengyin: jianji qi yu shixue de guanlian*" (*Guwen* [*Ancient-style prose*], *sound, and the history of Chinese Poetics*). *Lingnan xuebao*

38. 陳壽撰，裴松之注：《三國志》，北京：中華書局，1982年版。Chen Shou. *Sanguozhi* (*History of the Three Kingdoms*). Annotated by Pei Songzh. Beijing：Zhonghua shuju，1982.
39. 陳鍾凡：《中國文學批評史》，北京：中華書局，1927年版。Chen Zhongfan. *Zhongguo wenxue pipingshi* (*History of Chinese Literary Criticism*). Beijing：Zhonghua shuju，1927.
40. 陶禮天：《"齊氣"説及其文學地理批評範式新探》，《中原文化研究》第6期（2023年11月），頁50—58。Tao Litian. "'Qiqi' shuo ji qi wenxue dili piping fanshi xintan" (*A New Investigation of Cao Pi's Concept of Qiqi and its Literary Geography Criticism Paradigm*) *Zhongyuan wenhua yanjiu* (*The Central Plains Cultural Research*) 6 (Nov. 2023)：pp.50–58.
41. 梅曾亮著，彭國忠、胡曉明校點：《柏梘山房詩文集》，上海：上海古籍出版社，2020年版。Mei Zengliang. *Baijianshanfang shiwenji* (*Collection of Poetry and Prose from Baijian Mountain House*). Collated and Punctuated by Peng Guozhong and Hu Xiaoming. Shanghai：Shanghai guji chubanshe，2020.
42. 曹旭：《詩品集注（增訂本）》，上海：上海古籍出版社，2011年版。Cao Xu. *Shipin jizhu* (*The Annotated Categorization of Poetry*，*Revised Edition*). Shanghai：Shanghai guji chubanshe，2011.
43. 盛大士：《樸學齋筆記》，嘉業堂叢書本。Sheng Dashi. *Puxuezhai biji* (*Notes of Plain-Study Studio*). Jiayetang congshu.
44. 敏澤：《中國文學理論批評史》，北京：人民文學出版社，1982年版。Min Ze. *Zhongguo wenxue lilun piping shi* (*History of Chinese Literary Theory and Criticism*). Beijing：Renmin wenxue chubanshe，1982.
45. 段玉裁：《說文解字注》，上海：上海古籍出版社，1988年版。Duan Yucai. *Shuowen jiezi zhu* (*Annotation to Xu Shen's Graphs Explained and Characters Explicated*). Shanghai：Shanghai guji chubanshe，1988.
46. 張少康、劉三富：《中國文學理論批評發展史》，北京：北京大學出版社，1995年版。Zhang Shaokang and Liu Sanfu. *Zhongguo wenxue lilun piping fazhanshi* (*History of the Development of Literary Theory and Criticism in China*). Beijing：Beijing daxue chubanshe，1995.
47. 張仁青：《魏晉南北朝文學思想史》，臺北：文史哲出版社，1978年版。Zhang Renqing, *Weijin nanbeichao wenxue sixiangshi* (*History of Literature and Thought in the Wei*，*Jin*，*Southern and Northern Dynasties*). Taipei：Wenshizhe chubanshe，1978.
48. 張健：《〈文心雕龍〉的組合式文體論》，《北京大學學報》第3期（2017年5月），頁31—41。Zhang Jian. *Wenxin diaolong de zuheshi wenti lun* (*The United Stylistic Theory of* The literary Mind and the Carving of Dragons). *Beijing daxue xuebao* (*Journal of Peking University*) 3 (May. 2017)：pp.31–41.
49. 張健：《知識與抒情：宋代詩學研究》，北京：北京大學出版社，2015年版。Zhang Jian. *Zhishi yu shuqing: Songdai shixue yanjiu* (*Knowledge and Lyricism: A Study on*

Song Dynasty Poetics). Beijing: Beijing daxue chubanshe, 2015.

50. 張健編著:《元代詩法校考》,北京:北京大學出版社,2001年版。Zhang Jian ed. *Yuandai shifa Jiaokao* (*A Proof-reading of the Poetry Rule Documents in Yuan dynasty*). Beijing: Beijing daxue chubanshe, 2001.

51. 彭玉平:《詞學史上的"潛氣内轉"説》,《文學評論》第2期(2012年3月),頁197—208。Peng Yuping. "Cixueshi shang de qianqi neizhuan shuo" (The Idea of "Hidden *Qi* Circulating Internally" in the History of *Ci* Studies). *Wenxue Pinglun* (*Literary Review*) 2 (Mar. 2012): pp.197–208.

52. 蘇輿義證,鍾哲點校:《春秋繁露義證》,北京:中華書局,1992年版。Su Yu. *Chunqiu fanlu yizheng* (*Evidential Explanations on The Luxuriant Dew of the Spring and Autumn Annals*). Punctuated and Collated by Zhong Zhe. Beijing: Zhonghua shuju, 1992.

53. 傅剛:《關於近代發現的日本古抄無注三十卷本〈文選〉》,《文學遺産》第6期(1997年11月),頁86—88。Fu Gang, "Guanyu jindai faxian de riben guchao wuzhu sanshijuan ben wenxuan" (On the Recently Discovered Japanese Ancient Manuscript of Thirty-volume-unannotated-version *Selections of Refined Literature*), *Wenxue yichan* (*Literary Heritage*) 6 (Nov. 1997): pp.86–88.

54. 傅璇琮、周建國校箋:《李德裕文集校箋》,北京:中華書局,2018年版。Fu Xuancong and Zhou Jianguo. *Li Deyu wenji jiaojian* (*Collected Prose Works of Li Deyu with Collation and Annotation*), Beijing: Zhonghua shuju, 2018.

55. 馮友蘭:《三松堂全集》,鄭州:河南人民出版社,2001年版。Feng Youlan, *Sansongtang quanji* (*Complete Works of Feng Youlan*). Zhengzhou: Henan renmin chubanshe, 2001.

56. 曾國藩著,王澧華校點:《曾國藩詩文集》,上海:上海古籍出版社,2013年版。Zeng Guofan. *Zeng Guofan shiwenji* (*Collected Poems and Prose of Zeng Guofan*). Collated and Punctuated by Wang Lihua. Shanghai: Shanghai guji chubanshe, 2013.

57. 曾鞏撰、陳杏珍、晁繼周點校:《曾鞏集》,北京:中華書局,1984年版。Zeng Gong. *Zeng Gong Ji* (*Collected Writings of Zeng Gong*). Punctuated and Collated by Chen Xingzhen and Chao Jizhou. Beijing: Zhonghua shuju, 1984.

58. 遍照金剛撰,盧盛江校考:《文鏡秘府論彙校彙考(修訂本)》,北京:中華書局,2015年版。Henjō-Kongō. *Wenjing mifu lun huijiao huikao* (*xiudingben*) (*Collected Collations and Annotations on Bunkyo Hifuron*). Annotated by Lu Shengjiang. Beijing: Zhonghua shuju, 2015.

59. 蔣述卓:《説"文氣"》,《中國文學研究》第4期(1995年10月),頁3—12。Jiang Shuzhuo, "Shuo wenqi" (On Wenqi), *Zhongguo wenxue yanjiu* (*Studies in Chinese Literature*) 4 (Oct. 1995): pp.3–12.

60. 蔣寅:《"澀"作爲詩學概念的意味》,《江海學刊》2018年第5期(2018年9月),頁198—208。Jiang Yin, "Se zuowei shixue gainian de yiwei" (The Meaning of "Se" as a Poetic Concept), *Jianghai xuekan* (*Jianghai Academic Journal*) 5 (Sep. 2018):

pp. 198–208.

61. 鄭毓瑜：《六朝文氣論探究》，臺北：臺灣大學出版委員會，1988 年版。Cheng Yu-yu, *Liuchao wenqilun tanjiu* (*An Exploration on Wenqi in the Six Dynasties*). Taiwan daxue chuban weiyuanhui, 1988.

62. 樊善標：《清濁陰陽辨：曹丕"以氣論文"再詮釋》，《中國文化研究所學報》總第 42 期（2022 年 1 月），頁 359—386 頁。Fan Sin Piu, "Qingzhuo yinyang bian：Cao Pi "yi qi lunwen" zai quanshi" (Cao Pi's Criticism on Literature by Means of Qi：A Reinterpretation). *Zhongguo wenhua yanjiu suo xuebao* (*Journal of Chinese Studies*) 42 (Jan. 2002)：pp. 359–386.

63. 黎翔鳳撰，梁運華整理：《管子校注》，北京：中華書局 2004 年版。Li Xiangfeng. *Guanzi jiaozhu* (*Collation and Annotation of Guanzi*). Edited by Liang Yunhua. Beijing：Zhonghua shuju, 2004.

64. 黎靖德編，王星賢點校：《朱子語類》，北京：中華書局 1986 年版。Li Jingde edited, diǎn xiào. *Zhuzi yulei* (*A Collection of Conversations of Master Zhu*). Annotated and Punctuated by Wang Xingxian. Beijing：Zhonghua shuju, 1986.

65. 范公偁撰，孔凡禮點校：《過庭錄》，北京：中華書局，2002 年版。Fan Gongcheng. *Guotinglu* (*Records of the Past Court*). Punctuated and Collated by Kong Fanli. Beijing：Zhonghua shuju, 2002.

66. 范曄撰，李賢等注：《後漢書》，北京：中華書局 1965 年版。Fan Ye. *Houhan shu* (*Book of the Later Han Dynasty*). Annotated by Li Xian et al. Beijing：Zhonghua shuju, 1965.

67. 劉師培撰，羅常培整理：《漢魏六朝專家文研究》，上海：上海古籍出版社，2011 年版。Liu Shipei. *Hanwen liuchao zhuanjiawen yanjiu* (*Study on Masterpieces of Prose in Han, Wei and the Six Dynasties*). Compiled by Luo Changpei, with an introduction by Cheng Qianfan and Cao Hong. Shanghai：Shanghai guji chubanshe, 2011.

68. 劉勰撰，詹鍈義證：《文心雕龍義證》，上海：上海古籍出版社，1989 年版。Liu Xie. *Wenxindiaolong Yizheng* (*The Literary Mind and the Carving of Dragon, with Annotations*). Annotated by Zhan Ying. Shanghai：Shanghai guji chubanshe, 1989.

69. 蕭統編，李善注：《文選》，上海：上海古籍出版社，1986 年版。Xiao Tong compiled, Li Shan annotated. *Wenxuan* (*Selection of Refined Literatue*). Shanghai：Shanghai guji chubanshe, 1986.

70. 錢仲聯：《釋"氣"》，收入古代文學理論研究編委會：《古代文學理論研究叢刊》第五輯，上海：上海古籍出版社，1981 年版。Qian Zhonglian, "Shi Qi" (Interpretation of "Qi"). in Gudai wenxue lilun yanjiu bianwei hui. *Gudai wenxue lilun yanjiu congkan* (*Ancient Literary Theory Research Series*), Volume 5. Shanghai：Shanghai guji chubanshe, 1981.

71. 錢鍾書：《管錐編》，北京：生活・讀書・新知三聯書店，2019 年版。Qian Zhongshu. *Guanzhui bian*(*Limited Views*). Beijing：Shenghuo dushu xinzhi sanlian shudian, 2019

72. 錢謙益：《牧齋有學集》，上海：上海古籍出版社，1996 年版。Qian Qianyi：*MuZhai*

Youxue ji (*Collection of Scholarly Works from the Study of Muzhai*). Shanghai: Shanghai guji chubanshe, 1996.

73. 歸莊:《歸莊集》,上海:上海古籍出版社,2010 年版。Gui Zhuang. *Guizhuang ji* (*Collected Writings of Gui Zhuang*). Shanghai: Shanghai guji chubanshe, 2010.

74. 蘇轍撰,曾棗莊、馬德富校點:《欒城集》,上海:上海古籍出版社,2009 年版。Su Zhe, *Luancheng ji* (*Collected Writings of Su Zhe*). Edited by Zeng Zaozhuang and Ma Defu. Shanghai: Shanghai guji chubanshe, 2009.

75. 羅宗強:《魏晉南北朝文學思想史》,北京:中華書局,1996 年版。Luo Zongqiang. *Weijin nanbeichao wenxue sixiang shi* (*History of the Literary Thoughts in the Wei, Jin, Southern and Northern Dynasties*). Beijing: Zhonghua shuju, 1996.

(二) 日文書目

1. 小野沢精一、福永光司、山井湧:《気の思想:中國における自然観と人間観の展開》,東京:東京大學出版會,1978。Onozawa Seiichi, Fukunaga Mitsuji, and Yamanoi Yu (ed). *Ki no shiso: Chugoku ni okeru shizenkan to ningenkan no tenkai* (*The Thought of Qi: The Development of Chinese Ideas of Nature and Human*) Tokyo: Tokyo Daigaku shuppankai (*University of Tokyo Press*), *1978.*

(三) 英文書目

1. Pollard, David. "Ch'i in Chinese Literary Theory." In *Chinese Approaches to Literature from Confucius to Liang Ch'i-Ch'ao*. Edited by Adele Rickett. Princeton: Princeton University Press, 1978.

2. Mingdong Gu, "From Yuanqi (Primal Energy) to Wenqi (Literary Pneuma): A Philosophical Study of a Chinese Aesthetic." *Philosophy East and West* 59.1 (Jan. 2009): pp. 22–46.

3. James J. Y. Liu. *Chinese Theories of Literature*. Chicago: The University of Chicago Press, 1975.

4. D. C. Lau, trans. *Mencius*, London: Penguin, 1970.

5. Yu Ying-Shih. "'O Soul, Come Back' A Study in the Changing Conceptions of the Soul and Afterlife in Pre-Buddhist China", *Harvard Journal of Asiatic Studies*, 47: 2, 1987.

《嶺南學報》徵稿啓事

　　本刊是人文學科綜合類學術刊物，由香港嶺南大學中文系主辦，上海古籍出版社出版，每年出版兩期。徵稿不拘一格，國學文史哲諸科不限。學報嚴格遵循雙向匿名審稿的制度，以確保刊物的質量水準。學報的英文名爲 Lingnan Journal of Chinese Studies。

　　《嶺南學報》曾是中外聞名的雜誌，於 1929 年創辦，1952 年因嶺南大學解散而閉刊。在這二十多年間，學報刊載了陳寅恪、吴宓、楊樹達、王力、容庚等 20 世紀最著名學者的許多重要文章，成爲他們叱咤風雲、引領學術潮流的論壇。

　　嶺南大學中文系復辦《嶺南學報》，旨在繼承發揚先輩嶺南學者的優秀學術傳統，爲 21 世紀中國學的發展作出貢獻。本刊不僅秉承原《嶺南學報》"賞奇析疑"、追求學問的辦刊宗旨，而且充分利用香港中西文化交流的地緣優勢，努力把先輩"賞奇析疑"的論壇拓展爲中外學者切磋學問的平臺。爲此，本刊與杜克大學出版社出版、由北京大學袁行霈教授和本系蔡宗齊教授共同創辦的英文期刊《中國文學與文化》（Journal of Chinese Literature and Culture，簡稱 JCLC）結爲姐妹雜誌。本刊不僅刊載來自漢語世界的學術論文，還發表 JCLC 所接受英文論文的中文版，力爭做到同步或接近同步刊行。經過這些努力，本刊冀求不久能成爲展現全球主流中國學研究成果的知名期刊。

　　徵稿具體事項如下：

　　一、懇切歡迎學界同道來稿。本刊發表中文稿件，通常一萬五千字左右。較長篇幅的稿件亦會考慮發表。

　　二、本刊將開闢"青年學者研究成果"專欄，歡迎青年學者踴躍投稿。

　　三、本刊不接受已經發表的稿件，本刊所發論文，重視原創，若涉及知識産權諸問題,應由作者本人負責。

　　四、來稿請使用繁體字,並提供 Word 和 PDF 兩種文檔。

　　五、本刊採用規範的匿名評審制度,聘請相關領域之資深專家進行評審。來稿是否採用,會在兩個月之內作出答覆。

　　六、來稿請注明作者中英文姓名、工作單位,並附通信和電郵地址。來稿刊出之後,即付予稿酬及樣刊。

　　七、來稿請用電郵附件形式發送至:Ljcs@ln.edu.hk。

　　編輯部地址:香港新界屯門　嶺南大學中文系(電話:[852]2616－7881)

撰 稿 格 式

一、文稿包括：中英文標題、本文、中文提要、英文提要（限350個單詞之內）及中英文關鍵詞各5個。

二、請提供繁體字文本，自左至右橫排。正文、注釋使用宋體字，獨立引文使用仿宋體字，全文1.5倍行距。

三、獨立引文每行向右移入二格，上下各空一行。

四、請用新式標點。引號用" "，書名、報刊名用《》，論文名及篇名亦用《》。書名與篇(章、卷)名連用時，用間隔號表示分界，例如：《史記·孔子世家》。

五、注釋請一律用脚注，每面重新編號。注號使用帶圈字符格式，如①、②、③等。

六、如引用非排印本古籍，須注明朝代、版本。

七、各章節使用序號，依一、(一)、1.、(1)等順序表示，文中舉例的數字標號統一用(1)、(2)、(3)等。

八、引用專書或論文，請依下列格式：

(一) 專書和專書章節

甲、一般圖書

1. 楊伯峻《春秋左傳注》，北京：中華書局1990年修訂版，第60頁。
2. 蔣寅《王夫之詩學的學理依據》，《清代詩學史》第一卷，北京：中國社會科學出版社2012年版，第416—419頁。

乙、非排印本古籍

1.《韓詩外傳》，清乾隆五十六年(1791)金谿王氏刊《增訂漢魏叢書》本，卷八，第四頁下。

2.《玉臺新詠》，明崇禎三年（1630）寒山趙均小宛堂覆宋陳玉父刻本，卷第六，第四頁（總頁 12）。

（二）文集論文

1. 裘錫圭《以郭店〈老子〉爲例談談古文字》，載於《中國哲學》（郭店簡與儒學研究專輯）第二十一輯，瀋陽：遼寧教育出版社 2000 年版，第 180—188 頁。

2. 余嘉錫《宋江三十六人考實》，載於《余嘉錫論學雜著》，北京：中華書局 1963 年版，第 386—388 頁。

3. Ray Jackendoff, "A Comparison of Rhythmic Structures in Music and Language", in *Rhythm and Meter*, eds. Paul Kiparsky and Gilbert Youmans (San Diego, California: Academic Press, 1998), pp.15–44.

（三）期刊論文

1. 李方桂《上古音研究》，載於《清華學報》新九卷一、二合刊（1971），第 43—48 頁。

2. 陳寅恪《梁譯大乘起信論僞智愷序中之真史料》，載於《燕京學報》第三十五期（1948 年 12 月），第 95—99 頁。

3. Patrick Hanan, "The Chinese Vernacular Story", *The Journal of Asian Studies* 40.4 (Aug. 1981): pp.764–765.

（四）學位論文

1. 呂亭淵《魏晉南北朝文論之物感說》，北京：北京大學學位論文，2013 年，第 65 頁。

2. Hwang Ming-chorng, "Ming-tang: Cosmology, Political Order and Monument in Early China" (Ph. D. diss., Harvard University, 1996), p. 20.

（五）再次徵引

再次徵引時可僅列出文獻名稱及相關頁碼信息，如：

　　注① 　楊伯峻譯注《論語譯注》，第 13 頁。

九、注解名詞，注脚號請置於名詞之後；注解整句，則應置於句末標點符號之前；若獨立引文，則應置於標點符號之後。

十、徵引書目,請依以下中英對照格式附於文末:

(一)中文書目,按姓氏筆劃順序排列,中英對照

1. 王力:《漢語詩律學》,增訂本,上海:上海教育出版社,1979年版。Wang Li. Hanyu shilü xue (A Study of the Metrical Rules of Chinese Poetry). Revised edition. Shanghai: Shanghai jiaoyu chubanshe, 1979.

2. 胡幼峰:《沈德潛對歷代詩體的批評》,《幼獅學誌》第18卷第4期(1985年10月),頁110—540。Hu Youfeng. "Shen Deqian dui lidai shiti de piping" (Shen Deqian's Criticism of Poetic Forms of Past Dynasties). Youshi xuekan (The Youth Quarterly) 18.4 (Oct. 1985): pp.110－540.

3. 顧炎武著,黃汝成集釋,秦克誠點校:《日知錄集釋》,長沙:岳麓書社,1994年版。Gu Yanwu. Rizhilu jishi (Collected Commentaries on the Records of Knowledge Accrued Daily). Edited by Huang Rucheng and punctuated and collated by Qin Kecheng. Changsha: Yuelu chubanshe, 1994.

(二)英文書目,按英文順序排列

1. Chao, Yuen Ren. A Grammar of Spoken Chinese. Berkeley: University of California Press, 1968.

2. Hanan, Patrick. "The Chinese Vernacular Story." The Journal of Asian Studies 40.4 (Aug. 1981): pp.764－765.

3. Showalter, Elaine, ed. The New Feminist Criticism Essays on Women Literature and Theory. New York: Pantheon Books, 1985.

十一、請提供署名及作者單位(包括服務機構及子機構)。

(2022年11月更新)